JN436933

형법총론

정 신 교

청목출판사

머리말

이 책은 형법을 시작하는 초심자와 각종공무원 시험을 준비하는 수험생을 대상으로 하는 입문서이다. 형법에 대한 체계적 이론의 정립은 판례의 해석에 있어서 매우 중요한 요소이다. 그러나 이론에 치우치다 보면 쉽게 간과하기 쉬운 부분이 노출되기도 한다. 특히 형법은 규정 해석에 있어서 이론의 대립이 심하고 형법에 규정되어 있지 않은 부분에 대한 해석론에 있어서 많은 다툼이 있다.

이러한 점을 고려하여 이 책은 가급적 쉬운 용어를 사용하였고 학설의 논란이 되는 부분은 과감히 생략하여 다수설과 판례를 위주로 서술하였다. 그리고 학습효과를 높이기 위해 도표를 적절히 사용하였고 수험서로의 기능에 충실하기 위해 최신판례를 다수 소개하였다. 저자는 대학에서 십여 년 간 형사법을 강의하였고 중간시험, 기말시험은 물론 각종 공무원시험의 출제와 검토를 하면서 학생들과 수험생들의 효율적인 형법공부를 위해 많은 고민을 하였다. 이에 이 책이 형법을 처음 시작하는 학생들과 각종 공무원 시험을 준비하는 수험생들이 좀 더 쉽게 형법을 이해할 수 있도록 하는데 도움이 되었으면 한다.

끝으로 이 책의 발간에 있어 교정을 도와준 김천대학교 3학년 김지원 학생과 임정석 학생에게 고마운 마음을 전하다. 또한 이 책의 발간에 도움을 주신 청목출판사 유성열 사장님과 심재국 상무님, 편집부에도 감사드린다.

2019.2.10.

정신교

차 례

제 1 장

형법의 기본개념

개 관

제1장은 형법의 개념, 죄형법정주의, 형법학설사, 형법의 적용범위에 대해 설명하고 있다. 형법의 개념은 형법은 무엇인가, 법규범으로서의 형법은 어떠한 성격을 가지고 있는가, 또한 어떠한 기능과 임무를 수행하는가, 역사적으로 어떠한 과정을 거쳐서 발전하여 왔는가에 대해 설명하고 있다.

죄형법정주의는 시민혁명의 승리를 통하여 확립된 근대 자유주의 정치사상의 결실로서, 왕권과의 투쟁에서 시민계급이 확보해 낸 가장 중요한 자유보장책이다. 죄형법정주의는 시민의 자유와 권리를 국가권력의 전횡으로부터 지켜 준다는 의미에서 시민의 '마그나 카르타'이며, 범죄자에 대해서도 법률에 정한 양을 초과하는 형벌을 부과할 수 없다는 의미에서 범죄인의 '마그나 카르타'이기도 하다. 죄형법정주의는 형법의 최고원칙일 뿐만 아니라 그 이전에 헌법적 원칙이기도 하다.

형법학설사에서 고전학파와 근대학파의 논쟁이 등장한다. 근대형법은 시민혁명의 지도적인 역할을 담당한 시민계급의 개인주의·자유주의 사상에 입각한 것이다 그러나 산업혁명의 성공으로 자본주의가 독점단계로 이행하면서 사회구조에 중대한 변화가 생기고, 이에 따라서 새로운 세계관·국가관·인간관이 등장하였다. 이러한 변화는 형법이론에도 대두되었는데 이것이 바로 19세기 말에서 20세기 초에 전개된 고전학파(구파)와 근대학파(신파) 간의 논쟁이다.

형법의 적용범위는 형법은 누가, 언제, 어디에서 한 행위에 대해 효력이 미치는가의 문제이다. 형법은 그 중 시간적 적용범위와 장소적 적용범위에 관하여만 규정하고 있고, 인적 적용범위는 헌법과 국제법에 의해 규율하고 있다. 시간적 적용범위에 관하여 우리 형법은 행위시법주의를 원칙으로 하고 피고인에게 유리한 경우에 재판시법주의를 예외적으로 인정하고 있다. 장소적 적용범위에 관하여 형법은 속지주의(제2조, 제4조)를 원칙으로 하고, 이에 속인주의(제3조)와 보호주의(제5조, 제6조)를 가미하고 있다. 형법은 시간적·장소적 효력이 미치는 범위에서 모든 사람에게 적용되는 것이 원칙이지만, 특별한 정책적 이유에서 국내법상 또는 국제법상의 예외가 인정된다.

§1. 형법의 개념

1. 형법의 의의

형법은 범죄라는 법률요건을 확정하고 그 행위에 대해 형벌과 보안처분이라는 법률효과를 부과하는 법규범의 총체를 의미한다.

1) 형식적 의미의 형법과 실질적 의미의 형법

형법은 범죄와 형벌간의 관계를 규정한 법규범의 총체이다. 형식적 의미의 형법은 형법이라는 명칭을 가진 형법전만을 의미한다. 실질적 의미의 형법은 형사제재를 규정한 모든 법규범을 의미한다. 따라서 제재규정이 있다면 상법(제628조 납입가장죄 등)도 실질적 의미의 형법이 될 수 있다. 형식적 의미의 형법 중에는 실질적 의미의 형법에 해당되지 않는 조문도 포함되어 있다(예를 들어, 소추조건인 친고죄와 반의사불벌죄, 형의 집행에 관한 규정, 형의 실효 규정 등). 형사소송법 중에도 실질적 의미의 형법에 포함되는 내용이 있다(예를 들어, 형사소송법 제279조의7 '비밀누설죄').

2) 협의의 형법과 광의의 형법

협의의 형법은 형법전이라는 명칭을 가진 형법전을 말하며, 광의의 형법은 범죄와 그에 대한 법적 효과로서 형벌과 보안처분을 규정한 모든 법규범을 의미한다. 이를 실질적 의미의 형법이라고도 한다. 광의의 형법에는 협의의 형법은 물론 특별형법, 각종 법률의 형사처벌규정 등이 포함된다.

3) 형법과 질서위반법의 구별

(1) 의의

질서위반법은 경미한 행정법규위반(주차위반, 안전띠 미착용 등) 등의 질서위반행위에 대해서 질서벌의 일종인 범칙금이나 과태료 부과 등으로 규율하는 법체계를 질서위반법이라고 한다. 예컨대 범칙금납부통고처분이 있다.

(2) 형법과의 구별

질서위반법의 규율대상은 법익에 대한 위험과 책임비난의 정도가 약하고 처벌이 갖는 사회윤리적 비난성도 형벌에 비하여 약하다는 점에서 형법과 질서위반법은 양적으로 구별된다. 형벌과 질서위반벌을 형벌인가 아니면 범칙금, 과태료인가에 따라 구분하는 형식설과 질적으로 같은 대상을 양적으로 구분하는 실질설이 대립하고 있으나 구별하는 실질설이 타당하다(다수설).

2. 형법의 성격

1) 공법

범죄와 형벌은 국가와 범죄자사이에 제기되는 공법관계이다.

2) 사법법(司法法)

형법이 재판에 적용되는 법이므로 사법법이다. 따라서 형법은 합목적성보다는 법적 안정성을 추구한다.

3) 형사법

형법은 민사소송법에 대응하는 의미에서 형사법에 속한다.

4) 실체법

범죄요건과 그 범죄에 대한 법률효과를 규정하는 법이므로 사실관계를 직접 규범적으로 평가하는 실체법이다. 따라서 절차법인 형사소송법, 집행법인 행형법과는 구별된다.

3. 형법의 규범적 성격

1) 가설적 규범

범죄행위를 조건으로 하여 이에 대한 법률효과를 규정하는 가설적 규범이다. 이를 가언적 규범이라고도 한다.

2) 행위규범이자 재판규범

형법은 일반국민에게 일정한 행위를 금지 또는 명령함으로서 행위의 준칙으로 삼도록 하고 있다. 그리고 법관이 범죄를 인정하고 형벌을 정하는 기준이 된다.

3) 의사결정규범이자 평가규범

주관적인 행위판단기준이 되는 의미에서 의사 결정규범이라 하고 국민들에게 형법이 무가치하다고 평가한 불법을 결의하여서는 안 된다는 의무를 부과함으로써 의사결정에 있어 하나의 기준으로 작용하는 의사결정규범의 성격을 가진다.

4. 형법의 기능

1) 보호적 기능(적극적 기능)

(1) 법익의 보호기능

범죄로부터 국민의 특정한 이익, 즉 법익을 보호한다. 객관주의에서 특히 강조된다.

(2) 사회윤리적 행위가치의 보호기능

법익보호 뿐만 아니라 사회윤리적 행위가치도 보호하는 기능을 가진다. 법익보호가 형법의 목표라면 사회윤리적 행위가치보호는 목표에 도달하기 위한 수단이고, 법익보호가 결과에 대한 것이라면 행위가치 보호는 행위의 측면을 고려한 것이다. 주관주에서 특히 강조된다.

(3) 보충성의 원칙과 비범죄화론

형벌은 가장 강력한 강제력의 행사이기 때문에 다른 법에 의하여 법익보호가 불가능한 경우 최후의 수단으로 사용되어야 한다(보충성의 원칙). 사회적 행위론의 대두와 함께 형법의 자유화와 탈윤화사상과 함께 등장하였다. 비범죄화가 제기되는 부분은 낙태죄, 마약죄 등이 있다.

2) 보장적 기능(소극적 기능)

국가의 자의적 형벌권행사를 제한하여 개인과 범죄인의 자유와 권리를 보장한다. 즉 형법은 일반국민의 마그나카르타이며 범죄인의 마그나 카르타이다. 형법은 범죄가 무엇인지를 확정해 줌으로써 그에 해당하지 않는 행위에 대해서는 일반국민에게 행동의 자유를 보장하는데, 이를 국민의 대헌장(Mggna Chata)이라고 하며, 범죄인일지라도 형법에 정해진 형벌의 범위 내에서만 처벌되고 부당한 처벌을 받지 아니할 것을 보장하는데, 이를 범죄인의 대헌장(Mggna Chata)이라고 한다. 보장적 기능은 자유주의·개인주의를 지향하는 민주사회에서 가장 중시되는 형법의 기능이다.

3) 규제적 기능

일정한 범죄에 대하여 형벌부과를 예고함으로써, 규범 침해 시 형사제재로 대응하여 범죄를 진압, 규제한다. 형법의 가장근본적인 기능이다.

4) 예방적 기능(사회 보호적 기능)

사회적 규범을 어길 때 일정한 제재를 한다고 예고하여 범죄를 예방한다. 일반예방기능과 특별예방기능이 있다.

§2. 형법학설사의 이해(신파와 구파의 대립 - 형법이론)

1. 형법학파

1) 객관주의(구파, 18C 말)

(1) 의의

고전학파(구파)는 근대 계몽철학의 개인주의·자유주의를 사상적 배경으로 하면서 연혁적으로는 형벌이론인 응보형주의와 일반예방이론이 범죄이론인 객관주의와 결합하여 자유주의적 법치국가의 이념아래 형성된 형법사상이다.

(2) 특징

계몽주의, 자유주의, 비결정론, 행위주의, 도의적 책임론, 기수보다 감경, 일반예방사상, 정기형주의, 이원론, (포이어바흐, 베까리아, 빈딩,

비르크마이어, 마이어, 칸트, 헤겔)

2) 주관주의(신파, 19C)

(1) 의의

근대학파(신파)는 19세기 후반 산업혁명의 결과로 자연과학이 급속히 발달함에 따라 자연과학적 방법론에 의하여 형법학을 실증적으로 연구하고자 한 형법이론으로서(실증주의), 연혁적으로는 형벌이론으로서의 특별예방주의가 범죄이론에 있어서 주관주의와 결합되어 이루어진 형법사상이다.

(2) 특징

실증주의, 결정론, 행위자주의, 사회적 책임론, 기수·미수동일, 특별예방사상, 부정기형주의, 일원론, (롬보로조, 페리, 가로팔로, 리스트, 리프만, 린자, 크리마티카, 앙셀)

〈표 1-1〉 고전학파와 근대학파의 비교

구분	구파(객관주의)	신파(주관주의)
사상적 배경	계몽주의, 자유주의	실증주의, 자연과학주의
인간관	의사자유론(비결정론)	의사결정론(결정론)
범죄관	행위주의	행위자주의
책임론	도의적 책임론	사회적 책임론
책임능력	범죄능력	형벌능력
미수론	기수보다 감경	기수 · 미수동일시
공범론	범죄공동설, 공범종속성설	행위공동설, 공범독립성설
형벌론	일반예방주의	특별예방주의
보안처분	이원론	일원론

2. 형법이론

1) 범죄이론

(1) 객관주의

객관주의는 범죄에서 외부적 사실인 행위와 결과라는 객관적 요소를 형벌평가의 대상으로 하고, 형벌의 종류와 경중도 이에 상응하여야 한다는 견해이다(범죄주의, 사실주의, 행위주의). 객관주의는 계몽사상을 배경으로 외부적인 행위와 결과는 자유의사는 모든 사람에게 평등하므로 형벌은 범죄사실의 양에 따라 결정되어야 한다.

(2) 주관주의

주관주의란 범죄에서 주관적 요소를 중요시하여 행위자의 반사회적 성격, 범죄적 위험성을 형벌적 평가의 대상으로 하고, 형벌의 종류와 경중도 이에 상응하여야 한다는 견해이다(범인주의, 성격주의, 행위자주의).

(3) 현행 형법의 태도

원칙적 입장은 객관주의의 입장을 취하면서 주관주의의 입장을 고려하는 절충적 입장을 취하고 있다. 구체적으로 (i) 객관주의적 표현으로는 행위자의 범죄의사 내지 위험성만으로 처벌하지 않고 "행위를 한" 경우에 처벌하는 것, 기수와 미수를 구별하는 것, 미수 및 예비·음모를 원칙적으로 처벌하지 않는 것 등이다. (ii) 주관주의 표현으로는 예외적으로 미수 및 예비를 처벌하는 것, 미수범의 형을 기수범의 형에 대해 필요적 감경이 아니라 임의적 감경으로 한 것(제25조), 선고유예제도(제59조), 가석방제도(제72조), 누범가중(제35조), 상습범가중(제264), 작량감경(제53조), 소년법상의 부정기형(소년법 제60조) 등이 있다.

〈표 1-2〉 객관주의와 주관주의의 형법해석상의 차이

대립점		객관주의	주관주의
사실의 착오		구체적 또는 법정적 부합설(구성요건해당 행위의 범위 내에서 주관을 고려)	추상적부합설(범죄징표 자체를 중시하기 때문)
책임론	책임의 근거 책임능력의 본질 책임판단의 대상	도의적 책임론 범죄능력 행위책임	사회적 책임론 형벌(적응)능력 행위자(성격)책임
미수론	미수의처벌 실행의 착수시기 불능미수의 위험성	예외적 처벌(감경) 객관설 객관설·구체적 위험설	원칙적 처벌 주관설 순주관설
공범론	공동정범의 본질 공범의 종속성	범죄공동설 공범종속성설	행위공동설 공범독립성설
죄수의 결정기준		행위·법익·구성요건 표준설	의사표준설

2) 형벌이론

(1) 응보형주의

응보형주의는 형벌의 본질은 범죄에 대한 정당한 응보에 있다고 보는 사상이다. 형벌은 다른 목적이 없고 그 자체가 목적이라고 이해한다(형벌의 자기목적성: 절대성). 응보형주의는 계몽철학의 영향을 받은 개인주의·자유주의 사상의 산물이다. 응보란 균형 있는 형벌기준의 원칙으로서 이에 따라 형벌의 근거와 양이 결정되고, 행해진 불법과 책임은 균형을 이루어야 한다(죄형균형론).

(2) 목적형주의

목적형주의는 형벌은 그 자체가 목적이 아니라 장래의 범죄를 예방하는 수단이라는 사상이다(상대설). 인도주의·합리주의·공리주의를 그 배경으로 한다. 목적형주의에는 일반예방사상(일반예방에는 적극적 일반예방과 소극적 일반예방이 있다. 전자는 일반인에게 규범의식을 강화하여 자발적으로 법복종을 가능케 하는 것을 말한다. 범죄예방을 위한 홍보와 교육이 중시된다. 후자는 형벌의 목적은 잠재적 범죄인에 대한 범죄예방에 있고 포이에르 바하의 심리강제설과 통한다)과 특별예방사상이 있다.

〈표 1-3〉 형법이론의 개관

<table>
<tr><th colspan="4">개 관</th><th>내 용</th></tr>
<tr><td rowspan="5">형법이론</td><td rowspan="2">범죄이론</td><td colspan="2">객관주의</td><td>외부적인 행위와 결과에 중심</td></tr>
<tr><td colspan="2">주관주의</td><td>행위자의 범죄의사와 반사회적 성격에 중심</td></tr>
<tr><td rowspan="3">형벌이론</td><td colspan="2">응보형주의</td><td>범죄에 상응하는 형벌을 과하는 것이 형벌의 본질</td></tr>
<tr><td rowspan="2">목적형주의</td><td>일반예방주의</td><td>일반인이 범죄에 빠지는 것을 예방</td></tr>
<tr><td>특별예방주의</td><td>범죄인을 개선·교화시켜 재차 범죄에 빠지지 않도록 예방</td></tr>
</table>

〈표 1-4〉 형벌의 역사

시기	주요내용
복수시대 (형벌의 사형화)	동해보복, 귀에는 귀 눈에는 눈, Talio 사상
위하시대 (형벌의 국가화)	공형벌, 형벌의 일반예방주의 강조
박애시대 (형벌의 법률화)	계몽주의, 합리주의, 개인인권중시, 죄형법정주의확립, 포이에르 바흐, 베까리아, 칸트, 헤겔
과학시대 (형벌의 개별화)	범죄의 격증, 상습범·누범·소년범의 증가, 보안처분·사회방위처분을 중시, 특별예방주의가 확립, 롬보로조, 페리, 가로팔로, 리스트

§3. 죄형법정주의

1. 죄형법정주의의 의의와 사상적 기초

1) 의의 및 실정법적 근거

(1) 의의

"법률이 없으면 범죄도 없고 형벌도 없다"(포이에르 바흐). 일정한 행위를 범죄로 하고 이에 대하여 일정한 형벌을 과하기 위해서는 성문법규의 존재가 필요하다는 원칙이다. 죄형법정주의는 시민의 자유과 권리를 국가의 전횡으로 지켜준다는 의미에서 '시민의 마그나카르타'이며 '범죄자의 마그나카르타'이다. 또한 형벌권의 자의적인 행사로부터 국민의 자유와 권리를 보장하는데 죄형법정주의 정신이 있다. 이러한 측면에서 보면 형법의 보장적 기능과 연결된다.

(2) 실정법적 근거

헌법 제12조 제1항(누구든지 법률과 적법한 절차에 의하지 아니하고는 처벌·보안처분 또는 강제노역을 받지 아니한다), 제13조 제1항 및 제37조 제2항 등은 죄형법정주의가 헌법적 원리임을 선언하고 있다. 또한 형법 제1조 제1항(범죄의 성립과 처벌을 행위시의 법률에 의한다)도 죄형법정주의를 표현한 것이다.

2) 사상적 기초

정치적 자유주의, 민주주의와 권력분립, 일반예방사상, 인도주의적 형벌사상, 법치국가사상, 개인주의, 자유주의, 자연권적 인권사상 등이다. 특히 17세기, 18세기의 계몽사상이었으며, 그중에서도 몽테스키외의 권력분립론과 포이에르바흐의 심리강제설이다.

몽테스키외는 국가권력의 남용을 방지하기 위해 국가권력을 입법부, 사법부, 행정부가 나누어 각각 법을 제정, 적용, 집행하도록 하는 삼권분립론을 주장하였다. 그는 사법부는 법률을 해석해서는 안 되고 기계적으로 적용하기만 해야 한다고 주장하였다. 사법부가 형법을 해석하지 않고 기계적으로 적용하기 위해서는 범죄와 형벌을 법률에 미리 정해놓을 필요가 있게 된다.

포이에르바흐는 인간은 합리적이고 공리적인 존재로 파악하였다. 합리적 존재란 본능에 좌우되지 않고 이성에 따라 행동할 수 있는 능력이 있는 존재를 의미한다. 공리적 존재란 쾌락을 추구하고 고통을 피하려고 하는 존재를 의미한다. 그는 인간이 범죄를 저지르는 것은 범죄에 따른 쾌락을 추구하기 위한 것이므로, 범죄를 저지르면 고통이 따른다는 것을 알게 되면 범죄를 저지르지 않게 된다고 한다. 이를 심리강제설이라고 하며 범죄와 형벌이 사전에 성문법에 규정되어야 심리강제가 가능하고, 또한 극대화 된다는 것이다.

죄형법정주의의 기원은 1215년 영국의 존(John) 왕이 공포한 대헌장 제39조의 "어떠한 자유인도 동등한 신분에 있는 자의 적법한 재판 또는 국법에 의하지 아니하고는 체포·구금·재산박탈당하지 아니한다."는 규정에서 찾을 수 있다.

2. 죄형법정주의의 내용(파생원칙)

1) 법률주의 또는 관습형법금지의 원칙

법률주의는 범죄와 형벌은 '법률'로 정해야 하는데, 여기서 법률은 국회가 제정한 형식적 의미의 법률을 의미한다. 관습법이란 일정한 관행(慣行)이 법적확신을 얻게 된 것을 말한다. 관습법은 민법의 직접적 법원이 될 수는 있으나 형법의 직접적 법원은 될 수 없다. 관습형법금지의 원칙은 관습법을 근거로 새로운 구성요건을 만들거나 가중 처벌하는 것은 금지된다는 것이다. 피고인에게 유리하거나 보충적으로 관습법을 적용하는 것은 예외적으로 인정된다.

법률주의는 구성요건의 일부를 명령, 조례 등 하위법규에 위임하는 백지형법과 위임입법까지 금지하는 것은 아니다. 여기서 하위법규에의 위임요건으로는 (i) 위임할 내용을 미리 법률로서 규정할 수 없는 입법기술상의 부득이한 사정이 있어야 한다. (ii) 백지형법 자체만으로도 처벌대상인 형법의 대강을 일반인이 예측할 수 있어야 한다. (iii) 형벌을 위임함에 있어서 형벌의 종류 및 그 상한과 범위를 명백히 정하여 위임하는 것이 필요하다.

〈판례연구〉 위임입법의 한계나 죄형법정주의에 위반되지 않는 경우

① 오염물질의 배출허용기준을 직접 법률에서 모두 규정하지 아니하고 총리령 등으로 정하도록 위임하고 있는 (구)수질환경보전법 제8조의 규정(대판 1992 12. 8, 92도407).

② 과대광고 등의 범위 및 기타 필요한 사항을 보건복지부령에 위임한 경우(식품위생법 제11조 및 동법 시행규칙 제6조 제1항의 규정 : 대판 2002. 11. 26, 2002도2998).

③ 구 석유사업법 시행령 제30조에서 석유사업법 제26조가 금지하는 유사석유제품을 규정한 경우(대판 2001.7.27., 2001도2950).

④ 유해화학물질관리법 제35조 제1항에서 금지하는 환각물질을 구체적으로 명확하게 규정하지 아니하고, 다만 그 성질에 관하여 '흥분·환각 또는 마취의 작용을 일으키는 유해화학물질로서 대통령령이 정하는 물질'로 그 한계를 설정하여 놓고, 같은 법 시행령 제22 조에서 이를 구체적으로 규정하게 한 것(대판 2000.10.27., 2000도4187).

⑤ 구 주식회사의 외부감사에 관한 법률 제20조 제1항 제8호가 규정하고 있는 구성요건 중의 하나인 '회계처리기준'의 구체적 내용을 같은 법에는 전혀 규정하지 않고 같은 법 제 13조가 금융감독위원회에서 정립할 것을 위임한 경우(대판 2006.1.13., 2005도7474).

⑥ 청소년보호법 제10조 제1항은 청소년유해매체물의 결정기준을 규정하고 청소년위원회에 위임하여 청소년유해매체물을 결정하도록 한 경우(헌재결 2000. 6. 29, 99헌가16).

⑦ 특정범죄가중처벌 등에 관한 법률 제4조 제2항의 위임을 받은 같은 법

시행령 제2조 제50호가 수산업협동조합중앙회와 그 회원조합을 정부관리기업체의 하나로 규정한 것이 위임입법의 한계를 벗어난 위헌·위법한 규정이라고 할 수 없다(대판 2007.4.27., 2007도1038).

⑧ 설치가 허용되는 간판의 규격과 같은 세부적이고 기술적인 사항을 중앙선거관리위원회 규칙에서 정하도록 위임하였다 하여 이를 죄형법정주의와 포괄위임금지의 원칙에 어긋난다고 볼 수도 없다(대판 2005. 1. 13, 2004도7360).

⑨ 게임산업진흥에 관한 법률 제32조 제1항 제7호가 '환전, 환전 알선, 재매입 영업행위를 금지하는 게임머니 및 이와 유사한 것'을 대통령령이 정하도록 위임하고 있는 것은 형벌법규의 포괄위임입법금지 원칙이나 죄형법정주의에 위배되지 않는다(대판 2009. 4. 23, 2008도11017).

⑩ 농업협동조합중앙회를 '정부관리기업체'의 하나로 규정한 특정범죄 가중처벌 등에 관한 법률 시행령 제2조 제48호는 위임입법의 한계를 벗어난 것으로 위헌·위법이라고 할 수 없다(대판 2008. 4. 11, 2007도8373).

⑪ 석유사업법 제26조의 유사석유제품의 제조 등의 금지규정은 휘발유 또는 경유를 연료로 사용하는 자동차 등의 연료로 사용하거나 사용하게 할 목적이 있는 경우에만 적용되는 것으로 제한적으로 해석함이 상당하다(대판 2000. 10. 27, 2000도4187).

⑫ 허가 없이 골재를 채취하였다면 비록 행위 당시 시행령이 제정되지 않았다고 하더라도 동 규정이 시행령에 위임한 내용은 허가의 절차, 방법 등에 관한 것에 불과하고 범죄구성요건의 일부를 위임한 것이 아니므로 허가 없이 골재를 채취하였다면 비록 행위 당시 시행령이 제정되지 않았다고 하더라도 골재채취법위반죄에 해당한다(대판 1993. 10. 26, 93도2290).

⑬ 식품위생법 제11조 제2항이 과대광고 등의 범위 및 기타 필요한 사항을 보건복지부령에 위임하고 있는 것이 위임입법의 한계나 죄형법정주의에 위반된 것이라고 볼 수는 없다(대판 2002. 11. 26, 2002도2998).

⑭ 공공기관의 운영에 관한 법률 제53조가 공기업의 임직원으로서 공무원이 아닌 사람은 형법 제129조의 적용에서는 이를 공무원으로 본다고 규정하고 있을 뿐 구체적인 공기업의 지정에 관하여는 하위규범인 기획재정부장관의 고시에 의하도록 규정한 것이 죄형법정주의에 위배되거나 위임입법의 한계를 일탈한 것이 아니다(대판 2013. 6. 13, 2013도1685).

〈판례정리〉 위임입법의 한계나 죄형법정주의에 위반

① 총포·도검·화약류 등 단속법 제2조 제1항의 위임에 따라 동법 시행령에서 총포의 범위를 구체적으로 정하면서도 총포의 범위를 부품까지 총포에 속하는 것으로 규정한 경우(대판 1999.2.11., 98도2816).

② (구)근로기준법 제30조 단서에서 임금·퇴직금 청산기일의 연장합의의 한도에 관하여 아무런 제한이 없는 데도 동법 시행령(제12조)에서 기일 연장을 3월 이내로 제한한 것(대판 1998.10.15, 98도 1759).

③ "약국을 관리하는 약사 또는 한약사는 보건복지부령으로 정하는 약국관리에 필요한 사항을 준수하여야 한다"라고 규정한 약사법 제19조 제4항(헌재결 2000.7.20., 99헌가15).

④ 구 노동조합법(1986. 12. 31. 법률 제3925호로 최종 개정되었다가 1996. 12. 31. 법률 제5244호로 공포된 노동조합 및 노동관계조정법의 시행으로 폐지된 것) 제46조의3은 그 구성요건을 "단체협약에……위반한 자"라고만 규정함으로써 범죄구성요건의 외피(外皮)만 설정하였을 뿐 구성요건의 실질적 내용을 직접 규정하지 아니하고 모두 단체협약에 위임하고 있어 죄형법정주의의 기본적 요청인 "법률"주의에 위배되고, 그 구성요건도 지나치게 애매하고 광범위하여 죄형법정주의의 명확성의 원칙에 위배된다(현결 1998. 2. 26, 96헌가20).

⑤ 구 도로교통법 시행령 제49조 제7항, 구 도로교통법 시행규칙 제69조 제1항의 위임에 따라 제정된 자동차운전면허 사무처리지침은 그 제8조 제1항에서 설령 글을 알지 못한다 하더라도 초등학교 졸업 이상의 학력을 가진 사람에게는 구술시험의 응시를 허용하지 않고 있는바, 이는 초등학교졸업 이상의 학력을 가진 문맹자가 구술시험을 통하여 운전면허를 취득할 수 있는 기회를 합리적인 근거 없이 제한한 것으로서 모법의 위임범위를 벗어나 무효이다. (대판 2007. 3. 29, 2006도8189).

⑥ "건축물의 소유자 또는 관리자는 그 건축물·대지 및 건축설비를 항상 이 법 또는 이 법의 규정에 의한 명령이나 처분과 관계법령이 정하는 기준에 적합하도록 유지·관리하여야 한다"는 건축법 제26조의 규정에 위반한 자를 처벌하도록 규정하고 있는 건축법 제79조 제4호의 위헌여부 건축법 제79조 제4호 중 '제26조의 규정을 위반한 자' 부분은 위임입법의 한계를 규정한 헌법 제75조와 죄형법정주의를 규정한 헌법 제12조 제1항, 제13조 제1항에 위반할 뿐만 아니라 헌법 제37조 제2항의 비례의 원칙 내지 과잉입법금지의 원칙에 위배된다(헌재 1997. 9. 25, 96헌가16).

⑦ 행형법상 징벌의 일종인 금치처분을 받은 자에 대하여 금치기간 중 집

필을 전면 금지한 것은 과잉금지의 원칙에 위반된다(헌재 2005. 2. 24, 2003헌마289).

2) 소급효금지의 원칙

(1) 의의

어떤 사람이 죄를 범한 경우에도 반드시 형사재판절차를 거쳐야만 처벌이 가능하다. 따라서 범죄행위를 저지른 시기와 재판을 받는 시기가 차이가 있을 수밖에 없다. 그러나 두 시점 사이에 법규의 변경이 없는 경우에는 법적용에 별다른 문제가 없다. 그러나 두 시점 사이에 한 차례 이상의 법규의 변경이 있게 되면 행위시법과 재판시의 법이 서로 다르게 되고 이 중 어느 법을 적용할 것인가가 문제된다. 소급효금지의 원칙은 실체법적인 범죄와 형벌에 관한 것이고, 위법성조각사유, 객관적 처벌조건, 인적 처벌조각사유 등을 행위자에게 불리하게 소급적으로 변경하는 것은 허용되지 않는다.

(2) 적용범위

(가) 불리한 소급효의 금지

소급효금지의 원칙은 행위자에게 불리한 사후법의 소급을 금지하는 것이지, 유리한 법률의 소급효까지 금지하는 것은 아니다. 형법 제1조 제2항도 유리한 법률의 소급효를 인정하는 명문규정을 두고 있다.

〈판례연구〉 유리한 소급효를 인정한 경우

① 기소된 공소사실에 대한 적용법조가 헌법재판소의 위헌결정으로 소급하여 실효된 경우, 그 피고 사건은 범죄로 되지 아니하는 때에는 이 부분 공소사실은 무죄이다(대판 2006. 6. 9, 2006도1955).

② 인지의 소급효는 친족상도례에 관한 규정의 적용에도 미친다고 보아야 할 것이므로, 인지가 범행 후에 이루어진 경우라고 하더라도 그 소급효에 따라 형성되는 친족관계를 기초로 하여 친족상도례의 규정이 적용된다(대판 1997. 1. 24, 96도1731).

③ 피고인이 행정청으로부터 자동차 운전면허취소처분을 받았으나 나중에

그 행정처분 자체가 행정쟁송절차에 의하여 취소되었다면, 위 운전면허취소처분은 그 처분시에 소급하여 효력을 잃게 되고, 행정행위에 공정력의 효력이 인정된다고 하여 행정소송에 의하여 적법하게 취소된 운전면허취소처분이 단지 장래에 향하여서만 효력을 잃게 된다고 볼 수는 없다(대판 1999. 2. 25, 98도4329).

〈판례연구〉 소급효금지의 원칙에 반하지 않는 경우

① 대법원 양형위원회가 설정한 '양형기준'이 발효하기 전에 공소가 제기된 범죄에 대하여 위 '양형기준'을 참고하여 형을 양정한 사안에서, 소급적용금지의 원칙을 위반한 것이 아니다(대판 2009. 12. 10, 2009도11448).

② 사회보호법 시행이전의 전과사실을 토대로 위 법 소정의 상습성을 인정함이 소급입법에 의한 처벌이 아니다(대판 1990. 8. 28, 90감도127).

(나) 보안처분과 소급효

통설은 보안처분도 형벌과 함께 형사제재에 속하고, 또한 형벌과 마찬가지로 자유제한처분이므로 소급효금지원칙이 적용된다는 긍정설의 입장이다. 판례는 보안처분은 반드시 행위 이전에 규정되어 있어야 하는 것은 아니며, 재판시의 규정에 의하여 보호관찰을 받을 것을 명할 수 있다고 함으로써 부정설의 입장이다.

〈판례연구〉 소급효를 인정한 판례

① 보호관찰은 형벌이 아닌 보안처분의 성격을 갖는 것으로 형법 개정 전의 범죄에 관하여 재판시의 규정에 의하여 보호관찰을 명한 경우 그에 관하여 반드시 행위 이전에 규정되어 있어야 하는 것은 아니며, 재판시의 규정에 의하여 보호관찰을 받을 것을 명할 수 있다(대판 1997.6.13, 97도703).

② 사회보호법에 의한 감호처분은 징역형을 병과 하는 보호처분의 일종으로서 형벌과 같이 볼 수 없으므로 형벌불소급의 원칙에 위배되지 않아 죄형법정주의의 원칙에 위배되지 않는다(대판 1995.12.8., 95도2162).-판례변경(위배)

③ 「성폭력범죄의 처벌 등에 관한 특례법」 제32조 제1항에 규정된 등록

대상 성폭력범죄를 범한 자가 같은 법 제37조, 제41조 시행 전에 범죄를 범하여 공소제기되었더라도, 그 시행 당시까지 공개명령 또는 고지명령이 선고되지 아니하였다면 같은 법 제37조, 제41조에 의한 신상정보 공개명령 또는 고지명령의 대상이 된다(대판 2011. 9. 29, 2011도9253).

④ 「아동·청소년의 성보호에 관한 법률」에 정한 공개명령 제도는 공개명령 제도가 시행된 2010. 1. 1. 이전에 범한 범죄에도 공개명령 제도를 적용하도록 아동·청소년의 성보호에 관한 법률이 2010. 7. 23. 법률 제10391호로 개정되었다고 하더라도 그것이 소급입법금지의 원칙에 반한다고 볼 수 없다(대판 2011. 3. 24, 2010도14393).

⑤ 전자감시제도는 범죄행위를 한 자에 대한 응보를 주된 목적으로 그 책임을 추궁하는 사후적 처분인 형벌과 구별되어 그 본질을 달리하는 것으로서 형벌에 관한 소급입법금지의 원칙이 그대로 적용되지 않으므로, 위 법률이 개정되어 부착명령 기간을 연장하도록 규정하고 있더라도 그것이 소급입법금지의 원칙에 반한다고 볼 수 없다(대판 2010. 12. 23, 2010도11996).

⑥ 2011. 4. 7. 개정된 성폭력범죄의 처벌 등에 관한 특례법이 시행된 2011. 10. 8. 이후에 성폭력범죄를 범한 사람에 대하여만 실형을 선고하는 경우에도 수강명령을 병과할 수 있다(대판 2013. 4. 11, 2013도1525).

〈판례연구〉 소급효를 부정한 판례

① 사회봉사명령은 가정폭력범죄를 범한 자에 대하여 환경의 조정과 성행의 실질적으로는 신체적 자유를 제한하게 되므로, 이에 대하여는 원칙적으로 형벌불소급의 원칙에 따라 행위시법을 적용함이 상당하다(대결 2008. 7. 24, 자 2008어4).

② 이미 유죄판결이 확정된 아동·청소년 대상 성폭력범죄의 경우, 2012. 12. 18. 법률 제11556호로 전부 개정된 '성폭력범죄의 처벌 등에 관한 특례법' 부칙 제7조에 따른 소급적인 공개명령 및 고지명령의 대상이 되지 않는다(대결 2014. 10. 31, 2014모1166).

③ 2012. 12. 18. 개정된 특정 범죄자에 대한 보호관찰 및 전자장치 부착 등에 관한 법률 제9조 제1항 단서에서 정한 전자장치 부착기간 하한 가중 규정이 같은 법 시행 전에 19세 미만의 사람에 대하여 특정범죄를 저지른 경우에도 소급적용되지 않는다(대판 2013. 7. 26, 2013도6220).

(다) 소송법규정의 변경

소급효금지원칙은 실체법인 형법에 대해서만 적용되고 절차법인 형사소송법에는 적용되지 않는다(통설). 그러나 이미 공소시효가 완성되었거나 고소기간이 만료된 범죄에 대해서 다시 공소제기 내지 고소를 가능하도록 하는 이른바 진정소급('진정소급'이란 이미 종료된 사실관계 또는 법률관계에 소급효를 인정하는 경우이다. 한편 '부진정소급'이란 현재 진행 중인 사실관계 또는 법률관계에 소급효를 인정하는 경우이다. 다수설인 제한적 적용부정설(부분적 소급인정설)에 의하면 전자는 허용되지 않지만, 후자는 원칙적으로 허용되고, 다만 제한을 가하게 된다)을 인정하는 것은 소급효금지원칙에 반한다고 본다. 소급효금지원칙은 가벌성, 즉 범죄와 형벌에 대한 국민의 신뢰를 보호하는 것이기 때문이다.

〈판례연구〉 진정소급입법과 부진정소급입법

① 부진정소급입법은 원칙적으로 허용되지만 소급효를 요구하는 공익상의 사유와 신뢰보호의 요청 사이의 교량과정에서 신뢰보호의 관점이 입법자의 형성권에 제한을 가하게 되는데 반하여, 진정소급입법은 개인의 신뢰보호와 법적 안정성을 내용으로 하는 법치국가원리에 의하여 특단의 사정이 없는 한 헌법적으로 허용되지 아니하는 것이 원칙이고 다만 일반적으로 국민이 소급입법을 예상할 수 있었거나 법적 상태가 불확실하고 혼란스러워 보호할 만한 신뢰이익이 적은 경우와 소급입법에 의한 당사자의 손실이 없거나 아주 경미한 경우 그리고 신뢰보호의 요청에 우선하는 심히 중대한 공익상의 사유가 소급입법을 정당화하는 경우 등에는 예외적으로 진정소급입법이 허용된다(헌재 1999. 7. 22, 97헌바76, 98헌바50,51,52,54,55(병합)).

〈참고〉 진정소급입법이 허용되는 예외

① 일반적으로 국민이 소급입법을 예상할 수 있었던 경우
② 법적상태가 불확실하고 혼란스러워 보호할 만한 신뢰이익이 적은 경우
③ 소급입법에 의한 당사자의 손실이 없거나 아주 경미한 경우
④ 신뢰보호의 요청에 우선하는 심히 중대한 공익상의 사유가 소급입법을 정당화하는 경우 등

〈판례연구〉 공소시효와 소급효

① 5·18민주화운동 등에 관한 특별법 제2조는 그 제1항에서 그 적용대상을 '1979년 12월 12일과 1980년 5월 18일을 전후하여 발생한 헌정질서파괴범죄의공소시효등에관한특례법 제2조의 헌정질서파괴 범죄행위'라고 특정하고 있으므로, 그에 해당하는 범죄는 5·18민주화운동 등에 관한 특별법의 시행 당시 이미 형사소송법 제249조에 의한 공소시효가 완성되었는지 여부에 관계없이 그대로 적용할 수밖에 없다(대판 1997. 4. 17, 96도3376 전합).

② 범행 이후에 형사소송법이 개정되었을지라도 개정된 형사소송법(제253조 제3항 신설 '범인이 형사처분을 면할 목적으로 국외에 있는 경우 그 기간 동안 공소시효는 정지 된다')은 그 범행에 대하여 적용된다. 따라서 신법 시행 후의 소송절차에 대하여는 신법을 적용한다(대판 2003.11.27, 2003도4327).

③ 진행 중인 공소시효를 연장하는 법률이나 이미 공소시효가 완성된 범죄에 대해 소급하여 공소시효를 정지한 법률을 제정한 경우 소급효금지원칙에 반하지 않는다(대판 1997.4.17, 96도3376).

(라) 판례의 변경

다수설은 판례가 성문법은 아니지만 사실상 구속력을 갖고 있으므로 이에 대해 국민의 신뢰보호와 법적 안정성을 위해서 판례에 대해서도 소급효금지원칙을 적용해서 소급효를 부정해야 한다는 소급효부정설의 입장이나 판례는 그 법률조항의 내용을 확인하는 것에 지나지 아니하여 이로써 그 법률조항 자체가 변경된 것이라고 볼 수 없다고 함으로써 소급효긍정설을 취하고 있다.

〈판례연구〉 판례의 변경과 소급효금지의 원칙

① 행위 당시의 판례에 의하면 처벌대상이 되지 아니하는 것으로 해석되었던 행위를 판례의 변경에 따라 확인된 내용의 위 법률조항에 근거하여 처벌한다고 하여 그것이 형벌불소급의 원칙에 반한다고 할 수는 없다 할 것이다(대판 1999. 7. 15, 95도2870).

② 행위 당시의 판례에 의하면 처벌대상이 되지 않는 행위를 판례의 변경에 따라 처벌한 경우 소급효금지원칙에 위배되지 않아 죄형법정주의에

반하지 않는다(대판 1999.9.17, 97도3349).

③ 허위로 신고한 사실이 무고행위 당시 형사처분의 대상이 될 수 있었던 경우 무고죄는 기수에 이르고, 이후 그러한 사실이 형사범죄가 되지 않는 것으로 판례가 변경되었더라도 특별한 사정이 없는 한 이미 성립한 무고죄에는 영향을 미치지 않는다(대판 2017. 5. 30, 2015도15398).

(마) (불리한)양형기준의 변경

대법원 양형위원회가 설정한 '양형기준'이 발효하기 전에 공소가 제기된 범죄에 대하여 위 '양형기준'을 참고하여 형을 양정한 사안은 소급효 금지원칙의 위반이 아니다(대판 2009. 12. 10, 2009도11448).

(바) 신법의 적용을 배제하는 경과규정

형벌을 완화하는 개정을 하면서 이전의 행위에 대해서는 구법을 그대로 적용한다는 경과규정은 허용된다(통설·판례).

〈판례연구〉 경과규정이 있는 경우

① 신법에 경과규정을 두어 이러한 신법의 적용을 배제하는 것도 허용되는 것으로서, 형을 종전보다 가볍게 형벌법규를 개정하면서 그 부칙으로 개정된 법의 시행 전의 범죄에 대하여 종전의 형벌법규를 적용하도록 규정한다 하여 헌법상의 형벌불소급의 원칙이나 신법우선주의에 반한다고 할 수 없다(대판1999. 7 .9. 99도1695).

② 죄가 되지 아니하던 행위를 구성요건 신설로 포괄일죄의 처벌대상으로 삼는 경우, 신설된 포괄일죄 처벌법규가 시행되기 이전의 행위에 대하여 신설된 법규를 적용하여 처벌할 수 없다. 구성요건이 신설된 상습강제추행죄가 시행되기 이전의 범행을 상습강제추행죄로 처벌할 수 없으며 이 경우 소추요건은 강제추행죄에 관한 것이 구비되어야 한다(대판 2016. 1. 28, 2015도15669).

3) 유추적용금지 원칙

(1) 의의

유추해석이란 두 개의 사건이 유사한 경우 한 사건에 적용되는 법규정을 다른 사건에도 적용하는 것 또는 일정한 사항을 직접 규정하고 있는 법규가 없는 경우 그와 유사한 사항을 규정하고 있는 법규가 없는 경우 그와 가장 유사한 사항을 규정하고 있는 법규를 적용하는 것을 말한다. 일반적으로 피고인에게 유리한 유추해석은 허용되고, 다만 피고인에게 불리한 유추해석은 허용되지 않는다는 점에서 이의가 없다.

확장해석은 해석의 결과 그 개념이 문언의 의미보다 넓어진 해석을 말한다. 형법의 해석에서 유추해석금지의 원칙은 피고인에게 불이익한 유추해석을 금지하는 것이며, 유리한 유추해석까지 금지하는 것은 아니다. 유추해석은 해석의 한 방법이라기보다 법관에 의한 법 창조이다.

(2) 적용범위

(가) 유추해석이 금지되는 경우

피고인에게 불리한 유추해석은 형법각칙의 모든 범죄구성요건과 형법총칙의 모든 가벌성에 관한 규정에 대하여 불리한 유추해석이 금지된다. 예컨대 구성요건, 형벌과 보안처분, 불법과 책임요소, 객관적 처벌조건 등이다. 또한 피고인에게 유리한 사유의 제한적 유추는 피고인에게 유리한 위법성조각사유, 책임조각사유, 소추조건, 처벌조각사유의 범위를 제한적으로 유추 적용하는 것은 가벌성의 범위가 확대되어 행위자에게 불리하게 되므로 허용되지 않는다.

(나) 유추해석이 허용되는 경우

피고인에게 유리한 유추해석은 죄형법정주의는 국가형벌권으로부터 개인의 자유를 최대한으로 확보하려는 원칙이므로 허용된다(통설). 예컨대 위법성조각사유의 확장적 유추해석, 예비의 중지에 중지미수규정을 유추해석 하는 것(다수설) 등이 있다.

(3) 확장해석

확장해석이란 어의의 최대한의 한계 내에서 지금까지의 구성요건의 해석에는 포섭되지 않았던 사례를 목적론적 견지에서 최대한 넓게 해석하는 방법을 말한다. 예컨대 강도죄의 '폭행'에 '마취약'을 사용하는 경우를 포함시키는 것 등이 있다. 판례는 유추해석과 확장해석을 유사한 의미로 이해하여 확장해석도 금지된다는 표현을 사용하고 있다.

〈판례연구〉 유추해석금지의 원칙에 반하는 경우

① 법정형 중 무기징역을 선택하고 작량 감경한 경우(7년 이상 15년 이하의 징역 : 제55조 제1항 제2호) 경합범가중이나 누범가중을 하여 15년 이상의 징역형을 선고한 경우(대판 1992.10.13, 92도 1428 전원합의체).

② 주택건설촉진법의 입주 개시일 부터 6개월간 전매 또는 전대를 금지하는 규정을 입주개시일 전에 전매한 자에게 적용한 경우(대판 1991. 4. 23., 90도1287).

③ 성폭력범죄의 처벌 및 피해자보호 등에 관한 법률 제6조의 미수범(동법 제12조)을 동법 제9조제1항의 '제6조의 죄를 범한 자'에 포함시켜 해석한 경우(대판 1995. 4. 7., 95도94).

④ 성폭력범죄의 처벌 및 피해자보호 등에 관한 법률 제8조의 '신체장애'에 정신박약 등으로 인한 정신장애도 포함된다고 해석하는 경우(대판 1998. 4. 10, 97도3392 개정된 동법 제8조는 '정신장애'도 함께 규정함).

⑤ 형법 제225조의 공문서변조나 위조죄의 주체인 공무원 또는 공무소에는 형법 기타 특별법에 의해 공무원으로 의제되는 경우뿐만 아니라 계약 등에 의하여 공무와 관련되는 업무를 일부대행 하는 경우도 포함된다고 해석한 경우(대판 1996. 3. 26, 95도 3073).

⑥ 농협대의원 선거에 있어서 선거일 공고일 이전의 금품제공행위가 농업협동조합법 제172조 제1항, 제50조 제1항의 선거인에 대한 금품제공죄에 해당한다고 해석한 경우(대판 2003. 7. 22, 2003도2297 ∵ 조합장 선거일은 선거일 공고일에 비로소 확정 됨).

⑦ 형법 제207조 제3항의 외국에서 통용하는 지폐에 강제통용력을 가지지 아니하나 일반인의 관점에서 통용할 것이라고 오인할 가능성이 있는 지폐까지 포함시켜 해석한 경우(대판 2004. 5. 14., 2003도3487).

⑧ 타인에 의해 이미 생성된 주민등록번호를 단순히 사용한 것을 허위의 주민등록번호를 생성하여 자기 또는 다른 사람의 재물이나 재산상의 이익을 위해 사용한 것으로 보는 경우(대판 2004. 2. 27., 2003도6535).

⑨ 원래 남성으로 태어나 여성으로 성전환수술을 받은 자를 강간죄의 객체인 '부녀'로 해석하는 경우(대판 1996.6.11., 96도791).
⑩ 선거기간 중 후보자 본인이 명함을 아파트 세대별 우편함에 넣어두거나, 아파트 출입문 틈새 사이로 밀어 넣거나 끼워 놓은 행위를 공직선거법 제93조 제1항 단서 소정의 후보자의 명함을 후보자가 직접 주는 경우에 해당한다고 해석하는 경우(대판 2004. 8. 16., 2004도3062).
⑪ 의료법 제21조 제1항은 "의료인은 각각 진료기록부·조산기록부 또는 간호기록부를 비치하여 그 의료행위에 관한 사항과 소견을 상세히 기록하고 서명하여야 한다."라고 규정하고 있는데, 의사 甲이 교통사고로 입원한 환자에 대해 진료기록부에 물리치료횟수 및 주사투여횟수 등을 과대 기재한 경우 甲을 의료법 제21조 제1항 위반죄로 처벌하는 것(대판 2005. 11. 24, 2002도4758).
⑫ 향토예비군설치법 제15조 제9항 후문의 '소집통지서를 수령할 의무 있는 자'에 같은 법 제6조의2 제2항에 규정된 '동일 세대 내의 세대주나 가족 중 성년자 또는 그의 고용주'가 포함되는 것으로 해석한 것(대판 2005. 4. 15, 2004도7977).
⑬ 문화체육부장관의 허가를 받아야만 양도할 수 있는 전통사찰의 경내지 안에 있는 당해'사찰소유의 부동산'에 '사찰소속 대표단체의 소유의 부동산'이 포함된다고 해석하는 것(대판 2002. 4. 12, 2002도150).
⑭ 신·구 형법 사이의 관계가 아닌 다른 법률 사이의 관계에서도 구 형법 부칙 제4조 제1항을 그대로 적용하거나 유추 적용한 경우(대판 1992.12.8., 92도407).
⑮ 음란한 영상화면을 수록한 컴퓨터 프로그램파일을 컴퓨터 통신망을 통하여 전송하는 방법으로 판매한 경우 컴퓨터 프로그램파일이 형법 제243조 소정의 '기타 물건'에 포함된다고 해석하는 것(대판 1999. 2. 24, 98도3140).
⑯ 지방세법 제84조 제1항의 일괄적 준용규정만으로 원천징수의무자에 대한 처벌규정인 조세범처벌법 제11조를 지방세법상 도축세 특별징수의무자에 대하여 그대로 적용하는 것(대판 2006. 10. 19, 2004도 7773).
⑰ 제공된 경품에 재매입하는 행위가 구 음반·비디오물 및 게임물에 관한 법률 제32조 제3호, 제50조 제3호에서 금지하는 '문화관광부장관이 정하여 고시하는 방법에 의하지 아니하고 경품을 제공하는 행위'에 해당하는 것으로 보는 것은 형벌법규를 지나치게 유추 또는 확장 해석하여 죄형법정주의의 원칙에 어긋나는 것으로서 허용될 수 없다(대판 2007. 6. 28, 2007도873).

⑱ 공직선거 및 선거부정방지법의 '자수'를 범행발각 전에 자수한 경우로 한정하여 해석한 경우 이는 "자수"의 범위를 제한함으로써 공직선거 및 선거부정방지법상의 처벌범위를 확대한 것이 되고 따라서 형 면제 사유에 대한 제한적 유추를 통하여 처벌범위를 실정법상으로 확대한 것으로서 유추해석금지의 원칙에 위배된다. (대판 1997. 3. 20, 96도1167 전합). ∵ 자수에는 지명 수배된 후의 자진출두도 포함되는 것으로 판례가 해석함

⑲ 초병이 하자 있는 의사에 의하여 총기를 편취당한 경우에도 군용물분실죄(군형법 제74조)의 '분실'에 해당한다고 해석한 경우 분실의 개념을 군용물의 소지 상실시 행위자의 의사가 개입되었는지의 여부에 관계없이 군용물의 보관책임이 있는 자가 결과적으로 군용물의 소지를 상실하는 경우로 확장해석하거나 유추해석 할 수는 없다(대판 1999. 7. 9, 98도1719).

⑳ 여러 가지 한약재를 혼합하지 아니하고 별개로 구분하여 포장한 후, 모아 종이상자에 넣어 다시 포장·판매한 것만으로는 약사법 소정의 의약품의 제조행위라고 볼 수 없다(대판 2003. 7. 22, 2003도2432).

㉑ '블로그', '미니 홈페이지', '카페' 등의 이름으로 개설된 사적 인터넷 게시공간의 운영자가 사적 인터넷 게시공간에 게시된 타인의 들을 삭제할 권한이 있는데도 이를 삭제하지 아니하고 그대로 두었다는 사정만으로…타인의 글을 국가보안법 제7조 제5항에서 규정하는 바와 같이 '소지'하였다고 볼 수는 없다(대판 2012. 1. 27, 2010도8336).

㉒ 도로교통법 제43조의 "운전면허를 받지 아니하고 자동차 등을 운전하여서는 아니된다"라는 법률문언의 통상적인 의미에 '운전면허를 받았으나 그 후 운전면허의 효력이 정지된 경우'가 당연히 포함된다고는 해석할 수 없다(대판 2011. 8. 25, 2011도7725).

㉓ 일반음식점 영업자인 피고인이 주로 술과 안주를 판매함으로써 구 식품위생법상 준수사항을 위반하였다는 내용으로 기소된 사안에서, 위 준수사항 중 '주류만을 판매하는 행위'에 안주류와 함께 주로 주류를 판매하는 행위도 포함된다고 해석하여 유죄를 인정한 원심판결에 죄형법정주의에 관한 법리오해 등의 위법이 있다(대판 2012. 6. 28, 2011도15097).

㉔ 외국인이 외국에 거주하다가 반국가단체의 지배하에 있는 지역으로 들어간 행위가 국가보안법 제6조 제1항, 제2항의 '탈출'에 해당한다고 보는 것은 유추해석에 해당한다(대판 2008. 4. 17, 2004도4899).

㉕ 항공보안법 제42조에서 정한 '항로'는 항공기가 지상에서 이동하는 경

로를 '항로'로 해석하는 것은 문언의 가능한 의미를 벗어난다(대판 2017. 12. 21, 2015도8335전합).

㉖ 피고인이 촬영한 대상은 甲의 신체 이미지가 담긴 영상일 뿐 甲의 신체 그 자체는 아니라고 할 것이어서 성폭력특례법 제13조 제1항의 구성요건에 해당하지 않으며, 형벌법규의 목적론적 해석도 해당 법률문언의 통상적인 의미 내에서만 가능한 것으로, 다른 사람의 신체 이미지가 담긴 영상도 위 규정의 '다른 사람의 신체'에 포함된다고 해석하는 죄형법정주의 원칙상 인정될 수 없다(대판 2013. 6. 27, 2013도4279).

〈판례연구〉 유추해석금지의 원칙에 반하지 않는 경우

① 형법 제170조 제2항의 '자기의 소유에 속하는 제166조 또는 제167조에 기재한 물건'을 자기의 소유에 속하는 제166조에 기재한 물건 또는 자기나 타인의 소유에 속하는 제167조에 기재한 물건이라고 해석한 경우(대판 1994. 12. 20, 94모32).

② 집행유예를 선고하면서 보호관찰과 사회봉사를 동시에 명한 경우(대판 1998. 4. 24, 98도98).

③ 노래방에서 고객들로 하여금 노래방 기기에 녹음·녹화된 음악저작물을 이용하게 하는 것이 저작권법 소정의 '공연'에 해당한다고 해석한 경우(대판 2001. 9. 28, 2001도4100).

④ 음란한 부호 등이 전시된 웹페이지에 대한 링크행위가 음란한 부호 등의 전시에 해당한다고 해석한 경우(대판 2003. 7. 8, 2001도1335).

⑤ 국가보안법 제6조 제2항의 잠입죄에 있어 지령을 받는다는 것에 반국가단체 또는 그 구성원으로부터 다시 지령을 받는 것도 포함된다고 해석하는 경우(헌재결 1998. 8. 27, 97헌바85).

⑥ 권한 없는 자에 의한 명령입력행위를 컴퓨터 등 사용사기죄의 구성요건인 '부정한 명령을 입력하는 행위'에 포함된다고 해석하는 경우(대판 2003. 1. 10, 2002도2363).

⑦ 개정 법률에 의해 형법 제37조 후단의 사후적 경합범의 요건인 '판결이 확정된 죄'가 '금고 이상의 형에 처한 판결이 확정된 죄'로 개정되었는바, 형법 제1조 제2항을 유추 적용하여 위 개정법률 시행 당시 법원에 계속 중인 사건 중 위 개정법률 전에 벌금형에 처한 판결이 확정된 경우에도 개정 법률이 적용된다고 해석한 경우(대판 2004. 1. 27, 2001도3178).

⑧ 전화기와 컴퓨터를 설치해 두고 회원들 간 전화통화를 매개하는 '전화

방'을 운영하는 행위도 전기통신기본법 제21조 제1항의 소정의 '자가전기통신설비를 이용하여 타인의 통신을 매개하는 행위'에 해당한다고 해석하는 경우(대판 2004. 1. 29, 2003도4736).

⑨ 보호감호의 집행에 대해서도 형사보상을 청구할 수 있다고 보는 것은 유추해석금지의 원칙에 위배되지 않는다(대판 2004. 10. 18, 2004코1).

⑩ 약사법 제5조 제3항에서 금지하는 '면허증의 대여'라 함은, 다른 사람이 그 면허증을 이용하여 그 면허증의 명의자인 약사인 것처럼 행세하면서 약사에 관한 업무를 하려는 것을 알면서도 면허증 그 자체를 빌려 주는 것을 의미한다고 해석함이 상당하다(대판 2003. 6. 24, 2002도6829).

⑪ 총포·도검·화약류 등 단속법 시행령 제23조 제2항에서 정한 '쏘아올리는 꽃불류의 사용'에 '설치행위'도 포함된다(대판 2010. 5. 13, 2009도13332).

⑫ 구 아동·청소년의 성보호에 관한 법률들 제2조 제5호에서 말하는 '아동·청소년이용음란물'은 '아동·청소년'이나 '아동·청소년 또는 아동·청소년으로 인식될 수 있는 사람이나 표현물'이 등장하여 그 아동·청소년 등이 제2조 제4호 각 목의 행위나 그 밖의 성적 행위를 하거나 하는 것과 같다고 평가될 수 있는 내용을 표현하는 것이어야 한다(대판 2013. 9. 12, 2013도502).

⑬ 정보통신망에 의하여 처리·보관 또는 전송되는 타인의 정보를 훼손하거나 타인의 비밀을 침해·도용 또는 누설하는 행위를 금지·처벌하는 규정인 정보통신망 이용촉진 및 정보보호 등에 관한 법률 제49조 및 제62조 제6호의 '타인'에는 생존하는 개인뿐만 아니라 이미 사망한 자도 포함된다(대판 2007. 6. 14, 2007도2162).

⑭ '약국 개설자가 아니면 의약품을 판매하거나 판매 목적으로 취득할 수 없다'고 규정한 구 약사법 제44조 제1항의 '판매'에 무상으로 의약품을 양도하는 '수여'를 포함시켜 해석하는 것은 죄형법정주의에 위배된다고 볼 수 없다(대판 2011. 10. 13, 2011도6287).

⑮ 노래연습장에서 손님이 직접 이른바 '티켓걸'을 부르고 그 티켓비를 지급하는 것을 업소주인이 알고서 용인한 경우, 구 식품위생법 시행령이 정하는 '유흥종사자를 둔' 경우에 해당하는 경우로 죄형법정주의에 위배된다고 볼 수는 없다(대판 2006. 2. 24, 2005도9114).

⑯ 이메일 출력물의 제출은 '타인의 비밀'을 누설하는 방법에 불과하고 이 사건 소정의 '타인의 비밀'에 해당하지 않는다고 하여 피고인의 행위가 소정의 '정보통신망에 의하여 처리·보관 또는 전송되는 타인의 비밀'

을 누설한 행위에 해당하지 않는다고 볼 수는 없고, 이러한 해석이 죄형법정주의 원칙에 반하는 확장해석이라고 보이지도 않는다(대판 2008. 4. 24, 2006도8644).

⑰ 약국 개설자가 아니면 의약품을 판매하거나 판매 목적으로 취득할 수 없다'고 규정한 구 약사법 제44조 제1항의 '판매'에 무상으로 의약품을 양도하는 '수여'를 포함시키는 것은 죄형법정주의에 위배되지 않는다(대판 2011. 10. 13, 2011도6287).

⑱ 교육감 선거에 공직선거법을 준용하기 위한 객관적인 기준을 제시하고 있으므로 자의를 허용하지 않는 통상의 해석방법에 의하더라도 누구나 이 사건 지방교육자치법 조항에 의하여 공직선거법의 어떠한 조항이 준용될 것인지, 그에 따라 구체적으로 어떠한 행위가 금지되고 있는지를 충분히 알 수 있다고 할 것이므로 명확성 원칙에 위배된다고 할 수 없다(대판 2012. 11. 29, 2010도9007).

4) 명확성원칙

(1) 의의

형법은 구성요건과 제재를 분명하게 기술해야 한다. 절대적부정기형은 금지된다. 상대적부정기형은 소년법(제60조)에서 인정하고 있다. 그러나 보안처분은 그 성질상 반드시 정기일 것을 요하지 않는다. 그러나 복잡한 사회현상을 추상적 표현으로 규정하는 법규범의 성격상 형법에 규정된 범죄와 형벌에 관한 개념들이 어느 정도의 불명확성을 띠는 것은 불가피한 일이다. 따라서 명확성의 원칙이란 명확성의 유무가 아니라 정도의 문제이고 일정한 정도의 명확성이 없는 범죄 및 형벌 규정은 명확성의 원칙에 반한다고 할 수 있다.

(2) 내용

(가) 구성요건의 명확성

통상의 판단능력을 가진 일반인이 합리적으로 판단할 때 무엇이 금지되어 있는가를 예견할 수 있도록 명확하게 규정하여야 하고, 법관이 자의적으로 확장할 수 없는 개념을 사용해야 한다.

(나) 제재의 명확성

범죄에 대하여 어떤 형벌과 보안처분을 과할 것인가를 명확하게 규정하여야 한다. 그러나 절대적 형벌은 형사정책적으로 불합리하므로 형벌의 종류와 범위를 특정하면 된다. 재제의 명확성은 (i) 부정기형은 절대적 부정기형과 상대적 부정기형이 있다. 절대적 부정기형은 법적 안정성을 해하고 인권보장을 해하므로 법정형이든 선고형이든 허용되지 않는다. 그러나 상대적 부정기형은 형기를 수형자의 개선의 진도에 따르게 함으로써 교정교육의 효과를 기대하는 것으로 허용된다(소년법 제60조). (ii) 부정기 보안처분은 법적 안정성을 해함으로 인정할 수 없다(다수설).

〈판례연구〉 명확성의 원칙에 반하는 경우

① 외국환관리규정의 '도박 기타 범죄 등 선량한 풍속 및 사회질서에 반하는 행위'라는 요건(대판 1998. 6. 19, 97도2231).
② '음란'의 개념과는 달리 '저속'의 개념(헌재결 1998. 4. 30, 95헌가16).
③미성년자보호법 제2조의 2의 불량만화에 대한 정의 중 '잔인성을 조장할 우려가 있거나 범죄의 충동을 일으키게 할 수 있는' 규정 및 구 아동복지법상의 '아동의 덕성을 심히 해할 우려가 있는 도서 등의 제작행위'를 처벌하는 규정(헌재결 2002. 2. 28, 99헌가8).
④ 화물자동차로 취급을 받는 자동차(화물자동차로 등록됨)이면서도 밴형자동차처럼 승객을 운송하기에 적합한 자동차가 화물자동차이면서 동시에 승용 또는 승합자동차일 수 있다고 하는 해석(대판 2004. 11. 18, 2004도1228 전원합의체).
⑤ '공공의 안녕질서 또는 미풍양속을 해하는'이라는 전기통신사업법 제53조 제1항의 불온통신의 개념(헌재결 2002. 6. 27, 99헌마480).
⑥ "가정의례의 참뜻에 비추어 합리적인 범위 안에서 대통령령이 정하는 행위는 그러하지 아니하다"라고 규정한 구 가정의례에 관한 법률 제4조 제1항(헌재결 1998. 10. 15, 98헌마168).
⑦ 직업안전법 제46조 제1항 제2호의 '공중도덕상 유해한 업무'라는 부분(헌재결 2005. 3. 31, 2004헌마 29).
⑧ "약국을 관리하는 약사 또는 한약사는 보건복지부령으로 정하는 약국관리에 필요한 사항을 준수하여야 한다"는 약사법 제19조 제4항(헌재결

2000. 7. 20, 99헌가15).

⑨ .'현저히 사회적 불안을 야기시킬 우려가 있는 집회 또는 시위'를 주관하거나 개최한 자를 처벌하고 있는 개정 전 집회 및 시위에 관한 법률 제3조 제4호, 제14조 제1항(헌재결 1992. 1. 28, 89헌가8).

⑩ 전기통신기본법 제47조 제1항은 "공익을 해할 목적"의 허위의 통신을 금지하는바, 여기서의 "공익"은 형벌조항의 구성요건으로서 구체적인 표지를 정하고 있는 것이 아니라, 헌법상 기본권 제한에 필요한 최소한의 요건 또는 헌법상 언론·출판의 자유의 한계를 그대로 법률에 옮겨 놓은 것에 불과할 정도로 그 의미가 불명확하고 추상적이어서 죄형법정주의의 명확성의 원칙에 위배된다(헌재 2010. 12. 28, 2008헌바157, 2009헌바88(병합)).

〈판례연구〉 명확성의 원칙에 반하지 않는 경우

① 형법 제243조 음화반포죄의 구성요건에'음란'이라는 규범적 구성요건요소를 사용한 경우(대판 1995. 6. 16, 94도2413).

② 국가보안법 소정의 각 범죄구성요건의 개념이 애매모호하고 광범위하게 규정되어 있는 경우(대판 1997. 5. 16, 96도2696).

③ 청소년보호법 제26조의 2 제8호'풍기를 문란하게 하는 영업행위를 하거나 그를 목적으로 장소를 제공하는 행위'라는 조항(대판 2003. 12. 26, 2003도5980).

④ 형법 뇌물죄의 적용에 있어서 지방공사·공단의 임직원을 공무원으로 본다는 규정(지방공기업법 제83조 : 대판 2001.1.19, 99도5753)

⑤ 유해화학물질관리법 제35조 제1항의 '섭취 또는 흡입'의 개념(대판 2000. 10. 27, 2000도4187).

⑥ 구 식품위생법에 의한 보건복지부장관의 고시 규정 중 '일반인들의 전래적인 식생활이나 통념상 식용으로 하지 아니한 것', '식품원료로서 안정성 및 건전성이 입증되지 아니한 것'의 개념(대판 2000. 10. 27, 2000도1007).

⑦ 구 증권투자신탁업법 제32조 제1항 제1호의 '신탁재산으로 수익자 외의 자의 이익을 위한 행위'라는 규정(대판 2004. 7. 9, 2004도810).

⑧ '당해 거주자와 비거주자 간 채권의 발생 등에 관한 거래와 관련이 없는 지급'을 한국은행 총재의 허가사항으로 규정한 구 외국환관리규정(대판 2006. 5. 11, 2006도920).

⑨ 대기환경보전법 제2조 제12호의 '소량'이라는 규정(대판 2005. 12. 8,

2004도5529).

⑩ 영리를 목적으로 한의사가 아닌 자가 '한방 의료행위'를 업으로 한 경우 무기 또는 2년 이상의 징역에 처하도록 규정한 보건범죄단속에 관한 특별조치법 제5조 중 '한방 의료행위' 부분(헌재결 1996. 12. 26, 93헌바65).

⑪ 구 정치자금에 관한 법류 제2조 제1항의 '이 법에 의하지 아니한 방법'이라는 규정(대판 2006. 12. 22, 2006도1623).

⑫ "법령에 의하여 수출에 필요한 허가·승인·추천·증명 기타 조건을 구비하지 아니하거나 부정한 방법으로 구비하여 수출한 자는 1년 이하의 징역 또는 2,000만 원 이하의 벌금에 처한다."고 규정하고 있는 관세법 제270조 제3항(대판 2007. 5. 31, 2005도1074).

⑬ 공직선거법 제232조 제1항 제2호의 경우, 처벌 대상을 후보자를 사퇴한 데 대한 대가를 목적으로 '후보자이었던 사람에게 재산상의 이익이나 공사의 직을 제공하는 행위' 및 '후보자이었던 사람이 이를 수수하는 행위'에 한정하고 있는 것은 죄형법정주의의 명확성 원칙 등에 위배된다고 볼 수 없다(대판 2012. 9. 27, 2012도4637).

⑭ 국가보안법 제4조 제1항 제2호 (나)목에 규정된 '국가기밀'은 그 행위주체를 '반국가단체의 구성원 또는 그 지령을 받은 자'로 한정하고 있을 뿐만 아니라 그 행위가 '반국가단체의 목적수행을 위한 행위'일 것을 그 구성요건으로 하고 있어 행위주체와 행위태양의 면에서 제한을 하고 있는 점 등에 비추어 보면, 위 규정이 헌법에 위배된다고 할 정도로 죄형법정주의가 요구하는 명확성의 원칙에 반한다고 할 수 없다(대판 2013. 7. 26, 2013도2511).

⑮ 폭력행위 등 처벌에 관한 법률 제4조의 '활동' 부분이 명확성의 원칙에 반하는지 않는다(대판 2008. 5. 29, 2008도1857).

⑯ 앞지르기 금지장소로서 규정된 도로교통법 제20조의2 제2호의 "도로의 구부러진 곳"이라는 표현이 명확성의 원칙에 반하여 않는다(헌재결 2000. 2. 24, 99헌가4).

⑰ 경찰에 관한 직무를 행하는 자 또는 이를 보조하는 자'에 '그 직무를 행함에 당하여'라 함은 '경찰 등이 그 직무를 행하는 기회'라는 뜻으로 해석되는바, 따라서 이 사건 법률조항은 죄형법정주의의 명확성원칙에 위반되지 않는다(헌재결 2015. 3. 26, 2013헌바140).

⑱ 총포·도검·화약류 등 단속법 시행령 제23조 제2항에서의 '사용'에는 쏘아 올리는 꽃불류의 '설치행위'도 포함되는 것으로 해석되고, 이러한 해석이 형벌법규의 명확성의 원칙에 반하는 것이거나 죄형법정주의에

의하여 금지되는 확장해석이나 유추해석에 해당하는 것으로 볼 수는 없다(대판 2010. 5. 13, 2009도13332).

5) 적정성의 원칙

(1) 의의

범죄와 형벌이 법률로 명확히 규정되어 있다고 하더라도 그 내용이 적정하지 못하면 죄형법정주의에 반한다. 적정성의 원칙은 형벌법규 적용의 필요성과 죄형균형을 그 내용으로 한다. 범죄와 형벌의 범위가 넓어진다는 것은 국민의 자유 등 기본권이 그만큼 제약되는 것을 의미한다. 따라서 형사입법권의 과도한 행사를 제한할 필요가 있는데 이것이 현대적 실질적 의미의 죄형법정주의의 내용이다. 따라서 적정선을 넘어서 과도하게 범죄를 규정하는 과잉범죄화나 과잉형벌화는 형식적 의미의 죄형법정주의는 만족시킬 수 있을지는 모르나 실질적 죄형법정주의에는 위반된다.

(2) 내용

(i) 적합성의 원칙은 형벌은 국가가 추구하는 목적을 달성하는 데 적합한 수단이어야 한다. (ii) 필요성의 원칙은 법은 인간의 공동생활을 보장하기 위한 불가결한 가치를 보호하기 위한 수단으로만 사용되어야 하며, 불가피한 최소한에 그쳐야 한다. (iii) 균형성의 원칙은 형벌은 행위자에게 책임이 있는 경우에 한하여 부과되어야 하며, 또한 책임의 정도를 초과해서는 안 된다. (iv) 책임원칙은 형벌은 행위자에게 책임이 있는 경우에 한하여 부과되어야 한다(책임 없으면 형벌 없다).

〈판례연구〉 적정성의 원칙에 반하는 경우

① 사고피해자를 유기한 도주차량운전자에게 살인죄보다 무거운 형을 법정형으로 규정한 것은 지나치게 과중하고 가혹한 법정형을 정한 것으로 헌법에 위법된다(헌재결 1992. 4. 28, 90헌바24).

② 폭력행위 등 처벌에 관한 법률 제3조 제2항이 야간에 흉기 기타 위험

한 물건을 휴대하여 협박의 죄를 범한 자를 일률적으로 5년 이상의 유기징역형에 처하도록 규정한 것은 실질적 법치국가 내지는 사회적 법치국가가 지향하는 죄형법정주의의 취지(즉, 적정성의 원칙)에 어긋날 뿐만 아니라 헌법적 한계인 과잉금지의 원칙 내지는 비례의 원칙에도 어긋난다(헌재결 2004. 12. 16, 2003헌가12).

③ (구)반국가행위자의 처벌에 관한 특별조치법 제8조는 피고인의 소환불응에 대하여 전재산 몰수를 규정한바, 설사 반국가행위자의 고의적인 소환불응을 범죄행위라고 규정하는 취지라 해도 이러한 행위에 대해 전재산의 몰수라는 형벌은 형벌체계상 정당성과 균형을 벗어나 적법절차 및 과잉금지의 원칙에 어긋난다(헌재결 1996. 1. 25, 95헌가5).

④ 상관을 살해한 경우 사형만을 유일한 법정형으로 규정하고 있는 군형법(1962. 1. 20. 법률 제1003호로 제정된 것) 제53조 제1항(이하 '이 사건 법률조항'이라 한다)이 형벌과 책임 간의 비례원칙에 위배된다(헌재 2007. 11. 29, 2006헌가13).

⑤ 사형이라는 형벌은 예외적인 경우에만 인정되어야 할 것인데, 단지 반국가적 범죄를 반복하여 저질렀다는 이유만으로 다시 범한 죄가 국가보안법 제7조 제5항, 제1항과 같이 비교적 경미한 범죄라도 사형까지 선고할 수 있도록 한 것은 그 법정형이 형벌체계상의 균형성을 현저히 상실하여 정당성을 잃은 것이므로 실질적 법치국가의 이념에 반한다(헌재 2002. 11. 28, 2002헌가5).

〈판례연구〉 적정성의 원칙에 반하지 않는 경우

① 준강도가 범한 강도상해죄의 법정형의 하한이 살인죄의 그것보다 높다고 하여 바로 과잉금지의 원칙을 위배하였다고 할 수 없다.(헌재결 1997. 8. 21, 96헌바9).

② 도시 및 주거환경정비법 제84조가 주택재건축조합의 임원을 뇌물죄의 적용에 있어서 공무원으로 의제한 것은 과잉금지의 원칙에 위반된다고 볼 수 없다(대판 2007. 4. 27, 2007도694).

③ 청소년의 성보호에 관한 법률 제10조 제4항이 위계 또는 위력을 사용하여 여자 청소년을 간음한 자에 대한 법정형을 여자 청소년을 강간한 자에 대한 법정형과 동일하게 정하였다고 하여 이를 두고 형벌체계상의 균형을 잃은 자의적인 입법이라고 할 수는 없다(대판 2007. 8. 23, 2007도4818).

④ 특정 성폭력범죄자에 대한 위치추적 전자장치 부착에 관한 법률 제9조

제5항의 전자감시제도는 일종의 보안처분으로서 형벌과는 그 목적이나 심사대상 등을 달리하므로 위 조항이 평등 원칙, 과잉금지의 원칙, 일사부재리의 원칙 등에 위배된다고 볼 수는 없다(대판 2009. 5. 14, 2009도1947).

⑤ 특수강도강간죄와 특수강도강제추행죄의 법정형을 동일하게 규정하고 있는 성폭력범죄의 처벌 및 피해자보호 등에 관한 법률 제5조 제2항이 비례성의 원칙, 형벌의 체계 정당성, 평등의 원칙 등에 어긋나거나 공정한 재판을 받을 권리를 침해하는 것은 아니다(대판 2007. 2. 8, 2006도7882).

⑥ 공직후보자의 배우자 소유 재산에 대한 허위 신고 및 공개 행위를 처벌대상으로 삼는 공직선거법 제250조 제1항이 헌법이 정한 형사상 자기책임원칙, 죄형법정주의에 위배되는지 않는다(대판 2009. 10. 29, 2009도5945).

⑦ 군사기밀보호법 제11조 군사기밀 탐지·수집행위의 법정형을 10년 이하의 징역으로 규정하고 있는 것과 달리 국가보안법 제4조 제1항 제2호 (나)목의 법정형이 사형·무기 또는 7년 이상의 징역으로 규정되어 있다는 등의 사정만으로 적정성의 원칙을 위해했다고 볼 수 없다(대판 2013. 7. 26, 2013도2511).

§4. 형법의 적용범위

1. 형법의 시간적 적용범위

제1조 (범죄의 성립과 처벌) ① 범죄의 성립과 처벌은 행위시의 법률에 의한다.

1) 원칙 – 행위시법주의

형법은 행위시주의를 원칙으로 한다. 따라서 범죄의 성립과 처벌은 행위시의 법률에 의한다(제1조 제1항). 여기서 행위시란 범죄행위의 실행착수 후 종료시를 말한다. 법률은 국회에서 제정한 형식적 의미의 법률을 의미하며, 명령·규칙은 포함하지 아니한다.

〈판례연구〉 행위시법

① 일반인의 법률사건에 관한 화해관여행위를 처벌하는 변호사법의 개정 전에 착수된 행위라도 관여행위가 법률개정 이후에 종료된 것이라면 변호사법 위반죄에 해당한다(대판 1994. 5. 10, 94도563).

〈판례연구〉 포괄일죄의 행위시법

① 포괄일죄로 되는 개개의 범죄행위가 법 개정의 전후에 걸쳐서 행하여진 경우에는 신·구법의 법정형에 대한 경중을 비교하여 볼 필요도 없이 범죄 실행 종료시의 법이라고 할 수 있는 신법을 적용하여 포괄일죄로 처단하여야 한다(대판 1998. 2. 24, 97도183).

② 상습으로 사기의 범죄행위를 되풀이 한 경우에 특정경제범죄가중처벌등에 관한 법률시행 이후의 범행으로 인하여 취득한 재물의 가액이 위 법률 제3조 제1항 제3호의 구성요건을 충족하는 때는 그중 법정형이 중한 위 특정경제범죄가중처벌 등에 관한 법률위반의 죄에 나머지 행위를 포괄시켜 특정경제범죄가중처벌 등에 관한 법률위반의 죄로 처단하여야 한다(대판 1986. 7. 22, 86도1012 전합).

③ 포괄일죄인 시세조종행위가 증권거래법 개정 법률 시행 전후에 걸쳐 있는 경우, 증권거래법 시행 이후의 범행으로 인하여 얻은 이익 또는 회피한 손실액이 같은 법 제207조의2 제2항 소정의 구성요건을 충족하는 때에는 같은 법 제207조의2 제2항을 적용하여 처벌할 수 있으나, 그렇지 않은 경우에는 법률불소급의 원칙상 (구)증권거래법(2002. 4. 27. 법률 제6695호로 개정되기 전의 것) 제207조의2를 적용하여 처벌하여야 한다(대판 2005. 3. 24, 2004도8651).

2) 예외 – 재판시법주의

제1조 (범죄의 성립과 처벌) ② 범죄 후 법률의 변경에 의하여 그 행위가 범죄를 구성하지 아니하거나 형이 구법보다 경한 때에는 신법에 의한다.
③ 재판확정 후 법률의 변경에 의하여 그 행위가 범죄를 구성하지 아니하는 때에는 형의 집행을 면제한다.

신법적용의 요건은 범죄 후 법률의 변경에 의하여 그 행위가 범죄를 구성하지 않거나, 형이 구법보다 경한 때에는 신법에 의한다(제1조 제2항). 형의 경중은 제50조를 기준으로 한다. 형의 경중의 비교대상은 법정형이지만, 법정형인한 주형뿐만 아니라 부가형도 포함되고, 가중·감면사유와 선택형의 가능성도 비교해야 한다(실질적기준설). 재판확정 후 법률의 변경으로 그 행위가 범죄를 구성하지 아니하는 경우에는 형의 집행을 면제한다(제1조 제3항).

〈표 1-5〉 재판시법주의(경한 법 소급의 원칙)

구분	비범죄화	경한형으로 변경
범죄 후 재판확정 전(§1②)	면소판결[1]	신법
범죄 후 재판확정 후(§1③)	형 집행면제	구법(종래의 형을 집행)

〈판례연구〉 법률의 변경이 아닌 경우

① 무단 반출한 물품에 대한 세율이 범행 당시는 100퍼센트였으나 그 후 관세법의 개정으로 40퍼센트로 변경되었다고 하더라도 조세채권의 성립요건이 충족된 후에 조세법이 개정되더라도 그 구 조세법의 규정에 의하여 발생한 조세채권의 내용에는 아무 영향이 없고, 세율의 변경은 형의 변경이라고 할 수도 없어 포탈세액을 종전의 세율에 따라 산정한 것은 적법하다(대판 1984. 12. 26, 83도1988).

② 누설한 군사기밀사항이 누설행위 이후 평문으로 저하되었거나 군사기밀이 해제되었다고 하더라도 이를 법률의 변경으로 볼 수 없으므로 재판시 법적용 여부가 문제될 여지는 없다(대판 2000. 1. 28, 99도4022).

③ 기업회계기준이 개정되었지만 그 부칙에 따라 개정 전의 기업회계기준을 적용하여야 할 사안에서, 개정된 기업회계기준을 적용하여 작성한 재무제표를 금융기관에 제출하는 행위가 사기죄의 기망행위에 해당하고 그 후 개정된 회계처리기준이 실제 시행된 사정이 범죄 후 법률이 변경된 경우에 해당하지 않는다(대판 2007. 6. 1, 2006도1813).

④ 이미 부정한 방법으로 수입승인을 얻어 내어 수입면허를 받은 물품에 대하여 사후에 그 수입승인조건에 변경이 있다 하여 범죄 후 형의 폐지나 변경에 해당한다고 볼 수 없다(대판 1995. 1. 24, 94도2787).

⑤ 외국환관리규정의 개정으로 인하여 거주자의 집중의무의 면제범위가 확

1) (i) 사면이 있은 때, (ii) 공소시효의 완성, (iii) 범죄 후 형이 폐지되었을 때(비범죄화되었을 때).

대되었다고 하여도 이는 범죄후 법률의 변경에 의하여 그 집중의무위반의 범죄행위가 범죄를 구성하지 않게 되거나 형이 가볍게 된 경우에 해당하는 것이 아니므로 형법 제1조 제2항이 적용될 여지가 없다(대판 1989. 5. 23, 89도570).

⑥ 외국환관리규정의 개정으로 일정한 범위의 외화의 사용과 투자가 허용되었다고 하여도 이는 범죄 후 법률의 변경에 의하여 범죄를 구성하지 않거나 형이 가볍게 된 경우에 해당하는 것이 아니므로 형법 제1조 제2항이 적용될 여지가 없다(대판 1989. 2. 14, 88도2211).

〈판례연구〉 경한 형으로 변경된 경우

① 양벌규정에 면책규정이 신설된 것이 범죄 후 법률의 변경에 의하여 그 행위가 범죄를 구성하지 않거나 형이 구법보다 경한 경우에 해당한다(대판 2011. 3. 24, 2009도7230).

② 구 정보통신망 이용촉진 및 정보보호 등에 관한 법률의 양벌규정이 개정되어 법인에 대한 면책규정이 추가된 것이 형법 제1조 제2항에서 정한 '범죄 후 법률의 변경에 의하여 그 행위가 범죄를 구성하지 아니하거나 형이 구법보다 경한 경우'에 해당한다(대판 2012. 5. 9, 2011도11264).

③ 구 특정경제범죄가중처벌등에관한법률 제3조 제1항 제3호를 적용하여 가중처벌하는 항소심판결 선고후 위 법률이 개정되어 위 법 제3조 제1항 제3호가 삭제된 경우 상고사유인 "판결 후 형의 변경이 있는 때"에 해당한다(대판 1991. 1. 25, 90도2560).

〈판례연구〉 수차 법률이 변경이 있는 경우

① 행위시와 재판시 사이에 수차 법령의 변경이 있는 경우에는 이 점에 관한 당사자의 주장이 없더라도 본조 제2항에 의하여 직권으로 행위시법과 제1, 2 심판시법의 세가지 규정에 의한 형의 경중을 비교하여 그중 가장 형이 경한 법규정을 적용하여 심판하여야 한다(대판 1968. 12. 17, 68도1324).

② 특강법 제2조 제1항 제3호는 2011. 3. 7. 법률 제10431호로 개정됨으로써 2010. 3. 31. 개정되기 전의 특강법과 같이 단순 강간행위에 의한 상해·치상죄도 '특정강력범죄'의 범위에 포함시켰으나, 범죄행위 시와 재판 시 사이에 여러 차례 법령이 개정되어 형의 변경이 있는 경우에는 형법 제1조 제2항에 의하여 직권으로 그 전부의 법령을 비교하여

그 중 가장 형이 가벼운 법령을 적용하여야한다(대판 2012. 9. 13, 2012도7760).

〈판례연구〉 형의 경중의 비교방법

① 개정 전의 '3년 이하의 징역 또는 200만 원 이상 1천만 원 이하의 벌금'이 '3년 이하의 징역 또는 1천만 원 이하의 벌금'으로 되어 형법 제1조 제2항에 따라 개정된 법률에 의하여 처벌하여야 할 것이다(대판 1996. 2. 13, 95도2843).

② 행위시법인 구 변호사법(1982.12.31 개정전의 법률) 제54조에 규정된 형은 징역 3년이고 재판시법인 현행 변호사법 제78조에 규정된 형은 5년 이하의 징역 또는 1천만원 이하의 벌금으로서 신법에서는 벌금형의 선택이 가능하다 하더라도 법정형의 경중은 병과형 또는 선택형 중 가장 중한 형을 기준으로 하여 다른 형과 경중을 정하는 것이므로 행위시법인 구법의 형이 더 경하다(대판 1983. 11. 8, 83도2499).

③ 신·구형법의 형의 경중을 비교함에 있어 형의 가중 또는 감경을 한 후에 비교 하여야 한다.

④ 법원이 인정하는 범죄사실이 공소사실과 차이가 없이 동일한 경우에는 비록 검사가 재판시법인 개정 후 신법의 적용을 구하였더라도 그 범행에 대한 형의 경중의 차이가 없으면 구법을 적용할 수 있다(대판 2002. 4. 12, 2000도3350).

⑤ 형의 경중의 비교는 원칙적으로 법정형을 표준으로 할 것이고 처단형이나 선고형에 의할 것이 아니며, 법정형의 경중을 비교함에 있어서 법정형 중 병과형 또는 선택형이 있을 때에는 이 중 가장 중한 형을 기준으로 하여 다른 형과 경중을 정하는 것이 원칙이다(대판 1992. 11. 13, 92도2194).

⑥ 구 형법의 같은 조항의 법정형이 "5년 이하의 징역"이었던 것이 "5년 이하의 징역 또는 1천만 원 이하의 벌금"이 되어 벌금형이 추가됨으로써 원심판결 후에 형이 가볍게 변경되었음이 분명하다(대판 1996. 7. 26, 96도1158).

3) 한시법

(1) 의의

협의로는 형벌법규에 유효기간이 명시되어 있는 것을 말하고, 광의로는 협의의 한시법과 일시적 사정에 대처하기 위하여 제정된 법률을 포함한다. 독일 형법 제2조 제4항은 일정한 기간 효력이 있는 법률은 그 법률이 실효된 후에도 그 유효기간 중에 행해진 행위에 대하여 적용한다고 하여 한시법의 추급효를 인정하는 규정을 두고 있다.

(2) 한시법의 추급효 인정여부

(가) 추급효 긍정설

(i) 추급효를 인정하지 않는다면 법의 실효성을 유지할 수 없다. (ii) 유효기간이 경과하였다고 하더라도 경과전의 행위는 여전히 비난가치가 있다.

(나) 추급효 부정설(다수설)

(i) 법률의 실효도 특별규정이 없는 한 당연히 제1조 제2항의 재판시법주의를 따라야 한다. (ii) 법의 실효성문제는 입법으로 해결할 문제이지 형법의 해석을 좌우할 수 없다.

(다) 동기설(판례)

한시법의 실효된 동기가 사실관계의 변화에 있으면 가벌성을 인정하고 그 동기가 법률적 견해의 변경이라면 가벌성을 부정하자는 견해이다.

〈판례연구〉 추급효 인정(사실관계의 변화)

① 허가나 신고 없이 개발제한구역 내 공작물 설치행위를 할 수 있도록 법령이 개정된 경우(대판 2007. 9. 6, 2007도4197 ∵ 개정법령이 시행되기 전에 이미 범하여진 개발제한구역 내 비닐하우스 설치행위에 대한 가벌성이 소멸 안됨).

② 유해화학물질을 신고하지 않고 수입하였는데 신고 대상에서 제외된 경우(대판 1994. 4. 12, 94도221).

③ 수입식품의 유통기한의 표시를 자율화하도록 식품위생법력이 변경된 경우(대판 1997. 2. 28, 96도2247).

④ 공산품품질관리법상 공업진흥청의 품질검사지정 상품에서 제외된 경우(대판 1989. 4. 25, 88도1993).

⑤ 외국환관리규정의 개정으로 거주자가 허가를 받지 아니하고 휴대·출국

할 수 있는 해외여행 기본 경비가 증액된 경우(대판 1996. 2. 23, 95도 2858).

⑥ 부동산중개보조원 인원수 제한규정의 폐지(대판 2000. 8.18, 2000도29430).

⑦ 식품위생법상 단란주점 영업시간 제한 해제(대판 2000. 6. 9, 2000도764).

⑧ 도로교통법상 지정차로제도의 폐지(대판 1999. 11. 12, 99도 3567).

⑨ 법령개폐로 한국전기통신공사를 정부투자기관에서 제외(대판 1997. 12. 9, 97도2682).

⑩ 부동산소유권 이전등기에 관한 특별조치법 폐지(대판 1988. 3. 22, 87도2678).

⑪ 도로교통법상 운전자 준수사항에서 부당요금징수를 삭제(대판 1987. 3. 10, 86도42).

⑫ 도로운송차량법 시행규칙의 자동차점검기간을 길게 연장(대판 1980. 7. 22, 79도2953).

⑬ 계엄포고령을 해제한 경우(대판 1985. 5. 28, 81도1045).

⑭ 부정한 방법으로 수입승인을 얻어 내어 수입면허를 받은 물품에 대하여 사후에 그 수입승인조건에 변경(대판 1995. 1. 24, 94도2787).

〈판례연구〉 추급효 부정(법률이념의 변경)

① 청소년보호법상 청소년의 숙박업소출입허용 행위를 처벌대상에서 제외(대판 2000. 12. 8, 2000도2626).

② 협회등록법인이 아닌 단순한 등록법인의 미공개 정보를 이용한 내부자 거래행위를 처벌 대상에서 제외시킨 경우(대판 1999. 6. 11, 98도3097).

③ 특정경제범죄가중처벌 등에 관한 법률의 개정으로 사기죄와 업무상 배임죄의 재산상 이익의 가액이 증액된 경우(대판 1991. 1. 25, 90도2560 ; 대판 1991.12.27., 91도196).

④ 축산물가공처리법 시행규칙이 사전검사대상에서 개고기를 판매목적으로 진열하는 행위를 삭제한 경우(대판 1979. 2. 27, 78도1690).

⑤ 계량법 시행령이 화학용 부피계에 대하여 검정제도를 폐지한 경우(대판 1983. 2. 8, 81도165).

⑥ 특정범죄가중처벌 등에 관한 법률상의 조항이 개정되어 포탈세액의 하한이 증액되거나 (대판 1983. 9. 13, 80도902), 뇌물액이 인상된 경우

(대판 1991.1.8., 90도2485).

⑦ 재산명시절차에서 정당한 사유 없이 명시기일에 출석하지 아니한 자에 대하여 형벌 대신 감치에 처하도록 법령이 개정된 경우(대판 2002. 9. 24, 2002도4300).

⑧ 소규모 종교집회장(300평방미터 미만)의 용도변경에 허가를 요하지 않게 건축법 규정을 개정한 경우(대판 1992. 11. 27, 92도2106).

4) 백지형법

일정한 형벌만 규정하고 그 조건인 금지내용은 다른 법령에 위임하여 보충하게 하는 형벌법규(각종 경제통제 법령)이다. 백지형법이라 하더라도 유효기간이 명시된 경우가 아니면 한시법이 아니다(통설).

2. 형법의 장소적 적용범위

1) 일반원칙

(1) 속지주의

제 2 조 (국내범) 본법은 대한민국 영역 내에서 죄를 범한 내국인과 외국인에게 적용한다.

제 4 조 (국외에 있는 내국선박 등에서 외국인이 범한 죄) 본법은 대한민국 영역 외에 있는 대한민국의 선박 또는 항공기내에서 죄를 범한 외국인에게 적용한다.

형법을 자국의 영토 내에서 발생하는 모든 범죄에 대하여 적용한다. 속지주의의 한 형태로 기국주의가 있다. 기국주의는 국외를 운항중인 자국의 선박 또는 항공기내에서 행한 범죄에 대하여 자국형법을 적용한다.

〈판례연구〉 외국인의 행위 중 일부가 대한민국 영역 내에서 행해진 경우

① 외국인이 대한민국 공무원에게 알선한다는 명목으로 금품을 수수하는 행위가 대한민국 영역 내에서 이루어진 이상, 비록 금품수수의 명목이 된 알선행위를 하는 장소가 대한민국 영역 외라 하더라도 대한민국 영

역 내에서 죄를 범한 것이라고 하여야 할 것이므로, 형법 제2조에 의하여 대한민국의 형벌법규인 구 변호사법(2000. 1. 28. 법률 제6207호로 전문 개정되기 전의 것) 제90조 제1호가 적용되어야 한다(대판 2000. 4. 21, 99도3403).

② 국외에서 국외로 운반중인 히로뽕이 경유지인 국내 공항에서 환적을 위하여 항공사측에 의하여 일시적으로 지상반출 된 경우, 히로뽕의 오용 또는 남용으로 인한 보건위생상의 위해발생의 위험성이 이미 발생하였다는 이유로 향정신성의약품의 수입에 해당하고, 형법 제2조를 적용함에 있어서 공모공동정범의 경우 공모지도 범죄지로 보아야 한다(대판 1998. 11. 27, 98도2734).

(2) 속인주의

제3조 (내국인의 국외범) 본법은 대한민국영역 외에서 죄를 범한 내국인에게 적용한다.

자국의 국적을 갖는 사람의 범죄에 자국 형법을 적용하는 원칙이다. 국적주의라고도 한다.

(3) 보호주의

제5조 (외국인의 국외범) 본법은 대한민국 영역 외에서 다음에 기재한 죄를 범한 외국인에게 적용한다.

1. 내란의 죄
2. 외환의 죄
3. 국기에 관한 죄
4. 통화에 관한 죄
5. 유가증권, 우표와 인지에 관한 죄
6. 문서에 관한 죄 중 제225조 내지 제230조[2)]
7. 인장에 관한 죄 중 제238조

제6조 (대한민국과 대한민국국민에 대한 국외범) 본법은 대한민국 영역 외에서 대한민국 또는 대한민국국민에 대하여 전조에 기재한 이외의 죄를 범한 외국인에게 적용한다. 단 행위지의 법률에 의하여 범죄를 구성하지 아니하거나 소추 또는 형의 집행을 면제할 경우에는 예외로 한다.

2) 제225조: 공문서위조·변조죄, 제226조: 자격모용에 의한 공문서작성죄, 제227조: 허위공문서작성죄, 제227조의 2: 공전자 위작·변작죄, 제228조: 공정증서원본부실기재죄, 제229조: 위조·변조 등 공문서사용죄, 제230조: 공문서부정사용죄

자국이나 자국민의 이익을 해치는 범행모두를 자국 형법으로 처벌하는 원칙이다. 누구에 의하여 어느 곳에서 발생하였는가에 관계없이 자국 형법을 적용한다(제6조). 행위지의 법률에 의하여 범죄를 구성하지 아니하거나 소추 또는 형집행을 면제할 경우는 벌하지 않는다. 이 원칙은 국가 간의 마찰을 야기할 소지가 크므로 국제조약에 의한 입법적 보완이 요구된다.

〈판례연구〉 보호주의에 의해 우리 형법이 적용되는 경우

① 선장을 비롯한 일부 선원들을 살해하는 등의 방법으로 선박의 지배권을 장악하여 목적지까지 항해한 후 선박을 매도하거나 침몰시키려고 한 경우에 선박에 대한 불법영득의 의사가 있다고 보아 해상강도살인죄와 사체유기죄의 경합범으로 우리 형법이 적용되는 것은 보호주의의 결과이다(대판 1997. 7. 25, 97도1142) 페스카마 15호 선상 살인사건.

〈판례연구〉 보호주의에 의해 우리 형법이 적용되지 않는 경우

① 중국인이 중국에서 대한민국 국적 주식회사의 인장을 위조한 경우 외국인의 국외범으로서 재판권이 없다(대판 2002.11.26, 2002도4929 ∵ 사인위조죄(제239조 제1항)는 제5조의 처벌규정에 해당하지 않는다. 제6조의 대한민국 또는 대한민국 국민에 대하여 범한 죄에 해당하지 않는다.

② 외국인이 한국으로 입국하기 위하여 중국 북경시에 소재한 대한민국 영사관 내에서 여권발급신청서를 위조한 경우 외국인의 국외범으로서 재판권이 없다(대판 2006.9.22, 2006도5010 ∵ 위 영사관 내부는 여전히 중국의 영토에 속할 뿐 대한민국의 영토로서 그 영역에 해당하지 않는다. 사문서위조죄는 제6조의 대한민국 또는 대한민국 국민에 대하여 범한 죄에 해당하지 않는다.

③ 독일에서 거주하다가 대한민국 국적을 상실한 사람이 국적 상실을 전후하여 북한을 방문한 사안에서, 대한민국 국적을 상실하기 전의 방문행위는 국가보안법 제6조 제2항의 탈출에 해당하지만 국적 상실 후의 방문행위는 이에 해당하지 않는다(송두율 교수사건 : 대판 2008. 4. 17, 2004도4899전합).

(4) 세계주의

인간의 존엄을 직접 침해하는 반인도적인 범죄에 대해 누가 어디서 행한 범죄인가를 불문하고 자국의 형법을 적용한다. 형법은 세계주의를 채택하고 있지 않았다. 2013. 3. 5. 개정된 형법은 약취·유인 및 인신매매의 죄는 인류 일반의 보편타당한 인권을 유린하는 범죄라는 점에서 "제287조부터 제292조까지 및 제294조는 대한민국 영역 밖에서 죄를 범한 외국인에게도 적용한다"고 규정하여 명시적으로 세계주의를 도입하였다.

〈판례연구〉 외국인의 국외범과 세계주의

① 외국인에 의한 국외에서의 민간항공기 납치사건에 대하여 우리나라 항공기운항안전법은 외국인의 국외범까지도 적용대상이 된다(중국민간항공기 납치사건 : 대판 1984.5.22, 84도39).

(5) 외국에서 받은 형의 집행

제7조 (외국에서 집행된 형의 산입) 죄를 지어 외국에서 형의 전부 또는 일부가 집행된 사람에 대해서는 그 집행된 형의 전부 또는 일부를 선고하는 형에 산입한다.

제7조에서 '외국에서 집행된 형'이란 '외국 법원의 유죄판결에 의하여 형의 전부 또는 일부가 집행된 사람'을 의미한다. 따라서 외국에서 형사사건으로 외국 법원에 기소되었다가 무죄판결을 받은 사람은 설령 그가 무죄판결을 받기까지 상당기간 미결구금되었다 하더라도 제7조에 의한 산입대상이 될 수 없다.

3. 형법의 인적 적용범위

1) 국내법상의 예외

(1) 대통령

재직 중인 대통령은 내란·외환의 죄를 제외하고는 재직 중에는 형사상 소추를 받지 아니한다(불소추특권).

(2) 국회의원

국회의원은 국회에서 직무상 행한 표결과 발언에 대해 국회 밖에서 책임지지 아니한다(면책특권)와 현행범을 제외하고는 회기 중에는 체포되지 아니하며, 체포할 시에는 국회의 동의를 얻어야 한다. 체포되었다 하더라도 국회의 동의가 있으면 석방하여야 한다(불체포특권).

2) 국제법상의 예외

(1) 치외법권자

외국원수, 대사·공사 등 외교관과 그 가족, 수행원은 우리 형법의 적용을 받지 않는다.

(2) 한미행정협정(SOFA)

한미행정협정에 의해 공무 중에 발생된 미군의 범죄에 대해서는 우리 형법이 배제된다. 그러나 공무집행 중이 아닌 경우(휴가, 외출, 외박)에는 우리형법이 적용된다.

〈판례연구〉 미합중국 군속에 대한 형사재판권

① '통상적으로 대한민국에 거주하는 자'인 미군 군속은 주한미군지위협정의 적용대상이 되지 않는바, 한반도의 평시상태에서 대한민국이 미군 군속에 대하여 바로 형사재판권을 행사할 수 있다(대판 2006.5.11, 2005도798).

제 2 장

범죄론의 기초

개 관

제2장 범죄론이 기초는 본론에 들어가기 전에 범죄의 개념과 그 분류방법, 구성요건 전단계인 행위론의 의의 및 기능, 행위론의 역사적 전개, 범죄의 주체와 객체에 대해 학습한다.

범죄의 기본개념은 범죄론을 전개함에 있어서 기초가 되는 개념이므로 그 의미와 실익을 정확하게 이해해야 한다. 형법은 범죄와 형벌에 관한 법이다. 다른 법률과 마찬가지로 형법도 요건과 효과의 체계로 되어 있으므로 형법은 요건으로서의 범죄와 그에 대한 효과로서의 형벌을 규정한 법이라고 정의할 수 있다. 여기에 범죄가 성립하기 위해서는 구성요건해당성・위법성・책임의 요소가 필요하다. 또한 범죄가 성립하였다고 하여도 처벌조건과 소추소건이 갖추어져야 처벌할 수 있고 소송을 제기할 수 있다.

행위론은 전구성요건 단계로 행위에 포섭이 되어야 형법적 의미를 가지는 단계로 넘어가게 된다. 따라서 행위에 해당되지 않는 것은 형법적 가치를 지니지 않게 된다. 행위의 의미를 어떻게 파악할 것인가에 관한 논의를 '행위론'이라고 하는데, 행위론은 범죄체계론과 밀접한 관련을 가지면서 형법학설사상 격렬한 논쟁의 대상이 된 바 있다. 그러나 행위론이 실천적 문제의 해결에 기여하는 부분이 적다는 인식이 확대되고 있으며, 전구성요건적 행위개념을 부정하고 곧바로 구성요건해당성의 문제로 해소하고자 하는 '행위론부정론'도 대두하고 있다. 행위론은 인과적 행위론, 목적적 행위론, 사회적 행위론, 인격적 행위론이 있다. 인과적 행위론은 의사에 기한 신체활동으로 정의된다. 목적적 행위론은 목적활동성의 수행으로 정의된다. 사회적 행위론은 인간의 의사에 의하여 지배되거나 지배될 수 있는 사회적으로 의미 있는 형태라고 정의된다. 인격적 행위론은 인격의 객관적 표현 또는 인격의 발현으로 정의된다.

범죄의 주체와 객체에서는 법인의 범죄능력과 형벌능력에 대해 학습한다. 형법상 범죄의 주체는 사람이다. 사람인 이상 연령이나 정신상태의 여하를 불문하고 모두 범죄의 주체가 될 수 있다. 그런데 여기의 사람에 법인도 포함되는가? 민법 제34조는 "법인은 법률의 규정에 좇아 정관으로 정한 목적의 범위 내에서 권리와 의무의 주체가 된다."고 규정함으로써 명문으로 법인의 권리능력을 인정하고 있는데 반하여, 형법은 범죄능력에 관하여 아무런 규정을 두고 있지 않다.

§5. 범죄의 기본개념

1. 범죄의 의의와 본질

형법은 범죄와 형벌 및 보안처분의 관계를 규율하는 법규범의 총체를 말한다. 이 때 범죄의 개념을 어떻게 이해할 것인가라는 점은 범죄론의 연구대상 내지 범위인 동시에 형법해석에 있어서 범죄론의 출발점이기도 하다.

1) 형식적 범죄개념과 실질적 범죄개념

(1) 형식적 범죄개념

범죄를 형벌법규에 의하여 형벌을 과하는 행위라고 정의되며, 구성요건해당성 · 위법성 · 책임 있는 행위가 범죄이다. 형식적 범죄개념은 처벌할 필요가 있는 실체를 정확하게 인식 · 확인할 수 있는 방법을 제공함으로써 형법의 보장적 기능을 달성하게 해 준다.

(2) 실질적 범죄개념

법규정과는 관계없이 사회적 유해성, 법익을 침해하는 반사회적 행위가 범죄이다. 실질적 범죄개념도 해당 국가의 헌법적 가치선언을 초월할 수는 없다.

2) 범죄의 본질

범죄의 본질에 대해 (i) 권리침해설은 개별적인 권리를 침해하는데 범죄의 본질이 있다고 본다. (ii) 법익침해설은 법익을 침해하거나 침해할 위험이 있다고 본다. (iii) 의무위반설은 사회질서 내지 법익을 침해하지 아니하여야 하 의무를 위반하는 데 범죄의 본질이 있다고 본다. 생각건대 법익침해라는 결과만을 금지하는 것이 아니라 법익을 침해하는 행위자체도 금지하고 있고, 결과반가치도 범죄의 본질적 요소이다. 따라서 법익침해설과 의무위반설을 결합하여 범죄의 본질을 파악하는 것이 타당하다(결합설).

2. 범죄의 성립요건 · 처벌조건 · 소추조건

1) 범죄의 성립요건

구성요건해당성 · 위법성 · 책임이라는 세 가지가 모두 갖추어져야 한다. (i) 구성요건해당성이란 구체적인 행위가 법률에 규정된 범죄의 구성요건에 합치하는 것을 말하고, (ii) 위법성이란 구성요건에 해당하는 행위가 법질서 전체의 입장에서 허용되지 않는다는 부정적 가치판단을 말한다. (iii) 책임이란 위법행위를 한 행위자에 대한 비난가능성을 말한다.

2) 범죄의 처벌조건

(1) 객관적 처벌조건

일단 성립한 범죄의 가벌성만 좌우하는 객관적 · 외부적 사실을 말한다. 예컨대 사전수뢰죄에 있어서 공무원 또는 중재인이 된 사실(형법 제129조 2항), 파산죄에 있어서 파산이 확정된 사실(파산법 제366조 · 제367조)

(2) 인적처벌조각사유

범죄는 성립하였으나 행위자의 특수한 신분관계로 인하여 형벌권이 발생하지 않는 경우를 말한다. 예컨대 친족상도례, 면책특권, 치외법권 등이 있다.

〈참고〉 범죄성립건과 가벌조건의 구별실익

• 처벌조건에 대한 인식의 결여는 고의의 성립에 영향을 미치지 않는다. • 처벌조건이 결여된 행위에 대하여도 정당방위가 가능하다. • 처벌조건이 없는 경우에도 공범이 성립된다. • 처벌조건이 결여된 경우는 무죄판결을 할 수 없다.

3) 소추(소송)조건

범죄의 성립이나 형벌권의 발생과는 관계없고 단지 소송법상 공소제기의 유효요건이 되는 것을 말한다. 소추조건은 형사처벌에 있어서 피해자의 의사존중의 필요성을 고려하여 인정되는 것이다. 친고죄(정지조건부 범죄)와 반의사불벌죄(해제조건부 범죄)가 있다.

(1) 친고죄(정지조건부범죄)

친고죄란 피해자 또는 기타 고소권자의 고소가 있어야 공소제기를 할 수 있는 범죄를 말한다. 친고죄는 고소권자의 고소가 있을 때까지는 공소를 제기할 수 없는 정지조건부 범죄이다. 친고죄는 범인과 피해자 사이에 일정한 신분관계가 있음으로써 비로소 친고죄가 되는 범죄인 상대적 친고죄(제328조 제2항의 친족 간의 재산죄)와 상대적 친고죄 이외의 친고죄인 절대적 친고죄(모욕죄) 등이 있다.

(2) 반의사불벌죄(해제조건부범죄)

반의사불벌죄는 원칙적으로 공소제기가 가능하나, 피해자가 처벌을 원치 않는다는 의사를 명백히 한 경우에는 소추가 불가능한 범죄를 말한다(폭행죄, 과실치상죄, 협박죄). 반의사불벌죄는 피해자의 처벌을 원하지 않는다는 의사표시로 인하여 공소제기가 부적법하게 되는 해제조건부 범죄이다. 처벌불원의 의사표시는 진실한 의사가 명백하고 믿을 수 있는 방법으로 표현되어야 한다(대판 2001. 6. 15, 2001도1809).

〈판례연구〉 반의사불벌죄에서 처벌불원의사의 철회 여부

① 피해자가 피고인과 사이에 피고인이 교통사고로 인한 피해자의 치료비 전액을 부담하는 조건으로 민·형사상 문제삼지 아니하기로 합의하고 피고인으로부터 합의금 일부를 수령하면서 피고인에게 합의서를 작성·교부하고, 피고인이 그 합의서를 수사기관에 제출한 경우, 피해자는 그 합의서를 작성·교부함으로써 피고인에게 자신을 대리하여 자신의 처벌불원의사를 수사기관에 표시할 수 있는 권한을 수여하였고, 이에 따라 피고인이 그 합의서를 수사기관에 제출한 이상 피해자의 처벌불원의사가 수사기관에 적법하게 표시되었으며, 이후 피고인이 피해자에게 약속한 치료비 전액을 지급하지 아니한 경우에도 민사상 치료비에 관한 합의금지급채무가 남는 것은 별론으로 하고 처벌불원의사를 철회할 수 없다(대판 2001. 12. 14, 2001도4283).

〈표 2-1〉 친고죄와 반의사불벌죄

친고죄	① 모욕죄 ② 비밀침해죄 ③ 사자명예훼손죄
반의사 불벌죄	① 폭행 · 존속폭행죄, ② 협박 · 존속협박죄, ③ 과실치상죄, ④ 명예훼손죄, ⑤ 출판물 등에 의한 명예훼손죄.

〈참고〉 범죄의 성립요건 · 처벌조건 · 소추조건

범죄성립 여부는 다음과 같은 단계를 거쳐 파악해야 한다.

① 행위 ⇨ ② 구성요건해당성 ⇨ ③ 위법성 ⇨ ④ 책임성 ⇨ ⑤ 처벌조건 ⇨ ⑥ 소추조건

① 범죄는 먼저 형법적으로 의미 있는 인간의 행위여야 한다. 예컨대 수면중의 동작은 행위가 아니다.

② 행위가 형벌법규에 규정된 구성요건에 해당하여야 한다. 예컨대 친구에게서 빌려온 컴퓨터를 과실로 손괴한 경우 우리 형법상 손괴죄의 과실범처벌규정이 없으므로 구성요건에 해당하지 않아 무죄이다.

③ 구성요건에 해당하는 행위이나 위법성조각사유에 해당하면 위법성이 조각되어 범죄가 되지 않는다. 예컨대 강도가 칼로 위협하자 주먹으로 때려 상해를 입힌 경우 상해죄의 구성요간에 해당하나 정당방위로 위법성이 조각되므로 무죄이다.

④ 구성요건에 해당하고 위법하나 책임이 없게 되면 역시 범죄가 성립되지 않는다. 예컨대 13세 소년이 절도한 경우 구성요건(절도죄)에 해당하고 위법성도 있으나 형사미성년자로 책임이 없게 되어 범죄가 성립되지 않

으므로 무죄이다.

⑤ 구성요건에 해당하고 위법하며 책임성까지 있어 범죄는 성립되었으나 형벌을 과하기 위해서는 처벌조건이 필요하다. 예컨대 17세의 고등학생이 아버지의 시계를 훔친 경우 ⇨ ①②③④가 충족되어 범죄(절도죄)는 성립하나 친족상도례에 해당되어 처벌조건을 결하므로 형을 면제한다.

⑥ 범죄가 성립되고 처벌조건까지 있으나 검사가 공소를 제기하기 위해서는 소추조건이 필요하다. 예컨대 사자명예훼손죄의 경우 사자명예훼손죄가 성립하고 처벌조건까지 구비하였으나 피해자(유족)의 고소가 있어야 검사가 공소를 제기할 수 있다.

3. 범죄의 종류

1) 결과범과 형식범

(1) 결과범(실질범)

구성요건적 결과의 발생을 요건으로 하고 있는 범죄로서 살인죄, 절도죄, 상해죄, 손괴죄 등 대부분의 범죄가 해당한다. 실질범이라고도 한다. 결과범은 상태범 또는 계속범의 형태를 가질 수도 있고 침해범 또는 구체적 위험범의 형태를 가질 수도 있다.

(2) 형식범(거동범)

구성요건의 내용이 결과의 발생을 요하지 않고 법에 규정된 행위만으로 범죄가 성립하는 것으로 주거침입죄, 무고죄, 명예훼손죄, 공연음란죄, 폭행죄 등이 있다. 거동범이라고도 한다. 구성요건적 결과와 보호법익에 대한 침해는 구별해야 하므로, 형식범일지라도 법익침해 내지 위태화가 있을 수 있고, 결과반가치도 인정할 수 있다.

(3) 구별실익

인과관계와 객관적 귀속은 결과범에 있어서만 객관적 구성요건요소가 된다. 그리고 결과범의 경우에는 결과발생이 없거나 인과관계 및 객관적 귀속이 부정되면 미수가 되지만, 형식범은 일정한 행위만 있으면 기수가 된다. 따라서 형식범의 경우에는 원칙적으로 미수를 인정할 수 없다(다수설).

〈표 2-2〉 결과범과 형식범의 구별실익

	구분	결과	인과관계	미수
구별실익	결과범	○	○	○
	형식범	×	×	×

2) 침해범과 위험범

(1) 침해범

구성요건이 법익의 현실적 침해를 요하는 범죄로서, 살인죄, 상해죄, 절도죄 등이 포함된다.

(2) 위험범

구체적 위험범은 법익에 대한 구체적인 위험성이 발생해야 기수범이 성립하는 것이고 추상적 위험범은 보호법익에 대한 추상적인 위험성만으로 기수범이 성립하는 범죄이다.

〈표 2-3〉 침해범좌 위험범

침해범	법익에 대한 현실적인 침해가 있어야 구성요건이 충족되는 범죄, 살인죄, 상해죄, 절도죄
추상적 위험범	현주건조물등 방화죄, 타인소유 일반건조물등 방화죄, 강제집행면탈죄, 비밀침해죄. * 위험의 발생은 구성요건요소가 아니므로 위험에 대한 인식은 고의 내용이 아니다.
구체적 위험범	일반물건등 방화죄, 자기소유 일반건조물 등 방화죄, 자기소유 일반건조물 일수죄, 과실일수죄 * 위험의 발생이 구성요건요소이므로 구체적 위험에 대한 인식이 있어야만 범죄의 고의가 성립한다.

3) 계속범과 상태범

(1) 즉시범

실행행위가 시간적 계속성을 요하지 않고 구성요건적 결과발생(법익침해 내지 위태화)과 동시에 곧 범죄가 기수에 이르고 종료되는 범죄를 말한다(살인죄, 방화죄, 상해죄, 모욕죄). 즉시범은 기수시기와 종료시기가 일치한다.

(2) 상태범

구성요건적 실행행위에 의하여 법익침해가 발생함으로써 범죄는 기수에 이르고 종료하지만 그 위법상태는 기수 이후에도 존속되는 범죄를 말한다(절도죄, 횡령죄). 상태범의 경우 기수시기와 종료시기는 일치하지만, 행위의 계속과 위법상태의 계속은 일치하지 않는다. 이 위법상태에 포섭될 수 있는 기수이후의 행위는 불가벌적 사후행위가 된다.

(3) 계속범

당해 범죄가 구성요건의 실현으로 종료되는 것이 아니라 위법상태가 유지되는 동안에도 계속되는 범죄이다. 체포감금죄, 주거침입죄가 여기에 속한다. 공소시효의 기산점은 감금상태를 벗어나기 시작한 때부터이다.

〈표 2-4〉 계속범과 즉시범의 구별실익

구분	계속범	즉시범·상태범
공소시효의 기산점	종료시	기수시
공동정범·종범의 성립시기	종료시까지 가능	기수시까지 가능
정당방위의 가능시기	종료시까지 가능	기수시까지 가능

4) 일반범 · 신분범 · 자수범

(1) 일반범

누구나 행위자가 될 수 있는 범죄를 말한다.

(2) 신분범

구성요건이 행위의 주체에 일정한 신분을 요하는 범죄로서 진정신분범과 부진정 신분범이 있다. 진정신분범 구성요건에 일정한 신분을 요하는 범죄로 이에는 수뢰죄, 횡령죄, 위증죄, 직무유기죄, 허위진단서작성죄, 배임죄 등이 있고, 부진정신분범은 신분이 있는 자가 죄를 범한 때에는 형이 가중되거나 감경되는 범죄를 말한다. 이에는 존속살해죄, 영아살해죄, 업무상횡령죄, 업무상과실치사죄 등이 여기에 속한다.

(3) 자수범

자신이 직접 '구성요건적 행위'를 실행하여야 그 '정범'이 될 수 있는 경우를 말한다. 즉 공동정범이나 간접정범의 형태로 범할 수 없는 범죄를 말한다. 예컨대 위증죄, 간통죄 등이다. 구성요건적 행위를 실행하지 않는 자는 협의의 공범(교사범 · 종범)은 성립될 수 있다. 이에는 위증죄, 공정증서부실기재죄 등이 있다.

5) 목적범 · 경향범 · 표현범

(1) 목적범

구성요건상 고의 이외에 일정한 목적을 필요로 하는 범죄를 말한다. 예컨대 각종 위조죄의 "행사할 목적", 내란죄의 "국헌문란의 목적" 등이 있다. 목적은 구성요건의 외부적·객관적 사실을 초과하는 사실을 인식대상으로 한다는 점에서, 구성요건의 외부적·객관적 사실을 인식대상으로 하는 고의와 구별된다. 범죄단체조직죄, 다중불해산죄, 내란죄, 출판물에 의한 명예훼손죄, 통화위조죄, 유가증권위조죄, 소인말소죄, 문서위조죄, 허위공문서작성죄, 법정모욕죄, 음행매개죄, 무고죄, 도박개장죄, 영리목적 약취 · 유인죄, 국기·국장모독죄, 준점유강취죄 등이 있다.

〈판례연구〉 부정수표단속법 제5조 위반성립에 "행사할 목적"의 필요여부

① 유가증권위조 · 변조죄에 관한 형법 제214조 제1항은 "행사할 목적으로 대한민국 또는 외국의 공채증서 기타 유가증권을 위조 또는 변조한 자는 10년 이하의 징역에 처한다"라고 규정하고 있는 반면, 수표위조 · 변조죄에 관한 부정수표단속법 제5조는 "수표를 위조 또는 변조한 자는 1년 이상의 유기징역과 수표금액의 10배 이하의 벌금에 처한다"라고 규정하고 있는바, 이러한 부정수표단속법 제5조의 문언상 본조는 수표의 강한 유통성과 거래수단으로서의 중요성을 감안하여 유가증권 중

수표의 위·변조행위에 관하여는 범죄성립요건을 완화하여 초과주관적 구성요건인 '행사할 목적'을 요구하지 아니한다. 이는 형법 제214조 제1항 위반에 해당하는 다른 유가증권위조·변죄행위보다 그 형을 가중하여 처벌하려는 취지의 규정으로 해석해야 한다(대판 2008. 2. 14, 2007도10100).

(2) 경향범

행위의 개관적 측면이 행위자의 일정한 주관적 경향의 발현으로 행해졌을 때 구성요건이 충족되는 범죄를 말한다. 예컨대 공연음란죄, 학대죄 등이 있다.

(3) 표현범

행위자의 내면적인 지식상태와 모순되는 표현으로서 행위가 행해졌을 때 범죄로 되는 경우를 말한다. 예컨대 위증죄, 무고죄, 허위감정·통역죄 등이 있다.

§6. 행위론

1. 행위의 의의

1) 의의

범죄란 "구성요건에 해당하는 위법하고 유책한 행위"를 의미한다. 즉, 범죄는 먼저 행위의 존재를 요건으로 한다. 형법이 적용되기 위해서는 먼저 행위로서의 성질을 가져야 한다. 이러한 행위개념은 존재론적으로 파악해야 하는가 또는 규범적으로 파악해야 하는가라는 문제에 대한 이론이다.

2) 행위의 최소한의 요건

형법상 행위는 (i) 그 주체가 인간이라는 점에서 자연현상이나 동물의 행동과 구별되고, (ii) 외부적·신체적 동작이라는 점에서 단순한 생각이나 의도·목적과 구별된다. (iii) 형법상 행위는 인간의 정신작용의 통제와 조종하에 놓여 있다는 점에서 인간의 무의식상태의 동작, 절대적 폭력에 의해 강요된 행위, 반사적 행위와 구별된다.

2. 행위개념의 기능

1) 한계기능

형법적으로 의미있는 행위와 무의미한 행위를 구별하여 구성요건해당성 판단에 앞서 불법판단의 대상이 될 수 없는 비행위를 형법적 평가에서 제외시키는 기능을 말한다. 생리적 반사작용, 수면 중의 동작 등은 형법상의 행위가 아니다.

2) 분류기능

형법상 의미 있는 모든 종류의 인간의 행위를 하나의 통일개념으로 파악하는 기능을 말한다. 통일적 행위개념으로부터 고의행위와 과실행위, 작위와 부작위를 행위개념으로 파악하는 기능이다.

3) 결합기능

행위-구성요건해당성-위법성-책임-형벌을 체계적으로 연결시켜 주는 기능이다.

3. 행위론의 종류

1) 인과적 행위론

(1) 의의

벨링은 행위를 "의사에 기인한 신체의 동작"이라고 정의하였고, 리스트는 행위를 "유의적 거동에 의한 외부세계의 인과적 변화"라고 정의하였다. 즉 행위를 유의성과 거동성의 두요소로 구성된다.

(2) 특징

(i) 인과적 행위론은 19세기 말의 자연과학의 영향을 받아 행위의 외부적 측면만 관찰하고 내부적 측면은 고려하지 않은 결과 내적 의사와 외적 결과발생의 인과적 결합을 행위로 파악하였다. (ii) 행위를 내적 의사와 외적거동으로 파악한다. 주관적인 것은 책임으로 객관적인 것은 불법으로 본다. 따라서 고의, 과실은 책임으로 본다.

(3) 비판

(i) 인간행위 핵심인 의사내용을 고려하지 않으므로 고의행위의 의미 파악이 곤란하고, (ii) 거동성이 없는 부작위와 유의성이 없는 인식 없는 과실을 행위개념에 포함시킬 수 없으며, (iii) 인과과정은 무한하기 때문에 형법상의 행위의 범위가 무한으로 확대되어 행위개념의 한계기능을 수행할 수 없으며, (iv) '거동성'이 없는 부작위를 행위개념에 포함할 수 없으므로 분류기능을 수행하지 못한다.

2) 목적적 행위론

(1) 의의

벨첼은 행위를 "목적활동성의 작용"이라고 정의하였다. 즉 자기의 활동으로 인하여 일어날 수 있는 결과를 일정한 범위에서 예견한 목표를 설정하고, 이 목표달성을 위하여 계획적으로 조종할 수 있다는데 있다.

(2) 특징

(i) 목적적 행위론은 인간의 심리적 사고에 기초를 둔 의사가 행위의 핵심이라는 사고심리학의 영향을 받아 행위를 존재론적으로 의미있는 통일체로 이해하여 의사를 행위에서 분리하지 않고 행위의 본질적 요소로 파악하였다(행위와 의사의 결합). (ii) 목적적 행위론은 행위의 본질적 요소를 목적성에 있다고 보았다. 목적성이란 목표를 설정하고 그 목표달성을 위하여 계획적으로 인과과정을 조정하는 의사를 말한다. (iii) 고의와 과실은 주관적 구성요건요소이자 주관적 불법요소로 파악한다.

(3) 비판

(i) 과실행위는 목적적 행위지배가 아니므로 설명 못한다. (ii) 의식없이 하는 자동적 행위(보행, 운전), 격정행위 등이 설명 안 된다. (iii) 부작위를 포섭 못한다.

3) 사회적 행위론

(1) 의의

베셀스는 행위를 "인간의 의사에 의하여 지배되거나 지배가능한 사회적으로 중요한 형태"라고 정의하였다. 즉 사회적으로 평가되는 인간의 행위가 형법적 행위의 기초이다.

(2) 특징

(i) 사회적 행위론은 고유의 사상적·철학적 배경이 없이 인과적 행위론과 목적적 행위론의 결합을 보완하기 위해 발전된 이론이다. (ii) 사회적 존재로서의 인간의 거동의 의미는 사회적 관계에서 규범적으로 파악되어야 한다. 따라서 행위자와 타인과의 사회적 관계에서

상호적 효과를 발생시키는 사회적의미성·중요성이 행위 개념의 상위 개념이 된다.

(3) 비판

(i) 사회적 행위론은 사회적 행위개념의 다양성 때문에 이론적 통일성이 결여되어 있고 (ii) 사회적 의미성에 대한 판단은 구성요건의 법적 평가에 의존하지 않을 수 없으므로 행위 개념의 중립성의 요구를 충족시킬 수 없으며, (iii) 형법상 무의미한 행위도 얼마든지 사회적 중요성·의미성을 가지는 것으로 판단할 수 있으므로 행위개념의 한계기능에 문제가 있다는 비판을 받는다.

§7. 행위의 주체와 객체

1. 행위의 주체

행위의 주체는 사람이다. 자연인이 행위의 주체가 된다는 점에서는 이론의 여지가 없다. 그러나 법인도 행위의 주체가 될 수 있는가, 즉 법인에게 범죄능력을 인정할 수 있는가, 그리고 법인의 범죄능력을 부정하는 경우에 법인을 처벌할 수 있는가, 즉 법인의 형벌능력이 문제된다.

2. 법인의 범죄능력

1) 법인본질론과의 관계

법인의 범죄능력문제는 법인의 본질에 관한 사법상의 이론(법인실재설, 법인의제설)과 논리필연적인 관계가 있는 것은 아니다. 비교법적으로 볼 때 법인실재설이 지배하는 독일 등 대륙법계에서는 법인의 범죄능력을 부정하고, 법인의제설을 취하는 영미법계에서는 법인의 범죄능력을 긍정한다.

2) 범죄능력의 인정여부

(1) 부정설

자연인만이 범죄행위의 주체가 될 수 있고 법인은 범죄행위의 주체가 될 수 없다는 견해이다(통설·판례) 그 논거는 (i) 법인은 의사와 육체가 없는 무형적 존재이므로 의사능력·행위능력이 없다. (ii) 법인은 주체적인 윤리적 자기결정능력이 없으므로 법인에게는 형벌의 전제가 되는 윤리적 책임비난을 가할 수 없다. (iii) 법인을 처벌하면 그 효과가 범죄와 무관한 법인의 구성원에게까지 미치게 되어 자기책임의 원칙에 반하고, 행위자 이외에 법인까지 처벌하는 것은 이중처벌이 된다. (iv) 법인에게는 형벌의 중심인 생명형·자유형을 과할 수 없으므로, 현행 형법은 자연인만을 범죄 및 수형의 주체로 인정하고 있다. (v) 법인은 정관 소정의 목적범위 내에서만 권리능력이 인정되는데, 범죄가 법인의 목적이 될 수 없음으로 법인의 범죄능력도 부정된다. (iv) 법인인 기관의 범죄로 법인이 얻은 이익의 박탈은 형벌 이외의 수단에 의해서도 할 수 있다.

(2) 긍정설

법인도 범죄의 주체가 될 수 있다는 견해이다. 그 논거는 (i) 법인은 그 기관을 통하여 의사를 형성하고 이에 따라 행위할 수 있으므로 의사능력과 행위능력이 인정된다. (ii) 법인에 대해서도 윤리적·도의적 책임을 묻는 것이 가능하고, 사회적 위험성을 근거로 사회적 책임을 묻는 것도 가능하다. (iii) 종업원의 위법행위에 대한 법인의 감독과실은 종업원의 행위와는 구별되는 별개의 행위이고, 법인인 기관의 행위는 구성원인 개인의 행위임과 동시에 법인의 행위라는 양면적 성격을 가지므로 법인의 처벌은 이중처벌이 될 수 없다. (iv) 재산형·

자격형은 법인에게도 효과적이며, 생명형과 자유형에 해당하는 것으로는 법인의 해산과 영업정지·제한 등을 고려할 수 있다. (v) 법인이 사회적 존재로서 활동하는 행위는 법인의 목적범위내에 속하는 것이므로 위법한 활동도 할 수 있다. (iv) 벌금형은 법인에게 적절한 형벌이며, 형벌 이외의 제재는 법인의 반사회적 행위에 상응하는 제재가 될 수 없고, 또한 재범방지와 사회방위에 미흡하다.

(3) 결론

의사 없는 법인은 행위를 할 수 없고, 법인 자체에 대한 처벌은 민법·상법·행정법 등에서 충분히 실현되고 있으므로 법인이 제재에 형법이 관여하는 것은 보충적 성격에 반한다. 따라서 부정설이 타당하다.

〈판례연구〉 법인의 범죄능력

① 형법 제355조 제2항의 배임죄에 있어서 타인의 사무를 처리할 의무의 주체가 법인이 되는 경우라도 법인은 다만 사법상의 의무주체가 될 뿐 범죄능력이 없는 것이며 그 법인을 대표하여 사무를 처리하는 자연인인 대표기관이 바로 타인의 사무를 처리하는 자 즉 배임죄의 주체가 된다(대판 1984. 10. 10, 82도2595).

② 자동차관리법 제13조 제5항에 따라 자동차말소등록의 통지를 받고 자동차등록증·등록번호판 및 봉인을 반납하여야 하는 의무를 부담하는 '당해 자동차를 소유하여 온 자'가 법인인 경우, 같은 법 제82조 제2호 위반죄의 주체는 대표자인 자연인이다(대판 2007. 10. 26, 2006도7280).

③ 법인격 없는 사단과 같은 단체는 법인과 마찬가지로 사법상의 권리의무의 주체가 될 수 있음은 별론으로 하더라도 법률에 명문의 규정이 없는 한 그 범죄능력은 없고 구 건축법 제26조 제1항의 규정에 위반한 자라 함은 법인격 없는 사단의 대표기관인 자연인을 의미한다(대판 1997. 1. 24, 96도524).

④ 지방자치단체 소속 공무원이 지방자치단체 고유의 자치사무를 수행하던 중 도로법을 위반한 경우 지방자치단체는 양벌규정에 의해 처벌되는 법인에 해당한다(대판 2005. 11. 10, 2004도2657).

3. 법인의 형벌능력

1) 법인의 형벌능력

각종 행정형법에서는 행위자 이외에 법인도 처벌하는 양벌규정을 두고 있는바, 이 경우 법인에게 형벌능력을 인정할 수 있는가의 문제이다. 이에 대해 긍정설, 부분적 긍정설, 부정설이 있다. 판례는 형벌능력에 대해 명시적으로 표현하고 있지는 않으나, 법인을 '양벌규정'에 의하여 처벌하는 것으로 보아 형벌능력을 인정하는 것으로 보인다.

2) 양벌규정에 의한 법인처벌의 근거

(1) 학설

(가) 무과실책임설

법인의 처벌규정은 범죄주체와 형벌주체의 동일을 요하는 책임주의에 대한 예외로서 행정단속 목적을 달성하기 위하여 정책상 무과실책임을 인정한 것이라는 견해이다. 법인은 자기의 행위와 관계없는 타인의 행위로 인하여 처벌받는다는 의미에서 이 견해는 넓은 의미의 전가책임이론에 속한다.

(나) 과실책임설

법인의 처벌규정을 임·직원에 대한 선임·감독에 있어서의 법인의 과실책임을 인정한 것으로 보는 견해이다(다수설).

(2) 판례

판례는 도로교통법 위반사건에서 무과실책임설을 취하였으나(대판 1982. 9. 14, 82도1439), 미성년자보호법 위반 사건에서는 과실책임설을 취하였고(대판 1987. 11. 10, 87도1213), 특히 공중위생법 위반 사건에서는 과실추정설을 취하였다(대판 1992. 8. 18, 92도1395). 한편 헌법재판소는 도로법 위반 사건에서 과실책임설을 취하였다(헌결

2000. 6. 1, 99헌바73).

〈판례연구〉 양벌규정과 무과실책임설

① 도로교통법 제116조의 양벌규정은 도로에서 발생하는 모든 교통상의 위해를 방지, 제거하여 교통의 안전과 원활을 도모하기 위하여 도로교통법에 위반하는 행위자 외에 그 행위자와 위법 소정의 관계에 있는 고용자 등을 아울러 처벌하는 이른바 질서벌의 성질을 갖는 규정이므로 비록 행위자에 대한 감독책임을 다하였다거나 또는 행위자의 위반사실을 몰랐다고 하더라도 이에 적용이 배제된다고 할 수 없다(대판 2006. 1. 27, 2005도9106).

② 무역거래법 제34조의 양벌규정에 의하여 법인이 처벌을 받는 경우, 범죄의 주관적 구성요건으로서의 범의는 실지 행위자인 동법인의 사용인에게 정당한 절차를 거치지 아니하고 수입을 한다는 인식이 있으면 족하다(대판 1983. 3. 22, 81도2545).

③ 행정형벌법규에서 양벌규정으로 사업주인 법인 또는 개인을 처벌하려는 것은 위반행위를 한 피용자에 대한 선임감독의 책임을 물음으로써 행정규제의 목적을 달성하려는 것이다(헌결 2000. 6. 1, 99헌바73).

④ 양벌규정에 의한 영업주의 처벌은 금지위반행위자인 종업원의 처벌에 종속하는 것이 아니라 독립하여 그 자신의 종업원에 대한 선임감독상의 과실로 인하여 처벌되는 것이므로 종업원의 범죄성립이나 처벌이 영업주 처벌의 전제조건이 될 필요는 없다(대판 2006. 2. 24, 2005도7673).

⑤ 양벌규정에 의한 영업주 처벌은 금지위반행위자인 종업원의 처벌에 종속하는 것이 아니라 독립하여 그 자신의 종업원에 대한 선임감독상의 과실로 인하여 처벌되는 것이므로 영업주의 위 과실책임을 묻는 경우 금지위반행위자인 종업원에게 구성요건의 자격이 없다고 하더라도 영업주의 범죄성립에는 아무런 지장이 없다(대판 1987. 11. 10, 87도1213).

4. 행위의 객체와 보호의 객체

1) 행위의 객체

(1) 의의

행위의 객체란 구성요건적 행위수행의 구체적 대상을 의미한다. 범죄의 객체, 공격의 객체라고도 한다. 예컨대 살인죄의 사람, 상해죄의 사람의 신체, 절도죄의 타인의 재물 등이 있다.

(2) 성질

행위의 객체는 (i) 물질적·외형적 대상으로서 감각적으로 지각할 수 있는 존재이고 (ii) 법률에 규정되어 있고, 객관적 구성요건요소가 된다. (iii) 행위의 객체가 없는 범죄도 있다. 예컨대 퇴거불응죄, 위증죄, 단순도주죄, 무고죄 등이 있다.

2) 보호의 객체

(1) 의의

보호의 객체란 형법에 의하여 보호되고 있는 생활이익이나 가치, 즉 보호법익을 말한다. 예컨대 살인죄의 생명, 상해죄의 신체의 완전성, 절도죄의 소유권 등이 있다.

(2) 성질

보호의 객체는 (i) 구성요건에 의하여 보호되는 가치적·관념적 대상이다. (ii) 법률에 규정하지 않는 것이 원칙이고, 규정된 경우에도 구성요건요소가 아닌 것이 원칙이다. (iii) 보호의 객체가 존재하지 않는 범죄는 있을 수 없다.

제 3 장

구성요건론

개 관

구성요건해당성은 범죄성립요건의 첫 단계로서, 어떤 행위가 형법에서 규정한 명령이나 금지에 위반되는가를 적극적으로 검토하여 처벌근거를 확인하는 작업을 한다. 제2단계(위법성)와 제3단계(책임)는 이와 반대로 처벌하지 않아도 될 사유를 찾아내는 작업을 하는 단계이다. 구성요건의 유형은 다양하고 복잡한 형태로 형법각칙에 개별적으로 규정되어 있으며, 형법총칙에서는 여러 범죄에 공통적인 일반적 구성요건만을 규정하고 있다. 그러므로 구성요건해당성은 언제나 총칙의 일반구성요건과 각칙의 특별구성요건을 동시적으로 판단한다.

결과반가치는 행위자가 초래한 외부적 상황에 대하여 내려지는 부정적 가치판단을 의미한다. 행위반가치는 행위에 대해서 사회윤리적 견지에서 내려지는 부정적 가치판단을 의미한다.

인과관계는 발생된 결과를 행위자에게 귀속시킬 수 있는 행위와 결과사이의 연관관계를 이다. 객관적 귀속이론은 조건설 또는 합법칙적 조건설에 의하여 확정하고 결과를 행위자에게 귀속시킬 수 있는가의 문제이다.

고의는 구성요건의 실현에 대한 인식과 의사를 말한다. 과실의 경우 죄의 성립요소인 사실을 인식하지 못한 행위는 벌하지 않는다. 단, 법률에 특별한 규정이 있는 경우에는 처벌한다.

사실의 착오는 법적 구성요건에 속하는 개관적 사정에 대하여 고의성립에 필요한 인식이 행위자에게 결여된 경우를 말한다. 즉, 주관적인 인식과 객관적인 사실이 일치하지 않는 경우이다.

§8. 구성요건일반론

1. 구성요건의 의의

1) 의의

구성요건이란 형벌을 과하는 근거가 되는 행위유형을 추상적·일반적으로 기술한 것을 말하며, 그 기능은 금지된 행위의 정형적 불법내용을 형성하고 특수한 범죄정형의 형태와 내용이 되는 모든 요소를 결합하는 데 있다. 구성요건해당성이란 어떤 행위가 법적 구성요건의 범죄정형적인 기술에 일치하는 것을 말한다.

2) 기능

구성요건(불법구성요건)은 (i) 불법의 전체영역에서 가벌적 행위유형을 밝혀내는 선별기능 (ii) 국민들에게 어떠한 행위가 범죄로서 처벌받게 되는가를 알려주는 지시기능(정향기능) (iii) 불법구성요건이 실현될 때 위법성조각사유가 존재하지 않는 한 원칙적으로 그 행위가 위법하다는 것을 추정하게 하는 징표기능을 수행한다.

〈표 3-1〉 구성요건이론의 발전과정

Beling	① 구성요건은 몰가치적·객관적이며 규범적 또는 주관적 요소는 구성요건에 포함되어 있지 않다. ② 구성요건의 위법성과 책임에 대한 독자성을 강조
Mayer	① 구성요건은 위법성을 징표하며 위법성의 인식근거이다. ② 구성요건에 규범적인 면이 있음을 발견, 규범적 구성요건 요소 지적 ③ 구성요건에도 주관적 요소가 있음을 지적
Mezger	입법자의 구성요건 설정행위 자체가 이미 불법을 적극적으로 근거지우는 것을 뜻하며, 따라서 구성요건은 위법성의 존재근거임

2. 구성요건과 위법성의 관계

모든 구성요건이 규범적 요소를 가지는 이상 구성요건해당성과 위법성은 밀접한 관계를 갖는다. 즉 구성요건해당성은 위법성의 인식근거 내지 징표가 된다. 그러나 구성요건해당성은 행위의 위법성과 실질적 불법성에 대한 종국적인 판단이 아니다. 위법성에 대한 징표는 위법성조각사유의 존재에 의하여 제거될 수 있기 때문이다.

1) 인식근거설

구성요건은 위법성의 인식근거라고 보면서 구성요건해당성은 위법성을 인식케 하지만 위법성조각사유가 있으면 그 예외를 인정한다. 마이어(Mayer)는 이를 연기와 불의 관계로 비유하였다.

2) 존재근거설

구성요건은 위법성의 존재근거라고 파악하나 위법성조각사유가 있는 경우에는 그 예외를 인정한다. 이 견해는 그 결론에 있어서 인식근거설과 차이가 없지만 구성요건과 위법성의 관계를 더욱 밀접하게 파악하고 있다는 점에서 차이가 있다. 메츠거(Mezger) 등이 이 견해를 취하고 있다.

3) 소극적 구성요건표지이론

소극적 구성요건표지이론은 형법 각 본조의 구성요건을 적극적 구성요건, 위법성조각사유를 소극적 구성요건요소로 파악하여 위법성조각사유는 불법을 조각하는 사유로서 금지규범을 제한할 뿐이라고 하여, 적법한 행위는 처음부터 금지되지 않았고 구성요건에도 해당하지 않는다고 한다. 따라서 구성요건해당성과 위법성은 전체구성요건으로 결합되어 하나의 판단과정으로 흡수되고, 범죄론은 전체구성요건과 책임의 2단계의 구조를 가지게 된다. 그러나 소극적 구성요건요소이론은 (i) 위법성조각사유의 독자성을 무시하였으며, (ii) 처음부터 구성요건에 해당하지 않는 행위와 구성요건에 해당하지만 위법성이 조각되는 행위의 가치 차이를 무시하였다는 비판을 면할 수 없다.

4) 개방적 구성요건이론

벨첼(Welzel)은 구성요건을 봉쇄적 구성요건과 개방적 구성요건으로 분리하여, 전자에 있어서는 구성요건 자체에서 위법성이 인정되지만, 후자에 있어서는 위법성은 구성요건 자체에서 나오지 아니하고 구성요건 밖에 존재하는 별도의 적극적인 위법성요소에 의하여 위법성이 인정된다고 한다. 그러나 모든 구성요건을 범죄의 불법내용을 결정하는 요소를 포함하는 불법유형으로 이해하는 이상 모든 구성요건은 봉쇄적이며, 구성요건이 개방적일 때는 불법유형으로서의 성질을 잃어버리게 되므로 이 이론도 타당하다고 할 수 없다.

5) 결론

소극적 구성요건표지이론과 인식근거설, 존재근거설의 궁극적인 차이점은 구성요건에 해당하나 위법성이 조각되는 행위의 존재를 인정할 것인가에 있다. 구성요건해당성이 부정되는 것은 애초부터 형법적 관심의 대상이 될 수 없는 경우임에 반하여 위법성이 조각되는 것은 예외적으로 법질서에 의하여 정당화되는 경우를 의미하므로 양자의 차이점은 인정되어야 한다. 따라서 구성요건은 위법성의 징표가 된다고 보는 인식근거설이 타당하다.

3. 구성요건의 요소

1) 기술적 구성요건요소와 규범적 구성요건요소

기술적 구성요건요소란 살인죄에 있어서 「사람」, 절도죄에 있어서

「재물」과 같이 개별적인 경우에 사실확정에 의하여 그 의미를 인식할 수 있는 구성요건요소를 말하며, 규범적 구성요건요소는 절도죄에 있어서 재물의 타인성, 불법영득의 의사, 문서위조죄에 있어서의 문서, 뇌물죄에 있어서의 공무원 등과 같이 규범의 논리적 판단에 의하여 이해되고 보완적인 가치판단에 의하여 확정될 수 있는 구성요건요소를 말한다.

〈표 3-2〉 기술적 구성요건요소와 규범적 구성요건요소

<table>
<tr><td rowspan="2">기술적 구성요건요소</td><td colspan="2">개별적인 경우에 사실 확정에 의하여 그 의미를 인식할 수 있는 구성요건요소</td></tr>
<tr><td colspan="2">살인죄에 있어서의 「사람」, 절도죄에 있어서의 「재물」</td></tr>
<tr><td rowspan="3">규범적 구성요건요소</td><td colspan="2">규범의 논리적 판단에 의하여 이해되고 보안적인 가치판단에 의하여 확정될 수 있는 구성요건요소</td></tr>
<tr><td>법률적 평가를 받는 요소</td><td>법률 외 사회적·경제적 평가를 받는 요소</td></tr>
<tr><td>절도죄의 「재물의 타인성」
수뢰죄의 「공무원 또는 중재인」</td><td>공연음란죄의 「음란」
강제추행죄의 「추행」
명예훼손죄의 「명예」</td></tr>
</table>

2) 객관적 구성요건요소와 주관적 구성요건요소

객관적 구성요건요소란 행위의 주체, 행위의 객체, 행위의 태양, 결과의 발생 및 인과 관계 등과 같이 행위의 외적 발생형태를 결정하는 상황을 의미하며, 주관적 구성요건 요소는 목적, 고의, 과실 등과 같이 행위자의 관념세계에 속하는 심리적·정신적 구성요건상황을 말한다.

3) 기술된 구성요건요소와 기술되지 않은 구성요건요소

기술된 구성요건요소란 죄형법정주의의 명확성의 원칙에 따라 구성요건에 기술되어 있는 구성요건요소를 말한다. 대부분의 구성요건요소는 기술된 요소이다. 이에 대해 기술되지 않은 구성요건요소는 구성요건에 명시적으로 규정되어 있지 않지만 학설에 의하여 인정된 구성요건요소를 말한다. 예컨대 불법영득의사, 객관적 귀속 등이 있다.

§9. 결과반가치와 행위반가치

1. 결과반가치와 행위반가치의 의의

1) 결과반가치

결과반가치란 행위자가 초래한 외부적 상황에 대하여 내려지는 부정적 가치판단을 의미한다. 여기서 외부적 상황에는 결과범에서의 결과만이 위험범이나 거동범이 야기한 부정적인 상황도 포함된다. 결과반가치론이 불법의 실체가 법익의 침해 또는 그 위험에 있다는 근대형법의 전통적인 입장을 의미한다.

2) 행위반가치

행위반가치란 행위에 대해서 사회윤리적 견지에서 내려지는 부정적 가치판단을 의미한다. 행위반가치에서의 '행위'는 법적으로 부정적인 평가를 받는 의사와 그에 따른 행동을 의미한다. 행위반가치론은 불법개념의 핵심은 결과가 아니라 행위에 대한 부정적 가치판단에 있다는 견해를 말한다.

2. 결과반가치론과 행위반가치론

1) 결과반가치론

(1) 결과반가치론의 의의와 근거

범죄의 객관적 측면은 구성요건해당성과 위법성의 요소에 속하고, 주관적인 측면은 책임요소에 해당한다는 고전적 범죄개념에 의하면 불법은 법익침해 또는 위험이라는 결과반가치에 그 본질이 있다고 한다. 결과반가치론은 불법이란 객관적 평가규범에 위반하는 것을 의미하며, 의사결정규범은 책임귀속에 해당한다는 점에 입각하고 있다.

(2) 결과반가치론에 대한 비판

결과반가치론은 (i) 형법이 평가규범임과 동시에 의사결정규범임을 무시하였고, (ii) 결과발생만으로 불법을 인정하여 불법개념을 무제한하게 확대하는 결과를 초래할 뿐만 아니라, (iii) 살인죄와 상해치사죄 및 과실치사죄와 같이 동일한 결과가 발생한 경우에 처벌을 달리하는 이유를 설명할 수 없다.

2) 행위반가치론

(1) 인적 불법론

객관적 불법론에 대항하여 불법의 핵심이 행위반가치에 있다고 주장한 것이 벨첼(Welzel)의 인적 불법론이다. 즉 불법은 행위자와 내용적으로 분리된 결과야기에 의하여 구성되는 것이 아니며, 위법성은 언제나 특정한 행위자의 행위에 대한 부정적 가치판단이므로 불법은 행위자관련적 행위불법이 된다고 한다. 따라서 인적 불법론에 의하면 행위반가치가 불법의 구성적 · 제1차적 요소가 되지 않을 수 없다.

(2) 일원적 · 주관적 불법론

규범의 대상, 형법적 금지의 내용은 행위이다. 따라서 행위반가치가 불법을 구성하며 이에 의하여 불법이 확정되므로, 불법이란 행위반가치를 의미하며 결과반가치는 객관적 처벌조건으로서의 의미를 가질 뿐이라는 극단적인 행위반가치론을 일원적·주관적 불법론이라고 한다. 이에 대해 일원적·주관적 불법론에 대하여는 (i) 금지되는 것은 법익을 목적으로 하는 행위이므로 행위가 금지된다고 하여 결과의 발생이 불법과 무관한 것은 아니며, (ii) 결과반가치를 불법에서 완전히 추방하여 기수와 미수를 동일하게 처벌해야 한다는 것은 형법의 태도와 일치할 수 없고, (iii) 과실범에 있어서 결과를 고려하지 않을 때에는 과실치사와 과실치상 및 도로교통법 위반을 동일하게 처벌해야 하는 부당한 결과를 초래한다는 비판을 면할 수 없다.

(3) 이원적 · 인적 불법론

불법은 결과반가치로서의 법익의 침해 또는 위험과 행위의 주관적 · 객관적 측면을 포섭하는 행위반가치를 고려하여 판단해야 하며, 결과반가치와 행위반가치는 동일한 서열에서 병존하는 불가피한 불법요소라고 이해하는 견해로 우리나라의 통설이다. 형법의 가장 중요한 기능이 법익보호에 있다는 점과 형법의 구성요건이 일정한 행위자의 특정한 행위태양을 처벌하고 있다는 점에 비추어 볼 때에 불법은 결과반가치와 행위반가치에 의하여 결정되어야 한다는 이원적 · 인적 불법론이 타당하다 할 것이다.

(4) 결론

구성요건해당성은 결과를 포함한 구성요건의 주관적 · 객관적 요소의 의미통일체이므로, 구성요건해당성은 행위에 의해 야기된 결과라는 객관적 측면과 실행행위의 주관적 측면을 함께 고려함으로써만 올바르게 평가될 수 있다. 따라서 이원적 인적불법론이 타당하다. 이에 의하면 결과반가치와 행위반가치 중 어느 하나가 결여되면 불법이 존재하지 않고, 형벌을 받지 않는다.

3. 결과반가치와 행위반가치의 내용

1) 결과반가치의 내용

통설은 보호법익에 대한 침해와 위험이 결과반가치의 내용이라고 해석하고 있다. 이에 반하여 법익침해와 위험 이외에 미수와 예비를 구별하고 불능미수의 결과반가치를 설명하기 위하여 법익평온상태의 교란을 결과반가치의 내용에 포함시키는 견해도 있다.

2) 행위반가치의 내용

(1) 주관적 요소

고의 · 과실(객관적 주의의무위반)은 물론 목적 또는 경향과 같은 주관적 불법요소도 당연히 행위반가치의 내용이 된다. 다만 고의와 과실(행위자의 주관적 예견가능성)은 불법요소에 그치는 것이 아니라 불법요소임과 동시에 책임요소가 되는 이중의 기능을 가진다고 해야 한다.

(2) 객관적 요소

부진정부작위범에 있어서의 보증인과 같이 행위자가 의무를 부과하는 객관적 요소에 의하여 일정한 범위의 사람에게 제한되는 객관적 행위자요소(예, 부진정부작위범은 보증인, 배임죄는 타인의 사무를 처리하는 자, 뇌물죄는 공무원)와 보호법익에 대한 침해와 위험 이외에 범죄의 가벌성이 범행실행의 종류와 방법에 의하여 결정되는 경우에 있어서의 행위의 태양(예, 특수폭행죄는 위험한 물건의 휴대, 사기죄는 기망행위)은 행위반가치에 속한다.

〈표 3-3〉 결과반가치론과 행위반가치론의 차이점

구분	결과반가치론	행위반가치론
형법의 기능 · 임무	법익보호	사회윤리적 행위가치보호
불법의 본질	법익침해·침해의 위험	행위의 반사회성
고의 · 과실	책임요소	주관적 불법요소
과실범의 불법	법익침해가 동일하므로 고의범에 비해서 불법의 경중에서 차이가 없다.	고의범과 불법의 경중에서 차이인정
위법성조각원리	법익형량설, 우월적 이익설	사회상당설, 목적설
실행의 착수시기	객관설	주관설
불능범과 불능미수	객관설	주관설

§10. 인과관계와 객관적 귀속

> 第17조 (인과관계) 어떤 행위라도 죄의 요소되는 위험발생에 연결되지 아니한 때에는 그 결과로 인하여 벌하지 아니한다.

1. 인과관계의 의의

발생된 결과를 행위자에게 귀속시킬 수 있는 행위와 결과사이의 연관관계이다. 인과관계는 결과의 발생을 필요로 하는 결과범(실질범)에 있어서만 문제되고, 결과가 없어도 범죄가 성립하는 형식범(거동범)에서는 논의의 실익이 없다.

2. 인과관계의 유형

1) 기본적 인과관계

기본적 인관관계란 행위가 다른 원인의 개입 없이 결과를 야기하는 경우이다. 예컨대 甲이 乙을 고의로 살해한 경우 갑의 행위로 인식하는데 장애요소가 없는 경우이다.

2) 이중적(택일적) 인과관계

이중적 인관관계는 단독으로 동일한 결과를 발생시키기에 충분한 여러 개의 원인이 결합하여 일정한 결과가 발생한 경우를 마한다. 예컨대 甲과 乙이 각각 치사량의 독약을 병에게 먹여 병이 사망한 경우이다.

3) 누적적(중첩적) 인과관계

누적적 인과관계는 각기 독자적으로 결과를 발생시킬 수 없는 여러 조건들이 공동으로 작용하여 일정한 결과가 발생한 경우를 말한다. 예컨대 각기 독자적으로는 결과를 발생시킬 수 없는 여러 조건들이 공동으로 작용함으로써 결과를 발생시킨 경우이다. 예컨대 甲과 乙이 단독으로는 치사량이 되지 못하는 독약을 丙에게 먹였는데 전체량이 치사량에 미쳐 병이 사망한 경우이다.

4) 추월적 인과관계

추월적 인과관계란 후의 조건이 기존의 조건을 추월하여 결과를 야기시킨 경우에 후의 조건과 발생된 결과 사이의 인과관계를 말한다. 예컨대 甲이 乙에게 독약을 먹였으나 약효가 일어나기 전에 丙이 乙을 사살한 경우이다. 丙의 행위는 갑의 행위를 추월했으므로 丙의 행위와 乙의 사망 사이의 인관관계는 추월적인 관계가 된다(丙을 중심으로 한 개념).

5) 단절적 인과관계

단절적 인과관계는 원인행위가 개시되어 그 효력이 나타나기 전에 다른 조건이 개입하여 결과를 야기한 경우이다. 예컨대 甲이 乙에게 치사량의 독약을 먹였으나 약효가 발생하기 전에 丙이 을을 총으로 살해한 경우이다. 甲의 행위는 丙의 행위에 의해 단절되었으므로 甲의 행위와 乙의 사망 사이 인과관계는 단절적 인과관계가 된다(甲을 중심으로 한 개념).

6) 가설적 인과관계

가설적 인과관계는 발생한 결과에 대한 원인행위가 없었더라도 가설적 원인(가정적 또는 예비적 원인)에 의해서 같은 결과가 발생했을 고도의 개연성이 있는 경우에 가설적 원인과 결과발생간의 인과관계를 말한다(甲이 乙을 비행기 탑승 직전에 사살하였는데 그 비행기는 이륙 후 추락하여 탑승자 전원이 사망한 경우에 추락사고와 乙의 사망 사이의 인과관계).

7) 비유형적 인과관계

비유형적 인과관계란 일정한 원인에 대해 결과에 이르는 과정이 다른 원인에 기여하거나 피해자의 잘못 또는 특이체질이 결합한 경우이다. 예컨대 甲이 乙을 살해하려고 적격하였으나 가벼운 상처만 입은 乙이 병원으로 가는 도중에 교통사고로 사망한 경우, 또는 乙이 혈우병 환자였기 때문에 사망하거나 병원에서 의사의 과실로 인하여 사망한 경우 등이다.

8) 경합적 인과관계

경합적 인과관계란 어느 행위에 의하더라도 결과가 동시에 발생하였을 것으로 생각되는 경우이다. 예컨대 甲이 乙을 살해하였는데 乙은 甲의 행위가 없었더라도 丙이 설치한 시한폭탄에 의해 같은 시각에 반드시 사망했을 것으로 추정되는 경우이다.

3. 학설

1) 조건설

행위에 결과사이에 조건만 있으면 인과관계를 인정한다. 즉 그러한 행위가 없었더라면 그러한 결과가 발생하지 않았다고 볼 수 있는 관계가 있으면 인과관계를 인정하며, 여기에는 conditio sine qua non의 공식이 적용된다. 그러나 조건설에 대하여는 (i) 일단 인과관계가 존재한다는 전제에서 가설적 사고과정의 제거절차를 밟고 있다는 방법상의 잘못을 범하였고, (ii) conditio sine qua non의 공식에 따를 때에는 가설적 인과관계뿐만 아니라 이중적 인과관계의 경우에도 인과관계를 인정할 수 없으며, (iii) 논리적 인과개념을 형법에 그대로 적용하기 때문에 인과관계의 범위가 지나치게 확대된다는 비판을 받는다.

2) 원인설

조건설에 의하여 확정된 인과관계의 내부에서 결과의 발생에 특히 중요한 영향을 준 원인과 단순한 조건을 구별하여 전자에 대해서만 인과관계를 인정하는 견해이다. 이 견해는 원인과 조건을 구별하는 기준에 따라 필연조건설, 최종조건설, 최유력조건설, 동적 조건설, 결정적 조건설 등으로 나누어진다. 그러나 원인설은 원인과 조건을 명백히 구별할 수 없을 뿐만 아니라, 그 구별기준으로 자연과학적 사고를 무비판적으로 도입하였다는 비판을 받고 있다.

3) 상당인과관계설

결과에 대한 여러 조건 중에서 비유형적인 인과진행은 구성요건의 단계에서 제외하고, 경험칙상 일반적으로 그러한 결과를 발생하는 것이 상당하다고 인정될 경우에 인과관계를 인정하는 견해이다. 이 견해에 따르면 결과귀속을 위하여는 그 행위에 의한 결과발생이 개연적일 것을 요구하며, 행위와 결과 사이의 상당성의 관계는 개연성의 관계를 의미하게 된다. 상당인과관계설은 다시 상당성의 판단기준에 따라 주관적 상당인과관계설과 객관적 상당인과관계설 및 절충적 상당인과관계설이 대립하고 있으며, 이 중 행위자뿐만 아니라 일반인, 특히 그 가운데서도 가장 우수한 자가 인식할 수 있었던 사정을 기초로 하여 상당인과관계를 판단해야 한다는 절충적 상당인과관계설이 판례의 입장이다. 그러나 상당인과관계설에 대하여는 인과관계의 기준인 상당성의 개념이 명백하지 못할 뿐만 아니라 결과귀속과 인과관계를 혼동하였다는 비판이 제기되고 있다. 또한 상당성의 문제를 개연성의 문제로 이해할 때에는 비유형적인 인과의 진행은 개연성이 없게 되어 모두 인과관계를 부정하지 않을 수 없다는 부당한 결과가 된다.

〈판례연구〉 인과관계가 인정되는 경우

① 안면을 강타 당한 피해자가 사망한 경우(대판 1956. 7. 13, 4289형상129).

② 고혈압환자를 넘어뜨려 사망하게 한 경우(대판 1967. 2. 28, 67도45).

③ 살인의 실행행위와 피해자의 사망과의 사이에 다른 사실이 개재되어 그 사실이 치사의 직접적인 원인이 되었다고 하더라도 그와 같은 사실이 통상 예견할 수 있는 것에 지나지 않았다면 살인의 실행행위와 피해자의 사망과의 사이(대판 1994. 3. 22., 93도3612).

④ 피해자를 호텔로 유인하여 강간하려하자 완강히 반항하던 중 대실시간 연장을 위해 전화하는 사이에 객실창문을 통해 탈출하려다가 지상에 추락하여 사망한 경우(대판 1995. 5. 12, 95도425).

⑤ 임신 7개월의 임산부를 폭행, 땅에 넘어지게 하여 낙태하게 하고 그 때문에 심근경색증으로 사망하게 된 경우(대판 1972. 3. 28, 72도296).

⑥ 평소 지병이 있는 피해자를 피고인이 폭행으로 사망하게 한 경우(대판 1979. 10. 10, 79도2040).

⑦ 자살행위가 사망의 유일한 원인이거나 직접적 원인은 아니지만 이로부터 발생한 다른 간접적 원인(자상으로 인한 과다한 출혈과 상처감염 등에 연유한 패혈증)이 결합되어 사망결과가 발생한 경우(대판 1982. 12. 28, 82도2525), 통상 예견할 수 있는 피해자의 과실이 경합하여 결과가 발생한 경우(대판 1994. 3. 22, 93도3612)

⑧ 연탄가스(일산화탄소) 중독환자가 치료 후 퇴원할 때 병명을 물었으나 의사가 요양방법을 지도해 주지 않아 병명을 모르는 환자가 재차 그 방에서 자다가 연탄가스에 중독된 경우(대판1991. 2. 12, 90도2547).

⑨ 상해행위를 피하려고 차도에 뛰어들었다가 차에 치어 사망한 경우(대판 1996. 5. 10, 96도529).

⑩ 강도가 재물을 강취하려고 하자 극도의 공포심에 사로잡혀 피하려다가 상해를 입은 경우(대판 1996. 7. 12, 96도1142).

⑪ 충격당한 피해자가 넘어져 다른 차에 치어 사망한 경우(대판 1988.11.8, 88도928), 선행차량에 이어 후행 차량이 연속하여 역과하는 과정에서 피해자가 사망한 경우(대판 2001. 12. 11, 2001도5005)

⑫ 자동차운전자의 과실로 역과충돌사고에 놀라 넘어져 상해를 입은 경우(대판 1989. 9. 12, 89도866).

⑬ 운전자가 시동을 끄고 1단 기어가 들어가 있는 상태에서 열쇠를 꽂아둔 채 11세 정도의 어린이를 조수석에 남겨두고 내려온 경우 어린이가 시동열쇠를 돌리며 가속페달을 밟아 사고가 난 경우(대판 1986. 7. 8,

86도104).

⑭ 경찰관이 음주운전(혈중알코올농도 0.09%)을 확인하고도 차량열쇠를 교부한 결과 운전자가 몰래 운전하여 도망가다가 사고가 난 경우(대판 1998. 5. 8, 97도5482).

⑮ 승용차로 피해자를 가로막아 강제로 차에 태운 후 하차요구를 무시한 채 달리다가 탈출하려던 피해자가 떨어져 상해를 입은 경우(대판 2000. 5. 26, 2000도440).

⑯ 임차인이 가스설비의 휴즈콕크를 아무런 조치 없이 제거하고 이사를 간 후 주밸브가 열려져 가스가 유입되어 폭발사고가 발생한 경우(대판 2001. 6. 1, 99도5086).

⑰ 공사감독관이 건축공사가 불법하도급 되어 무자격에 의하여 시공되고 있는 점을 알고도 이를 묵인 하였거나 그와 같은 사정을 쉽게 적발할 수가 있었음에도 직무상의 의무를 태만히 한 행위와 붕괴사고로 인한 치사상의 결과 사이(대판 1995. 9. 15, 95도906).

⑱ 피고인이 주먹으로 피해자의 복부를 1회 강타하여 장파열로 인한 복막염으로 사망케 하였다면, 비록 의사의 수술지연 등 과실이 피해자의 사망의 공동원인이 되었다 하더라도 피고인의 행위가 사망의 결과에 대한 유력한 원인이 된 이상 폭행치사의 죄책을 면할 수 없다(대판 1984. 6. 26, 84도831).

⑲ 교통신호를 위반하여 진행한 과실로 교차로 내에서 승용차와 충돌하여 상해를 입게 하였다면 피고인의 신호위반행위와 교통사고 발생의 경우(대판 2102. 3. 15, 2011도17117).

⑳ 피고인이 제왕절개수술 후 대량출혈이 있었던 피해자를 전원(轉院) 조치하였으나 전원 받는 병원 의료진의 조치가 다소 미흡하여 도착 후 약 1시간 20분이 지나 수혈이 시작되어 피해자가 사망한 경우, 피고인의 전원지체 등의 과실로 신속한 수혈 등의 조치가 지연된 경우(대판 2010. 4. 29, 2009도7070).

〈판례연구〉 인과관계가 부정한 경우

① 운전자가 차주에게 운전하게 하여 사고가 일어난 경우 운전사의 과실과 사고결과 사이(대판 1974. 7. 23, 74도778).

② 비정상적인 얇은 두개골(0.5mm)을 가지고 있는 뇌수종을 앓고 있는 제자를 징계를 목적으로 뺨을 때려 넘어지게 하여 급성뇌압상승으로 숨지게 한 경우(대판 1978. 11. 28, 78도1961).

③ 강간으로 인한 수치심과 장래에 대한 절망감으로 피해자가 음독자살한

경우(대판 1982. 11. 23, 82도1446).

④ 뒤쫓아 오던 차의 충돌로 이미 정차하고 있던 차가 앞 차를 들이받아 앞 차의 승객에게 상해를 입힌 경우(대판 1983. 8. 23, 82도3222).

⑤ 수박서리를 한 자가 "앞으로 수박이 없어지면 네 책임으로 한다"는 주인의 말을 듣고 결백을 밝히기 위해 음독자살한 경우(대판 1995. 9. 29, 94도2187).

⑥ 운전자가 시동을 끄고 열쇠를 꽂아둔 채 하차한 행위와 조수의 운전사고(대판 1971. 9. 28, 71도1082).

⑦ 카바이트와 물을 분리하여 이를 방치하고 떠난 행위와 카바이트 폭발사고(대판 1973. 11. 28, 73도1727).

⑧ 초지조성공사를 도급받은 수급인이 하도급을 준 이후 감독하지 않은 과실과 하수급인의 과실로 인한 산림실화의 사이(대판 1987. 4. 28, 87도297).

⑨ 좌회전 금지구역에서 좌회전하는 도중 후행차량이 중앙선을 넘어 과속으로 돌진하여 교통사고가 발생한 경우(대판 1996. 5. 28, 95도1200).

⑩ 'ㅏ'자형 삼거리의 교차로를 녹색신호에 따라 과속으로 통과할 무렵 중앙선을 침범하여 좌회전하는 차와 충돌한 경우(대판 1993. 1. 15, 92도2579).

⑪ 야간에 고속도로를 무단횡단하는 보행자를 충격하여 사망에 이르게 한 경우(대판 2000. 9 .5, 2000도2671).

⑫ 일반적으로 운전자가 제한속도를 지키며 진행하였더라도 충돌을 피할 수 없는 상황에서, 제한속도를 초과하여 과속하다가 사고를 낸 경우(대판 1998. 9. 22., 98도1824).

⑬ 피고인이 트럭을 도로의 중앙선 위에 왼쪽 바깥 바퀴가 걸친 상태로 운행하던 중 피해자의 승용차가 피고인이 진행하던 차선으로 들어와 트럭과 충돌하고 이어서 트럭을 바짝 뒤따라가던 차량을 들이받아 피해자가 사망한 경우(대판 1991. 2. 26, 90도2856 ∵ 피고인이 정상차선으로 달렸다 하더라도 사고는 피할 수 없었음).

⑭ 탄광 덕대인이 화약류취급책임자 면허가 없는 자에게 화약고열쇠를 맡겼는데, 임의로 화약고에서 폭약을 꺼내어 탄광노무자 숙소 아궁이 속에 감추었고, 이 사실을 모르는 자가 위 아궁이에 불을 때다가 폭약이 폭발하여 사람을 사상에 이르게 한 경우 열쇠를 보관시키고 화약고를 취급하도록 한 행위와 위 사고발생 사이(대판 1981. 9. 8, 81도53).

⑮ 화약류취급면허 없는 자를 화약류취급책임자로 선임하여 그 책임자의 과실로 인하여 발파작업 중 사상의 사고가 발생한 경우 위 사상과 그

선임자의 과실 사이(대판 1981. 9. 8, 81도53)

⑯ 한의사인 피고인이 피해자에게 문진하여 과거 봉침(蜂針)을 맞고도 별 다른 이상반응이 없었다는 답변을 듣고 알레르기 반응검사를 생략한 채 환부에 봉침시술을 하였는데, 피해자가 위 시술 직후 쇼크반응을 나타내는 등 상해를 입은 사안에서, 피고인이 알레르기 반응검사를 하지 않은 과실과 피해자가 상해를 입은 경우(대판 2011. 4. 14, 2010도10104).

⑰ 전매사실을 숨기고 지주명의로 위장하여 대지에 관한 매매계약을 체결하였으나 그 이행에 아무런 영향이 없는 경우(대판 1985. 5. 14, 84도2751) 甲은 A의 대지에 매매계약을 체결한 후, A행세를 하여 전매한다는 사실을 숨기고 乙과 계약을 체결한 후 소유권을 이전한 경우 사기죄가 부정된다. 즉 피고인의 기망행위와 위 법인의 처분행위사이에는 인과관계가 없다.

4) 중요설

중요설은 인과관계와 귀책의 문제를 엄격히 구별하여, 인과관계의 존부는 조건설에 의하여 논리적으로 판단되지만 형법적 평가인 결과귀속은 개개의 구성요건에 반영된 형법적 중요성에 따라 규범적으로 판단해야 한다는 견해이다. 그러나 중요설은 결과귀속에 있어서 구성요건적 중요성만 강조한 나머지 그 실질적인 판단기준을 제시하지 못한다는 비판을 받는다.

5) 합법칙적 조건설

인과관계를 행위와 결과 사이의 합법칙적 연관의 문제로 이해하고, 조건설에 의한 인과관계는 「행위가 시간적으로 뒤따르는 외계의 변화에 연결되고 행위와 합법칙적으로 결합되어 구성요건적 결과로 실현되었을 때」에 인정된다고 하는 견해이다. 이 견해에 따르면 (i) 피해자의 특이체질과 같은 비유형적인 인과의 진행, (ii) 가설적 인과관계, (iii) 이중적 인과관계, (iv) 중첩적 인과관계의 경우에는 모두 인과관계가 인정되며, 결과에 대한 행위의 인과관계는 제3자에 의하여 중단

될 수 없다. 그러나 (v) 결과가 행위와 분리된 다른 조건에 의하여 실현되어 처음의 조건이 결과발생에 기여하지 못한 추월적 인과관계의 경우에는 인과의 연관성이 부정된다. 또한 (vi) 부작위범에 있어서 부작위는 행위를 하였다면 결과가 방지되었을 때에 발생한 구성요건적 결과와 합법칙적 연관성이 있다고 할 수 있다. 조건설을 기초로 하여 일상적 경험법칙에 의해 시정하는 견해이다.

4. 객관적 귀속이론

1) 의의

사실적인 인관관계는 수정된 조건설 또는 합법칙적 조건설에 의하여 확정하고 결과를 행위자에게 귀속시킬 수 있는가의 여부는 별도의 평가기준(객관적 귀속의 척도)에 의하여 결정하는 이론이다.

2) 객관적 귀속의 기준

(1) 회피가능성의 이론(지배가능성의 이론)

행위자가 회피할 수 있었음에도 불구하고 회피하지 아니한 결과를 행위자에게 귀속시킬 수 있다는 이론이다. 예컨대 주인이 일꾼을 번개가 치는 들판에 나가서 일하게 함으로써 일꾼이 낙뢰사고로 사망한 경우, 병원으로 피해자를 이송하던 중에 교통사고가 나서 피해자가 사망한 경우 등이 있다.

(2) 위험창출이론

법적으로 허용될 수 없는 위험을 야기하거나 위험을 증대시킨 때에만 그 위험으로 인한 결과를 객관적으로 귀속시킬 수 있다는 이론이다. 객관적 구성요건은 행위자가 위험을 창출하거나 강화하는 행위를 했을 때를 전제하고 있기 때문이다. 따라서 위험창출이 결여된 경우에는 행위반가치의 결여로 가벌성이 탈락된다.

(가) 위험감소의 원칙

행위자가 기존의 인과과정에 개입하여 결과발생을 약화시키거나 위험의 정도를 감소시켰을 경우에는 객관적 귀속이 부정된다. 예컨대 피해자의 머리에 벽돌이 떨어지는 것을 보고 그를 밀어 어깨만 부상을 입게 한 경우이다.

(나) 허용된 위험의 원칙

도로교통, 의료행위, 오염물질 배출행위 등 '허용된 위험'의 범위 내에 있는 행위인 경우에는 그 행위로 인한 결과를 행위자에게 귀속시킬 수 없다고 한다.

(다) 사회적으로 상당하고 경미한 위험의 원칙

행위자가 법적으로 의미 있는 만큼의 위험을 증대시키지 않은 경우에는 객관적 귀속이 부정된다. 목욕·등산 등을 권유하는 행위가 여기에 해당한다. 이들 행위가 드물게 사고를 유발했다 할지라도 이는 불행일 뿐 불법으로 볼 수는 없다.

(3) 위험실현이론

위험실현이론이란 행위자에 의해 창출되거나 증가된 위험이 구성요건적 결과에 사실상 실현되었을 때 객관적 귀속을 인정할 수 있다는 이론이다. 따라서 위험창출행위는 있었으나 구체적인 위험실현이 결여된 경우에는 결과반가치의 결여로 미수가 된다.

(가) 객관적 예견가능성

살인행위가 미수에 그쳤으나 피해자가 병원으로 호송 중에 교통사고로 사망한 경우(일상적 위험의 실현)

(나) 합법적 대체행위이론

화물차 운전자 갑이 법정추월간격을 위반하여 자전거를 타고 가던 을을 추월하자 만취상태에 있었던 을이 핸들을 잘못 꺾어 화물차 바퀴에 치어 사망하였는데, 법정간격을 지켰더라도 사고가 발생했을 개연성이 있는 경우(합법적 대체행위)는 객관적 귀속이 부정되어 미수가 된다(과실범의 경우에는 미수범 처벌규정이 없으므로 무죄가 된다).

〈판례연구〉 합법적 대체행위와 의무위반관련성

① 혈청에 의한 간기능 검사를 시행하지 않거나 이를 확인하지 않은 피고인들의 과실과 피해자의 사망 간에 인과관계가 있다고 하려면 피고인들이 수술 전에 피해자에 대한 간기능 검사를 하였더라면 피해자가 사망하지 않았을 것임이 입증되어야 할 것인데, 수술 전에 피해자에 대하여 혈청에 의한 간기능 검사를 하였더라면 피해자의 간기능에 이상이 있었다는 검사결과가 나왔으리라는 점이 증명되어야 할 것이다(대판 1990. 12. 11, 90도694).

② 피고인이 트럭을 도로의 중앙선 위에 왼쪽 바깥 바퀴가 걸친 상태로 운행하던 중 피해자가 승용차를 운전하여 피고인이 진행하던 차선으로 달려오다가 급히 자기 차선으로 들어가면서 피고인이 운전하던 트럭과 교행할 무렵 다시 피고인의 차선으로 들어와 그 차량의 왼쪽 앞 부분으로 트럭의 왼쪽 뒷바퀴 부분을 스치듯이 충돌하고 이어서 트럭을 바짝 뒤따라 가던 차량을 들이받았다면, 설사 피고인이 중앙선 위를 달리지 아니하고 정상 차선으로 달렸다 하더라도 사고는 피할 수 없다 할 것이므로 피고인 트럭의 왼쪽 바퀴를 중앙선 위에 올려놓은 상태에서 운전한 것만으로는 위 사고의 직접적인 원인이 되었다고 할 수 없다(대판 1991. 2. 26, 90도2856).

(4) 규범의 보호목적이론

규범의 보호목적이론이란 행위자가 보호법익에 대하여 허용된 위험을 초과하는 위험을 창출하였고 또한 그 위험이 결과로 실현되었으나 그 인과과정의 진행을 방지하도록 하는 것이 당해 범죄구성요건의 임무가 아닐 경우에는 객관적 귀속이 부정된다는 이론이다. 규범의 보호목적이 결여된 때에는 가벌성이 탈락하거나, 아니면 미수가 된다. 트럭운전자가 안전거리를 준수하지 아니하고 과속으로 승용차를 추월하자 이에 놀란 승용차 운전자가 심장마비로 사망한 경우이다.

(가) 고의의 자손행위에 관여한 경우

자손 또는 자상행위가 불가벌이므로 이에 관여한 자도 동일하게 불가벌이다. 법익침해의 결과가 피해자의 책임영역에서 발생한 것이라면 상해죄, 살인죄, 과실치사상죄의 규범의 보호영역 밖에서 이루어진 것이기 때문이다. 예컨대 갑과 을이 오토바이경주를 하다가 을이 사고로 사망한 경우, 갑이 교통사고로 을에게 상처를 입혔지만 을이 종교적 이유로 수혈을 거절하여 사망한 경우 갑의 행위는 위험을 창출하기는 하였지만 과실치사상죄의 보호영역에는 해당되지 않아 객관적 귀속 부정된다.

(나) 타인의 책임영역에 속하는 행위

위험결과의 방지의무가 전적으로 타인의 책임영역에 속하는 때에는 결과귀속이 부정된다.

(다) 양해있는 피해자에 대한 가해행위

택시승객이 약속시간을 지키기 위하여 운전자에게 과속운전을 간청했던 바, 이에 응한 운전자가 과속질주를 하다가 가로수를 들이받아 승객이 사망한 경우, 운전을 할 수 없을 정도로 만취한 자가운전자에게 술을 같이 마셨던 친구가 동승을 간청하여 함께 차를 타고 가다가 언덕 아래로 차가 추락하여 사망한 경우이다.

§11. 고의

제13조 (범의) 죄의 성립요소인 사실을 인식하지 못한 행위는 벌하지 아니한다. 단, 법률에 특별한 규정이 있는 경우에는 예외로 한다.

1. 의의

고의란 구성요건의 실현에 관한 인식과 의사이다(즉 지적요소와 의적요소의 결합이다). 과실의 경우 죄의 성립요소인 사실을 인식하지 못한 행위는 벌하지 아니한다. 단, 법률에 특별한 규정이 있는 경우에는 예외로 한다(제13조).

2. 고의의 본질

1) 인식설

인식이 있으면 고의를 인정하여 그 지적 요소를 강조한다. 즉 객관적 사실에 대한 인식만 있으면 성립하고, 구성요건적 결과발생을 희망·의욕할 필요가 없다는 견해이다. 인식 있는 과실은 모두 고의에 포함되다. 즉 고의의 범위가 지나치게 확대된다.

2) 의사설

고의는 구성요건에 해당하는 객관적 사실에 대한 인식만으로는 부족하고 구성요건적 결과발생을 희망·의욕하는 의지적 요소가 있어야 한다는 견해이다. 의사설은 의지적 요소를 강조하여 고의의 범위를 부당하게 축소시킨다. 즉 미필적 고의가 과실이 되어 고의의 범위가 지나치게 축소된다.

3) 결합설(절충설)

지적 요소와 의지적 요소를 함께 고려하는 결합설(통설·판례)이 있다.

3. 고의의 체계적 지위

1) 책임요소설

고의는 행위의 주관적 측면이므로 책임요소가 된다는 것이다. 책임요소설은 행위는 어떤 의사에 의한 결과만이고, 의사의 내용으로서의 고의는 책임요소가 된다는 견해이다(인과적 행위론, 고전적·신고전적

범죄체계)

2) 구성요건요소설

고의는 목적적 활동으로 책임요소가 아닌 주관적 구성요건요소가 된다는 이론이다. 구성요건요소설은 행위는 목적적 활동이므로 목적성, 즉 고의는 행위의 본질적 요소이고, 이러한 행위는 고의범의 구성요건에 해당하는 실행행위로 되는 이상 고의는 주관적 구성요건요소가 된다는 견해이다(목적적 행위론, 목적적 범죄체계).

3) 고의의 이중기능설(구성요건요소 및 책임요소설)

구성요건요소로는 객관적 행위의 방향을 결정하는 행위의사에 대한 지적·의지적 실현으로서의 구성요건적 고의가 되며, 책임요소로는 심증반가치, 즉 행위자가 왜 그러한 실현의사에 이르게 되었으며 그러한 행위자의 의사결정이 법적으로 비난받을 수 있는 심정에 기인한 것인가(행위의사의 형성동기의 비난가능성)를 문제 삼는다.

4. 고의의 내용

1) 고의의 지적요소

(1) 인식대상

객관적 구성요건을 인식하는 것이 고의의 성립요건인 바, 객관적 구성요건이 아닌 것은 고의의 인식대상이 아님을 주의하여야 한다. 결과범에서의 인과관계는 문외한으로서의 소박한 인식으로 족하며, 구체적·전문가적인 인식은 필요하지 않다.

(가) 고의의 인식대상이 되는 것

객관적 구성요건요소 행위자가 객관적 구성요건요소로 되는 사실을 인식해야 한다. 즉, 고의의 인식대상이 되는 것은 모두 객관적 구성요건요소(행위의 주체·객체·결과·태양·행위상황 등)이다. (i) 인과관계는 세부적인 인과과정을 일반인이 인식하는 것은 불가능하므로 대체적으로 그 본질적인 점을 인식하면 족하다(통설). (ii) 가중적 구성요건의 경우에는 형의 감경적 요소에 해당하는 사실(존속살해에서의 직계존속), 감경적 요소에 해당하는 사실(승낙살인죄에 있어서 승낙의 존재), (iii) 결과적 가중범의 기본범죄에 대해서만 인식이 필요하고, 중한 결과에 대해서는 과실이 필요하다.

(나) 고의의 인식대상이 되지 않는 것

(i) 주관적 구성요건요소인 고의·과실, (ii) 객관적 처벌조건인 사전수뢰죄에 있어서의 공무원 또는 중재인이 된 사실, (iii) 인적처벌조각사유인 친족상도례에서의 친족인 신분, (iv) 소추조건인 친고죄에서의 고소, 반의사 불벌죄에서의 피해자의 처벌희망의 의사, (v) 책임의 요소인 책임능력과 기대가능성, (vi) 추상적 위험범의 위험, (vii) 상습성, (viii) 형벌법규, (ix) 행위의 가벌성, (x) 결과적 가중범의 중한 결과는 인식의 필요는 없고, 예견가능성(과실)으로도 족함.

〈판례연구〉 고의의 인식대상

① 절도의 범의는 타인의 점유하에 있는 타인소유물을 그 의사에 반하여 자기 또는 제3자의 점유하에 이전하는 데에 대한 인식을 말하므로, 타인이 그 소유권을 포기하고 버린 물건으로 오인하여 이를 취득하였다면 이와 같이 오인하는 데에 정당한 이유가 인정되는 한 절도의 범의를 인정할 수 없다(대판 1989. 1. 17, 88도971).

② 절도죄에 있어서 재물의 타인성을 오신하여 그 재물이 자기에게 취득(빌린 것)할 것이 허용된 동일한 물건으로 오인하고 가져온 경우에는 범죄사실에 대한 인식이 있다고 할 수 없으므로 범의가 조각되어 절도죄가 성립하지 아니한다(대판 1983. 9. 13, 83도1762).

(2) 의미의 인식

규범적 구성요건요소에 있어서 고의는 사실의 인식으로는 부족하고,

규범적 구성요건요소에 포함되어 있는 사실의 본질적인 의미·내용을 인식해야 한다. 이때의 인식정도는 보통 사람의 일반적인 의미의 인식으로 족하고 전문가 수준의 정확한 법적 평가를 요하는 것은 아니다.

2) 고의의 의지적 요소

고의가 성립되기 위해서는 구성요건의 개관적 사실에 대한 인식뿐만 아니라 인식한 사실을 실현하려는 의사가 필요하다. 단순한 희망·소원 등은 실현의사가 있다고 볼 수 없어 고의가 성립되지 않는다.

〈판례연구〉 고의의 의지적 요소

① 제분에 이기지 못하여 식도를 휘두르는 피고인을 말리거나 그 식도를 뺏으려고 한 그 밖의 피해자들을 닥치는 대로 찌르는 무차별 횡포를 부리던 중에 그의 부(父)까지 찌르게 된 결과를 빚은 경우 피고인이 칼에 찔려 쓰러진 부(父를) 부축해 데리고 나가지 못하도록 한 일이 있다고 하여 그의 부(父를) 살해할 의사로 식도로 찔러 살해하였다는 사실을 인정하기는 어렵다고 봄이 상당하다(대판 1971. 1. 11, 76도3871).

② 범의가 있다 함은 자기가 의도한 행위에 의해 범죄사실이 발생할 것을 인식하면서 그 행위를 감행하거나 하려고 하면 충분하고, 결과발생을 희망할 필요는 없다(대판 1987. 10. 13, 87도 1240).

③ 무고죄에 있어 형사 또는 징계처분을 받게 할 목적에는 처분을 받게 될 것이라는 인식으로 충분하고 결과발생의 희망을 요하지 않는다(대판 1991. 5. 10, 90도2601).

5. 고의의 종류

1) 의도적 고의

의도적 고의란 구성요건적 결과에 대한 목적지향적 추구를 의미하는 의욕적 의사를 내용으로 하는 고의를 말한다. 즉 의지적 요소가 최강도의 의욕적 의사를 내용으로 하는 고의형태로(제1급 직접고의), 지적요소는 확실성이건 개연성이건 가능성이건 묻지 않는다. 예컨대 사람을 살해하는 것 자체를 목표로 삼아 타인을 살해한 경우의 고의이다. 형법에서는 "…할 목적으로" 또는 "…할 의사로"라고 규정되어 있는 목적범·경향범이 여기에 해당한다.

2) 지정고의

지정고의란 확실성을 내용으로 하는 고의를 말한다. 행위자가 일정한 사정 또는 결과의 발생이 확실하다고 생각한 경우의 고의형태를 말한다. 즉, 지적 요소인 인식이 최고단계인 확실성과 결합된 고의형태로, 의지적 요소는 의욕적 의사이든 단순의사이든 감수의사이든 묻지 않는다. 형법에서는 '그 정을 알면서'라고 규정하고 있는 범죄가 여기에 해당한다.

3) 미필적 고의

(1) 의의

행위자가 객관적 구성요건적 결과의 발생을 확실하게 인식한 것이 아니라 그 가능성을 예견한 경우를 말한다. 불확정적 고의 가운데 특히 결과의 발생자체가 불확실한 경우이다. 미필적 고의와 인식 있는 과실은 용인설(다수설·판례)에 의할 경우 행위자가 결과발생의 가능성을 인식하면서도 이를 용인한 경우에는 미필적 고의이고, 결과발생을 내적으로 거부하거나 희망하지 않은 경우에는 인식 있는 과실이 된다.

(2) 인식 있는 과실의 구별

(가) 의의

지적 요소가 존재한다는 점에서 미필적 고의와 인식 있는 과실은 동일하다. 그러나 미필적 고의에는 의지적 요소가 존재하나, 인식 있는 과실은 그것이 없으므로 미필적 고의는 의지적 요소의 구체적 내용을 둘러싸고 견해가 대립된다.

(나) 학설

(i) 용인설은 행위자가 결과발생을 인식하면서도 용인한 경우에는 미필적 고의이고, 용인하지 않은 경우는 인식 있는 과실이 된다는 견해이다(다수설). (ii) 가능성설은 행위자가 결과발생의 구체적 가능성을 인식하고도 행위 하였을 경우에는 미필적 고의이고, 그렇지 않은 경우에는 인식 있는 과실이 된다는 견해이다. (iii) 개연성설은 행위자가 결과발생의 개연성을 인식한 경우에는 미필적 고의이고, 단순한 가능성을 인식한 경우에는 인식 있는 과실이 된다는 견해이다. (iv) 감수설은 행위자가 결과발생의 가능성을 인식하고 자신의 행위목적을 달성하기 위하여 구성요건실현의 위험을 감수한 때에는 미필적 고의가 되고, 결과가 발생하지 않는다고 신뢰한 때에는 과실이 된다는 견해이다. (v) 판례는 '미필적 고의가 있었다고 하려면 범죄사실의 발생 가능성에 대한 인식이 있음은 물론 나아가 범죄사실이 발생할 위험을 용인하는 내심의 의사 있어야 한다.'고 판시하여 용인설을 취하고 있다.

〈판례연구〉 미필적 고의를 인정한 경우

① 피고인들이 피조개양식장에 피해를 주지 아니하도록 할 의도에서 선박의 닻줄을 7샤클(175미터)에서 5샤클(125미터)로 감아놓았고 그 경우에 피조개양식장까지의 거리는 약 30미터까지 근접한다는 것이므로 닻줄을 50미터 더 늘여서 7샤클로 묘박하였다면 선박이 태풍에 밀려 피조개양식장을 침범하여 물적 손해를 입히리라는 것은 당연히 예상되는 것이고, 이는 피조개양식장의 물적피해를 인용한 것이라 할 것이어서 재물손괴의 점에 대한 미필적 고의를 인정할 수 있다(대판 1987. 1. 20, 85도221).

② 미필적 고의라 함은 결과의 발생이 불확실한 경우 즉 행위자에 있어서 그 결과발생에 대한 확실한 예견은 없으나 그 가능성은 인정하는 것으로, 이러한 미필적 고의가 있었다고 하려면 결과발생의 가능성에 대한 인식이 있음은 물론 나아가 결과발생을 용인하는 내심의 의사가 있음을 요한다(대판 2004. 2. 27. 2003도7507).

③ 방조범에 있어서 정범의 고의는 정범에 의하여 실현되는 범죄의 구체적 내용을 인식할 것을 요하는 것은 아니고 미필적 인식 또는 예견으로

족하다(대판 2005. 4. 29, 2003도6056).

④ 무고죄에 있어서 범의는 반드시 확정적 고의임을 요하지 아니하고 미필적 고의로서도 족하다 할 것이므로, 무고죄는 신고자가 진실하다는 확신 없는 사실을 신고함으로써 성립하고 그 신고사실이 허위라는 것을 확신함을 필요로 하지 않는다고 할 것이고(대판 2006. 5. 25. 2005도4642), 또 고소를 한 목적이 상대방을 처벌받도록 하는 데 있지 않고 시비를 가려달라는 데에 있다고 하여 무고죄의 범의가 없다고 할 수는 없다(대판 2007. 4. 26. 2007도1423).

⑤ 피고인이 9세의 여자 어린이에 불과하여 항거를 쉽게 제압할 수 있는 피해자의 목을 감아서 졸라 실신시킨 후 그곳을 떠나버린 이상 그와 같은 자신의 가해행위로 인하여 피해자가 사망에 이를 수도 있다는 사실을 인식하지 못하였다고 볼 수 없으므로, 적어도 그 범행 당시에는 피고인에게 살인의 범의가 있었다(대판 1994. 12. 22. 94도2511).

⑥ 건장한 체격의 군인이 왜소한 체격의 피해자를 폭행하고 특히 급소인 목을 설골이 부러질 정도로 세게 졸라 사망케 한 행위에는 살인의 범의가 있다(대판 2001. 3. 9. 2000도5590).

⑦ 사업관계로 다툼이 있었던 피해자를 혼내 주되, 평생 후회하면서 살도록 허벅지나 종아리를 찔러 병신을 만들라는 교사를 받아 피해자에 대한 가해행위를 직접 실행한 피고인들이 피해자의 머리나 가슴 등 치명적인 부위가 아닌 허벅지나 종아리 부위 등을 주로 찔렀다고 하더라도 칼로 피해자를 20여 회나 힘껏 찔러 그로 인하여 피해자가 과다실혈로 사망하게 된 경우 살인의 미필적 고의가 있었다고 보아 교사자에게는 상해치사죄의 교사를 인정하였다(대판 2002. 10. 25. 2002도4089).

⑧ 강도가 도망을 가려는 피해자의 어깨를 잡아 방으로 끌고 와 침대에 엎드리게 하고 이불을 뒤집어씌운 후 침대에 있던 베개로 피해자의 머리부분을 약 3분간 힘껏 누르고 이에 피해자가 손발을 휘저으며 발버둥치다가 움직임을 멈추고 사지가 늘어졌음에도 계속하여 약 10초간 눌러서 피해자가 사망한 경우 살해의 고의가 있었다(대판 2002. 2. 8. 2001도6425).

⑨ 피고인이 소란을 피우는 피해자를 말리다가 피해자가 욕하는 데 격분하여 예리한 칼로 피해자의 왼쪽가슴부분에 길이 6Cm, 깊이 17Cm의 상처 등이 나도록 찔러 곧바로 좌측심낭까지 절단된 경우 피고인에게 살인의 고의가 있었다(대판 1991. 10. 22. 91도2174).

⑩ 가로 15㎝, 세로 16㎝, 길이 153㎝, 무게 7㎏의 각이 진 목재로 길바닥에 누워 있던 피해자의 머리를 때려 피해자가 외상성뇌지주막하출혈

로 사망한 경우 살인의 미필적 고의가 인정된다(대판 1998. 6. 9. 98도980).

⑪ 정교관계를 가졌던 피해자로부터 금품요구와 협박을 받아 오다가 피해자를 타이르던 중 반항하는 피해자를 순간적으로 살해하기로 결의하고 양손으로 피해자의 목을 졸라 사망케 한 경우 피고인에게 살인의 확정적 범의가 있었음이 분명하다(대판 1983. 9. 13. 83도1817).

⑫ 적성검사를 받지 아니하여 운전면허가 취소되고 그 취소 사실의 통지에 갈음하여 적법한 공고가 이루어졌다면 운전면허를 받은 사람이 면허가 취소된 사실을 모르고 자동차를 운전하였다고 하더라도 면허취소사실을 알고 있었다고 보아야 한다(대판 2002. 10. 22, 2002도4203).

⑬ 유흥업소의 업주로서는 다른 공적 증명력 있는 증거를 확인해 봄이 없이 단순히 건강진단결과서상의 생년월일 기재만을 확인하는 것으로는 청소년보호를 위한 연령확인의무이행을 다한 것으로 볼 수 없으므로 이 경우 청소년을 청소년유해업소에 고용한 업주에게는 적어도 청소년 고용에 관한 미필적 고의가 있음이 인정된다(대판 2002. 6. 28. 2002도2425).

⑭ 피고인이 20:10경 농로를 시속 약 50㎞로 진행하던 중 피해자가 끌고 가던 리어카를 들이받아 피해자를 그 자리에서 사망에 이르게 하고도 그대로 도주한 사안에서, 사고운전자가 사고 직후 차에서 내려 직접 확인하였더라면 쉽게 사고사실을 확인할 수 있었는데도 별일 아닌 것으로 알고 그대로 사고현장을 이탈하였다면 '사고장소에서 무엇인가 딱딱한 물체를 충돌한 느낌을 받았다'는 피고인의 진술에 비추어 사고운전자에게는 미필적으로라도 사고의 발생사실을 알고 도주할 의사가 있었다(대판 2000. 3. 28. 99도5023). → 특정범죄가중처벌등에관한법률 제5조의3 제1항(사고운전자도주죄)의 고의를 인정한 사례임.

⑮ 의무경찰이 직진하여 오는 택시의 운전자에게 좌회전을 지시하고 불과 30㎝ 앞에서 이유를 설명하고 있다가, 택시 운전자가 신경질적으로 갑자기 좌회전하는 바람에 택시 우측 범퍼로 무릎을 들이받힌 사안에서, 공무집행방해의 미필적 고의가 있었다(대판 1995. 1. 24. 94도1949).

⑯ 부정수표단속법 제2조 제2항 위반의 범죄는 예금부족으로 인하여 제시일에 지급되지 아니할 것이라는 결과발생을 예견하고 수표를 발행한 때에 바로 성립하는 것이므로, 피고인이 수표발행인을 은닉한 것이 그 수표가 부도나기 전날이라고 하더라도 그 수표가 부도날 것이라는 사정과 수표발행인이 부정수표단속법 위반으로 수사관서의 수배를 받게 되리라는 사정을 알았다면 범인은닉에 관한 범의가 없다고 할 수는 없

을 것이다(대판 1990. 3. 27. 89도1480).

⑰ 이미 과다한 부채의 누적으로 변제의 능력이나 의사마저 극히 의심스러운 상황에 처하고서도 이러한 사실을 숨긴 채 피해자들에게 사업에의 투자로 큰 이익을 볼 수 있다고 속여 금전을 차용한 후 이를 주로 상환이 급박해진 기존채무 변제를 위한 용도에 사용한 경우 금전차용에 있어서 편취의 범의가 있었다고 볼 수 있다(대판 1993. 1. 15. 92도2588).

⑱ 피고인이 자기자본 없이 금융기관 대출금과 분양대금만으로 상가 및 오피스텔의 신축 및 분양사업을 진행하다가 공사를 중단, 방치한 경우 분양대금 등의 편취의 범의가 인정된다(대판 1995. 4. 25. 95도424).

⑲ 재단법인 불교방송의 이사장 직무대리인이 후원회 기부금을 정상 회계처리하지 않고 자신과 친분관계에 있는 신도에게 확실한 담보도 제공받지 아니한 채 대여한 경우, 피고인이 그 재단법인의 이익을 위한다는 의사가 있었다 하더라도 그 의사는 부수적일 뿐이고 가해의 의사가 주된 것이라는 이유로 배임의 고의를 인정한 사례(대판 2000. 12. 8. 99도3338).

⑳ 고소인이 고소장을 수사기관에 제출한 이상 그러한 인식은 있다 할 것이고, 나아가 고소를 한 목적이 상대방을 처벌받도록 하는 데 있지 않고 시비를 가려 달라는 데에 있다고 하여 무고죄의 범의가 없다고 할 수 없다(대판 1995. 12. 12. 94도3271).

㉑ 농어촌구조개선 특별회계기금을 재원으로 하여 임업후계자육성을 위해 이루어지는 정책자금대출로서 그 대출의 조건 및 용도가 임야매수자금으로 한정되어 있는 정책자금을 대출받음에 있어 임야매수자금을 실제보다 부풀린 허위의 계약서를 제출함으로써 대출취급기관을 기망하였다면, 피고인에게 대출받을 자금을 상환할 의사와 능력이 있었는지 여부를 불문하고 편취의 고의가 인정된다(대판 2007. 4. 27. 2006도7634).

㉒ 재건축조합의 조합장이 아닌 사람이 재건축조합 조합장의 직함을 사용하여 재건축사업에 관한 계약서를 작성하였다면, 계약의 상대방이 자격모용사실을 알고 있었다거나 그 계약서에 조합장의 직인이 아닌 다른 인장을 날인하였더라도 자격모용에 의한 사문서작성죄의 범의와 행사의 목적이 인정된다(대판 2007. 7. 27. 2006도2330).

㉓ 증권거래법에 의하여 금지되는 시세조종 된 주식임을 잘 알면서도 이를 숨긴 채 담보로 제공하였다면 주식을 담보로 대출받을 당시에는 대출액의 약 250%에 해당하는 충분한 담보가치가 있었다고 하더라도 편취

의 범의가 인정된다고 한 사례(대판 2004. 5. 28. 2004도1465).

〈판례연구〉 미필적 고의를 부정한 경우

① 관할 경찰당국의 운전면허취소통지가 있었음에도 이를 알지 못하고 계속 운전한 경우무면허운전이라는 점에 대한 고의가 없다(대판 1993. 3. 23, 92도3045).

② 증인이 착오에 빠져 기억에 반한다는 의식 없이 증언한 경우(대판 1991. 5. 10, 89도1748).

③ 무고죄에서 허위사실의 신고라 함은 신고사실이 객관적 사실에 반한다는 것을 확정적이거나 미필적으로 인식하고 신고하는 것을 말하는 것이므로, 설령 고소사실이 객관적 사실에 반하는 허위의 것이라 할지라도 그 허위성에 대한 인식이 없을 때에는 무고에 대한 고의는 인정할 수 없다(대판 2000. 11. 24. 99도822).

④ 거래물품의 편취에 의한 사기죄의 성립 여부는 거래 당시를 기준으로 피고인에게 납품대금을 변제할 의사나 능력이 없음에도 피해자에게 납품대금을 변제할 것처럼 거짓말을 하여 피해자로부터 물품을 편취할 고의가 있었는지의 여부에 의하여 판단하여야 하므로 납품 후 경제사정 등의 변화로 납품대금을 일시 변제할 수 없게 되었다고 하여 사기죄에 해당한다고 볼 수 없다(대판 2003. 1. 24. 2002도5265).

⑤ 공사도급인과 수급인 사이에 공사대금에 관한 정산이 이루어지지 아니한 상태에서 공사도급인이 공사지연 등에 따른 손해배상금 및 위약금 등을 문제삼으며 완공된 여관에 관하여 다른 친인척 등의 명의로 소유권보존등기를 마쳤다거나, 공사 도중 여관부지에 관하여 근저당권을 설정한 사실을 수급인에게 알리지 아니하였다는 사정만으로는 공사도급인에게 공사대금 편취의 범의가 있었다고 단정할 수 없다(대판 2003. 3. 11. 2002도7129).

⑥ 유증받은 재산에 대하여 상속재산분할청구가 제기되어 있다는 사정을 매수인에게 고지하지 아니하고 수증재산을 매매한 경우, 매도인에게 편취의 범의가 있다고 하려면, 적어도 그가 그 토지를 유증에 의하여 전부 취득하게 되는 것이 아니라 민법상 유류분제도에 따라 다른 공동상속인들이 유류분반환청구권을 행사하는 경우에는 유류분 침해의 한도에서 그 토지를 취득할 수 없게 된다는 사실을 알고 있었다는 것이 전제되어야 한다(대판 1997.7.8. 97도472).

⑦ 재단의 직원이 금 15억여 원의 재단 채무를 변제기한보다 약 8개월 앞

당겨 변제한 사안에서 재단이 그 자금의 여유가 있을 때 남아 있는 채무의 일부를 변제기를 일시 앞당겨 변제한 것은 사회적 상당성이 있고, 따라서 화해시 예정된 기한을 일부 앞당겨 변제하였다고 하여 담당 직원에게 배임의 범의가 있다고 할 수 없다(대판 1996. 12. 23. 95도1120).

⑧ 주택조합 측으로부터 아파트부지의 선정과 매입에 관한 일체의 권한을 위임받은 주택조합 조합장이 아파트부지 구입과정에서 계획적인 기망행위에 속아 대상토지의 공원용지지정해제에 필요한 경비를 교부한 경우 배임의 범의를 인정할 수 없다(대판 1993. 1. 15. 92도166).

⑨ 문서명의자의 도장을 소지하고 있는 자로부터 의뢰를 받아 문서를 대필해 준 경우 특별한 사정이 없는 한 대필자로서는 의뢰인이 문서 명의자로부터 문서작성의 위임을 받은 것으로 생각하였다고 봄이 상당하다 할 것이므로 사문서위조의 고의를 인정할 수 없다(대판 1999. 7. 9. 99도1635).

⑩ 공무원이 여러 차례의 출장반복의 번거로움을 회피하고 민원사무를 신속히 처리한다는 방침에 따라 사전에 출장 조사한 다음 출장조사내용이 변동없다는 확신 하에 출장복명서를 작성하고 다만 그 출장일자를 작성일자로 기재한 것이라면 허위공문서작성의 범의가 있었다고 볼 수 없다(대판 2001. 1. 5. 99도4101).

⑪ 대구지하철화재 사고 현장을 수습하기 위한 청소 작업이 한참 진행되고 있는 시간 중에 실종자 유족들로부터 이의제기가 있었음에도 대구지하철공사 사장이 즉각 청소 작업을 중단하도록 지시하지 아니하였고 수사기관과 협의하거나 확인하지 아니하였다고 하여 위 사장에게 그러한 청소 작업으로 인하여 증거인멸의 결과가 발생할 가능성을 용인하는 내심의 의사까지 있었다고 단정하기는 어렵다(대판 2004. 5. 14. 2004도74).

⑫ 타인의 일에 대하여 정확한 날짜를 기억한다는 것은 경험측상 어려우므로 피고인이 실제 계약체결일과 불과 2일이 차이 나게 증언한 것을 가지고 위증죄에서 기억에 반한 허위의 공술을 하였다고 볼 수 없다(대판 1983. 11. 22. 83도2492).

⑬ 지방자치단체장인 피고인이 건설업자로부터 거액의 현금이 든 굴비상자를 뇌물로 받은 것으로 기소된 사안에서, 그 내용물을 확인하는 즉시 관청에 이를 신고하기에 이른 점 등의 사정에 비추어 피고인에게 수뢰의 범의가 있었다고 볼 수 없다(대판 2006. 2. 24. 2005도4737).

4) 택일적 고의

결과발생은 확정적이지만 구성요건결과 발생의 객체가 선택적인 고의이다. 군중이 모인 곳에 돌을 던져 아무나 맞추려는 경우.

5) 사전고의와 사후고의

(1) 사전고의

행위자가 행위 이전에 실현의사를 가지고 있었으나 행위시에는 없는 경우이다. 예컨대 사냥에 가서 사고를 가장하여 처를 살해하려고 총을 구입한 남편이 그 총을 손질하다가 부주의로 총이 발사되어 처가 사망한 경우이다. 이 경우 고의는 성립하지 않으며, 살인예비죄와 과실치사죄가 성립한다.

(2) 사후고의

행위시에는 사실의 인식이 없다가 결과발생 이후에 비로소 고의가 생긴 경우이다. 예컨대 친구에게 빌려온 도자기를 실수를 깨뜨렸는데, 친구의 욕설을 듣고 잘 깨졌다고 생각한 경우이다. 이 경우 고의가 없어서 재물손괴죄는 성립되지 않으며, 손괴죄는 과실범 처벌규정이 없으므로 무죄이다.

§12. 사실의 착오(구성요건적 착오)

> 第15条 (사실의 착오) ① 특별히 중한 죄가 되는 사실을 인식하지 못한 행위는 중한 죄로 벌하지 아니한다.

1. 의의

1) 개념

법적 구성요건에 속하는 객관적 사정에 대하여 고의성립에 필요한 인식이 행위자에게 결여된 경우를 말한다. 즉 주관적인 인식과 객관적인 실제가 일치하지 않는 경우이다. 예컨대 재물을 손괴하려고 하였으나 사람을 상해한 경우이다.

2) 착오의 대상

구성요건적 착오의 대상은 구성요건적 고의의 지적요소의 대상이 되는 모든 객관적 구성요건이다(예컨대 행위, 객체, 인과관계). 그러므로 객관적 구성요건표지 이외의 사정(예컨대 형벌의 종류, 가벌성, 소추조건, 책임능력, 범행동기)에 대한 착오는 구성요건적 착오가 아니다.

〈판례연구〉 인적 처벌조각사유에 대한 착오

① 피고인이 위 물건을 본가의 소유물로 오신하여 이를 절취하였다 할지라도 그 오신은 형의 면제사유에 관한 것으로서 이에 범죄의 구성요건사실에 관한 형법 제15조 제1항은 적용되지 않는 것이므로 그 오신은 절도죄의 성립이나 처벌에 아무런 영향도 미치지 아니한다(대판 1966. 6. 28. 66도104).

3) 금지착오와의 구별

통설인 책임설에 의하면, 구성요건적 착오는 객관적 구성요건표지에 관한 착오로서 고의가 조각되지만, 금지착오는 행위의 위법성에 관한 착오로서 정당한 이유가 있으면 책임이 조각된다.

2. 구체적 사실의 착오와 추상적 사실의 착오

1) 구체적 사실의 착오

(1) 의의

행위자가 인식한 사실과 객관적으로 발생한 사실이 일치하지 않으나 동일한 구성요건에 속하는 경우를 구체적 사실의 착오라고 한다(동가치적 객체간의 착오). 甲인 줄 알고 총을 쏘았으나 乙인 경우이다.

(2) 유형

(가) 객체의 착오

행위자가 행위객체의 동일성에 관하여 착오한 경우를 말한다. 예컨대 갑으로 알고 구타하였으나 사실은 을인 경우를 말한다.

(나) 방법의 착오

행위의 수단·방법이 잘못되어 의도한 객체 이외의 객체에 대하여 결과가 발생한 경우이다. 예컨대 타격이 빗나가서 행위자가 의도하지 않았던 행위객체에 결과가 발생한 경우를 말한다. 예컨대 갑에게 총을 쏘았으나 빗나가서 옆에 있던 을이 맞은 경우를 말한다. 방법의 착오는 행위자가 인식한 객체에 대해서는 결과가 발생하지 않았다는 점에서 행위자가 인식한 객체에 대해서 결과가 발생한 객체의 착오와 구별된다.

2) 추상적 사실의 착오

(1) 의의

추상적 사실의 착오는 인식사실과 발생사실이 상이한 구성요건에 해당하는 경우를 말한다. 즉 행위자가 인식한 사실과 현실적으로 발생한 사실이 서로 다른 가치를 가진 행위객체를 대상으로 하는 범죄인 경우이다(이가치적 객체간의 착오). 예컨대 동물이라고 생각하고 총을 쏘았으나 사람인 경우이다. 이 경우 재물손괴죄와 과실치사의 상상적 경합이 성립된다.

(2) 유형

(가) 객체의 착오

객체의 착오는 객체의 동일성에 관한 착오로 이가치 간에 발생한다. 예컨대 甲의 개인 줄 알고 돌을 던졌으나 실은 甲이었기 때문에 甲이 부상을 입은 경우이다.

(나) 방법의 착오

방법의 착오는 타격의 착오로 이가치 간에 발생한다. 甲의 개를 향하여 발포하였으나 빗나가 옆에 있던 甲에게 명중한 경우이다.

3. 구성요건적 착오에 대한 학설과 판례

1) 구체적 부합설

(1) 의의

구체적 부합설은 행위자가 인식한 범죄사실과 현실적으로 발생한 범죄사실이 구체적으로 일치하는 경우에만 범죄사실에 대한 고의의 성립을 인정하고, 일치하지 않는 경우에는 발생사실에 대한 고의가 조각된다고 하는 견해이다. 고의의 기수 책임을 인정하는 범위가 가장 좁은 학설이다.

(2) 내용

구체적 사실의 착오 객체의 착오는 인식사실과 발생사실이 구체적으로 일치하므로 발생사실에 대한 고의기수가 성립한다. 방법의 착오는 인식사실과 발생사실이 구체적으로 일치하지 않으므로 인식사실의 미수와 발생사실의 과실의 상상적 경합이 성립한다.

2) 법정적 부합설(판례)

(1) 의의

법정적 부합설은 행위자가 인식한 범죄사실과 현실적으로 발생한 범죄사실이 법정적으로 부합하는 경우에는 발생사실에 대한 고의기수를 인정하고, 그렇지 않은 경우에는 고의가 조각된다는 견해이다. 법정적 부합설은 구성요건적부합설과 죄질부합설로 나뉜다.

(2) 내용

구체적 사실의 착오는 인식사실과 발생사실의 구성요건 또는 죄질이 동일하므로 객체의 착오·방법의 착오를 불문하고 발생사실에 대한 고의기수가 성립한다. 추상적 사실의 착오는 인식사실과 발생사실의 구성요건 또는 죄질이 동일하지 않으므로 인식사실의 미수와 발생사실의 과실의 상상적 경합이 된다.

〈판례연구〉

① 피고인이 피해자를 향하여 살의를 갖고 몽둥이로 힘껏 후려친 가격으로 피를 흘리며 마당에 고꾸라진 피해자와 피해자의 등에 업힌 피해자의 子의 머리부분을 위 몽둥이로 내리쳐 피해자의 子를 현장에서 사망케 한 경우에 소위 타격의 착오가 있는 경우라 할지라도 행위자의 살인의 범의 성립에 지장이 없다(대판 1984.1.24. 83도2813).

② 甲이 乙 등 3명과 싸우다가 힘이 달리자 식칼을 가지고 이들 3명을 상대로 휘두르다가 이를 말리면서 식칼을 뺏으려던 피해자 병에게 상해

를 입혔다면 甲에게 상해의 범의가 인정되며 상해를 입은 사람이 목적한 사람이 아닌 다른 사람이라 하여 과실상해죄에 해당한다고 할 수 없다(대판 1987.10.26. 87도1745).

③ 피고인이 공소외인과 동인의 처를 살해할 의사로서 농약 1포를 숭늉그릇에 투입하여 공소외인 가의 식당에 놓아둠으로써 그 정을 알지 못한 공소외인의 장녀가 이를 마시게 되어 동인을 사망케 하였다면 피고인이 공소외인의 장녀를 살해할 의사는 없었다 하더라도 피고인은 사람을 살해할 의사로서 이와 같은 행위를 하였고 그 행위에 의하여 살해라는 결과가 발생한 이상 피고인의 행위와 살해하는 결과와의 사이에는 인과관계가 있다 할 것이므로 공소외인의 장녀에 대하여 살인죄가 성립한다(대판 1968.8.23. 68도884).

3) 추상적 부합설

(1) 의의

추상적 부합설은 인식사실과 발생사실이 구성요건 또는 죄질을 달리하는 경우에도 가벌적 사실이라는 점에서 추상적으로 중첩하는 범위 내에서 경한 죄의 고의기수를 인정하고, 다만 인식사실보다 발생사실이 중한 경우에는 형법 제15조 제1항에 의하여 중한 죄의 고의기수로 논할 수 없다는 견해이다. 고의 기수를 인정하는 범위가 가장 넓은 학설이다.

(2) 내용

구체적 사실의 착오는 인식사실과 발생사실이 구성요건뿐만 아니라 가벌적이라는 점에서 추상적으로 일치하므로 발생사실에 대한 고의기수가 성립한다. 추상적 사실의 착오는 경한 죄의 고의로 중한 죄의 사실을 실현한 경우에는 경한 죄의 고의기수와 중한 죄의 과실의 상상적 경합이 성립한다. 중한 죄의 고의로 경한 죄의 사실을 실현한 경우에 대해서는 중한 죄의 미수와 경한 죄의 기수의 상상적 경합이 성립한다는 견해와, 중죄의 고의는 경죄의 고의 흡수하므로 두 죄의 경합은 성립하지 않고 중죄미수만 성립하고, 다만 중죄의 미수가 불가벌인 경우에 한하여 경죄의 고의범으로 처벌된다는 견해가 있다.

〈표 3-4〉 사실의 착오에 대한 학설의 개관

구분	종류	구체적 부합설	법정적 부합설 (통설·판례)	추상적 부합설
구체적 사실	객체	발생한 사실에 대한 고의·기수	발생한 사실에 대한 고의·기수	발생한 사실에 대한 고의·기수
구체적 사실	방법	인식사실에 대한 미수와 발생사실에 대한 과실의 상상적 경합	발생한 사실에 대한 고의·기수	발생한 사실에 대한 고의·기수
추상적 사실	객체	인식사실에 대한 미수와 발생사실에 대한 과실의 상상적 경합	인식사실에 대한 미수와 발생사실에 대한 과실의 상상적 경합	중한 고의로 경한 결과발생 →중죄 미수와 경죄기수의 상상적 경합
추상적 사실	방법	인식사실에 대한 미수와 발생사실에 대한 과실의 상상적 경합	인식사실에 대한 미수와 발생사실에 대한 과실의 상상적 경합	→경죄 기수와 발생사실의 과실의 상상적 경합

4. 인과관계의 착오와 개괄적 고의경한 고의로 중한 결과 발생

1) 인과관계의 착오

(1) 의의

행위자가 인식한 범죄사실과 현실로 발생한 범죄사실은 일치하지만 결과에 이르는 인과과정이 다른 경우를 말한다. 인과관계의 착오가 본질적인 경우에는 발생한 결과에 대하여 고의·기수를 인정한다. 예컨대 갑이 을을 익사시키려고 다리 밑으로 밀었으나 을은 떨어지면서 교각에 머리를 부딪쳐 뇌진탕으로 사망한 경우, 갑이 살인의 고의로 을의 머리를 도끼로 가격하였으나 을은 두개골파열이 아니라 상처의 감염으로 사망한 경우, 머리를 조준했으나 심장에 맞아 사망한 경우 등이다.

(2) 객관적 귀속의 관계

인과관계의 착오는 결과에 대한 객관적 귀속이 인정된 다음에 검토되는 것이므로, 객관적 귀속이 부정될 경우에는 인과관계의 착오문제를 논할 필요가 없다. 예컨대 칼에 찔려 부상을 입고 병원으로 이송 중 교통사고로 사망한 경우는 객관적 귀속이 부정되어 살인미수가 된다.

(3) 법적 취급

인관관계도 객관적 구성요건이므로 이에 대한 착오는 구성요건적 착오의 문제지만, 행위자가 세부적인 인과과정을 전부 정확하게 인식할 수는 없으므로 그 착오가 본질적인 경우에 한하여 발생한 결과에 대하여 고의기수가 부정된다(다수설). 여기서 인과관계의 착오의 본질성에 대한 판단기준은 일반적 생활경험을 기초로 한 객관적 예견가능성이다.

2) 개괄적 고의

(1) 의의

개괄적 고의란 특수한 고의형태를 말하는 것이 아니라, 행위자가 첫 번째의 행위에 의하여 이미 결과가 발생했다고 믿었으나 실제로는 연속된 두 번째의 행위에 의하여 결과가 야기된 사례군을 지칭하는 개념이다. 예컨대 甲이 살인의 고의로 乙의 머리를 돌로 쳐 乙이 실신하자, 甲은 乙이 사망한 것으로 오인하고 증거인멸의 의사 매장함으로써 乙이 질식하여 사망한 경우 등이다.

(2) 법적 취급

(가) 개괄적 고의설(판례)

제1행위의 고의가 제2행위부분에 대해서도 미치는 단일사건이므로 하나의 고의기수범이 성립한다는 견해이다. '피해자가 피고인들의 살해의 의도로 행한 구타행위에 의하여 직접 사망한 것이 아니라 죄적을 인멸할 목적으로 행한 매장행위에 의하여 사망하게 되었다 하더라도 전 과정을 개괄적으로 보면 피해자의 살해라는 처음에 예견된 사실이 결국은 실현된 것으로서 피고인들은 살인죄의 죄책을 면할 수 없다'고 판시하였는데 다수의 학자들은 이 판례를 개괄적 고의설의 입장으로 보고 있다.

(나) 미수와 과실의 경합범설

제2행위 시에는 고의가 없으므로 경우에 따라서 제2행위의 과실과의 실체적 경합을 인정하는 견해이다.

(다) 객관적 귀속설

인과과정의 인식은 고의의 내용이 아니므로 개괄적 고의의 사례는 고의의 문제가 아니라 객관적 귀속의 문제라고 보는 견해이다.

(라) 인과관계착오설

개괄적 고의를 인과관계의 착오의 한 형태로 보고, 결과발생의 결정적 원인은 고의가 존재하는 제1행위이고, 인과과정의 상위는 비본질적이기 때문에 발생한 결과의 고의기수범이 성립한다는 견해이다(다수설).

〈판례연구〉

① 싸움을 하던 중 말리면서 식칼을 뺏으려던 제3자에게 상해를 입힌 경우 상해죄가 성립한다. 목적하지 않은 사람을 상해했더라도 상해고의는 인정된다(대판 1987.10.26, 87도1745).

② 일병 甲이 하사 乙을 살해할 목적으로 발사한 총탄이 이를 제지하려고 뛰어든 병장 丙에게 명중되어 丙이 사망한 경우 丙에 대한 살인기수이다(대판 1975.4.22, 75도727).

③ 형수를 향하여 살의를 갖고 소나무 몽둥이로 힘껏 내리쳤으나 형수의 등에 업힌 조카의 머리에 맞아 즉사한 경우에는 소위 타격의 착오가 있는 경우라 할지라도 행위자의 살인의 범의 성립에 방해가 되지 않는다(대판 1984.1.24, 83도2813).

제 4 장

위법성론

개 관

제4장은 위법성론에 대해 학습한다. 위법성은 범죄의 성립요건 중 제2단계의 요건이다. 구성요건에 해당하면 위법성은 추정되므로, 위법성의 심사에 있어서는 소극적으로 정당화사유가 있는가의 여부만 검토한다. 정당화사유를 위법성조각사유라고 한다. 심사결과 정당화사유가 없는 것으로 판명되면 불법이 최종적으로 확정된다.

형법에 규정된 정당화사유는 정당행위(제20조), 정당방위(제21조), 긴급피난(제22조), 자구행위(제23조), 피해자의 승낙(제24조) 등 5개가 있다.

정당방위는 자기 또는 타인의 법익에 대한 부당한 침해에 대한 방위행위로서 상당한 이유가 있는 행위를 말한다.

긴급피난은 자기 또는 타인의 현재의 위난을 피하기 위한 상당한 이유 있는 행위를 말한다.

자구행위는 법정절차에 의한 청구권 보전이 불가능하거나 심히 곤란한 경우 자력으로 청구권을 실현하는 사후적 긴급행위이다.

피해자의 승낙은 피해자가 자신의 법익의 침해를 허락하는 것을 말한다.

정당행위는 법령, 업무, 기타 사회상규에 어긋나지 않는 행위를 말한다.

그 밖에 초법규적 정당화사유를 인정할 수 있는가에 관하여 논의가 있으나 우리 형법은 독일이나 일본과 달리 '사회상규에 위배되지 않는 정당행위'라는 포괄적인 정당화사유를 규정하고 있기 때문에 초법규적인 정당화사유는 인정되지 않는다는 것이 통설이다.

§13. 위법성 일반이론

1. 위법성의 의의

1) 위법성의 의의

위법성이란 인간의 행위가 법질서 전체의 관점에서 보아 객관적으로 허용되지 않는 부정적 가치판단을 의미한다. 형법은 위법성에 대하여 적극적으로 규정하지 않고 위법성이 배제되는 사유(위법성조각사유)에 대해서만 규정하고 있다. 즉, 구성요건에 해당하는 행위는 위법성 조각사유가 존재하지 않는 한 위법한 것으로 평가하고 있다.

2) 불법과의 구별

〈표 4-1〉 위법성과 불법

구분	위법성	불법
개념	행위가 법질서 전체의 입장에서 볼 때에 허용되지 않는다는 것을 의미	행위가 개개의 입장에서 볼 때에 허용되지 않는다는 것을 의미
성질	단일성·동일성, 양적·질적 차이 인정 ×	양적·질적으로 차이 인정 ○
예	- 살인, 과실치사는 위법하다는 점에서는 동일하나, 불법의 측면에서는 살인이 불법의 양이 크고, 과실치사가 작다. - 과실손괴는 형사상 처벌되지 않으므로 형법적으로는 불법이 아니나, 민법적으로는 불법이므로 불법은 질적으로 다르다는 평가가 가능하다.	

위법성은 행위가 법질서 전체의 관점에서 모순·배치되는 성질로 관계개념이지만, 불법은 구성요건에 해당하고 위법하다고 평가된 행위 자체로서 실체개념이다. 위법성은 법질서 전체에 비추어 결정되고 개

개의 법영역에 따른 개별적 위법성은 인정되지 않지만, 불법은 개개의 법률에 비추어 결정되므로 개개의 법영역에 따라 개별화가 가능하다. 위법성은 단일하고 동일한 판단으로서 질적·양적 차이가 인정되지 않지만, 불법은 질적·양적 차이가 존재하므로 경중의 비교도 가능하다.

3) 구성요건해당성 및 책임과의 관계

(1) 위법성과 구성요건해당성

구성요건해당성은 구체적인 특정 범죄의 구성요건을 실현했다는 평가를 말한다. 어느 행위가 구성요건에 해당하면 위법성도 추정·징표된다. 위법성이란 구성요건에 해당하는 행위가 법질서 전체와 모순·충돌됨으로써 형법적 불법을 실현시켰다는 점에 대한 확정적 반가치 판단이다. 위법성은 구성요건해당성을 전제로 위법성조각사유의 존부 확인을 통해 소극적으로 평가한다.

(2) 위법성과 책임

위법성이란 법질서 전체의 입장에서 내리는 행위에 대한 반가치 판단이다. 따라서 행위자가 아닌 행위에 대해서만 평가한다. 책임은 일반적인 당위규범 위반에 대한 개인적인 비난가능성이다. 책임판단은 행위뿐만 아니라 행위자의 특별한 사정도 고려한다.

2. 형식적 위법성과 실질적 위법성

1) 형식적 위법성

위법성평가 기준을 형식적인 법률의 규정(실정법)에 두고 이에 위반하면 위법이라고 평가한다. 따라서 구성요건에 해당하는 행위는 실정화된 위법성조각사유에 해당하지 않으면 위법성이 인정된다.

2) 실질적 위법성

위법성평가의 기준을 그 규범의 근저에 있는 실질적 기준에 따라 위법성의 의미를 파악하는 견해이다. 즉 그 기준을 (i) 권리침해설, (ii) 문화규범위반설, (iii) 법익침해설(통설) - 행위의 사회적 유해성, 사회상규에 반하는 것 - 등이 있다.

3) 결론

형식적으로 위법한 행위는 위법성조각사유에 해당하지 않는 한 실질적으로도 위법하며, 형식적으로 위법하지 않지만 실질적으로 위법한 행위는 형법상 처벌의 대상이 될 수 없고 단지 입법의 기준이 된다. 이런 점에서 양자는 상호보완적 관계이다.

3. 주관적 위법성과 객관적 위법성

1) 주관적 위법성

법은 의사를 결정하는 데 준거규범으로서 그 본질이 있다. 위법성 판단에서 행위자 개인의 사정이나 능력을 고려한다. 따라서 어떤 행위가 법적으로 위법 하다고 판단되려면 수명자는 책임능력자여야 한다. 이 견해에 의하면 책임무능력자의 공격에 대해 정당방위는 불가능하고 긴급피난만이 가능하다.

2) 객관적 위법성

법은 객관적인 평가규범이다. 책임능력의 유무에 관계없이 모두 위법성이 인정된다. 따라서 책임무능력자의 행위에 대해서도 정당방위가 가능하다.

3) 결론

법규범이 의사결정규범으로서 명령을 하기 위해서는 이에 선행하여 평가규범의 존재를 전제로 하므로 형법은 근본적으로 평가규범이다. 또한 행위의 위법여부에 대한 평가가 행위자의 개인적 사정에 따라 좌우되어서는 안 된다. 따라서 객관적 위법성론이 타당하다.

〈표 4-2〉 주관적 위법성과 객관적 위법성

구분	객관적위법성(통설 · 판례)	주관적 위법성론
의의	책임무능력자의 행위도 객관적으로는 위법하다.	행위자가 의사를 결정능력이 있을 때만 위법성이 인정된다.
내용	책임무능력자의 행위에 대해 정당방위가 가능하다	책임무능력자의 행위는 긴급피난만 가능(위법하지 않음)

4. 위법성 조각사유의 기본문제

1) 위법성 조각사유 개관

위법성조각사유란 구성요건에 해당하는 행위의 위법성을 배제하는 특별한 사유를 말한다(정당화사유, 허용규범). 형법상 위법성조각사유에는 정당행위(제20조), 정당방위(제21조), 긴급피난(제22조), 자구행위(제23조), 피해자의승낙(제24조)이 있고, 특별법상의 위법성조각사유는 인공임신중절(모자보건법 제14조), 현행범의 체포(형사소송법 제212조), 점유권자의 자력구제(민법 제209조) 등이 있다.

2) 위법성조각사유의 일반원리

(1) 일원설

위법성조각사유의 일반원리를 한 가지 원리에 의하여 설명하는 일원론에는 (i) 행위가 정당하게 승인된 목적을 위해 적합한 수단일 때는 위법하지 않다는 목적설, (ii) 사회생활에 있어서 역사적으로 형성된 사회윤리적 질서가 위법성조각사유의 일반원리라는 사회적 상당설, (iii) 작은 가치의 법익을 희생시키고 큰 가치의 법익을 보호했을 때 위법성이 조각된다는 법익교량설, (iv) 경미한 이익을 희생시키고 우월한 이익을 보호했을 때 위법성이 조각된다는 이익교량설, (v) 법익 또는 이익의 관점에서 사회적 가치까지 교량하여 위법성조각여부를 판단해야한다는 가치교량설 등이 있다.

(2) 다원설

메츠거의 이분설로서 이익흠결의 원칙과 이익우월의 원칙이 있다. 또한 개별적인 위법성조각사유의 특성을 고려하여 각 학설에서 도출된 기준들 중 어느 하나를 기본으로 하면서 다른 기준을 결합하여 위법성조각사이 근거를 설명하는 것이 타당하다(개별화설, 다수설).

5. 위법성조각사유의 효과

1) 행위자에 대한 효과

위법성조각사유에 해당하는 행위는 적법한 행위가 되므로 행위자는 형벌 및 보안처분을 받지 않는다. 이 점에서 책임조각사유가 존재하는 경우 형벌은 과할 수 없지만 보안처분은 가능한 것과 다르다.

2) 공범에 대한 효과

위법성이 조각되는 정범의 행위에 관여한 공범의 행위의 가벌성도 탈락된다(공범의 종속성). 이 점에서 책임 없는 정범의 행위에 가담한 자에게는 공범의 성립이 가능한 것과 다르다(제한적 종속형식).

3) 상대방에 대한 효과

위법성조각사유가 존재하여 정당화된 행위의 상대방은 다시 정당방위를 하지 못한다. 이 점에서 책임 없는 자의 공격에 대해서는 정당방위가 가능한 것과 다르다.

6. 주관적 정당화요소

1) 의의

주관적 정당화요소란 정당화상황을 인식하고 이에 기하여 행위한다는 의사를 말한다(예컨대, 방위의사, 피난의사, 자구의사). 주관적 정당화요소는 구조적으로 주관적 불법요소 특히 고의와 대칭되는 개념으로, 구성요건에 해당하는 행위의 행위반가치를 상쇄하는 기능을 한다.

2) 주관적 정당화요소의 필요여부

(1) 불요설

객관적 정당화상황만 존재하면 위법성이 조각되며, 주관적 정당화요소는 필요하지 않다는 견해이다. 객관적 위법성론과 결과반가치론을 그 이론적 근거로 삼는다.

(2) 필요설

객관적 정당화상황 이외에 주관적 정당화요소가 있어야 위법성조각사유가 인정된다는 견해이다(통설·판례). 결과반가치 뿐만 아니라 행위반가치도 조각되어야 정당화될 수 있다는 인적 불법론에서 주장된다.

(3) 결론

우리 형법은 명문으로 주관적 정당화 요소를 요구하고 있고(방위하기 위한 행위-제21조, 피난하기 위한 행위-제22조), 행위반가치를 조각하기 위해서는 고의에 반대되는 주관적 정당화요소가 필요하다. 따라서 필요설이 타당하다.

3) 주관적 정당화요소의 내용

주관적 정당화요소는 주관적 불법요소인 고의의 반대요소인 만큼, 고의의 지적요소와 의지적 요소에 상응하는 인식과 의사가 요구된다. 따라서 주관적 정당화요소는 정당화상황의 인식 이외에 정당화 의사도 갖추어야 한다(인식·의사요구설: 다수설).

4) 주관적 정당화요소를 결한 경우의 효과

(1) 내용

객관적 정당화상황은 존재하지만 주관적 정당화요소 없이 행위한 경우를 어떻게 취급할 것인가의 문제이다. 예컨대 甲의 손괴의 의사로 을의 안방의 유리창을 깼으나 연탄가스로 사망 직전인 乙의 목숨을 구한 경우(우연피난), 甲이 을을 사살하였는데, 甲이 총을 발사하기 직전 乙 역시 甲을 살해하기 위해 권총의 방아쇠를 당기려고 하였다는 것이 판명된 경우(우연방위).

(2) 학설

(가) 위법성조각설

위법성조각사유의 성립에는 주관적 정당화요소가 필요 없기 때문에, 행위자가 존재하는 객관적 상황을 알지 못하고 행위한 경우에도 위법성이 조각된다는 견해이다.

(나) 기수범설

위법성조각사유는 모든 객관적 요건과 주관적 요건이 충족된 때에만 성립하는 것이므로 객관적 정당화상황이 존재한다고 하여 결과반가치를 부정할 수 없고, 이 경우에는 구성요건 결과까지도 발생했으므로 기수가 된다는 견해이다.

(다) 불능미수범설

객관적 정당화상황이 존재하므로 기수범의 결과반가치는 배제되지만, 주관적 정당화요소가 없어 행위반가치는 그대로 존재하여 그 구조가 불능미수와 유사하므로 불능미수의 규정을 유추적용하여 처벌하자는 견해이다(다수설). 생각건대, 위법성조각설은 객관적인 면에, 기수범설은 주관적인 면에 치우친 견해이다. 따라서 불능미수범설이 타당하다.

§14. 정당방위

> 제21조 (정당방위) ① 자기 또는 타인의 법익에 대한 현재의 부당한 침해를 방위하기 위한 행위는 상당한 이유가 있는 때에는 벌하지 아니한다.

1. 의의

자기 또는 타인의 법익에 대한 현재의 위법, 부당한 침해를 방어하기 위한 상당한 이유가 있는 행위를 정당방위라고 한다. 이는 부정 대 정의 관계라는 점에서 정 대 정의 관계인 긴급피난과 구별되고, 사전적 긴급행위라는 점에서 사후적 긴급행위인 자구행위와 구별된다.

2. 근거

1) 개인적 근거(자기보호원리)

정당방위는 국민 개인이 타인의 위법한 침해로부터 스스로를 방위하는 것을 허용하는 자기보호의 원리에서 유래한다. 따라서 개인적 법익이 아닌 사회적·국가적 법익에 대해서는 원칙적으로 허용되지 않는다(예외적으로는 허용된다).

2) 사회권적근거(법질서수호의 원리)

"법은 불법에 양보하지 않는다." 즉 정당방위는 사회적 측면에서 볼 때 불법에 대하여 법질서를 지키는 것이 되어 위법성이 조각되는 것이다.

3. 정당방위의 성립요건

1) 자기 또는 타인의 법익을 방위하기 위한 행위

법익의 범위는 생명, 신체, 명예, 재산, 자유, 주거권 등 형법상 법익은 물론 가족관계, 애정관계와 같이 형법상 구성요건이 아닌 법익을 방위하기 위해서도 가능하다. 방위하기 위한 행위는 방위의사(주관적 정당화요소)와 방위행위(객관적 정당화상황)가 있어야 한다. 개인적 법익에 대해서만 인정된다. 예외적으로 국가적·사회적 법익에 대해서도 인정된다. 예컨대 지방자치단체가 소유하는 건물·물건에 대한 방화·절도·손괴행위에 대해 정당방위가 가능하다.

〈판례연구〉 보호법익의 범위

① 타인이 보는 자리에서 자식으로부터 인륜상 용납할 수 없는 폭언과 함께 폭행을 가하려는 피해자를 1회 구타한 행위는 피고인의 신체에 대한 법익뿐만 아니라 아버지로서의 신분에 대한, 법익에 대한 현재의 부당한 침해를 방위하기 위한 행위로써 정황에 비추어 볼 때 피고인으로서는 피해자에게 일격을 가하지 아니할 수 없는 상당한 이유가 있는 행위로써 정당방위에 해당한다(대판 1974. 5. 14, 73도2401).

② 차량통행문제를 둘러싸고 피고인의 부와 다툼이 있던 피해자가 그 소유의 차량에 올라타 문안으로 운전해 들어가려 하자 피고인의 부가 양팔을 벌리고 이를 제지하였으나 위 피해자가 이에 불응하고 그대로 그 차를 피고인의 부 앞쪽으로 약 3미터 가량 전진시키자 위 차의 운전석 부근 옆에 서 있던 피고인이 부가 위 차에 다치겠으므로 이에 당황하여 위 차를 정지시키기 위하여 운전석 옆 창문을 통하여 피해자의 머리털을 잡아당겨 그의 흉부가 위 차의 창문틀에 부딪혀 약간의 상처를

입게 한 행위는 父의 생명, 신체에 대한 현재의 부당한 침해를 방위하기 위한 행위로서 정당방위에 해당한다(대판 1986. 10. 14, 86도1091).

③ 서면화된 인사발령 없이 국군보안사령부 서빙고분실로 배치되어 이른바 "혁노맹"사건 수사에 협력하게 된 사정만으로 군무이탈행위에 군무기피목적이 없었다고 할 수 없고, 국군보안사령부의 민간인에 대한 정치사찰을 폭로한다는 명목으로 군무를 이탈한 행위가 정당방위나 정당행위에 해당하지 아니한다(대판 1993. 6. 8, 93도766).

2) 현재의 부당한 침해

(1) 현재의 침해

현재의 침해란 법익에 대한 침해가 급박한 상태에 있거나 바로 발생하였거나 아직 계속되고 있는 상태가 현재의 침해이다. 침해행위는 반드시 사람에 의한 침해이어야 하며, 동물이나 자연재해로 인한 침해에는 정당방위가 성립하지 않는다. 사주 받은 동물의 침해에는 정당방위가 가능하다.

〈판례연구〉 현재의 침해를 인정한 경우

① 종전 경작자인 甲이 이미 보리를 파종하여 30cm 가량 성장하였는데, 입찰에 의해 인도받은 乙이 소를 이용하여 쟁기질을 하고 정상한 보리를 갈아엎은 행위를 하기에 소를 가로막고 쟁기로 잡아당긴 경우(대판 1977. 5. 24, 76도3460). ∴수확권한 있는 자의 정당방위

② 乙이 점유하던 공사현장에 실력을 행사하여 들어와 현수막 및 간판을 설치하고 담장에 글씨를 쓰는 甲의 행위에 대하여 乙이 그 현수막을 찢고 간판 및 담장에 쓰인 글씨를 지운 경우(대판 1989. 3. 14, 87도3674).

③ 절도범으로 오인받은 자가 야간에 군중들로부터 무차별 구타를 당하자 이를 방위하기 위하여 소지하고 있던 손톱깎기 칼을 휘둘러 상해를 입힌 행위는 정당방위에 해당한다(대판 1970. 9. 17, 70도1473).

〈판례연구〉 현재의 침해를 부정한 경우

① 노상에서 욕설('종놈, 개새끼 같은 놈')을 한 자에 대하여 흉부를 1회 구타하여 상해를 입힌 경우 현재의 급박·부당한 침해라고 할 수 없다(대판 1957. 5. 10, 4290형상73).
② 피해자의 침해행위에 대하여 자기의 권리를 방위하기 위한 부득이한 행위가 아니고, 그 침해행위에서 벗어난 후 분을 풀려는 목적에서 나온 공격행위는 정당방위에 해당한다고 할 수 없다(대판 1996. 4. 9, 96도241).
③ 싸우다가 도망가는 피해자가 소지하였던 식도를 탈취하여 급박한 상태를 면하였음에도 불구하고 다만 반항한다 하여 그를 찔러 죽인 행위는 정당방위라 할 수 없다(대판 1959. 7. 24, 4291형상556).

〈판례연구〉 계속적 위험과 정당방위

① 의붓아버지의 강간행위에 의하여 정조를 유린당한 후 계속적으로 성관계를 강요받아 온 피고인이 그의 남자친구와 공모하여 범행을 준비하고 의붓아버지가 반항할 수 없는 잠든 틈에 식칼로 심장을 찔러 살해한 행위는 사회통념상 상당성을 결여하여 정당방위가 성립되지 아니한다(대판 1992. 12. 22, 92도2540 ∵ 살인죄 성립). 본 사안에서 대법원은 '계속적 침해의 위험'을 정당방위에 있어서 '현재의 침해'로 보아 정당방위의 현재성을 인정하였으나, 장래의 침해의 위험은 현재의 침해가 아니므로 예방적 정당방위는 허용될 수 없어 이 경우는 침해의 현재성이 결여되어 정당방위가 성립하지 않는다고 보는 학설이 지배적이다.

(2) 부당한 침해

부당한 침해란 위법한 침해를 의미한다. 고의뿐만 아니라 과실에 의해서도 가능하며, 부작위에 의한 침해도 가능하다. 부당한 침해이므로 적법한 행위(정당방위, 긴급피난)에 대해서는 정당방위할 수 없다. 싸움의 경우는 원칙적으로 정당방위가 인정되지 않는다. 다만 질적 초과의 경우에는 인정된다.

〈판례연구〉 부당한 침해가 인정되는 경우

① 경찰관의 행위가 적법한 공무집행을 벗어나 불법하게 체포한 것으로 볼 수밖에 없다면, 그 체포를 면하려고 반항하는 과정에서 경찰관에게 상해를 가한 것은 불법 체포로 인한 신체에 대한 현재의 부당한 침해에서 벗어나기 위한 행위로서 정당방위에 해당하여 위법성이 조각된다(대판 2000. 7. 4, 99도4341).

② 경찰관이 임의동행을 요구하며 손목을 잡고 뒤로 꺾어 올리는 등으로 제압하자 거기에서 벗어나려고 몸싸움을 하는 과정에서 경찰관에게 경미한 상해를 입힌 경우, 위법성이 결여된 행위라고 보아야 한다(대판 1999. 12. 28, 98도138).

③ 검사가 참고인 조사를 받는 줄 알고 검찰청에 자진출석한 변호사사무실 사무장을 합리적 근거 없이 긴급체포하려고 하였다면 이는 적법한 공무집행이라고 할 수 없고, 그 변호사가 이를 제지하는 과정에서 위 검사에게 상해를 가한 것이 정당방위에 해당한다(대판 2006. 9. 8, 2006도148).

④ 피고인이 경찰관의 불심검문을 받아 운전면허증을 교부한 후 경찰관에게 큰 소리로 욕설을 하였는데, 경찰관이 모욕죄의 현행범으로 체포하겠다고 고지한 후 피고인의 오른쪽 어깨를 붙잡자 반항하면서 경찰관에게 상해를 가한 사안에서, 불법체포로 인한 신체에 대한 현재의 부당한 침해에서 벗어나기 위한 행위로서 정당방위에 해당한다(대판 2011. 5. 26, 2011도3682).

〈판례연구〉 부당한 침해가 부정되는 경우

① 공직선거 후보자 합동연설회장에서 후보자 갑이 적시한 연설 내용이 다른 후보자 을에 대한 명예훼손 또는 후보자비방의 요건에 해당되나 그 위법성이 조각되는 경우, 갑의 연설 도중에 을이 마이크를 빼앗고 욕설을 하는 등 물리적으로 갑의 연설을 방해한 행위가 갑의 '위법하지 않은 정당한 침해'에 대하여 이루어진 것일 뿐만 아니라 '상당성'을 결여하여 정당방위의 요건을 갖추지 못하였다(대판 2003. 11. 13, 2003도3606).

② 경찰관들이 미란다 원칙상 고지사항의 일부만 고지하고 신원확인절차를 밟으려는 순간 범인이 유리조각을 쥐고 휘둘러 이를 제압하려는 경찰관들에게 상해를 입힌 경우, 그 제압과정 중이나 후에 지체 없이 미란다 원칙을 고지하면 되는 것이므로 위 경찰관들의 긴급체포업무에 관

한 정당한 직무집행을 방해한 경우이다(대판 2007. 11. 29, 2007도7961).

3) 방위행위

(1) 방위의사(주관적 정당화요소)

방위의사는 방위상황을 인식하고 이에 기하여 정당방위 한다는 의사를 말하며, 다소의 사적 복수심이 있더라도 문제되지 않는다.

(2) 방위행위(객관적 정당화상황)

방위행위에는 공격에 대한 소극적 방위행위인 보호방위와 부당한 침해에 대한 반격행위를 의미하는 공격방위가 있다.

(3) 상대방

방위행위는 침해자나 그 도구에 대하여 하여야 하며, 침해와 무관한 제3자에 대해서는 행할 수 없다. 제3자의 법익을 침해한 경우는 긴급피난만이 가능할 뿐 정당방위는 허용되지 않는다.

4) 상당한 이유

(1) 상당한 이유의 의의

상당한 이유란 행위 당시의 사정에 비추어 방위행위가 당연시되는 것 또는 그럴만한 이유가 있는 것을 의미한다. 침해에 대한 범위는 상회상규에 비추어 상당한 정도를 넘어서는 안 된다. 긴급피난과는 달리 보충성이나 균형성은 요하지 않는다.

(2) 방위의 필요성

방위행위는 침해를 효과적으로 제거하는데 필요한 행위이어야 한다. 방위행위는 방어를 위한 적합한 수단이어야 하며(방위수단의 적합성), 상대방에게 경미한 손해를 주는 수단으로 행하여져야 한다(최소침해의 원칙).

〈판례연구〉 상당성이 인정되는 경우

① 피해자가 피고인이 운전하는 차량 앞에 뛰어들어 함부로 타려고 하고 이에 항의하는 피고인의 바지춤을 잡아당겨 찢고 피고인을 끌고 가려다가 넘어지자 피고인이 피해자의 양 손속을 경찰관이 도착할 때가지 약 3분간 잡아 누른 경우 정당방위에 해당한다(대판 1999. 6. 11, 99도943).

② 강제추행범의 혀를(정조와 신체를 지키려는 일념에 엉겹결에)깨물어 혀 절단상을 입힌 경우 정당방위에 해당한다(대판 1989. 8. 8, 89도358).

③ 乙이 경영하는 주점에서 甲 등 3인이 통금시간이 지나도록 외상술을 마시면서 접대부와 동침시켜 줄 것을 요구하고 이를 거절한 데 불만을 품고 내실까지 들어와 乙의 처가 있는 데서 소변까지 하므로 乙이 甲을 넘어뜨려 전치 12일의 상해를 입힌 경우 정당방위에 해당한다(대판 1981. 8. 25, 80도800).

④ 갑회사가 을이 점유하던 공사현장에 실력을 행사하여 들어와 현수막 및 간판을 설치하고 담장에 글씨를 쓴 행위는 을의 시공 및 공사현장의 점유를 방해하는 것으로서 을의 법익에 대한 현재의 부당한 침해라고 할 수 있으므로 을이 그 현수막을 찢고 간판 및 담장에 씌어진 글씨를 지운 것은 그 침해를 방어하기 위한 행위로서 상당한 이유가 있다(대판 1989. 3. 14, 87도3674)

⑤ 피해자가 피고인에게 다가와 폭언을 하면서 피고인의 오른손 둘째손가락을 물어뜯으므로 피고인이 이를 피하려고 손을 뿌리치면서 두 손으로 피해자의 양어깨를 누르게 되었다면, 그 행위에 이르게 된 경위, 목적, 수단, 의사 등 제반사정에 비추어 사회통념상 허용될 만한 정도의 상당성 있다(대법원 1984. 4. 24, 84도242).

〈판례연구〉 상당성이 부정되는 경우

① 구타하자 과도(길이 26cm)로 인체 중요부분(복부)을 3-4회 찔러 상해를 입힌 행위는 정당방위에 해당하지 않는다(대판 1989. 12. 12., 89도2049).

② 싸움의 경우 맨손인 상대에게 깨어진 병으로 찌를 듯이 겨누어 협박한 행위 정당방위에 해당하지 않는다(대판 1991. 5. 28., 91도80).

③ 이혼소송 중인 남편이 찾아와 가위로 폭행하고 변태적 성행위를 강요하는 데 격분하여 처가 칼로 남편의 복부를 찔러 사망에 이르게 한 경우 그 행위는 방위행위로서의 한도를 넘어 선 것으로 사회통념상 용인될

수 없는 것이므로 정당방위나 과잉방위에 해당하지 않는다(대판 2001. 5. 15, 2001도1089).

④ 甲 소유의 밤나무 단지에서 乙이 밤 18개를 푸대에 주워 담는 것을 보고 그 푸대를 빼앗으려다 반항하는 乙의 뺨과 팔목을 때려 상처를 입힌 甲의 행위가 비록 피해자의 절취행위를 방지하기 위한 것이었다 하여도 긴박성과 상당성을 결여하여 정당방위라고 볼 수 없다(대판 1984. 9. 25, 84도1611).

⑤ 상관의 다소 심한 기합에 격분하여 상관을 살해한 경우 정당방위에 해당하지 않는다(대판 1984. 6. 12, 84도683).

⑥ 타인의 집 대문 앞에 은신하고 있다가 경찰관의 명령에 따라 순순히 손을 들고 나오면서 그대로 도주하는 범인을 경찰관이 뒤따라 추격하면서 등부위에 권총을 발사하여 사망케 한 경우, 위와 같은 총기사용은 현재의 부당한 침해를 방지하거나 현재의 위난을 피하기 위한 상당성을 결하여 정당방위라고 볼 수 없다(대판 1991. 5. 28, 91다10084).

⑦ 피해자를 살해하려고 먼저 가격한 이상 피해자의 반격에 피해자를 살해한 경우(대판 1983. 9. 13., 83도1467).

(3) 정당방위의 제한(요구성)

(i) 책임 없는 자의 침해(유아, 정신병자, 술 취한 자)에 대하여는 정당방위가 가능하다. 이 경우 회피가능성이 있으면 회피하여야 하고 가급적 보호방위에 그쳐야 한다. (ii) 보증관계에 있는 자(부부·친자식 등 긴밀한 인적 관계에 있는 자)의 침해에 대한 방위 상호간에는 가급적 보호방위에 그쳐야 한다. (iii) 경미한 침해(현저한 불균형이 있는 경우)의 경우 정당방위가 허용되지 않는다. (iv) 도발된 침해(자초침해)에 대해 정당방위가 부정된다(통설). 예를 들어 상대방을 모욕하여 폭행을 유발한 후 이를 빌미로 상해를 가하는 경우이다. (v) 싸움의 경우에는 정당방위가 인정되지 않는다. 질적 초과의 경우에는 인정하고 있다.

〈판례연구〉 싸움과 정당방위(원칙적 부정)

① 술에 만취한 동생(85kg)이 누나를 폭행하자 그 남편(피고인)과 그 동생

이 싸우는 과정에서 그 남편(62kg)을 넘어뜨려 목을 누르자 호흡이 곤란한 피고인이 과도로 피해자(그 동생)의 허벅지를 찔러 상해를 입힌 경우 싸움의 경우 가해행위는 방어행위인 동시에 공격행위의 성격을 가지므로 정당방위 또는 과잉방위행위라고 볼 수 없다(대판 2000.3.28, 2000도228).

② 피해자 일행 중 1명의 뺨을 때린 데에서 비롯된 가해자 등의 행위는 피해자 일행의 부당한 공격을 방위하기 위한 것이라기보다는 서로 공격할 의사로 싸우다가 먼저 공격을 받고 이에 대항하여 가해하게 된 것이라고 봄이 상당하고 이와 같은 싸움의 경우 가해행위는 방어행위인 동시에 공격행위의 성격을 가지므로 정당방위 또는 과잉방위행위라고 볼 수 없다(대판 1993. 8. 24, 92도1329).

③ 언쟁 중 흥분 끝에 싸우다가 상해를 입힌 행위는 서로 상대방의 상해행위를 유발한 것이어서 정당방위는 성립하지 아니한다(대판 1984. 6. 26, 83도3090).

④ 가해자의 행위가 피해자의 부당한 공격을 방위하기 위한 것이라기보다는 서로 공격할 의사로 싸우다가 먼저 공격을 받고 이에 대항하여 가해하게 된 것이라고 봄이 상당한 경우, 그 가해행위는 방어행위인 동시에 공격행위의 성격을 가지므로 정당방위 또는 과잉방위행위라고 볼 수 없다(대판 2000. 3. 28, 2000도228).

⑤ 乙은 甲에게 자기 동생 丙의 혼사 길을 막는다면서 시비를 걸고 머리채를 잡아 흔들자 이에 대항하여 甲은 乙의 오른손을 비틀면서 넘어뜨린 다음 발로 전신을 수회 찼을 경우 정당방위에 해당하지 않는다(대판 1996.9.6., 95도2945).

〈판례연구〉 싸움의 경우에도 정당방위가 인정되는 경우

① 싸움이 중지된 후 다시 도발한 별개의 가해행위를 방위하기 위한 행위(대판 1957. 3. 8, 4290형상18).

② 그 싸움(격투)에서 당연히 예상할 수 있는 정도를 초과하여 공격해온 때(살인의 흉기 등을 사용 한 경우 : 대판 1968. 5. 7, 68도370).

③ 외관상 서로 싸움을 하는 것처럼 보여도 실지로는 상대방의 일방적인 불법한 공격에 대해 자신을 보호하기 위한 수단으로 유형력을 행사한 경우(적극적인 반격이 아닌 소극적인 방어한도 내에서 : 대판 1999. 10. 12, 99도3377).

④ 피해자로부터 왼쪽 뺨을 맞고 머리를 시멘트바닥에 찍히자 피해자의 오

른쪽 다리부분을 물어버린 경우 소극적으로 자신을 보호한 것이기 때문에 정당방위가 인정된다(대판 2003. 5. 30, 2003도1246).

⑤ 갑과 자신의 남편과의 관계를 의심하게 된 상대방이 자신의 아들 등과 함께 갑의 아파트에 찾아가 현관문을 발로 차는 등 소란을 피우다가, 출입문을 열어주자 곧바로 갑을 밀치고 신발을 신은 채로 거실로 들어가 상대방 일행이 서로 합세하여 갑을 구타하기 시작하자 이러한 위법한 공격으로부터 자신을 보호하고 이를 벗어나기 위한 상당성 있는 방어행위는 위법성이 조각된다(대판 2010.02.11, 2009도12958).

4. 과잉방위와 오상방위

> 제21조(과잉방위) ② 방위행위가 그 정도를 초과한 때에는 정황에 의하여 그 형을 감경 또는 면제할 수 있다.
> ③ 전항의 경우에 그 행위가 야간 기타 불안스러운 상태 하에서 공포, 경악, 흥분 또는 당황으로 인한 때에는 벌하지 아니한다.

1) 과잉방위

(1) 의의 및 법적성질

방위행위가 그 정도를 초과한 때, 즉 방위행위가 상당성을 초과한 경우다. 이 경우 위법성이 조각될 수는 없고 책임이 감소하거나 소멸한다. 이유 없이 집단구타를 당해 더 이상 피할 수 없는 상황에서 이를 방어하기 위해 곡괭이자루를 휘둘러 1명을 사망하게 하고 다른 자에게 상해를 입힌 경우 → 과잉방위에 해당한다(대판 1985. 9. 10, 85도1370).

〈판례연구〉 공격성향적 충동에 의한 과잉행위

① 피고인이 길이 26센티미터의 과도로 복부와 같은 인체의 중요한 부분을 3, 4회나 찔러 피해자에게 상해를 입힌 행위는 비록 그와 같은 행위가 피해자의 구타행위에 기인한 것이라 하여도 정당방위나 과잉방위에 해당한다고 볼 수 없다(대판 1989. 12. 12, 89도2049).

② 피고인이 피해자를 7군데나 식칼로 찔러 사망케 한 행위가 피해자의

구타행위로 말미암아 유발된 범행이었다 하더라도 그와 같은 사정만으로는 위 소위가 정당방위 또는 과잉방위에 해당된다고 볼 수 없다(대판 1983. 9. 27, 83도1906).

〈판례연구〉 과잉방위에 해당하는 경우

① 집단구타를 당하게 된 피고인이 더 이상 도피하기 어려운 상황에서 이를 방어하기 위하여 반격적인 행위를 하려던 것이 그 정도가 지나친 행위를 한 것이 뚜렷하므로 이는 과잉방위에 해당한다고 판시하고 있다(대판 1985. 9. 10, 85도1370).

② 피고인이 피해자로부터 갑작스럽게 뺨을 맞는 등 폭행을 당하여 서로 멱살을 잡고 다투자 주위 사람들이 싸움을 제지하였으나 피해자에게 대항하기 위하여 깨어진 병으로 피해자를 찌를 듯이 겨누어 협박한 경우, 피고인이 맨손으로 공격하는 상대방에 대하여 위험한 물건인 깨어진 병을 가지고 대항한다는 것은 사회통념상 그 정도를 초과한 방어행위로서 상당성이 결여된 것이고, 또 주위사람들이 싸움을 제지하였다는 상황에 비추어 야간의 공포나 당황으로 인한 것이었다고 보기도 어렵다(대판 1991. 5. 28, 91도80). 대법원은 '그 정황을 참작하여 형을 감경한 조치는 타당하다'고 판시하였는데, 제21조 제2항의 과잉방위를 인정한 것인지 아니면 작량감경(제53조)을 인정한 것인지는 분명하지 않다.

(2) 법적 효과

과잉방위는 위법성이 조각되지 않으나 적법행위의 기대가능성이 감소 또는 소멸되기 때문에 그 정황에 따라 형을 감면할 수 있고(임의적 감면, 제21조 제2항) 그 행위가 야간 기타 불안스러운 상황 하에서 공포·경악·당황·흥분 또는 경악으로 인한 경우에는 책임이 조각된다(필요적 면제, 제21조 제3항).

〈판례연구〉 불가벌적 과잉방위

처와 함께 극장구경을 마치고 귀가하던 중 피해자가 피고인의 처를 땅에 넘어뜨리고 깔고 앉아서 때리려는 순간 피고인이 그 침해를 방위하기 위하여 농구화 신은 발로서 위 피해자의 복부를 한차례 차서 그 사람으로 하여금 십이지장 천공상을 입게 하여 사망케 한 경우 객관적인 사실에 의하여 볼 때 형법 제21조 제3하에 해당하여 무죄이다(대판 1974. 2. 26, 73도 2380).

2) 오상방위

(1) 의의

정당방위상황이 존재하지 않음에도 불구하고 그것이 존재하는 것으로 오신하고 방위행위로 나아간 경우이다. 오상방위는 정당방위상황이 존재하지 않는 경우라는 점에서 과잉방위와 구분된다.

(2) 법적성질 및 효과

오상방위는 위법성조각사유의 객관적 전제사실에 대한 착오(허용구성요건의 착오 또는 정당화사정의 착오)에 해당되는 문제이다. 이 경우 다수설인 법효과제한적 책임설에 의하면 책임고의가 조각되나, 과실범으로의 처벌이 가능하다.

3) 오상과잉방위

현재의 부당한 침해가 없음에도 불구하고 존재한다고 오인하고 상당성을 넘는 방위행위를 한 경우이다(오상방위 + 과잉방위). 오상과잉방위의 경우에 행위자의 심리상태는 정당방위자와 동일하고 오상방위의 본질이 현재의 부당한 침해가 존재하지 않음에도 불구하고 이를 있다고 오인한 데 있다. 따라서 오상방위와 동일하게 취급하여 제한적 책임설에 따라 과실범의 문제로 해결해야 한다(다수설).

4) 우연방위

객관적 정당화 상황은 존재하나 주관적 정당화 의사가 없는 경우이다.

〈표 4-3〉 오상방위 · 과잉방위 · 오상과잉방위의 구별

구분	오상방위	과잉방위	오상과잉방위
정당방위 상황	부존재	존재	부존재
상당성	인정	결여	결여
법적 효과	고의 조각→과실범	책임감소·소멸	고의 조각→과실범

§15. 긴급피난

제22조 (긴급피난) ① 자기 또는 타인의 법익에 대한 현재의 위난을 피하기 위한 행위는 상당한 이유가 있는 때에는 벌하지 아니한다.
② 위난을 피하지 못할 책임이 있는 자에 대하여는 전항의 규정을 적용하지 아니한다.
③ 전조 제2항과 제3항의 규정은 본조에 준용한다.

1. 긴급피난의 의의

자기 또는 타인의 법익에 대한 현재의 위난을 피하기 위한 상당히 이유 있는 행위가 긴급피난이다 예컨대 브레이크 고장으로 인도에 돌진하는 버스를 피해 행인과 충돌하여 상해를 입힌 경우이다. 긴급피난에는 공격적 긴급피난(위난을 유발한 자에 대한 피난행위)과 방어적 긴급피난(위난과 관련이 없는 제3자에 대한 위난)이 있다. 긴급피난은 그 침해가 부당한 침해에 국한되지 않는다는 점에서 정 대 정의 관계이므로 부정 대 정의 관계인 정당방위 · 자구행위와 구별된다. 긴급피난은 침해자에 대한 반격이 아니라 정당한 제3자의 희생을 통한 위난 회피에 특색이 있다.

2. 법적 성질

1) 위법성조각설

피난행위로 인하여 보호받는 이익과 침해된 이익을 교량하여 보호받는 이익의 우월성이 인정되는 때에는 위법성이 조각된다는 견해이다(다수설)-우월적 이익의 원칙.

2) 책임조각설

긴급피난은 자기유지의 본능이므로 적법행위에 대한 기대가능성이 없기 때문에 책임이 조각된다고 보는 견해이다.

3) 이분설

사물에 대한 긴급피난은 위법성조각사유이고, 사람의 생명·신체에 대한 긴급피난은 책임조각사유로 보는 견해이다. 우월적 이익이 적용되는 경우는 위법성조각사유이고, 법익이 동가치인 경우에는 면책적 긴급피난에 해당하기 때문이 아니라 기대불가능성에 의한 초법규적 책임조각사유라는 견해이다.

3. 긴급피난의 성립요건

1) 자기 또는 타인의 법익에 대한 현재의 위난

(1) 자기 또는 타인의 법익

법률에 의하여 보호되는 모든 이익에 대하여 긴급피난이 가능하며 반드시 형법에 의하여 보호되는 법익임을 요하지 않는다. 정당방위와 달리 국가적 · 사회적 법익에 대해서도 가능하다(다수설).

(2) 현재의 위난

위난은 사람에 의한 침해뿐만 아니라 동물 또는 자연현상에 의한 침해도 포함되며, 위법하거나 부당할 것을 요하지 않는다. 위난은 그 침해가 확실하거나 개연적이면 인정되고 위난의 원인은 자연이건 사람에 의한 것이건 불문한다. 또한 계속적 위난도 현재의 위난이다. 자초위난과 관련하여 위난의 원인에는 제한이 없으므로 고의·과실에 의하여 피난자의 귀책사유로 초래된 경우에도 상당성이 인정되면 긴급피난이 가능하다. 그러나 고의로 위난을 이용할 의사가 있는 경우 목적에 의해 자초한 경우에는 긴급피난이 허용되지 않는다.

〈판례연구〉 현재의 위난이 인정된 경우

① 임신의 지속이 모체의 건강을 해칠 우려가 현저할 뿐더러 기형아 내지 불구아를 출산할 가능성마저도 없지 않다는 판단하에 부득이 취하게된 산부인과 의사의 낙태 수술행위는 정당행위 내지 긴급피난에 해당되어 위법성이 없는 경우에 해당된다(대판 1976. 7. 13, 75도1205).

〈판례연구〉 현재의 위난이 부정된 경우

① 피고인이 경찰관의 명령에 따라 순순히 손을 들고 나오면서 그대로 도주하는 범인을 경찰관이 뒤따라 추격하면서 등 부위에 권총을 발사하여 사망케 한 경우, 위와 같은 총기사용은 현재의 부당한 침해를 방지하거나 현재의 위난을 피하기 위한 상당성 있는 행위라고 볼 수 없다(대판 1991. 5. 28, 91다10084).

② 상관으로부터 빰을 한 대 얻어맞고 홧김에 그의 뒤통수를 대검 뒷자루로 한번 치자 그도 야전삽으로 대항하던 중 대검으로 상관의 쇄골부분을 찔러 사망하게 한 경우(대판 1970. 8. 18, 70도1364).

③ 집회장소 사용 승낙을 하지 않은 대학교 측의 집회 저지 협조요청에 따라 경찰관들이 대학교 출입문에 신고 된 대학교에서의 집회에 참가하려는 자들의 출입을 저지하자 다른 대학교로 장소를 옮겨서 아무런 신고 없이 집회를 한 경우(대판 1990. 8. 14, 90도870).

④ 관리처분계획의 인가·고시 이후 분양처분의 고시 이전에 재개발구역 안의 무허가 건물을 제3자가 임의로 손괴할 경우 비록 그것이 재개발사

업추진이라는 조합원 전체의 이익을 위한 것이었다 할지라도 긴급피난이나 정당행위에 해당하지 않는다(대판 2004. 5. 28, 2004도434).

〈판례연구〉자초위난에 대한 긴급피난

① 피고인이 스스로 야기한 강간범행의 와중에서 피해자가 피고인의 손가락을 깨물며 반항하자, 물린 손가락을 비틀며 잡아 뽑다가 피해자에게 치아결손의 상해를 입힌 경우는 긴급피난에 해당하지 않으며 강간치상죄가 성립한다(대판 1995. 1. 12, 94도2781).

(3) 위난을 피하기 위한 행위(피난행위)

피난행위란 현재의 위난을 모면하기 위한 일체의 행위를 말하며, 위난을 유발한 자에 대해서는 물론(방어적 긴급피난) 그 위난과 관계없는 제3자에 대해서도 가능하다(공격적 긴급피난). 이 경우 피난자는 주관적 정당화요소로서 피난의사를 가지고 행동해야 한다.

2) 상당한 이유 있는 행위

(1) 필요성 및 보충성의 원칙

피난행위는 위난에 처한 법익을 보호하기 위한 유일한 수단일 것을 요하며(보충성의 원칙), 피난행위를 할 때에도 피해자에게 가장 경미한 손해를 주를 방법을 택해야 한다(최소침해의 원칙).

〈판례연구〉 보충성 인정

① 차량충돌 사고 장소가 편도 1차선의 아스팔트 포장도로이고, 피고인 운전차량이 제한속도(시속 60킬로미터)의 범위 안에서 운행하였으며(시속 40 내지 50킬로미터), 비가 내려 노면이 미끄러운 상태였고, 피고인이 우회전을 하다가 전방에 정차하고 있는 버스를 발견하고 급제동조치를 취하였으나 빗길 때문에 미끄러져 미치지 못하고 중앙선을 침범하기에 이른 것이라면, 피고인이 버스를 피하기 위하여 다른 적절한 조치를 취할 방도가 없는 상황에서 부득이 중앙선을 침범하게 된 것이어서 교통사고처리특례법 제3조 제2항 단서 제2호에 해당되지 않는다(대판 1990. 5. 8, 90도606).

〈판례연구〉 보충성 부정

① 군인이 갑자기 기절한 어머니의 치료를 위하여 군무를 이탈한 경우(대판 1969. 6. 10, 69도690).
② 집회장소 사용 승낙을 하지 않은 대학교 측의 집회 저지 협조요청에 따라 경찰관들이 대학교 출입문에 신고 된 대학교에서의 집회에 참가하려는 자들의 출입을 저지하자 다른 대학교로 장소를 옮겨서 아무런 신고 없이 집회를 한 경우 급박한 현재의 위난을 피하기 위한 부득이한 것이었다고는 볼 수 없다(대판 1990. 8. 14, 90도870).

(2) 균형성의 원칙

긴급피난에 의하여 보호되는 이익이 침해되는 이익보다 본질적으로 우월하여야 한다. 동가치법익 사이에서도 긴급피난이 가능한가에 대해 위법성은 조각되지 않고, 다만 기대가능성이 없는 경우에 한하여 책임에 영향을 준다(다수설).

〈판례연구〉 임산부의 생명과 태아의 생명

① 임신의 지속이 모체의 건강을 해칠 우려가 현저하고 기형아내지 불구아를 출산할 가능성도 있다는 판단에 모체의 건강을 위하여 행한 의사의 낙태수술행위는 정당행위 내지 긴급피난에 해당한다.(대판 1976. 7. 13, 75도1205).

(3) 적합성의 원칙

적합성의 원칙이란 피난행위는 사회·윤리적으로 허용될 수 있는 적합한 수단이어야 하고 인간의 존엄성에 배치되어서는 안 된다. 사회윤리적 적합성은 특히 제3자의 개인적 법익을 침해하는 경우에는 상대방의 자기결정권이 존중되어야 한다. 예컨대 죽어가는 환자에 대해 본인의 동의 없는 강제채혈·장기적출은 개인의 자기결정권을 침해한 것이므로 수단의 사회 윤리적 적합성이 없으므로 긴급피난에 해당하지 않는다. 법적 적합성은 위난을 피하기 위한 법적 절차가 존재한다면 이에 따르지 않은 행위는 적합성이 없다. 예컨대 무고하게 구속·기소된 자의 도주, 위증교사 등은 수단의 적합성이 없으므로 수단의 적합성이 없으므로 정당화될 수 없다.

〈판례연구〉 법적 적합성이 없는 경우

채무 없이 단지 잠시 빌려준 약속어음을 제3자에게 배서 양도함으로써 재산상 손실을 입을 우려가 있자 재발행을 이유로 제3자가 소지 중 이를 교부받아 찢어버린 경우 이는 적법한 절차에 의하여 다툴 성질의 것이라 할 것이므로 이에 의하지 않은 행위는 자구행위나 긴급피난에 해당하지 않고 문서손괴죄가 성립한다(대판 1975.5.27, 74도3559).

3) 효과

긴급피난에 해당하는 행위는 불법구성요건에 해당되어도 위법성이 조각된다.

〈판례연구〉 긴급피난이 인정되는 경우

① 비 때문에 노면이 미끄러운 상태였고 급제동하였으나 중앙선을 침범하기에 이른 것이라면, 피고인이 버스를 피하기 위하여 다른 적절한 조치를 취할 방도가 없는 경우(대판 1990. 5. 8, 90도606).

② 정박 중 태풍을 만나 공유수면 점용허가를 받지 않고 선박을 대피시킨 경우 선박과 선원들의 안전을 위해 사회통념상 가장 적적하고 필요불가결하다고 인정되는 조치를 취했다면 형법상 긴급피난을 구성한다(대판 1987.1.20, 85도221).

〈판례연구〉 긴급피난이 인정되지 않는 경우

① 경찰관의 신호위반을 이유로 한 정지명령에 불응하고 도주한 차량의 운전자나 동승자가 아무런 흉기도 휴대하지 않은 상태에서 경찰관을 공격하거나 위협하는 등 거칠게 항거하지 않고 단지 계속하여 도주하자 실탄을 발사하여 사망케 한 경우 현재의 부당한 침해를 방지하거나 현재의 위난을 피하기 위한 상당성 있는 행위라 볼 수 없다(대판 1996. 6. 22, 98다61470).

② 아파트 입주자대표회의 회장이 다수 입주민들의 민원에 따라 위성방송

수신을 방해하는 케이블TV방송의 시험방송 송출을 중단시키기 위하여 위 케이블TV방송의 방송안테나를 절단하도록 지시한 행위를 긴급피난 내지는 정당행위에 해당한다고 볼 수 없다(대판 2006. 4. 12, 2005도9396).

③ 甲 정당 당직자인 피고인들 등이 국회 외교통상 상임위원회 회의장 앞 복도에서 출입이 봉쇄된 회의장 출입구를 뚫을 목적으로 회의장 출입문 및 그 안쪽에 쌓여있던 책상, 탁자 등 집기를 손상하거나, 국회의 심의를 방해할 목적으로 소방호스를 이용하여 회의장 내에 물을 분사한 행위는 방법이나 수단에 있어서도 상당성의 요건을 갖추지 못하여 긴급피난이나 정당행위에 해당하지 않는다(대판 2013. 6. 13., 2010도13609).

4. 긴급피난의 특칙

제22조 (긴급피난) ② 위난을 피하지 못할 책임이 있는 자에 대하여는 전항의 규정을 적용하지 아니한다.

1) 내용

직무를 수행함에 있어서 위난을 감수해야 할 의무가 있는 자에게는 긴급피난이 허용되지 않는다(예컨대 군인·경찰관·소방관 등).

2) 한계

특별의무자라고 해서 반드시 희생의무가 있는 것이 아니므로 (i) 타인을 위한 경우와 (ii) 감수해야 할 의무의 범위를 넘는 자기의 위난에 대해서는 긴급피난이 가능하다.

5. 과잉피난과 오상피난

1) 과잉피난

현재의 위난에 대한 피난행위는 있었으나, 그 피난행위가 상당성을 초과한 경우이다. 이 경우 위법성은 조각되지 않으며, 다만 책임이 감경·소멸되어 정황에 따라 형을 감경 또는 면제할 수 있다(임의적 감면, 제22조 제2항). 또한 과잉피난행위가 야간에 불안스러운 상태에서 공포·당혹·흥분으로 인한 때에는 기대가능성이 없어 책임이 조각된다(제22조 제3항).

2) 오상피난

객관적으로 긴급피난 상황이 존재하지 않음에도 불구하고 긴급피난 상황이 존재한다고 오신하고 피난행위를 한 경우이다. 이 경우 오상방위와 마찬가지로 위법성조각사유의 전제사실에 대한 착오의 문제이다.

6. 의무의 충돌

1) 의의

의무자에게 동시에 이행해야 할 둘 이상의 법적 의무가 존재하여, 한 의무를 이행하고 다른 의무를 이행하지 못한 것이 형벌법규에 저촉되는 경우이다.

2) 종류

(1) 논리적 충동과 실질적 충돌

논리적 충돌은 법규사이의 모순이 있기 때문에 그로부터 도출되는 법적의무가 논리적으로 충돌하는 경우이다(예컨대 의사의 환자의 진료기록 공표금지의무와 전염병환자에 대한 신고의무). 실질적 충돌은 의무를 발생시키는 법규 자체와 관계없이 행위자의 일시적 사정에 따라 두 개 이상의 의무가 충돌하는 경우이다(동일인이 같은 일시에 두 법원으로부터 동시에 증인으로 소환된 경우). 의무의 충돌은 실질적 충돌을 의미한다.

(2) 해결할 수 있는 충돌과 해결할 수 없는 충돌

해결할 수 있는 충돌은 적법행위인가 위법행위인가를 행위자가 선택할 수 있는 충돌과 고가치와 저가치가 구분이 가능한 경우이다. 해결할 수 없는 충돌이란 행위자에게 선택의 여지가 주어지지 않는 충돌을 의미한다. 예컨대 의사가 한 개의 인공심폐기를 두 사람의 중환자 중 어느 한 사람에게 부착해야 하는 경우 여러 의무를 다 이행할 수 없는 상황에서 한 의무의 불이행을 위법하다고 할 수 없다.

3) 요건

(1) 둘 이상의 법적 의무(도덕적 · 윤리적 의무×)가 충돌

작위의무와 작위의무가 전형적인 충돌이나, 작위의무와 부작위의무의 충돌도 가능하다(다수설). 일방에 대한 의무이행은 다른 일방에 대한 의무불이행을 전제로 해서만 가능하므로 당연히 의무의 충돌에 해당한다. 그러나 부작위의무의 상호간에는 의무의 충돌이 발생하지 않는다.

(2) 상당한 이유

행위자는 높은 가치 또는 동가치의 의무 중 어느 하나를 이행하여야 한다. 그 의무의 이행에는 상당한 이유가 있어야 한다. (i) 고가치 내지 동가치의 의무를 이행한 경우에 고가치의 의무에 대해서는 긴급피난에 준하여 위법성이 조각되지만 동가치의 의무를 이행한 경우 다수설은 위법성조각사유로 보나 소수설은 기대가능성이 없어서 책임조각사유로 본다. (ii) 저가치의 의무를 이행한 경우에는 위법성이 조각되지 않는다. 다만 의무의 우열에 대한 착오가 있는 경우에는 법률의 착오에 해당하고, 기대가능성이 없는 경우에는 책임이 조각될 수 있다.

(3) 주관적 정당화사유

행위자는 의무의 충돌상황을 인식하고 이에 기하여 행위를 한다는 의사를 가지고 행위하여야 한다.

4) 효과

의무의 충돌 요건을 구비한 경우에는 부작위가 구성요건에 해당하나 위법성이 조각되어 범죄가 성립하지 아니한다.

〈표 4-4〉 정당방위와 긴급피난의 비교

구분	정당방위	긴급피난
차이	不正 대 正	正 대 正
법익	개인적 법익에 한한다.	국가적·사회적 법익도 포함한다.
상당성	균형성과 보충성 불요	균형성과 보충성 필요
대상	원칙적으로 침해자	침해자, 제3자에 대해서도 가능
원인	사람의 행위일 것	사람, 동물침해, 자연현상을 불문
제한	없다.	있다(경관, 군인, 소방관)

§16. 자구행위

제23조 (자구행위) ① 법정절차에 의하여 청구권을 보전하기 불능한 경우에 그 청구권의 실행불능 또는 현저한 실행곤란을 피하기 위한 행위는 상당한 이유가 있는 때에는 벌하지 아니한다.
② 전항의 행위가 그 정도를 초과한 때에는 정황에 의하여 형을 감경 또는 면제할 수 있다.

1. 자구행위의 의의

법정절차에 의한 청구권보전이 불가능한 경우 그 청구권의 권리를 회복, 보전하기 위하여 자력으로 청구권 보전하는 행위이다.

2. 법적성격

자구행위는 긴급한 상태에서 권리자의 '국가권력의 대행'이기 때문에 위법성이 조각된다(다수설). 따라서 자구행위는 긴급행위의 일종이며, '부정 대 정'의 관계에서 성립하는 사후적 긴급행위이다.

3. 성립요건

1) 법정절차에 의한 청구권보전이 불가능할 것

(1) 청구권의 범위

청구권(특정인에게 작위 또는 부작위를 요구할 수 있는 사법상의 권리)은 반드시 재산상의 청구권(채권적 · 물권적 청구권, 무채재산권)에 한하지 않고 친족권 · 상속권에 기한 청구권도 포함된다. 그러나 생명 · 신체 · 자유 · 정조 · 명예 등의 권리는 이에 포함되지 않는다. 즉 자구행위는 보전이 가능한 청구권만을 대상으로 한다. 따라서 원상회복이 불가능한 청구권은 여기에 해당하지 않는다. 그리고 자신의 청구권 이어야 한다. — 예외적으로 위임받은 경우에는 타인의 청구권을 위한 자구행위도 가능하다 예컨대 여관주인이 종업원에게 숙박비를 내지 않고 도주하는 손님을 붙잡아 오게 한 경우이다. — 또한 적법한 행위에 대해서는 자구행위를 할 수 없고, 불법한 침해에 대해서 자구행위를 할 수 있다.

〈판례정리〉 명예훼손에 대한 자구행위

① 피해자가 다른 친구들 앞에서 피고인의 전과사실을 폭로함으로써 명예를 훼손하기 때문에 구타한 경우는 자구행위에 해당하지 않는다(대판 1969. 12. 30, 69도2138).

(2) 청구권에 대한 불법한 침해

적법한 행위에 대해서는 자구행위를 할 수 없고 불법한 침해에 대해서 자구행위를 할 수 있다. 자구행위는 청구권의 침해를 전제로 한 사후적 긴급행위이므로, 여기서의 침해는 '과거의 침해상태'를 의미한다. 예컨대 현장에서 추적하여 도품을 탈환하는 경우는 법익침해가 현장에서 계속되는 상태에 있고, 절도 범인이 도품의 점유를 충분히 확보하지 못하여 탈환할 수 있는 상황에 있으므로 아직 침해행위가 종국적으로 완료된 것으로 볼 수 없으므로 정당방위에 해당한다. 그리고 상당한 시일 경과 후 도품을 탈환하는 경우는 과거의 침해상태에 대한 청구권보전행위이므로 자구행위에 해당한다(통설). 또한 절도미수 내지 절취한 재물을 내팽개치고 도주하는 범인을 현장에서 추격하여 체포한 경우는 현행범체포로서 정당행위에 해당한다.

2) 법정절차에 대한 청구권보전이 불가능(자구행위의 보충성)

법정절차란 통상 민사소송법상의 가압류·가처분과 같은 보전절차를 의미하며, 경찰 기타 국가기관에 의한 구제절차도 포함될 수 있다.

〈판례연구〉 보충성을 부정한 경우

① 외국으로 출국하는 채무자를 잡는 것은 자구행위가 될 수 있지만, 도주하기 위해 부동산을 처분하였다는 것만으로는 법정절차에 의한 청구권을 보전할 수 없는 경우에 해당되지 않는다(대판 1966. 7. 26, 66도469).

② 소유권의 귀속에 관한 분쟁이 있어 민사소송이 계속 중인 건조물에 관하여 현실적으로 관리인이 있음에도 위 건조물의 자물쇠를 쇠톱으로 절단하고 침입한 소위는 법정절차에 의하여 그 권리를 보전하기가 곤

란하고 그 권리의 실행불능이나 현저한 실행곤란을 피하기 위해 상당한 이유가 있는 행위라고 할 수 없다(대판 1985. 7. 9, 85도707).

③ 절의 출입구와 마당으로 10 여 년 전부터 점유 사용하던 대지를 타인이 매수하고 불법 침입하여 담장을 쌓기 위한 호를 파놓자 주지와 신도들이 호를 메워버린 경우는 점유배제청구권을 보존할 수 있는 법정절차가 없다거나 그 청구권을 보존 할 수 없는 경우에 해당하지 않는다. 또한 점유사용권 회복을 위한 자구행위는 허용되지 않는다(대판 1970. 7. 21, 70도996).

④ 채권자가 가옥명도 강제집행에 의하여 적법하게 점유를 이전받아 점유하고 있는 방실에 채무자가 무단히 침입한 경우 자구행위에 해당하지 않고 주거침입죄가 성립한다(대판 1962. 8. 23, 62도93).

⑤ 암장된 분묘라 하더라도 당국의 허가없이 자구행위로 이를 발굴하여 개장할 수는 없는 것이다(대판 1976. 10. 29, 76도2828).

2) 청구권의 실행불능 또는 실행곤란을 피하기 위한 행위

(1) 청구권의 실행불능 또는 현저한 실행곤란

법정절차에 의하여 청구권을 보전하는 것이 불가능한 긴급한 사정 이외에, 즉시 자력으로 구제하지 않으면 나중에 청구권의 실행이 불가능 하거나 곤란한 사정이 없으면 자구행위를 할 수 없다. 따라서 법정절차에 의하여 청구권 보전이 불가능하더라도 청구권에 대하여 충분한 인적·물적 담보가 있는 경우에는 자구행위가 허용되지 않는다.

(2) 피하기 위한 행위일 것

자구행위는 청구권의 실행불능 또는 현저한 실행곤란을 피하기 위한 청구권 보전행위이지 권리실행행위가 아니다. 이에는 재물의 탈환, 손괴, 의무자의 체포, 저항의 제거, 강요, 감금, 주거침입, 폭행, 상해 등이 포함된다.

〈판례연구〉 보전행위로서의 자구행위

① 석고를 대준 화랑이 대금지급 없이 화랑을 폐쇄하고 도주하자, 야간에 문을 뜯어내고 피해자의 물건을 몰래 가지고 나온 경우 자구행위에 해

당하지 않는다(대판 1984. 12. 26, 84도2582).

3) 주관적 정당화요소

자구행위에 대한 인식과 청구권의 현저한 실행곤란을 피하기 위한 의사가 있어야 한다. 또한 즉 청구권의 실행불능 또는 현저한 실행곤란의 상황을 피하기 위한 의사(자구의사)로 행위를 하여야 한다.

4) 상당한 이유

(1) 보충성의 원칙

자구행위는 법정절차에 의한 청구권을 보전할 수 없거나 현저히 곤란할 때에만 인정된다(이중의 보충성의 원칙). 그리고 상대방에게 가장 경미한 피해를 주는 청구권보전방법을 택해야 한다(최소침해의 원칙).

(2) 균형성의 원칙

자구행위는 부정 대 정의 관계이므로 긴급피난과 같은 엄격한 이익형량을 요구하지 않는다.

(3) 적합성의 원칙

자구행위는 정당한 목적을 위한 상당한 수단이어야 함으로, 자구행위는 사회윤리적으로 용인될 수 있어야 하고, 권리남용에 해당하지 않아야 한다.

4. 효과

자구행위는 위법성을 조각한다. 자구행위에 대한 정당방위는 허용되지 않는다.

〈판례연구〉 기타 자구행위를 부정한 경우

① 주민들이 농기계 등으로 그 주변의 농경지나 임야에 통행하기 위해 이

용하는 자신 소유의 도로에 깊이 1m 정도의 구덩이를 판 행위가 일반교통방해죄에 해당하고 자구행위나 정당행위에 해당하지 않는다(대판 2007. 3. 15, 2006도9418).

② 토지소유권자가 피해자가 운영하는 회사에 대하여 그 토지의 인도 등을 구할 권리가 있다는 이유만으로 위 회사로 들어가는 진입로를 폐쇄한 것이 정당한 행위 또는 자력구제에 해당하지 않는다(대판 2007. 5. 11, 2006도4328).

5. 과잉자구행위와 오상자구행위

제23조 (자구행위) ② 전항의 행위가 그 정도를 초과한 때에는 정황에 의하여 형을 감경 또는 면제할 수 있다.

1) 과잉자구행위

자구행위가 다른 요건은 갖추었으나 상당성을 초과한 경우 형을 임의적으로 감면할 수 있다(임의적 감면, 제23조 제2항). 그러나 정당방위·긴급피난과 달리 제21조 제3항(과잉방위 행위가 야간 기타 불안스러운 상태에서 공포 또는 당혹으로 인한 때에는 벌하지 않는 행위)의 준용규정은 없다.

2) 오상자구행위

자구행위의 객관적 전제조건이 존재하지 않음에도 이를 존재한다고 오신하고 자구행위로 나아간 경우로서, 위법성조각사실의 전제사실에 대한 착오의 문제이다.

〈표 4-5〉 정당방위 · 긴급피난 · 자구행위의 비교

비교	정당방위	긴급피난	자구행위
본질적 차이	부정 대 정	정 대 정	부정 대 정
법익의 범위	자기 또는 타인의 법익(개인적 법익)	자기 또는 타인의 법익(국가적 · 사회적 법익 포함)	과거에 침해된 자기의 청구권
균형성 보충성	불요	엄격히 요구	균형성 불요 보충성 필요
행위의 대상	침해자	침해자, 제3자	침해자(피청구권자)
침해의 원인	사람의 행위	사람의 행위, 자연현상, 동물의 침해 등 불문	불법한 청구권침해
침해의 시기	사전적	사전적	사후적
공통점	긴급행위, 주관적 정당화요소 필요, 상당한 이유 있을 것		

§17. 피해자의 승낙

제24조 (피해자의 승낙) 처분할 수 있는 자의 승낙에 의하여 그 법익을 훼손한 행위는 법률에 특별한 규정이 없는 한 벌하지 아니한다.

1. 피해자의 승낙의 의의

1) 피해자의 승낙의 개념

피해자가 가해자에게 자신의 법익에 대한 침해를 허용하는 것을 말한다. 처분할 수 있는 자의 승낙에 의하여 법익을 훼손한 행위는 법률에 특별한 규정이 없는 한 벌하지 아니한다(제24조).

〈참고〉 피해자의 동의의 형법적 의미(형법각칙의 승낙에 관한 규정)

① 구성요건해당성을 조각하는 경우 : 기본적 자유를 보호하는 범죄(의사결정 · 의사활동 · 성적자유 · 비밀 및 주거의 자유), 단순한 점유 또는 소지를 보호하는 재산범죄(절도죄, 횡령죄 등), 강간죄, 비밀침해죄, 강제추행죄, 문서위조죄(작성권한 없는 자가 사문서를 작성함에 있어서 명의자의 명시적 · 묵시적 승낙이 있었다면 사문서위조죄가 성립하지 않는다(대판 1998. 2. 24, 97도183). ② 위법성을 조각하는 경우 : 신체의 완전성을 보호하는 범죄(폭행과 상해죄), 명예 · 신용 · 업무 · 경매에 관한 죄 · 강도죄 등 ③ 형의 감경적 구성요건인 경우 : 살인죄, 낙태죄 ④ 승낙이 범죄성립에 영향이 없는 경우 : 미성년자의제강간죄, 피구금자간음죄, 아동혹사죄 등

2) 양해와 승낙

(1) 양해

양해는 피해자가 그 법익의 침해에 동의함으로써 구성요건해당성이 배제되는 경우로서 그 요건은 법익을 법으로 처분할 수 있는 자의 양해가 존재해야 한다(행위 시에 양해가 존재하여야 한다). 동거 중인 피해자의 지갑에서 현금을 꺼내 가는 것을 현장에서 목격하고도 만류하지 않은 경우 절도죄가 성립하지 않는다(대판 1985. 11. 26, 85도14). 양해의 유효조건은 (i) 법익을 처분할 수 있는 자의 양해가 있어야 한다. (ii) 적어도 자연적 의사능력이 있는 자의 양해라야 한다. (iii) 양해는 적어도 행위 시에 있어야 한다. 따라서 사후양해는 인정되지 않는다. (iv) 양해는 반드시 명백한 의사가 적극적으로 표시될 것을 요하지 않고 묵시적 동의로도 가능하다. 그리고 행위자는 행위 시에 양해가 있었다는 사실을 인식하고 행위해야 한다. 양해의 착오는 행위자가 양해가 있음을 알지 못하고 행위한 경우 구성요건적 착오로 고의가 조각되어 과실범의 성부만 문제되며, 행위자가 양해가 있음을 모르고 행위한 경우에는 객체의 흠결로서 반전된 구성요건착오인 불능미수가 문제된다.

〈판례연구〉 절도죄의 경우(양해는 유효)

① 피고인이 현금카드의 소유자로부터 현금카드를 사용한 예금인출의 승낙을 받고 현금카드를 교부받은 행위와 이를 사용하여 현금자동지급기에서 예금을 여러 번 인출한 행위들은 모두 현금카드 소유자의 예금을 편취하고자 하는 피고인의 단일하고 계속된 범의 아래에서 이루어진 일련의 행위는 카드 편취행위와 분리하여 따로 절도죄를 처단할 수 없고 포괄하여 하나의 사기죄를 구성한다(대판 2005. 9. 30, 2005도5869).

② 사람을 협박하여 현금카드를 갈취하고 이를 이용하여 현금자동지급기에서 예금을 인출한 경우에도 공갈죄의 포괄일죄가 된다(대판 1996. 9. 20, 95도1728). 즉 위 예금인출행위는 하자있는 의사표시이기는 하지만 피해자의 승낙에 기한 것이므로, 현금카드 갈취행위와 분리하여 따로 절도죄로 처단할 수 없다(대판 2007. 5. 10, 2007도1375).

③ 밍크 45마리의 자기에게 그 권리가 있다고 주장하면서 이를 가져간 데 대해 묵시적 동의가 있었다면 그 주장이 후에 허위임이 밝혀졌더라도 절도죄의 절취행위에는 해당하지 않는다(대판 1990.8.10, 90도1211).

④ 피고인이 동거중인 피해자의 지갑에서 현금을 꺼내가는 것을 피해자가 현장에서 목격하고도 만류하지 아니하였다면 피해자가 이를 허용하는 묵시적 의사가 있었다고 봄이 상당하여 이는 절도죄를 구성하지 않는다(대판 1985.11.26. 85도1487).

〈판례연구〉 주거침입죄, 미성년자약취유인죄, 횡령죄(양해는 무효)

① 일반인이 출입이 허용된 음식점이라 하더라도 영업주의 명시적 또는 추정적 의사에 반하여 들어간 것이라면 주거침입죄가 성립되며, 불법선거운동을 적발하려는 목적으로 타인의 주거에 도청장치를 설치하는 행위는 그 수단과 방법의 상당성을 결한 것으로써 정당행위에 해당하지 않는다(대판 1997. 3. 28, 95도2674).

② 피고인이 피해자가 사용 중인 공중화장실의 용변칸에 노크하여 남편으로 오인한 피해자가 용변칸 문을 열자 강간할 의도로 용변칸에 들어간 것이라면 피해자가 명시적 또는 묵시적으로 이를 승낙하였다고 볼 수 없어 주거침입죄에 해당한다(대판 2003. 5. 30, 2003도1256).

③ 피해자가 스스로 가출하였다고는 하나 그것이 피고인의 독자적인 교리설교에 의하여 하자 있는 의사로써 이루어진 것이고, 동 피해자를 보호감독권자의 보호관계로부터 이탈시켜 피고인의 지배하에 옮긴 이상 미

성년자 유인죄가 성립한다(대판 1982. 4. 27, 82도186).

④ 피고인이 보관중인 약속어음을 불법영득의사로서 현금으로 할인한 경우, 설사 피고인이 그 정을 모르는 피해자를 속여 현금할인에 관하여 승낙을 받았더라도 횡령죄의 성립한다(대판 1983. 11. 8, 83도2346).

(2) 피해자의 승낙

피해자의 동의가 구성요건에 해당하는 행위의 위법성을 조각하는 경우이다. 즉 법익의 주체가 타인에게 자기의 법익을 침해할 것을 허용한 경우 구성요건에 해당하는 행위의 위법성만을 조각시키는 경우이다.

2. 피해자의 승낙의 성립요건

1) 의의

법익침해에 대한 피해자의 동의가 구성요건에는 해당하지만 일정한 요건 하에서 위법성을 조각하는 경우, 이때의 피해자의 동의를 승낙이라고 한다. 즉 피해자가 자기법익에 대한 침해를 허락하는 것을 말한다.

2) 위법성조각의 근거

자유주의적 법치국가사상의 출발점은 개인의 자유를 최대한 보장하는 데 있으며, 개인의 방해받지 않는 자유의 행사는 사회적 가치로서 인정되어야 한다. 한편 우리 형법은 피해자의 승낙에 관한 명문규정을 두고 있다. 따라서 피해자의 승낙이 있는 경우, 법익보전에 관한 공동체의 이익과 개인의 법익에 대한 처분자유권을 비교하여 개인적 자유의 행사가 더 중요하다고 인정되는 때에는 위법성이 조각된다(법률정책설: 다수설).

3) 성립요건

(1) 처분할 수 있는 법익의 처분권한 있는 자의 유효한 승낙

(i) 승낙의 대상법익은 개인적 법익이다. 개인적 법익이라도 생명은 처분할 수 있는 법익이 아니므로 승낙의 대상이 될 수 없고, 신체도 사회상규에 벗어난 경우에는 위법성이 조각되지 않는다(예컨대 병역회피를 위한 상해). (ii) 승낙자는 법익의 소지자이어야 한다. 다만 법적 처분권을 가지고 있는 경우(예컨대 법정대리인)에는 예외적으로 승낙의 주체가 된다. (iii) 승낙능력이 있어야 하고 자유의사에 의한 진지한 승낙이어야 한다. 따라서 사기, 강박, 착오, 농담에 의한 승낙은 효력이 없다. (iv) 승낙의 표시방법은 적어도 외부에서 인식할 수 있을 정도로 표시되어야 한다(절충설, 통설). (v) 승낙의 시기는 늦어도 법익침해시에 있어야 하고 사후승낙은 위법성을 조각할 수 없다. 사전승낙의 경우는 법익침해시까지 계속되어야 한다. 그러나 철회는 소급효는 없으므로 철회 전에 이미 행한 법익침해는 위법성을 조각한다.

〈판례연구〉 처분할 수 있는 법익(사회적 법익과 국가적 법익)

① 청소년보호법-(구)미성년자 보호법이 19세 미만자의 음주행위의 일체를 금지하고 있다 취지에 비추어보면 피고인이 17세 소년에게 술을 판매함에 있어서 그의 민법상 법정대리인인 어머니의 동의를 받았다고 하더라도 그러한 사정만으로 피고인의 위 행위가 정당화 될 수는 없다(대판 1999. 7. 13, 99도2151).

② 구 저작권법(2006. 12. 28. 법률 제8101호로 개정되기 전의 것)의 저작권등록부 허위등록죄는 저작권등록부의 기재 내용에 대한 공공의 신용을 주된 보호법익으로 한다. 따라서 저작자의 성명 등의 허위등록에 있어서 진정한 저작자로부터 동의를 받았는지 여부는 허위등록죄의 성립 여부에 영향이 없다(대판 2008. 9. 11, 2006도4806).

③ 무고죄는 국가의 형사사법권 또는 징계권의 적정한 행사를 주된 보호법익으로 하고 다만, 개인의 부당하게 처벌 또는 징계 받지 아니할 이익을 부수적으로 보호하는 죄이므로, 설사 무고에 있어서 피무고자의 승낙이 있었다고 하더라도 무고죄의 성립에는 영향을 미치지 못한다(대판

2005. 9. 30. 2005도2712).

〈판례연구〉 승낙의 철회

① 위법성조각사유로서의 피해자의 승낙은 언제든지 자유롭게 철회할 수 있다고 할 것이고, 그 철회의 방법에는 아무런 제한이 없다. 피고인이 피해자 甲의 상가건물에 대한 임대차계약 당시 甲의 모(母) 乙에게서 인테리어 공사 승낙을 받았는데, 이후 乙이 임대차보증금 잔금 미지급을 이유로 즉시 공사를 중단하고 퇴거할 것을 요구하자 도끼를 집어던져 상가 유리창을 손괴한 사안에서, 乙이 위 의사표시로써 시설물 철거에 대한 동의를 철회하였다고 보아야 한다(대판 2011. 5. 13, 2010도9962).

〈판례연구〉 수술과 승낙의 유효성

① 진단상의 과실이 없었으면 당연히 설명 받았을 자궁 외 임신에 관한 내용을 설명 받지 못한 부녀의 수술승낙을 받았다면 이는 수술의 위법성을 조각할 유효한 승낙이라고 볼 수 없다. 즉, 의사가 설명의무를 다하지 않은 상태에서(부정확한 또는 불충분한 설명을 근거로) 피해자로부터 수술승낙을 받은 경우 수술의 위법성을 조각할 유효한 승낙이라고 볼 수 없다(대판 1993.7.27, 92도2345).

〈판례연구〉 묵시적 승낙

① 피고인에 대하여 다액의 채무를 부담하고 있던 공소 외 乙로서는 채권확보를 위한 피고인의 요구를 거절할 수 없었기 때문에 피고인이 계주의 업무를 대행하는 데 대하여 이를 승인 내지 묵인한 경우 피고인의 행위는 피해자의 승낙으로 볼 수 있다. 즉, 승낙은 명시적이건 묵시적이건 불문한다. 따라서 업무방해죄는 성립하지 않는다(대판 1983.2.8, 82도2486).

(2) 승낙에 의한 법익침해행위

(i) 법익침해행위는 구성요건에 해당하는 행위여야 한다. 법익침해행위는 고의행위가 일반적이지만 과실행위에 의한 경우도 있다. 예컨대 술 취한 운전자인 줄 알고 동승한 자는 운전과실에 의한 상해를

승낙한 경우이다. (ii) 주관적 정당화요소는 승낙에 대한 인식과 이에 기초한 법익침해행위로 나아간다는 의사가 있어야 한다. 객관적으로 존재하는 승낙사실을 알지 못하고 행위한 경우는 주관적 정당화요소를 결한 경우의 문제로 불능미수가 성립한다. 반대로 존재하지 않는 승낙사실을 존재한 것으로 오신한 경우 위법성조각사유의 전제사실에 대한 착오의 문제가 된다.

(3) 승낙에 의한 행위의 상당성

승낙에 의한 행위는 사회상규에 위배되지 않아야 한다. 형법규정(제24조)에는 명시되어 있지 않지만 다수설과 판례는 승낙에 의한 행위는 법질서 전체의 정신에 비추어 용인될 수 있어야 한다. 예컨대 보험금을 타기 위해 승낙을 받고 상해를 가한 경우, 채무면제의 대가로 채무자의 승낙을 얻어 상해한 경우에는 위법성이 조각되지 않는다.

〈판례연구〉 피해자의 승낙과 사회상규

① 甲이 병을 앓고 있는 乙에게 잡귀 때문에 병이 있다고 하자 乙은 잡귀를 물리쳐 줄 것을 부탁하였고, 이에 甲은 다른 6명과 12시간 동안 잡귀를 물리친다면서 乙의 뺨 등을 때리고 팔과 다리를 잡고 배와 가슴을 손과 무릎으로 힘껏 누르고 밟는 등 하여 乙로 하여금 내출혈로 사망에 이르게 한 경우 사회상규에 반하여 폭행치사죄가 성립한다(대판 1985. 12. 10, 85도1892).

② 장난권투 중 피할 만한 여유도 없는 좁은 장소와 상급자인 피고인이 하급자인 피해자로부터 아프게 반격을 받을 정도의 상황에서 신체가 보다 더 건강한 피고인이 피해자에게 약 1분 이상 가슴과 배를 때려 사망의 결과에 이르게 한 경우 피해자의 승낙에 의한 사회상규에 반하여 폭행치사죄가 성립한다(대판 1989. 11. 28, 89도201).

(4) 법률에 특별규정이 없을 것

피해자의 승낙이 범죄성립에 영향이 없는 경우는 형법상 미성년자의 제강간·강제추행죄, 피구금자간음죄, 아동혹사죄 등을 들 수 있고, 피해자의 승낙이 감경적 구성요건으로 되어 있는 경우는 촉탁·승낙살인죄, 동의낙태죄, 자기소유일반건조물방화죄 등이 있고, 기타 병역법 제86조, 군형법 제41조 제1항(병역기피목적 신체상해) 등을 들 수 있다.

3. 피해자의 승낙의 효과

피해자의 승낙의 요건을 구비한 행위는 범죄의 구성요건에는 해당되나 위법성이 조각되어 범죄가 성립하지 않는다.

4. 추정적 승낙

1) 의의

피해자의 현실적인 승낙이 없지만 행위당시의 모든 객관적 사정에 비추어 피해자가 이를 알았더라면 당연히 승낙했을 것이라고 추정되는 경우이다. 추정적 승낙에 의해서도 위법성이 조각될 수 있다(통설).

2) 유형

(1) 피해자의 이익을 위해 법익을 침해한 경우

행위자가 피해자의 높은 가치의 이익을 위하여 낮은 가치의 이익을 침해하는 경우이다. 예컨대 더 이상 지체할 수 없는 중환자를 수술하는 경우, 해외출장 중인 남편에게 온 등기우편을 개봉한 경우, 부재중인 이웃집의 파열된 수도를 고쳐 주는 행위 등이다.

(2) 피해자의 승낙이 추정되는 경우

행위자가 자기나 제3자의 이익을 위하여 행위 했지만 피해자의 승낙이 추정되는 경우이다. 예컨대 기차를 놓치지 않기 위해 친구의 자전거를 타고 간 경우, 손님이 거실에서 탁자 위에 주인의 담배를 피우는 경우 등이 있다.

3) 추정적 승낙의 성립요건

(1) 피해자의 승낙과 공통되는 요건

(i) 피해자의 처분할 수 있는 법익(개인적 법익), (ii) 당해 법익에 대한 피해자의 처분능력(자연적 의사능력, 판단능력), (iii) 추정의 시기(행위시), (iv) 추정적 승낙에 의한 행위가 사회상규에 반하지 않을 것, (v) 법률에 특별한 규정이 없을 것 등의 요건을 구비해야 한다.

(2) 추정적 승낙의 특유요건

(i) 승낙이 불가능해야 한다. 즉 피해자의 현장부재 또는 의식불명 등 불가피한 사정으로 현실적인 승낙을 얻는 것이 불가능해야 한다. 이것이 추정의 보충성이다. (ii) 승낙의 기대이다. 모든 사정을 객관적으로 판단할 때 피해자가 그 사정을 알았다면 승낙이 확실시 기대될 수 있어야 한다. 즉, 승낙은 추정은 주관적 의미의 추정이 아니라 객관적 의미의 추정이다. (iii) 피해자의 명시적인 반대의사가 없어야 한다. (iv) 주관적 정당화요소에 대하여 승낙이 추정되는 객관적 상황에 대한 인식이 주관적 정당화요소의 내용임에는 의문이 없다. 문제는 '양심적 심사'도 추정적 승낙의 주관적 정당화요소가 되는가에 있다. 이와 관련하여 필요설(다수설)과 불요설이 있다.

〈판례연구〉 추정적 승낙을 긍정한 경우

① 종친회의 결의서의 피위조명의자 중 피고인의 형제 2명이 그 결의서의 작성을 승낙하였고, 나머지 종친회원들이 그 작성을 명시적 · 구체적으로 위임하거나 승낙한 사실이 없더라도 그들이 피고인의 아들들이나 그 형제들의 아들들일 뿐만 아니라 그들이 피고인의 행위를 나중에 추인한 것으로 볼 수 있다면 추정적 승낙은 인정할 여지가 있다(대판 1993. 3. 9, 92도3101).

〈판례연구〉 추정적 승낙을 부정한 경우

① 피해자자 부도를 낸 이후 피해자에 대한 자신들의 물품대금채권을 다른

채권자들보다 우선적으로 확보할 목적으로 피해자의 가구점에 무단으로 침입하여 피해자의 가구들을 화물차에 싣고 갔다면 피해자의 추정적 승낙이 있다고 볼 수 없다(대판 2006. 3. 24, 2005도8081).

② A회사는 해고된 근로자에게 복지협의를 위한 회사출입을 허용해 왔는데, 그 근로자는 노조원들의 불법시위로 회사가 점거된 상태에서 회사건물에 들어간 경우(대판 1994. 2. 8, 93도120).

③ 사무실 임차인이 임대차계약 종료 후 갱신계약 여부에 관한 의사표시나 명도의무를 지체하고 있다는 이유로 '차임 · 관리비의 연체 등의 사유가 있는 경우 임대인이 단전조치를 할 수 있다'는 임대차계약에 근거하여 임대인이 단전조치를 취한 경우, 설령 같은 이유로 단전조치를 당했거나 단전조치를 통지받았거나 임대인에게 기하유예 요청을 한 사실이 있더라도 위 단전조치를 묵시적으로 승낙한 것으로 볼 수 없다(대판 2006. 4. 27, 2005도8074).

④ 건물의 소유권에 대한 분쟁이 계속되고 있는 상황이라면 소유자가 그 건물에 침입하는 것에 대한 건물점유자의 추정적 승낙이 있었다거나 사회상규에 위배되지 않는 것이라 볼 수 없다(대판 1989. 9. 12, 89도889).

⑤ 주식회사의 직원이 그 회사가 온천개발사업을 위하여 확보한 부지를 매도한 경우, 그 행위가 일반적으로 대표이사로부터 승낙받은 범위 내의 회사의 업무집행행위라거나, 추정적 승낙이 있는 경우에 해당한다고 볼 수 없다(대판 2000. 11. 24, 99도822).

⑥ 행위 당시 명의자의 현실적인 승낙은 없었지만 행위 당시의 모든 객관적 사정을 종합하여 명의자가 행위 당시 그 사실을 알았다면 당연히 승낙했을 것이라고 추정되는 경우 사문서의 위·변조죄가 성립하지 않는다고 할 것이나, 명의자의 명시적인 승낙이나 동의가 없다는 것을 알고 있으면서도 명의자 이외의 자의 의뢰로 문서를 작성하는 경우 명의자가 문서작성 사실을 알았다면 승낙하였을 것이라고 기대하거나 예측한 것만으로는 그 승낙이 추정된다고 단정할 수 없다(대판 2008. 4. 10, 2007도9987)

4) 효과

피해자의 승낙이 있는 경우와 동일하게 위법성이 조각된다.

§18. 정당행위

제20조 (정당행위) 법령에 의한 행위 또는 업무로 인한 행위 기타 사회상규에 위배되지 아니하는 행위는 벌하지 아니한다.

1. 정당행위의 의의

정당행위란 사회상규에 위배되지 아니하여 국가적·사회적으로 정당시되는 행위를 말한다. 형법 제20조는 위법성조각사유의 근본원리로서 '사회상규'를 제시하여 포괄적이고 일반적인 위법성조각사유를 규정한 점에 의의가 있다(일반적·포괄적 위법성조각사유). 이 때문에 정당행위는 어떤 행위가 제21조 내지 제24조에 해당하지 않을 때에 최후적으로 검토된다(보충적 성격의 위법성조각사유). 제20조는 법령에 의한 행위, 업무로 인한 행위, 기타 사회상규에 위배되지 않는 행위는 벌하지 아니한다.

2. 법령에 의한 행위

법령에 의한 행위는 법령에 근거하여 정당한 권리 또는 의무로서 행하여지는 행위를 말한다. 법령의 범위는 실정법외에 행정규칙·명령도 포함된다. 조리·관습법 등 불문법은 업무로 인한 행위 또는 사회상규에 위반되지 않는 행위에 포함되므로 제외된다.

1) 공무원의 직무집행행위

법령에 근거를 둔 직무집행행위는 위법성이 조각된다. 공무원의 직무집행행위가 위법성을 조각하려면 (i) 직무집행범위 내에 속할 것, (ii) 근거법령에 정한 요건을 충족할 것, (iii) 정규절차를 따를 것이 요구된다.

(1) 법령에 의한 직무집행행위

공무원이 법령에 의하여 정하여진 직무를 수행하는 행위는 정당행위로 위법성이 조각된다. 검사 또는 사법경찰관의 긴급체포(형사소송법 제200조의 3), 집행관의 강제력 사용(민사집행법 제5조) 등이 있다.

〈판례연구〉

① 법정절차 없이 피의자를 경찰서 보호실에 구금한 경우 수사목적 달성을 위하여 적절한 행위라고 믿고 한 정당행위라고 할 수 없다(대판 1971.3.9, 70도2406).

② 경찰공무원법의 규정 취지는 경찰공무원이 직무수행을 위하여 필요하다고 인정되는 경우에 한하여 무기를 휴대할 수 있다는 것뿐이지, 경찰관이라 하여 허가 없이 개인적으로 총포 등을 구입하여 소지하는 것을 허용하는 것은 아니다(대판 1996. 7. 30, 95도2408).

③ 검문 중이던 경찰관들이, 자전거를 이용한 날치기 사건 범인과 흡사한 인상착의의 피고인이 자전거를 타고 다가오는 것을 발견하고 정지를 요구하였으나 불응하고 그대로 전진하자, 따라가서 재차 앞을 막고 검문에 응하라고 요구하였는데, 이에 피고인이 경찰관들의 멱살을 잡아 밀치는 등 항의하여 공무집행방해 등으로 기소된 사안에서, 경찰관들의 행위는 적법한 불심검문에 해당한다(대판 2012. 9. 13, 2010도6203).

④ 국회의원인 피고인이, 구 국가안전기획부 내 정보수집팀이 대기업 고위 관계자와 중앙일간지 사주 간의 사적 대화를 불법 녹음한 자료를 입수한 후 그 대화내용과, 위 대기업으로부터 이른바 떡값 명목의 금품을 수수하였다는 검사들의 실명이 게재된 보도자료를 작성하여 자신의 인터넷 홈페이지에 게재한 행위는 형법 제20조의 정당행위에 해당하지 않는다(대판 2011. 5. 13, 2009도14442).

(2) 상관의 명령에 의한 행위

법령의 근거에 의하여 적법하게 내려진 상관의 명령에 대해 복종한 행위는 위법성이 조각된다. 그러나 상관의 위법한 명령에 복종한 행위는 위법성을 조각하지 않고 다만 구속력을 가진 경우에는 책임이 조각된다. 따라서 구속력이 없는 위법한 명령에 복종한 행위는 위법성은 물론 책임도 조각되지 않는다.

〈판례연구〉

① 고문행위와 같이 중대하고도 명백한 위법행위에 따른 행위는 상관의 명령에 따른 정당행위에 해당하지 않는다. 또한 강요된 행위로 적법행위에 대한 기대가능성이 없는 경우에 해당한지 않는다(대판 1988. 2. 23, 87도2358).

② 대통령선거를 앞두고 특정후보에 반대여론을 조성하기 위해 허위사실을 담은 책자를 발간·배포·기사화하라는 안기부장의 명령을 그대로 시행한 경우는 정당행위에 해당하지 않고 안기부가 엄격한 상명하복의 관계에 있는 조직이라 하더라도 적법행위에 대한 기대가능성이 있다.(대판 1999. 4. 23, 99도636).

2) 징계행위

(1) 의의

징계행위는 법령상 징계권이 부여된 자(징계권자)가 징계권을 행사하는 것이다. 예컨대 학교장(초·중등교육법 제18조 제1항), 친권자, 후견인(민법 제915조) 등이 있다.

(2) 친권자의 징계행위

체벌은 금지되어야 하는 것이 원칙이지만, 친권자의 징계권에는 예외적으로 극히 제한된 범위 내에서 허용된다고 보아야 한다(통설·판례).

(3) 교사의 징계행위

판례는 교사의 체벌도 초·중등교육법령에 의한 지도행위로서 법령에 의한 정당행위가 될 수 있다는 입장이다.

(4) 타인의 자녀에 대한 징계행위

타인의 자녀에 대하여는 징계권이 없으므로 법령에 의한 정당행위는 성립할 수 없고, 사회상규에 위배되지 않는 행위로서 위법성이 조각될 수 있다(통설·판례).

〈판례연구〉 정당한 징계에 해당하지 않는 경우

① 징계사유가 없는 데도 교사가 학생이 자신에게 욕을 한 것으로 오인하고 구타하여 상해를 입힌 경우(대판 1980. 9. 9, 80도762).
② 그 방법이 지나치게 가혹한 경우(4세인 아들이 대소변을 못 가린다고 닭장에 가두고 전신을 구타한 경우(대판 1969. 2. 4, 68도1793).
③ 피해자에게 상해를 입힌 정도인 경우(교사가 대나무 막대기로 나이 어린 피해자의전신을 구타하여 상해를 입힌 경우(대판 1978. 3. 14, 78도203).
④ 교사가 몽둥이와 당구큐대로 학생의 둔부를 때려 3주간의 치료를 요하는 상해를 입힌 경우(대판 1991. 5. 14, 91도513)
⑤ 교사가 초등학교 5학년생을 지휘봉으로 엉덩이를 때려 6주간의 치료를 요하는 상해를 입힌 경우(대판 1990. 10. 30, 90도1456)
⑥ 친권자가 자에 대해 감정을 이기지 못하고 야구방망이로 때릴 듯이 "죽여 버린다"고 말하여 협박한 경우(대판 2002. 2. 8, 2001도6468)
⑦ 여자중학교의 체육교사가 감정을 자제하지 못하고 낯모르는 학생들이 있는 교실 밖에서 싸우는 여학생을 손이나 주먹으로 때리고 모욕감을 느낄 지나친 욕설을 한 경우(대판 2004. 6. 10, 2001도5380)

〈판례연구〉 정당한 징계에 해당하는 경우

① 징계방법으로서 친권자, 교사의 체벌은 허용된다. 예컨대 중학교장이 교칙위반 학생에게 뺨을 몇 차례 때린 경우(대판 1976. 4. 27, 75도115).

3) 사인의 현행범인의 체포

현행범인은 누구든지 영장 없이 체포할 수 있다(형소법 제212조). 현행범의 체포로 인해 위법성이 조각되는 것은 직접체포에 필요한 행위, 즉 협박 또는 도주의 저지 등에 제한된다(최소한의 수단에 국한된다). 따라서 현행범에 대한 살인이나 상해 또는 타인의 주거에 침해하는 것은 위법성을 조각하지 않는다.

〈판례연구〉 위법성이 조각되지 않는 경우

① 사인이 현행범을 체포하기 위하여 타인의 주거에 침입하는 것은 주거침입죄를 구성한다(대판 1965.12.21, 65도899).

〈판례연구〉 위법성이 조각되는 경우

① 피고인의 차를 손괴하고 도망하려는 피해자를 도망하지 못하게 멱살을 잡고 흔들어 전치14일의 흉부찰과상을 가한 경우 정당행위에 해당한다(대판 1999. 1. 26, 98도3029).

4) 노동쟁의행위

(1) 의의

근로자의 쟁의행위는 법령에 의한 행위로서 업무방해죄의 구성요건에 해당하더라도 위법성이 조각된다.

(2) 한계

쟁의행위는 근로조건의 유지·개선과 근로자의 경제적 · 사회적 지위의 향상을 목적으로 하여야 하며 정치적 목적의 쟁의행위는 허용되지 않는다. 또한 폭력 · 파괴행위는 할 수 없고 안전시설의 정상적인 유지를 방해하는 행위도 허용되지 않는다. 그리고 쟁의행위 시기와 절차가 법령의 규정에 따른 것이어야 한다.

〈판례연구〉 정당한 쟁의행위에 해당하는 경우

① 노동위원회에 노동쟁의 조정신청을 하여 조정기간이 끝난 후에 한 쟁의행위(대판 2001. 6. 26, 2000도2871).

② 쟁의행위가 병원의 업무개시 전이나 점심시간을 이용하여 현관로비에서 시위행위를 한 것을 뿐인 때(대판 1992. 12. 8, 92도1645).

③ 쟁의행위에 대한 찬반투표를 위해 근무시간 중에 노조임시총회를 개최하고 3시간에 걸친 투표를 행한 경우(대판 1994. 2. 22, 93도613).

④ 노동조합이 노동쟁의조정신청을 하여 조정절차가 마쳐지거나 조정이 종료되지 아니한 채 조정기간이 끝난 후의 쟁의행위(대판 2003. 12. 26, 2001도1863 ∵ 조정절차를 거친 것임).

⑤ 지역별·산업별·업종별 노동조합의 경우 총파업이 아닌 이상 전체 조합원의 과반수 이상의 찬성 없이 쟁의행위를 예정하고 있는 당해 지부나 분회소속 조합원의 과반수의 찬성으로 비폭력적인 쟁의행위를 한 경우(대판 2004. 9. 24, 2004도4641).

⑥ 노동조합 및 노동관계조정법 시행령 제17조에서 규정하고 있는 쟁의행위의 일시·장소·참가인원 및 그 방법에 관한 서면신고의무는 쟁의행위를 함에 있어 그 세부적·형식적 절차를 규정한 것으로서 쟁의행위에 적법성을 부여하기 위하여 필요한 본질적인 요소는 아니므로, 신고절차의 미준수만을 이유로 쟁의행위의 정당성을 부정할 수는 없다(대판 2007. 12. 28, 2007도5204).

〈판례연구〉 정당한 쟁의행위에 해당하지 않는 경우

① 쟁의행위 시 폭력을 행사하거나 파괴행위를 한 경우(대판 1990. 5. 15, 90도357).

② 노조대표자가 단체협약안을 마련하더라도 조합 총 결의를 거친 후 단체협약을 체결할 것을 명백히 하자 사용자가 그 사유로 단체교섭을 회피하였음을 이유로 하는 쟁의행위(대판 1998. 1. 20, 97도 588).

③ 단체협약에서 정한 시간(9시 이전)이 아닌 시간(9시 정각)에 조합원들이 집단적으로 출근함으로써 업무수행에 지장을 초래한 경우(대판 1996. 5. 10, 96도419).

④ 한국조폐공사 노동조합이 임금 등 근로조건 개선을 내세워 쟁의행위에 돌입하였으나 그 주된 목적은 정부의 공기업 구조조정 및 그 일환으로 추진되는 조폐창 통폐합을 반대하기 위한 대정부 투쟁에 있다고 보아 쟁의행위의 정당성을 인정할 수 없다(대판 2002. 2. 26, 99도5380).

⑤ 한국과학기술원 지부 노조원들의 쟁의행위의 주된 목적이 과학기술원의 시설부문 민영화계획 저지에 있는 쟁의행위(대판 2003. 12. 26, 2001도3380).
⑥ 대한항공 운항승무원 노동조합이 외국인 조종사의 채용 및 관리에 관한 주장을 관철하기 위하여 한 쟁의행위(대판 2008. 9. 11, 2004도746).
⑦ 단체교섭의 대상이 될 수 없는 '미국산 쇠고기 수입 반대' 등을 주된 목적으로 총파업한 행위(대판 2011. 10. 27, 2009도3390).

3. 업무로 인한 행위

1) 의의

업무로 인한 행위란 작업업무의 정당한 수행을 위해 합목적으로 요구되는 행위를 말한다. 그러나 업무로 인한 행위라도 사회상규에 위배되면 위법성이 조각되지 않는다. 업무란 사회생활상 지위에 의해 계속·반복의 의사로 행하는 사무를 말한다. 업무는 사회상규상 보호할 가치가 있는 것이면 되고, 반드시 그 업무의 기초가 된 계약·행정행위 등이 적법하여야 하는 것은 아니다.

〈판례연구〉 업무로 인한 행위

① 신문기자인 피고인이 고소인에게 2회에 걸쳐 증여세 포탈에 대한 취재를 요구하면서 이에 응하지 않으면 자신이 취재한 내용대로 보도하겠다고 말하여 협박하였다는 취지로 기소된 사안에서 위 행위가 설령 협박죄에서 말하는 해악의 고지에 해당하더라도 특별한 사정이 없는 한 기사 작성을 위한 자료를 수집하고 보도하기 위한 것으로서 신문기자의 일상적 업무 범위에 속하여 사회상규에 반하지 아니하는 행위에 해당한다(대판 2011. 7. 14, 2011도639).
② 재건축조합의 조합장이 조합탈퇴의 의사표시를 한 자를 상대로 '사업시행구역 안에 있는 그 소유의 건물을 명도하고 이를 재건축사업에 제공하여 행하는 업무를 방해하여서는 아니 된다'는 가처분의 판결을 받아 위 건물을 철거한 것이 형법 제20조에 정한 업무로 인한 정당행위에 해당한다(대판 1998. 2. 13, 97도2877).

③ 조합의 긴급이사회에서 불신임을 받아 조합장직을 사임한 피해자가 그 후 개최된 대의원총회에서 피고인 등의 음모로 조합장직을 박탈당한 것이라고 대의원들을 선동하여 회의 진행이 어렵게 되자 새조합장이 되어 사회를 보던 피고인이 그 회의진행의 질서유지를 위한 필요조처로서 이사회의 불신임결의 과정에 대한 진상보고를 하면서 피해자는 긴급 이사회에서 불신임을 받고 쫓겨나간 사람이라고 발언한 것이라면, 피고인에게 명예훼손의 범의가 있다고 볼 수 없을 뿐만 아니라 그러한 발언은 업무로 인한 행위이고 사회상규에 위배되지 아니한 행위이다(대판 1990. 4. 27, 89도1467).

④ 감정평가업자가 아닌 공인회계사가 타인의 의뢰에 의하여 일정한 보수를 받고 부동산공시법이 정한 토지에 대한 감정평가를 업으로 행하는 것은 부동산공시법 제43조 제2호에 의하여 처벌되는 행위에 해당하고, 특별한 사정이 없는 한 형법 제20조가 정한 '법령에 의한 행위'로서 정당행위에 해당한다고 볼 수는 없다(대판 2015. 11. 27, 2014도191).

2) 의사의 치료행위

의사의 치료행위란 치료의 목적으로 의술의 법칙에 따라 행하여지는 신체 침해행위를 말한다. 의사의 치료행위는 (i) 상해죄의 구성요건에 해당하지만 업무로 인한 정당행위로서 위법성이 조각된다는 견해로서 판례의 입장이다. (ii) 피해자의 승낙 또는 추정적 승낙의 법리에 의해서만 정당화될 수 있다는 견해도 최근 판례의 입장이다. (iii) 치료행위는 상해죄의 구성요건해당성이 없다는 견해도 있다.

〈판례연구〉 정당행위에 해당

① 피고인이 태반의 일부를 떼어낸 행위는 그 의도, 수단, 절단부위 및 그 정도등에 비추어 볼 때 의사로서의 정상적인 진찰행위의 일환이라고 볼 수 있으므로 형법 제20조 소정의 정당행위에 해당한다(대판 1976. 6. 8, 76도144).

② 의사가 인공분만기인 "샤쵼"을 사용하면 통상 약간의 상해정도가 있을 수 있으므로 그 상해가 있다하여 "샤쵼"을 거칠고 험하게 사용한 결과라고는 보기 어려워 의사의 정당업무의 범위를 넘은 위법행위라고 할 수 없다(대판 1978. 11. 14, 78도2388).

③ 수지침 시술행위나 부항 시술행위가 광범위하고 보편화된 민간요법이고, 그 시술로 인한 위험성이 적다는 사정만으로 그것이 바로 사회상규에 위배되지 아니하는 행위에 해당한다고 보기는 어렵고, 다만 여러 가지를 종합적으로 고려하여 구체적인 경우에 있어서 개별적으로 보아 법질서 전체의 정신이나 그 배우에 놓여 있는 사회윤리·사회통념에 비추어 용인되는 행위라고 인정되는 경우에 위법성이 조각된다.(대판 2000.4.25, 98도2389. 대판 2004.10.28, 2004도3405).

④ 의료행위에 해당하는 어떠한 시술행위가 무면허로 행하여졌을 때, 그 시술행위의 위험성의 정도, 일반인들의 시각, 시술자의 시술의 동기, 목적, 방법, 횟수, 시술에 대한 지식수준, 시술경력, 피시술자의 나이, 체질, 건강상태, 시술행위로 인한 부작용 내지 위험 발생 가능성 등을 종합적으로 고려하여 법질서 전체의 정신이나 그 배후에 놓여 있는 사회윤리 내지 사회통념에 비추어 용인될 수 있는 행위에 해당한다고 인정되는 경우에만 사회상규에 위배되지 아니하는 행위로서 위법성이 조각된다(대판 2007. 6. 28., 2005도8317).

〈판례연구〉 정당행위에 해당하지 않는 경우

① 민간관리자격자로부터 대체의학자격증을 수여받은 자가 침술원을 개설한 경우 의료법 제25조의 무면허 의료행위에 해당되어 처벌해야 하며, 그 침술행위가 광범위하고 민간요법이고 그 시술로 인한 위험성이 적다는 사정만으로 그것이 바로 사회상규에 위배되지 아니하는 행위에 해당한다고 보기 어렵다(대판 2003. 5. 13, 2003도939).

② 외국에서 침구사자격을 취득하였으나 국내에서 침술행위를 할 수 있는 면허나 자격을 획득하지 못한 자가 수지침 정도의 수준을 넘어 체침을 시술한 경우 사회상규에 위배되지 아니하는 무면허의료행위로 인정될 수 없다(대판 2002. 12. 26, 2002도5077).

③ 조산사가 산모의 분만과정 중 별다른 응급상황이 없음에도 독자적 판단으로 포도당 또는 옥시토신을 투여한 행위는 지도의사의 지시를 받지 못할 정도의 급박한 상황을 인정할 수 없는 이상 정당한 응급의료행위라거나 사회상규에 반하지 않는 행위라고 볼 수 없다(대판 2007. 9. 6, 2005도9670).

④ 의사가 모발이식시술을 하면서 이에 관하여 어느 정도 지식을 가지고 있는 간호조무사로 하여금 모발이식시술행위 중 일정 부분을 직접 하도록 맡겨둔 채 별반 관여하지 않은 것이 정당행위에 해당하지 않는다

(대판 2007. 6. 28, 2005도8317).

3) 안락사

(1) 의의

사기가 임박한 환자의 고통을 완화·제거하여 편안한 죽음을 맞게 하는 의학적 조치를 말한다. 안락사는 생명단축을 수반하지 않는 안락사(진정안락사)와 생명단축을 수반하는 안락사(부진정안락사)로 나누어진다.

(2) 위법성조각의 요건

간접적 안락사는 환자의 승낙하에 환자의 고통완화를 목적으로 행한 처치(예컨대 몰핀 주사량의 증대)의 부작용으로 사기가 단축되는 경우를 말한다. 간접적 안락사는 (i) 환자의 불치병으로 사기가 임박해 있고, (ii) 육체적 고통이 극심하며, (iii) 고통완화의 목적으로, (iv) 본인의 진지한 촉탁이나 승낙이 있을 때 (v) 의사가 의학적 처치방법으로 행하면서, (vi)그 방법이 사회상규에 반하지 않아야 한다.

4) 변호사 · 성직자의 업무행위

변호사는 변론 중에 타인의 명예를 훼손하는 사실을 적시하거나, 업무처리 중 알게 된 타인의 비밀을 누설하더라도 업무로 인한 정당행위로서 위법성이 조각된다. 그러나 범인은닉이나 위증 · 증거인멸의 교사행위는 허용되지 않는다. 성직자가 고해성사로 알게 된 타인의 범죄행위를 고발하지 아니하는 경우도 위법성이 조각된다. 그러나 적극적으로 범인을 은닉 · 도피하게 하는 것은 허용되지 않는다.

〈판례연구〉 성직자의 직무수행행위

① 성직자가 고해성사를 통해 알게 된 타인의 범죄사실을 고발하지 않은 경우에도 국가보안법상 불고지죄의 구성요건에 해당할지라도 정당행위로서 위법성이 조각된다. 그러나 천주교 사제가 범인을 고발하지 않은

것에 그치지 아니하고 적극적으로 은닉·도피하게 한 행위는 정당행위에 해당하지 않고 범인은닉·도피죄에 해당한다(대판 1983. 3. 8, 82도3248).

4. 사회상규에 위배되지 아니한 행위

1) 의의

사회상규에 위배되지 않는 행위는 법질서 전체의 정신이나 사회윤리에 비추어 용인될 수 있는 행위를 말한다. 사회상규는 포괄적·추상적 개념이므로 합리적 해석과 판례의 유형화 작업에 의한 구체화가 필요하다.

2) 사회상규와 사회적 상당성

사회적 상당성이란 평균인이 건전한 사회생활을 하면서 옳다고 승인한 정상적인 행위규칙을 말한다.

3) 사회상규와의 구별

사회상규와 사회적 상당성을 동일시하는 견해도 있으나(판례), 통설은 사회적상당성은 구성요건배제사유라는 점에서 위법성조각사유인 사회상규와 구별된다고 본다.

4) 사회상규에 위배되지 않는 행위의 유형

(1) 소극적 저항행위

소극적 저항(방어)행위란 상대방의 부당한 침해를 벗어나기 위한 본능적 저항행위를 말한다. 판례는 소극적 저항행위는 행위에 대하여 대체로 정당방위가 아니라 사회상규에 위배되지 아니하는 행위로 정당행위에 해당한다고 판시하고 있다.

〈판례연구〉 소극적 저항행위에 해당하는 경우

① 상대방의 도발행위나 폭행·강제연행을 피하기 위해 소극적인 저항(방어)행위는강제연행을 면하기 위해 팔꿈치로 뿌리치면서 가슴을 잡고 벽에 밀어 붙인 행위(대판 1982. 2. 23, 81도2958).

② 야간에 술에 만취되어 따지기 위해 거실에 침입하는 피해자를 밀어내는 과정에서 전치 2주의 상처를 입힌 경우(대판 1995. 2. 28, 94도2746).

③ 목이 졸린 상태에서 벗어나기 위해 손을 잡아 비틀다가 상해를 가한 경우(대판 1996. 5. 28, 96도979).

④ 행패를 부리는 피해자를 뿌리치는 과정에서 상처를 입힌 경우(대판 1985. 11. 12, 85도1978).

⑤ 택시기사가 멱살을 잡고 흔드는 피해자의 손을 뿌리치고 택시를 출발하는 행위(대판 1989. 11. 14, 89도1426).

⑥ 며칠간에 걸쳐 집요한 괴롭힘을 당해 온 데다가 강의실 출입구에서 자신의 진로를 막아서자 극도로 흥분된 상태에서 그 행패에서 벗어나기 위하여 팔을 뿌리쳐서 상해를 가한 경우(대판 1995. 8. 22, 95도936).

⑦ 고소로 조사받는 것을 따지기 위해 야간에 고소자의 집에 침입한 상태에서 문을 여닫는 실랑이가 계속되는 과정에서 고소당한 자가 상해를 입은 경우(대판 2000. 3. 10, 99도4273).

⑧ 여자화장실 내에서 백을 빼앗으려고 다가오는 남자의 어깨를 밀친행위(대판 1992. 3. 27, 91도2831).

⑨ 분쟁중인 부동산관계로 따지러 온 피해자가 피고인에게 달려들어 멱살을 잡고 발로 차는 등 폭행을 가하자 이를 뿌리치기 위하여 소극적인 저항방법으로 부득이 멱살을 잡고 있는 피해자의 손을 잡고 비틀어 떼어낸 행위는 사회통념상 허용될 만한 정도의 상당성이 있는 위법성이 결여된 행위이다(대판 1995. 2. 28, 94도2746).

〈판례연구〉 소극적 저항행위로 볼 수 없는 경우

① 민족정기를 세우기 위해 김구 선생 암살범을 살해한 경우(대판 1997. 11. 14, 97도2118).

② 입법과정의 하자를 규탄하고 시정하려는 무허가집회 및 시위행위(대판 2000. 9. 5, 99도3865).

③ 택시 운전사인 피고인이 고객인 가정주부들에게 입에 담지 못할 욕설을 퍼부은 데서 발단이 되어 가정주부인 피해자 등으로부터 핸드백과 하이힐 등으로 얻어맞게 되자 그 때문에 입은 상처를 고발하기 위해 파

출소로 끌고 감을 빙자하여 피해자의 손목을 잡아 틀어 상해를 가한 경우(대판 1991. 12. 27, 91도1169).

④ 특정후보자에 대한 낙선운동이 시민불복종운동으로서 헌법상의 기본권 행사 범위 내에 속하는 정당행위이거나 사회상규에 위반되지 않은 정당행위에 해당하지 않는다(대판 2004. 4. 27, 2002도315).

(2) 징계권 없는 자의 징계행위

객관적으로 징계의 범위를 벗어나지 아니하고 주관적으로 교육의 목적으로 행한 때에는 사회상규에 위배되지 아니한다.

〈판례연구〉 타인의 자에 대한 징계

① 동네어른들에게 불손하게 구는 타인의 자의 엉덩이를 방 빗자루로 2회 때린 경우, 그 목적이나 수단이 상당하며 이는 사회상규에 위배되지 아니한다(대판 1978. 12. 13, 78도2617).

〈판례연구〉 군인의 징계

① 군대내의 질서를 지키려는 목적에서 지휘관이 야간에 술에 취해 소란을 피우는 부하에게 가한 경미한 폭행은 지키려는 법익이 피해법익에 비하여 월등이 크다고 할 것이므로 그 위법성이 없다(대판 1978. 4. 11, 77도3149).

② 술에 취해 행패를 부리는 자의 뺨을 2회 때린 행위가 사회상규에 위반되지 아니하는 행위로서 위법성이 없다(대판 1989. 5. 23, 88도1376).

③ 상관인 피고인이 군내부에서 부하인 방위병들의 훈련 중에 그들에게 군인정신을 환기시키기 위하여 한 일이라 하더라도 감금과 구타행위는 징계권 내지 훈계권의 범위를 넘어선 것으로 위법하다(대판 1984. 6. 12, 84도799).

④ 부하를 훈계하기 위한 것이라 하여도 폭행행위가 훈계권의 범위를 넘었다고 보여지고 그로 인하여 상해를 입은 이상 그 행위를 사회상규에 위배되지 아니한 행위로서 위법하다(대판 1984. 6. 26, 84도603).

(3) 권리실행행위

자기 또는 타인의 권리를 실행하기 위한 행위도 그것이 권리남용에 해당하지 않으며 사회통념상 용인될 정도일 때에는 위법성이 조각된다.

〈판례연구〉 권리실행행위로 위법성이 조각되는 경우

① 자기 또는 타인의 권리를 사회상규에 벗어나는 정도에 이르지 않는 정도로 실행하는 경우 피해자에게 치료비를 요구하고 의무를 이행하지 않으면 고소하겠다하거나(대판 1971.11.9, 71도1629), 구속 시키겠다고 말한 경우(대판 1984.6.26., 84도648).

② 집달관이 압류집행을 위하여 채무자의 주거에 들어가는 과정에서 몸싸움 과정에서 피해자에게 상해를 가한 것은 상당성이 있는 행위로서 위법성이 조각된다(대판 1993. 10. 12, 93도875).

③ 피고인이 그 소유건물에 인접한 대지 위에 건축허가조건에 위반되게 건물을 신축, 사용하는 소유자로부터 일조권 침해 등으로 인한 손해배상에 관한 합의금을 받은 것이 사회통념상 용인되는 범위를 넘지 않는 것이어서 공갈죄가 성립되지 않는다(대판 1990. 8. 14, 90도114).

④ 시장번영회의 회장이 시행중인 관리 규정을 위반하여 천장 까지 칸막이를 설치한 일부 점포주들에 대하여 단전조치를 한 경우(대판 1994. 4. 15, 93도2899).

〈판례연구〉 권리실행행위에 해당하지 않는 경우

① 대금청구소송의 계속 중 상대방에 탈세사실을 진정하겠다고 말하여 겁을 먹은 피해자로부터 대금지급약속을 받아낸 경우(대판 1990. 11. 23., 90도1864).

② 주주총회에 참석한 주주가 회사 측이 정당한 이유 없이 회계장부 등의 열람을 거부하자 회사의 의사에 반하여 회사 사무실을 뒤져 회계장부를 강제로 찾아 열람한 경우 방실수색죄가 성립한다(대판 2001. 9. 7, 2001도2917).

③ 피해자가 운영하는 병원 곳곳을 돌아다니며 소리를 지르고 여러 날에 걸쳐 상복을 입은 채 병원 앞 인도 위에서 베니어판에 목을 앞뒤로 걸고 1인 시위를 벌인 경우(대판 2004. 11. 25, 2004도6408).

④ 주위토지통행권의 존부와 범위에 관한 확인 및 주위통행권을 방해하는 옹벽 부분에 관한 철거를 명하는 판결과 그 강제집행을 따르지 아니하고 임의로 옹벽을 철거한 행위는 도로에 관한 주위통행권을 인정할 수 있는지 여부와 관계없이 정당행위에 해당하지 않는다(대판 2008. 3.

27, 2007도7933).

⑤ 호텔 내 주점의 임대인이 임차인의 차임 연체를 이유로 계약서상 규정에 따라 위 주점에 대하여 단전·단수조치를 취한 경우, 약정 기간이 만료되었고 임대차보증금도 차임연체 등으로 공제되어 이미 남아있지 않은 상태에서 미리 예고한 후 단전·단수조치를 하였다면 형법 제20조의 정당행위에 해당하지만, 약정 기간이 만료되지 않았고 임대차보증금도 상당한 액수가 남아있는 상태에서 계약해지의 의사표시와 경고만을 한 후 단전·단수조치를 하였다면 정당행위로 볼 수 없다(대판 2007. 9. 20, 2006도9157).

⑥ 방송사 기자인 피고인이, 구 국가안전기획부 내 정보수집팀이 대기업 고위관계자와 모 중앙일간지 사주 간의 사적 대화를 불법 녹음하여 자사의 방송프로그램을 통하여 공개하여 보도하면서 대화 당사자들의 실명과 구체적인 대화 내용을 그대로 공개함으로써 수단이나 방법의 상당성을 결여하였으며, 위 보도와 관련된 모든 사정을 종합하여 볼 때 피고인의 위 공개행위가 형법 제20조의 정당행위에 해당하지 않는다(대판 2011. 3. 17, 2006도8839).

(4) 경미한 불법

일시오락 정도에 불과한 도박행위 등을 말한다.

〈판례연구〉 사회상규에 위배되어 위법성이 인정된 경우

① 피해자를 정신병원에 강제 입원시킨 경우(대판 2001.2.23, 2000도4415).

② 잘못된 기재를 정정하려는 의도로 사서증서 인증서를 변조한 경우(대판 1992.10.13, 92도1064).

③ 종교적 신념에 반한다는 이유로 공공의 시설 내에 설치된 단군상을 철거한 경우(대판 2001.9.4., 2001도3167).

④ 불법선거운동을 적발할 목적으로 타인의 식당에 들어가 도청기를 설치한 경우(대판 1997.3.28, 95도2674).

⑤ 채권을 결재 받을 목적으로 채무자에게 사회통념상 용인되기 어려울 정도의 협박을 수단으로 재물을 교부받은 경우(대판 2000.2.25, 99도4305).

⑥ 간통현장을 잡기 위해 상간자의 주거에 침입한 행위(대판 2003.9.26,

2003도3000).

⑦ 후보자가 선거구 내 거주자에 대한 결혼축의금으로서 중앙선거관리위원회 규칙이 정한 금액을 초과하여 지급한 사유가 모친상을 당했을 때 그로부터 받은 동액의 부의금에 대한 답례취지인 경우(대판 1999.5.25, 99도983).

⑧ 남북정상회담의 개최과정에서 이루어진 법정절차를 거치지 아니한 대북송금행위 자체는 사법심사의 대상이 되며 이는 정당행위에 해당하지 않는다(대판 2004.3.26, 2003도7878). ∴이 판례에서 남북정상회담을 전후하여 대북 경제협력사업을 추진 중인 기업에 대규모 여신지원을 한 국책은행관련자들에게 배임죄 인정.

⑨ 공직선거에 출마할 정당추천 후보자를 선출하기 위한 당내 경선에서 특정인을 지지하도록 부탁할 목적으로 타인의 술값을 대신 지불할 경우(대판 1996.6.14, 96도405).

⑩ 대학 당국이 집회를 허가하지 않았지만 학생회가 동의하였으므로 위법하지 않다고 믿고 금융노조가 집회를 목적으로 대학 내 학생회관에 들어간 경우(대판 1995.4.14, 95도12).

⑪ 조직폭력 특별단속 전담업무를 맡은 형사가 무기를 휴대할 필요를 느껴 분사기를 구입하였으나 소지허가를 받지 않은 경우(대판 1996.7.30, 95도2408).

⑫ 대표이사가 회사를 위한 탈세행위로 인하여 형사재판을 받은 경우 그 변호사비용과 벌금을 회사에 부담케 한 경우(대판 1990.2.23, 89도2466).

⑬ 타 회사의 폐석운반을 방해할 의사로, 선착장 앞에 위치한 자신의 어업구역 내에 양식장을 설치 한다는 구실로 밧줄을 매어 선박의 출입을 방해한 경우(대판 1996.11.12, 96도2214).

⑭ 행방불명된 남편에 대하여 불리한 민사판결이 선고되자, 그 처가 남편명의의 항소장을 위조하여 이를 법원에 제출한 경우(대판 1994.11.8, 94도1864). (판례를 못 찾음)

⑮ 검사 및 검찰수사관의 범죄혐의자들에 대한 폭행과 가혹행위(대판 2005.5.26, 2005도945).

⑯ 상사 계급의 피고인이 그의 잦은 폭력으로 신체에 위해를 느끼고 겁을 먹은 상태에 있던 부대원들에게 청소불량 등을 이유로 40-50분간 머리박아(속칭 원산폭격)를 시키거나 양손을 깍지 낀 상태에서 2시간 동안 팔굽혀펴기를 하게 한 행위(대판 2006.4.27, 2003도4151 ∵ 강요죄).

⑰ 새마을금고 이사장이 새마을금고법 및 정관에 반하여 비회원인 회사에

대출을 해 주어 그 회사가 대출금으로 회원인 회사근로자들의 상여금을 지급한 경우(대판 1999.2.23, 98도 1869).

⑱ 도박죄를 처벌하지 않은 외국 카지노에서 도박행위를 한 경우(대판 2004.4.23, 2002도2518).

⑲ 아파트 입주자 대표회의 회장이 다수 입주민들의 민원에 따라 위성방송 수신을 방해하는 케이블TV방송의 시험방송 송출을 중단시키기 위해 케이블TV방송의 방송안테나를 절단하도록 지시한 행위(대판 2006.4.13, 2005도9396).

⑳ 의사가 모발이식시술을 하면서 이에 관하여 어느 정도 지식을 가지고 있는 간호조무사로 하여금 모발이식시술행위 중 일정 부분을 직접 하도록 맡겨둔 채 별반 관여하지 않은 경우(대판 2007.6.28, 2005도8317).

㉑ 공직선거법 제250조 제2항의 허위사실공표죄가 성립하는 경우에는 그 행위가 공공의 이익을 위한 것이라고 하여 위법성이 조각된다고 볼 수 없다(대판 2011. 12. 22., 선고, 2008도11847).

㉒ 기도원운영자가 정신분열증 환자의 치료 목적으로 안수기도를 하다가 환자에게 상해를 입힌 사안에서, 장시간 환자의 신체를 강제로 제압하는 등 과도한 유형력을 행사한 것으로서 '사회상규상 용인되는 정당행위'에 해당하지 않는다(대판 2008. 8. 21., 2008도2695).

㉓ 대출의 조건 및 용도에 위반하여 자금을 사용하는 관행을 이유로 대출조건과 용도가 임야매수자금으로 한정된 정책자금을 실제보다 부풀려 대출받아 편취한 행위가 사회상규에 위배된다(대판 2007. 4. 27, 2006도7634).

㉔ 사채업자인 피고인이 채무자 甲에게, 채무를 변제하지 않으면 甲이 숨기고 싶어하는 과거 행적과 사채를 쓴 사실 등을 남편과 시댁에 알리겠다는 등의 문자메시지를 발송한 사안에서, 피고인에게 협박죄를 인정하는 한편 위와 같은 행위가 정당행위에 해당하지 않는다(대판 2011. 5. 26, 2011도2412).

〈판례연구〉 사회상규에 위배되지 않아 위법성이 조각되는 경우

① 후보자의 회계책임자가 자원봉사자인 후보자의 배우자, 직계혈족 기타 친족에게 식사를 제공한 경우(대판 1999.10.22, 99도2971).

② 교회담임목사를 출교처분한다는 취지의 교단산하 판결위원회의 판결문을 복사하여 예배를 보러온 신도들에게 배포한 행위(대판 1989.2.14, 88도899).

③ 부랑인 수용시설의 책임자가 부랑인들의 야간도주를 방지하기 위해 취침시간에 출입문을 잠근 경우(대판 1988.11.8, 88도1580).

④ 풍속영업자가 자신이 운영하는 여관에서 친구들과 일시 오락 정도에 불과한 도박을 한 경우(대판 2004.4.9, 2003도6351).

⑤ 가스충전소를 운영하는 군수 입후보 희망자가 구정 직전에 택시기사들에게 선물세트를 배포한 경우(대판 1996.5.10, 95도 2820).

⑥ 공직선거의 후보자 등이 한 기부행위가 지극히 정상적인 생활형태의 하나로서 역사적으로 생성된 사회질서의 범위 안에 있는 것이라고 볼 수 있는 경우에는 사회상규에 위배되지 아니하여 위법성이 조각되는 경우가 있을 수 있다(대판 2007.4.26, 2007도218).

⑦ 약정 임대차기간이 이미 만료되었고, 임대차보증금도 연체차임 등으로 공제되어 모두 소멸한 상태에서 영업을 하고 있는 주점이 월 차임지급을 연체하고 있는 반면, 임대인은 임차인들의 차임연체 등으로 인한 자금난으로 은행으로부터 호텔에 대한 경매실행통지서 등을 받는 상황에서 약정 임대차기간 만료 전부터 계약해지의 의사표시를 하고, 약정 임대차기간 만료 후에는 2회에 걸쳐 연체차임의 지급을 최고함과 아울러 단전·단수조치를 예고한 후에 1회의 단전·단수조치를 한 행위(대판 2007.9.20, 2006도9157).

⑧ 회사의 이익을 빼돌린다는 소문을 확인할 목적으로, 피해자가 사용하면서 비밀번호를 설정하여 비밀장치를 한 전자기록인 개인용 컴퓨터의 하드디스크를 검색한 행위가 사회상규에 위배되지 않는 것으로서 위법성이 조각된다(대판 2009.12.24. 2007도6243).

⑨ 시장번영회 회장이 이사회의 결의와 시장번영회의 관리규정에 따라서 관리비 체납자의 점포에 대하여 실시한 단전조치는 정당행위로서 업무방해죄를 구성하지 아니한다(대판 2004. 8. 20, 2003도4732).

⑩ 건설업체 노조원들이 '임·단협 성실교섭 촉구 결의대회'를 개최하면서 차도의 통행방법으로 신고하지 아니한 삼보일배 행진을 하여 차량의 통행을 방해한 사안에서, 신고제도의 목적 달성을 심히 곤란하게 하는 정도에 이른다고 볼 수 없어, 사회상규에 위배되지 않는 정당행위에 해당한다(대판 2009. 7. 23, 2009도840).

⑪ 신문기자인 피고인이 고소인에게 2회에 걸쳐 증여세 포탈에 대한 취재를 요구하면서 이에 응하지 않으면 자신이 취재한 내용대로 보도하겠다고 말하여 협박하였다는 취지로 기소된 사안에서, 위 행위가 설령 협박죄에서 말하는 해악의 고지에 해당하더라도 특별한 사정이 없는 한 사회상규에 반하지 아니하는 행위이다(대판 2011. 7. 14, 2011도639).

제 5 장

책 임 론

개 관

제5장은 책임론이다. 책임은 범죄의 성립요건 중 세 번째 단계의 조건이다. 책임의 단계에서는 불법행위를 저지른 행위자를 과연 비난할 수 있겠는가를 문제삼는다. 책임의 구성요소는 '책임능력', '위법성의 인식', '기대가능성', '고의·과실', 등 4가지로 나눌 수 있다. 이 4가지 요소를 모두 갖추었을 때 책임이 인정된다. 이들 요소 중 고의·과실은 주관적 구성요건요소이기도 하며, 이에 관하여는 구성요건론에서 살펴보았다.

책임능력을 가지지 못한 행위자에 대해서는 비난을 할 수 없다. 그러나 행위 당시에 책임능력이 없거나 미흡하다고 하더라도 그러한 상황을 행위자가 스스로 초래한 경우에는 책임능력자의 행위처럼 취급한다(제10조 제3항).

위법성의 인식이 없을 경우에는 정당한 이유가 있는 때에 한해서만 책임이 조각된다. 구체적 사정 하에서 행위자가 적법행위를 할 것이라고 기대할 수 있는 가능성이 있음에도 불구하고 범죄행위를 저질렀을 경우에 그 행위자를 비난할 수 있다.

§19. 책임의 일반이론

1. 책임의 의의

1) 책임의 의의

책임이란 합법을 결의하고 이에 따라 행동할 수 있었음에도 불구하고 불법을 결의하고 위법하게 행위 하였다는 데 대하여 행위자를 개인적으로 비난을 할 수 있느냐의 문제이다. 책임의 구성요소로는 책임능력, 위법성의 인식, 기대가능성이 있다.

2) 위법성과의 관계

위법성이란 행위가 전체의 법질서의 당위규범에 배치되었을 때 내려지는 행위에 대한 객관적 판단으로서, 행위자의 개인적 특수성은 고려하지 않는다. 그러나 책임이란 행위자에게 자기 행위에 대한 책임을 지울 수 있는가 하는 행위자에 대한 주관적 판단으로서 행위자의 개인적 특수성이 고려된다.

〈표 5-1〉 형사책임과 민사책임

구분	행사책임	민사책임
본질	범죄에 대한 응보와 예방	사인간의 손해의 공평한 보상
원리	엄격한 책임주의	위험책임 · 무과실책임 인정
고의와 과실	과실은 예외적으로 처벌	책임의 경중 불인정

2. 책임의 근거

1) 도의적 책임론

책임의 근거는 자유의사(비결정론)이다. 즉 범죄는 자유의사의 산물로 이해한다. 따라서 책임이란 자유의사를 가진 자가 자유로운 의사에 의해 적법행위를 할 수 있었음에도 불구하고 위법한 행위를 한데 대해 비난을 가하는 것이다. 도의적 책임론은 고전학파(구파), 객관주의, 응보형주의 책임론이다.

2) 사회적 책임론

책임의 근거는 소질과 환경에 의해 결정된 행위자의 반사회적 성격(성격책임)이며, 책임이란 반사회적인 위험한 성격을 가진 행위자에 대한 사회적 비난가능성이다. 사회적 책임론은 근대학파(신파), 주관주의, 목적형주의 책임론이다.

〈표 5-2〉 도의적 책임론과 사회적 책임론

구분	도의적 책임론	사회적 책임론
이론적 배경	구파, 객관주의,	신파, 주관주의
책임	도의적 비난가능성	사회적 비난 가능성
책임근거	자유의사(의사책임, 행위책임)	반사회적 성격(성격책임, 행위자책임)
책임능력	범죄능력	형벌능력
형벌과 보안처분	이원론	일원론

3) 인격적 책임론

책임은 행위와 행위의 배후에 있는 인격에 두고 형사책임은 행위책임이나 행위는 인격과의 연관을 떠나서는 생각할 수 없으므로 책임도 전체적인 인격책임이 되어야 한다(상습범의 가중처벌 근거와 위법성

인식문제 등을 설명하기 위해 등장).

3. 책임의 본질: 비난가능성

1) 심리적 책임론

고전적 범죄체계론에 의하면 책임을 결과에 대한 행위자의 심리적 관계로 이해하여 고의, 과실만으로 책임조건은 구비된다. 이에 의하면 범죄의 외적·객관적 요소는 위법성이고, 내적·주관적 요소는 책임이라고 본다. 인과적 행위론의 입장이다.

2) 규범적 책임론

책임을 심리적 사실관계로 보지 않고 평가적 가치관계로 이해하여 적법행위에 대한 기대가능성이 있음에도 불구하고 그렇게 하지 않았다는데 책임의 본질이 있다고 본다. 즉 책임이란 적법행위에 대한 기대가능성을 전제로 한 비난가능성으로 정의된다. 목적적 행위론의 입장이다.

3) 예방적 책임론

책임개념은 형벌의 전제로서 필요조건에 불과하고 처벌의 필요성 여부에 대해서는 아무런 근거를 제시하지 못하므로 책임의 내용을 형벌의 예방목적에 의하여 보충하거나 대체해야 한다는 이론이다. 즉, 책임의 내용을 행위자의 적법행위가능성이 아닌 형벌의 목적. 즉 일반예방의 목적에 의하여 결정되어야 한다는 것이다. 기능적 책임개념의 입장이다.

§20. 책임능력

1. 의의

행위자가 법규범의 내용을 이해하고 이에 따라 적법하게 행위를 할 수 있는 능력을 책임능력이라 한다. 이는 선악을 분별하여 이에 따라 행동할 수 있는 능력이라 할 수 있다.

2. 책임능력의 본질

도의적 책임론은 책임능력을 행위의 시비와 선악을 변별하여 이에 따라 의사를 결정할 능력으로 '범죄능력'을 의미한다고 보는 데 반하여, 책임의 근거를 반사회적 성격에 두는 사회적 책임론은 책임능력을 사회방위처분인 형벌이 효과를 거둘 수 있는 능력으로 이해하여 책임능력을 '형벌능력 또는 형벌적응성'이라고 한다.

3. 책임능력의 규정방법

(i) 생물학적 방법, (ii) 심리적·규범적 방법, (iii) 혼합적 방법이 있다. 현행 형법상 형사미성년자(제9조)와 농아자(제11조)는 생물학적 방법에 따른 규정이고, 심신상실자·심신미약자(제10조 제1항 및 제2항)는 혼합적 방법에 따라 책임능력의 유무를 규정한 것이다.

〈판례연구〉 형법 제10조와 혼합적 방법

① 정신적 장애가 있는 자라고 하여도 범행 당시 정상적인 사물변별능력이

나 행위통제능력이 있었다면 심신장애로 볼 수 없다(대판 2007. 2. 8, 2006도7900).

4. 책임무능력자

제 9 조 (형사미성년자) 14세 되지 아니한 자의 행위는 벌하지 아니한다.

1) 형사미성년자(14세가 되지 않은 자)

(1) 의의

생물학적 방법에 입각하여 14세 미만은 개인적 지적·도덕적 또는 성격적인 발육상태를 고려않고 절대적 책임무능력자로 규정하고 있다. 여기서 14세 여부는 사실문제이므로 실제연령이므로 이 경우 가족관계등록부가 절대적 기준은 아니고 다른 증거에 의해 실제연령의 입증이 가능하다. 따라서 형사미성년자는 생물학적 방법에 의한 규정이 그 기준이 된다. '벌하지 아니한다'란 형사미성년자이기 때문에 책임능력을 전제한 형벌을 부고하지 않는다는 의미이다. 그러나 소년법에 의한 보호처분은 배제되지 않는다.

(2) 소년법상의 특칙

소년법상 소년은 19세 미만자를 말한다. 10세 미만은 일체의 형사제재가 면제된다. 10세 이상 14세 미만의 자는 형벌은 불가능하다. 사형 또는 무기형의 경우 범죄행위 당시 18세 미만의 자에 대하여는 사형 또는 무기형을 과할 수 없다. 이 경우 15년의 유기징역으로 한다(소년법 제59조). 그 외에도 재판 시 18세 미만인 소년에 대한 환형처분(노역장유치선고)이 금지된다(소년법 제62조).

〈판례연구〉

① 소년법상의 소년인지의 여부의 판단은 원칙적으로 심판시(사실심판결선

고시)를 기준으로 하여야 한다(대판 2000. 8. 18, 2000도2704). 따라서 피고인이 항소심 판결선고 당시 소년법 제2조 소정의 소년이어서 부정기형이 선고되었다면 그 후 상고심에 와서 성년이 되었다고 하더라도 부정기형을 선고한 항소심판결을 파기할 사유가 되지 않는다(대판 1990. 9. 28, 90도1772).

② 소년법상의 소년인지의 여부의 판단은 원칙적으로 심판시(사실심판결선고시)를 기준으로 하여야 한다(대판2000. 8. 18, 2000도2704). 따라서 피고인이 항소심 판결선고 당시 소년법 제2조 소정의 소년이어서 부정기형이 선고되었다면 그 후 상고심에 와서 성년이 되었다고 하더라도 부정기형을 선고한 항소심판결을 파기할 사유가 되지 않는다(대판 1990. 9. 28, 90도1772)

③ 소년법 제53조 소정의 "사형 또는 무기형으로 처할 것인 때에는 15년의 유기징역으로 한다."라는 규정은 소년에 대한 처단형이 사형 또는 무기형일 때에 15년의 유기징역으로 한다는 것이지 법정형이 사형 또는 무기형인 경우를 의미하는 것은 아니다(대판 1986. 12. 23, 86도2314).

④ 형법 제53조에 의한 작량감경은 법정형을 감경하여 처단형을 정하는 과정이며 법원은 이 처단형의 범위내에서 선고형을 양정하게 되는 것인바, (구)소년법 제54조 제1항 단서는 소년에 대한 부정기 선고형의 상한을 정한 것에 불과하고 법정형을 정한 것이 아니므로 피고인에게 형법 제53조에 의한 작량감경 사유가 있다고 하여 위 소년법 소정의 부정기 선고형의 상한도 아울러 감경되어야 하는 것은 아니다(대판 1983. 6. 14, 83도993)

⑤ 상습성을 인정하는 자료에는 아무런 제한이 없으므로 과거에 소년법에 의한 보호처분을 받은 사실도 상습성 인정의 자료로 삼을 수 있다(대판 1990. 6. 26, 90도887).

2) 심신상실자

제10조 (심신장애자) ① 심신장애로 인하여 사물을 변별할 능력이 없거나 의사를 결정할 능력이 없는 자의 행위는 벌하지 아니한다.

(1) 의의

심신상실자란 심신장애로 인하여 사물을 변별할 능력이 없거나 의사결정능력이 없는 자의 행위는 벌하지 아니한다. 혼합적 방법에 의한 규정이다. 심신상실자라 하더라도 보안처분은 받을 수 있다.

(2) 요건

(가) 생물학적 요소

심신장애란 정신기능의 장애를 의미하는 것으로 정신병(정신분열증 조울증, 간질, 알코올·약물중독, 치매 등) 정신병질(중증의 충동장애 심한 신경쇠약), 의식장애(심한 심리적 충동, 음주로 인한 명정상태), 정신박약(백치, 치우)을 그 내용으로 한다.

〈판례연구〉 정신병과 심신장애 여부

① 피고인이 심한 만성형 정신분열증에 따른 망상의 지배로 말미암아 아무런 관계도 없는 생면부지의 행인들의 머리를 이유 없이 도끼로 내리쳐 상해를 가한 것이어서 범행 당시 심신상실상태에 있었다고 본사례(대판 1991. 5. 28, 91도636)

② 범행당시 정신분열증으로 심신장애의 상태에 있었던 피고인이 피해자를 살해한다는 명확한 의식이 있었고 범행의 경위를 소상하게 기억하고 있다고 하여 범행당시 사물의 변별능력이나 의사결정능력이 결여된 정도가 아니라 미약한 상태에 있었다고 단정할 수 없다(대법원1990. 8. 14., 90도1328).

③ 편집성정신병을 앓는 자가 그의 아들인 피해자가 단순히 자기 말을 잘 듣지 않는다는 사유만으로 그가 한씨 가문의 역적이니 죽여야 된다는 심한 망상 속에 빠져 현실을 판단하는 자아의 힘을 상실한 상태에 있었던 사실을 인정한 다음 이에 비추어 볼 때 사물을 변별한 능력과 의사를 결정할 능력이 없는 자의 행위라고 봄이 상당하다(대판 1984. 8. 24, 84도1510).

〈판례연구〉 충동장애(정신병질)와 심신장애 여부

① 원칙적으로 충동조절장애와 같은 성격적 결함(정신병질이라고도 함)은 형의 감면사유인 심신장애에 해당하지 아니한다고 봄이 상당하지만, 그 이상으로(예외적으로) 그것이 매우 심각하여 원래의 의미의 정신병을 가진 사람과 동등하다고 평가할 수 있는 경우에는 그로 인한 절도범행

은 심신장애(판례는 주로 심시미약으로 봄)로 인한 범행으로 보아야 할 것이다(대판 2009. 2. 26, 2008도9867).

② 사춘기 이전의 소아들을 상대로 한 성행위를 중심으로 성적 흥분을 강하게 일으키는 공상, 성적 충동, 성적 행동이 반복되어 나타나는 소아기호증은 성적인 측면에서의 성격적 결함으로 인하여 나타나는 것으로서, 소아기호증과 같은 질환이 있다는 사정은 그 자체만으로는 형의 감면사유인 심신장애에 해당하지 아니한다고 봄이 상당하고, 다만 그 증상이 매우 심각하여 원래의 의미의 정신병이 있는 사람과 동등하다고 평가할 수 있거나, 다른 심신장애사유와 경합된 경우 등에는 심신장애를 인정할 여지가 있다(대판 2007. 2. 8, 2006도7900).

③ 피고인에게 우울증 기타 정신병이 있고 특히 생리도벽이 발동하여 절도범행을 저지른 의심이 들 경우에는 전문가에게 피고인의 정신상태를 감정시키는 등의 방법으로 심신장애 여부를 심리하여야 한다(대판 1999. 4. 27, 99도693).

④ 피고인이 생리기간 중에 심각한 충동조절장애에 빠져 절도 범행을 저지른 것으로 의심이 되는데도 전문가에게 피고인의 정신상태를 감정시키는 등의 방법으로 심신장애 여부를 심리하지 아니한 원심판결을 심리미진과 심신장애에 관한 법리오해의 위법이 있다(대판 2002. 5. 24., 2002도1541).

〈판례연구〉 심신장애의 판단시점

① 피고인이 평소 간질병 증세가 있었더라도 범행 당시에는 간질병이 발작하지 아니하였다면 이는 책임감면사유인 심신장애 내지는 심신미약의 경우에 해당하지 아니한다(대판 1983. 10. 11, 83도1897).

〈판례연구〉 심신장애의 판단방법

① 심신상실 및 심시미약의 해당여부는 법률문제에 속한다(대판 1968. 4. 30, 68도400). 따라서 반드시 전문가의 감정을 거쳐야 하는 것은 아니며 전문가의 감정을 거치지 않고 기록에 나타난 제반자료와 공판정에서의 피고인의 태도 등을 종합하여 판단할 수 있고(대판 1984. 5. 22, 84도545), 전문가의 감정결과가 있더라도 형법 제10조 제1항·제2항에 규정된 심신장애 유무 및 정도의 판단은 법률적 판단으로서 반드시 전문감정인의 의견에 기속되어야 하는 것은 아니고, 정신분열증의 종류와 정도, 범행의 동기, 경위, 수단과 태양, 범행 전후의 피고인의 행동 반

성의 정도 등 여러 사정을 종합하여 '법원이 독자적으로' 판단 할 수 있다(대판 1999. 1. 26, 98도3812)

② 피고인의 범행 동기나 수법, 범행의 전후 과정에서 보인 태도, 범행 당시 음주정도, 피고인의 성장배경·학력·가정환경·사회경력 등을 통하여 볼 때, 피고인이 강간살인 범행을 저지를 당시 자기 통제력이나 판단력, 사리분별력이 저하된 어떤 심신장애의 상태가 있었던 것은 아닌가 하는 의심이 드는데도 전문가에게 피고인의 정신상태를 감정시키는 등의 방법으로 심신장애 여부를 심리하지 아니한 채 선고한 원심판결을 심리미진과 심신장애에 관한 법리오해의 위법이 있다(대판 2002. 11. 8, 2002도5109).

(나) 심리학적 요소

사물의 변별능력은 사물의 선악과 시비를 합리적으로 판단하여 구별할 수 없는 능력을 말하고, 의사결정능력은 사물을 변별한 바에 따라 의지를 정하여 행위를 통제할 수 있는 의지적 능력을 의미한다(판례).

〈판례연구〉 심리적 요소의 판단

① 정신적 장애가 정신분열증과 같은 고정적 정신질환의 경우에는 범행의 충동을 느끼고 범행에 이르게 된 과정에 있어서의 범인의 의식상태가 정상인과 같아 보이는 경우에도 범행의 충동을 억제하지 못한 것이 흔히 정신질환과 연관이 있을 수 있고, 이러한 경우에는 정신질환으로 말미암아 행위통제능력이 저하된 것이어서 심신미약이라고 볼 여지가 있다(대판 1992. 8. 18, 92도1425). 그러나 범행 후 죄증을 인멸하고 알리바이를 조작하려고 노력한 경우에는 심신

② 범행을 기억하고 있지 않다는 사실만으로 바로 범행 당시 심신상실 상태에 있었다고 단정할 수 없다(대판 1985. 5. 28, 85도361). 반대로 행위자가 범행 전후 사정을 비교적 사리에 맞도록 기억하고 있다하여 반드시 범행당시 사물변별능력을 갖추고 있었다고 할 수도 없다(대판 1969. 10. 4, 69도1265). 따라서 사물변별능력과 기억능력은 일치하는 것이 아니며, 다만 범행 당시의 사정을 자세히 기억하고 있다는 것은 사물변별능력 판단에 중요한 자료가 될 수 있다(대판 1978. 1. 31, 77도3428).

(3) 심신상실의 판단

행위자의 행위시를 기준으로 판단하며, 책임능력 판단을 법률문제로서 반드시 전문가의 감정에 구속되지 않고 법관이 법적·규범적으로 평가한다.

(4) 효과

심신상실자는 책임능력이 없기 때문에 책임이 조각된다(필요적 책임조각). 그러나 심신상실자가 금고 이상의 형에 해당하는 죄를 범하고 치료감호시설에서의 치료가 필요하고 재범의 위험이 있다고 인정되는 때에는 치료감호에 처한다(치료감호법 제2조 제1항).

〈판례연구〉 심신상실자의 보안처분

① 공소가 제기된 피고사건에 관하여 심신상실을 이유로 한 무죄판결이 확정되어 다시 공소를 제기할 수 없는 경우에도 피고인의 정신질환이 계속되고 재범의 위험성이 있어 피고인의 치료 후 사회복귀와 사회안전을 도모하기 위하여 피고인에 대한 치료감호처분이 반드시 필요하다고 인정되는 경우 검사는 사회보호법 제15조 제1호의 규정에 따라 치료감호를 독립하여 청구할 수 있다(대판 1999. 8. 24, 99도1194)

5. 한정책임 능력자

제10조 ② 심신장애로 인하여 전항의 능력이 미약한 자의 행위는 형을 감경한다.

1) 심신미약자

(1) 의의

심신미약자란 심신자애로 인하여 사물을 변별하거나 의사를 결정할 능력이 미약한 자를 말한다. 혼합적 방법에 의한 규정이다. 한정책임능력자는 책임이 감경될 뿐이므로 책임능력자와 책임무능력자의 중간

형태가 아니라 책임능력자이다.

(2) 효과

(i) 형을 감경한다(필요적 감경). (ii) 심신미약자도 책임능력자이긴 하지만 규범에 따라 행위하는 것이 극히 곤란하기 때문에 형을 감경한다(한정책임능력자). (iii) 치료감호시설에의 치료가 필요하고 재범의 위험성이 있다고 판단되면 치료감호법상의 치료감호처분도 가능하다(치료감호법 제2조 제1항 제1호). (iv) 심신미약자에 대해 형벌과 치료감호처분이 동시에 선고된 경우 치료감호처분을 먼저 집행한다.

〈판례연구〉 심신미약의 인정여부

① 피고인의 정신상태가 정신분열 증세와 방화에 대한 억제하기 어려운 충동으로 말미암아 사물을 변별하거나 의사를 결정할 능력이 미약한 상태에서 불과 6일간에 여덟 차례에 걸친 연속된 방화를 감행하였다면, 심신미약상태이다(대판 1984. 2. 28, 83도3007).

2) 농아자

제11조 (농아자) 농아자의 행위는 형을 감경한다.

(1) 의의

농아자란 청각과 발음기능에 모두 장애가 있는 자를 말한다. 장애가 발생한 이유는 선천적·후천적을 불문한다.

(2) 효과

농아자는 정신발육이 불충분한 것이 보통이므로 책임을 감경하여 형을 감경한다(필요적 감경). 그러나 농아교육의 발달로 인하여 농아자도 정상인과 동일한 능력을 갖는 것이 일반적이므로 입법론적으로 삭제를 주장하는 견해도 있다.

〈표 5-3〉 책임무능력과 한정책임능력

구분		법적 효과
책임 무능력자	형사미성년자	책임능력이 없으므로 책임이 조각되어 범죄가 성립 ×
	심신상실자	
한정책임 능력자	심신미약자	책임능력은 있으나, 반드시 감경*(필요적 감경)
	농아자	

6. 원인에 있어서 자유로운 행위

제10조 (심신장애자) ③ 위험의 발생을 예견하고 자의로 심신장애를 야기한 자의 행위에는 전2항의 규정을 적용하지 아니한다.

1) 의의

(1) 개념

책임 있는 행위자가 위험의 발생을 예견하고 자기를 심신장애(심신상실 또는 심신미약)를 야기하여 이를 이용하여 범죄를 실현시키는 것을 말한다. 살인을 결심한 자가 용기를 얻기 위하여 음주대취한 후 명정상태에서 범행을 저지른 경우(고의), 운전해야 된다는 것을 생각하지 않고 음주하여 대취한 상태에서 운전하다가 사고를 낸 경우(과실) 등이 있다.

(2) 책임주의 · 죄형법정주의와의 관계

원인에 있어서 자유로운 행위의 가벌성이 문제되는 이유는 '행위와 책임의 동시존재의 원칙'과 '구성요건의 정형성'이라는 죄형법정주의의 근본요청 때문이다. 즉, '원인행위' 당시에는 자유로운 책임능력자이지만 원인행위는 구성요건적 정형성을 구비한 실행행위로 보기에는 난점이 있고, 한편 '구성요건실현행위'는 구성요건적 정형성은 구비하고 있지만 그때에는 책임능력이 결여된 상태에 있다. 여기서 행위와 책임의 동시존재원칙을 엄격히 유지하게 되면 처벌할 수 없다는 결론이 된다. 그러나 우리 형법 제10조 제3항을 두어 원인에 있어서 자유로운 행위의 가벌성을 입법적으로 해결하였다.

2) 가벌성의 근거

책임능력은 범죄행위 당신에 존재해야 한다. 그러나 범죄행위 당시에 인사불성으로 만취되어 있었을 경우(책임무능력의 상태)에는 책임이 조각되어 범죄는 불성립한다. 이러한 경우 처벌하지 못하는 단점이 있다. 따라서 형법은 위험을 예견하고 자의로 심신장애를 야기한 자의 행위에는 전 2항의 규정을 적용하지 않는다(제10조 제3항)고 규정하여 원인에 있어서 자유로운 행위의 가벌성을 입법론적으로 해결하였다.

(1) 구성요건모델

구성요건모델은 책임능력이 있었던 원인행위 자체를 이미 불법의 실체를 갖춘 구성요건적 행위로 보고, 그 원인행위에 가벌성의 근거가 있다는 견해이다(일치설). 불법행위 시점과 책임능력의 존재시점을 일치시킴으로써 행위와 책임의 동시존재의 원칙을 유지한다. 이 견해는 원인에 있어서 자유로운 행위는 자신을 도구로 이용하는 간접정범과 유사하므로 원인행위가 실행행위가 되고, 따라서 원인행위시에 책임능력이 있었으므로 결과를 야기한 데 대한 책임비난이 가능하다는 점을 그 근거로 한다.

(2) 예외모델

예외모델은 실행행위는 심신자애상태하의 행위이나 책임능력은 원인행위시에 갖추어져 있으므로 원인행위와 실행행위의 불가분적 연관에 가벌성의 근거가 있다는 견해이다(불가분설 연관설: 다수설). 불법의 실체는 범행시에, 책임은 원인행위시에 존재한다고 함으로써 행위와 책임의 동시존재의 원칙의 예외를 인정한다. 이 견해는 행위자는 책임능력이 있었던 원인행위시에 유책하게 자신을 심신장애상태에 빠뜨렸고 또한 원인행위와 심신장애상태하의 행위는 불가분의 관련을 가지고 있으므로 전체적으로 보아 행위자에 대한 책임비난이 가능하다는 점을 그 근거로 한다.

(3) 결론

원인행위는 어떤 의미에서도 실행행위의 정형성을 갖추지 못하였고 또한 책임능력의 유무는 의사형성시를 기준으로 판단해야 한다. 그러나 원인에 있어서 자유로운 행위에 있어서 부족한 책임요소는 원인행위가 실행행위와 불가분적 연관관계에 있다는 점에서 보충할 수 있다. 따라서 예외모델이 타당하다.

3) 유형 및 실행행위의 착수시기

(1) 고의에 의한 원인에 있어서 자유로운 행위

(i) 고의에 의한 원인에 있어서 자유로운 행위는 책임능력결함 상태의 야기와 구성요건에 해당하는 행위의 실행에 대하여 모두 고의가 있는 경우이다. 예컨대 특정인을 살해하려고 음주한 후 만취한 상태에서 이를 실행한 경우이다. (ii) 실행의 착수시기는 원인행위시에 실행의 착수가 있다고 보는 원인행위시설이 종래의 다수설이었으나 책임능력 결함상태에서 구성요건의 정형을 떠나서는 논증하가 어려우므로 실행행위 개시시에 실행의 착수가 있다는 실행행위시설이 다수설이다.

〈판례연구〉 고의에 의한 원인에 있어서 자유로운 행위: 대마초 흡연자 살인 사건

① 피고인들은 상습적으로 대마초를 흡연하는 자들로서 이 사건 각 살인범행 당시에도 대마초를 흡연하여 그로 인하여 심신이 다소 미약한 상태에 있었음은 인정되나, 이는 위 피고인들이 피해자들을 살해할 의사를 가지고 범행을 공모한 후에 대마초를 흡연하고, 위 각 범행에 이른 것으로 대마초 흡연시에 이미 범행을 예견하고도 자의로 위와 같은 심신장애를 야기한 경우에 해당하므로, 형법 제10조 제3항에 의하여 심신장애로 인한 감경 등을 할 수 없다(대판 1996. 6. 11, 96도857).

(2) 과실에 의한 원인에 있어서 자유로운 행위

(i) 과실에 의한 원인에 있어서 자유로운 행위는 행위자가 고의로 책임무능력(또는 한정책임능력)상태를 야기하고 그러한 상태에서 과실범의 구성요건을 실현한 경우이다. 예컨대 소량의 술에도 잠이 드는 전철수가 술을 마시고 잠이 든 결과 열차가 충돌한 경우이다. (ii) 실행의 착수시기는 고의범의 경우와 동일하게 실행행위시설이 타당하다. 그러나 과실범은 결과범으로 미수는 인정되지 않음으로 실행의 착수시기를 논할 실익은 없다.

〈판례연구〉 과실에 의한 원인에 있어서 자유로운 행위: 음주 후 뺑소니 사건

① 형법 제10조 제3항은 "위험의 발생을 예견하고 자의로 심신장애를 야기한 자의 행위에는 전2항의 규정을 적용하지 아니한다"고 규정하고 있는 바, 이 규정은 고의에 의한 원인에 있어서의 자유로운 행위만이 아니라 과실에 의한 원인에 있어서의 자유로운 행위까지도 포함하는 것으로서 위험의 발생을 예견할 수 있었는데도 자의로 심신장애를 야기한 경우도 그 적용 대상이 된다고 할 것이어서, 피고인이 음주운전을 할 의사를 가지고 음주만취한 후 운전을 결행하여 교통사고를 일으켰다면 피고인은 음주시에 교통사고를 일으킬 위험성을 예견하였는데도 자의로 심신장애를 야기한 경우에 해당하므로 위 법조항에 의하여 심신장애로 인한 감경 등을 할 수 없다(대판 1992. 7. 28, 92도999).

〈표 5-4〉 원인에 있어서 자유로운 행위의 유형

유형	원인설정행위	심신장애상태하의 행위	효과
제1유형	고의	고의	고의책임
제2유형	고의	과실	과실책임
제3유형	과실	고의	과실책임
제4유형	과실	과실	과실책임

7. 형법 제10조 제3항의 해석

원인에 있어서 자유로운 행위는 책임조각이나 형의 감경을 인정하지 아니하고 책임능력자와 동일하게 처벌한다.

〈판례연구〉 원인에 있어서 자유로운 행위

① 원칙적으로 충동조절장애와 같은 성격적 결함(도벽성)은 형의 감면사유인 심신장애에 해당하지 않으나 그것이 매우 심각하여 원래의 의미의 정신병을 가진 사람과 동등하다고 평가할 수 있다든지 또는 다름 심신장애사유와 경합된 경우에는 심신장애를 인정할 수 있다(대판 1995. 2. 24, 94도3163 ; 대판 2002. 5. 24, 2002도1541 ; 대판 2006. 10. 13, 2006도5360)

② 편집형 정신분열증은 언제나 심신상실에 해당하는 것이 아니라 제반사정을 종합하여 심신미약으로 볼 수도 있다(대판 1994. 5. 13, 94도581).

③ 발작적인 방화에 대한 충동으로 6일간에 걸쳐 8회의 연속된 방화를 한 경우 이는 심신미약상태이다(대판 1984. 2. 28, 83도3007).

④ 한쪽 귀가 어두워 평소 열등의식을 가지고 있던 상태에서 범행한 경우 이는 심신미약의 경우가 아니다(대판 1966. 10. 18, 66도1058).

⑤ 피고인이 정신분열증으로 인하여 피해자를 '사탄'이라고 생각하고 그를 죽여야만 천당에 갈 수 있다고 믿고 살해하였다면 범행 당시 심신상실 상태에 있었다고 볼 수 있다(대판 1990. 8. 14, 90도1328).

§21. 위법성의 인식과 금지착오

1. 위법성의 인식

1) 위법성인식의 의의

위법성의 인식은 자기행위가 법질서에 반하고 금지되어 있다는 것을 행위자가 인식하는 것을 말한다. 확실한 인식이 없더라도 상관없다. 미필의 위법성인식으로 충분하며, 현재적인 것 뿐 아니라, 잠재적 인식이어도 상관없다.

2) 위법성 인식의 내용과 형태

(1) 내용

(가) 법적 금지에 대한 인식

위법성의 인식은 행위자가 '법적으로' 금지되어 있다는 점에 대한 인식이므로 반도덕성에 대한 인식은 위법성의 인식이 되기에 불충분하다. 그러나 행위가 어떤 법규범에 반하여 허용되지 않는다는 비전문가 수준의 인식으로 충분하므로 구체적인 법규정까지 정확하게 인식할 필요는 없다.

〈판례연구〉 위법성의 인식정도

① 피고인이 동거녀사이에서 출생한 자를 자신의 법률상의 처와의 사이에서 태어난 것처럼 호적부에 허위의 기재를 한 후 그 정을 모르는 면장으로 하여금 이에 날인케 하여 허위내용의 호적부를 작성한 원심판시 소위는 형법 제260조 제1항의 허위공문서작성죄의 구성요건을 충족함이 뚜렷하고 나아가 범죄의 성립에 있어서 위법의 인식은 그 범죄사실이 사회정의와 조리에 어긋난다는 것을 인식하는 것으로서 족하고 구체적인 해당 법조문까지 인식할 것을 요하는 것은 아니므로 설사 피고인이 소론과 같이 위의 판시 소위가 형법상의 허위공문서작성죄에 해당되는 줄 몰랐다고 가정하더라도 그와 같은 사유만으로서는 피고인에게 위법성의 인식이 없었다고 할 수 없다(대판 1987. 3. 24, 86도2673).

(나) 금지성의 인식

위법성의 인식은 행위의 법적 "금지성"에 대한 인식이므로 실질적 위법성, 즉 법질서의 보호를 받는 어떤 이익·가치를 침해한다는 인식을 의미한다. 이 정도를 넘어서 행위의 가벌성에 대한 인식까지는 필요 없다.

(다) 구성요건 관련성

위법성의 인식은 형법의 구체적인 금지 또는 명령(예컨대 살인, 절도) 등 문제된 범죄종류의 특수한 불법내용을 인식할 것을 요하며, 개개의 구성요건을 떠난 추상적 위법성인식은 있을 수 없다. 따라서 수개의 구성요건을 실현한 실체적 경합과 상상적 경합의 경우에 위법성인식은 각 구성요건에 따라 분리될 수 있다(위법성인식의 분리가능성의 원칙).

(2) 위법성 인식의 형태

위법성은 확정적으로 인식할 것을 요하지 않고 미필적으로도 충분하며 또한 위법성의 인식은 현실적으로 존재하는 경우는 물론 잠재적 위법성 인식(인격의 심층에서 잠재적으로 존재하는 현실화되지 못한 위법성의 인식으로, 주로 충동범·격정범의 경우에 문제됨)으로 긍정된다.

2) 위법성 인식의 체계적 지위

(1) 고의설

고의를 책임요소로 이해하고 그 내용으로서 구성요건에 해당하는 객관적 사실의 인식 이외에 위법성의 인식 또는 그 인식의 가능성이 필요하다는 견해이다(인과적 행위론).

(가) 엄격고의설

고의에는 범죄사실의 인식 이외에 현실적인 위법성의 인식을 필요로 한다는 견해이다.

(나) 제한적 고의설

고의의 구성요건요소가 되는 위법성의 인식은 인식의 가능성으로 족하다는 견해이다.

(2) 책임설

위법성의 인식을 고의의 구성요소가 아니라 고의와 분리된 책임요소로 이해하는 견해를 말한다(목적적 행위론). 위법성의 인식이 없는 때에는 금지착오로서 고의를 조각하는 것이 아니라 회피가능성에 따라 책임을 조각 또는 감경할 수 있다.

(가) **엄격책임설**

모든 위법성조각사유의 착오를 금지착오로 본다. 따라서 위법성조각사유의 전제사실에 대한 착오도 금지착오로 보아 그 착오에 정당한 사유의 존부에 의하여 책임조각만을 판단한다.

(나) **제한적 책임설**

위법성조각사유의 착오 중에서 위법성조각사유의 전제사실에 대한 착오는 사실의 착오와 동일한 법적효과를 인정하는 견해이다.

2. 금지착오

第16조 (법률의 착오) 자기의 행위가 법령에 의하여 죄가 되지 아니하는 것으로 오인한 행위는 그 오인에 정당한 이유가 있는 때에 한하여 벌하지 아니한다.

1) 의의

행위자가 착오로 인해 자기의 행위가 금지규범에 위반하여 위법함을 인식하지 못한 경우를 말한다. 사실의 인식은 있으나 위법성을 인식하지 못한 경우이다. 즉 구성요건적 행위를 저지르면서도 그 행위가 법적으로 허용되는 것이라고 잘못 인식한 것이다.

2) 구별개념

(1) 환각범

위법하지 않은 행위를 위법하다고 오인한 경우이다. 예컨대 동성애도 범죄가 된다고 오인하고 동성애를 갖는 경우이다. 이를 반전된 금지의 착오라고도 한다. 환각범은 항상 처벌되지 않는다.

(2) 사실의 착오

사실의 착오는 구성요건적 사실의 인식을 결한 것으로 고의가 조각된다. 반면 법률의 착오는 구성요건적 사실의 인식은 있었으나 그 행위가 허용된다고 오인한 것으로 그 오인에 정당한 이유가 있는 경우 책임이 조각된다.

3) 금지착오의 유형

(1) 직접적 착오

직접적 착오는 행위자가 직접적으로 적용되는 금지규범에 대한 착오로 인해 위법성을 인식하지 못한 경우이다.

(가) 법률의 부지

행위자가 금지규범에 대한 인식이 없어 자신의 행위가 허용된다고 오인한 경우이다. 통설은 금지착오를 인정하나 판례는 단순한 법률의 부지는 금지착오로 인정하지 않는다. 판례는 법률의 부지의 경우는 법률을 알지 못한 점에 대한 행위자의 과실, 즉 법률의 부지의 정당성 여부를 불문하고 범죄가 성립한다는 입장이다.

〈판례연구〉 법률의 부지로 본 경우

① 보험회사 지점장 등이 규정에 어긋나는 줄 모르고 보험계약과 관련하여 금원을 수수한 경우(대판 2001. 6. 29, 99도5026).
② 건축법상 허가대상인줄 모르고 무허가로 무단 용도변경한 경우(대판 1991. 10. 11, 91도1566).
③ 허가를 얻어 벌채하고 남아 있던 잔존목을 위법인 줄 모르고 허가 없이 벌채한 경우(대판 1986. 6. 24, 86도810).
④ 부동산중개업자가 아파트분양권의 매매를 중개하면서 중개수수료 산정에 관한 지방자치단체의 조례를 잘못 해석하여 법에서 허용하는 금액을 초과한 중개수수료를 수수한 경우(대판 2005. 5. 27, 2004도62).
⑤ 디스코클럽사장이 경찰당국의 단속대상에서 제외된 만 18세 이상의 고등학생이 아닌 미성년자를 출입시키고 주류를 판매한 행위(대판

1985.4.9., 85도25).

⑥ 회계책임자가 아닌 후보자가 죄가 되는 줄 모르고 선거비용을 지출하고 후에 회계책임자가 추인한 경우(대판 1999. 10. 12, 99도3335).

⑦ 부동산중개업협회의 자문을 통하여 인원수의 제한 업이 중개보조원을 채용하는 것이 허용되는 것으로 믿고 제한인원을 초과하여 채용한 경우(대판 2000. 8. 18, 2000도2943).

⑧ 국토이용관리법상 거래허가대상인줄 모르고 당국의 허가를 받지 아니하고 거래계약규제구역으로 지정·고시된 지역 안에 위치한 토지를 매수한 경우(대판 1992. 4. 24, 92도245).

⑨ 금융실명거래 및 비밀보장에 관한 법률의 제정사실이나 그 금지내용을 모르고 마을금고에서 타인의 대출원장을 복사한 경우(대판 1985. 5. 14, 84도1271).

⑩ 동해시청 앞 잔디광장이 옥외장에 해당함을 모르고 노조집단행위를 한 경우(대판 2006. 20. 10, 2005도3490).

⑪ 일본 영주권을 가진 재일교포가 영리를 목적으로 관세물품을 구입한 것이 아니라거나 국내 입국시 관세신고를 하지 않아도 되는 것으로 착오한 경우(대판 2007. 5. 11, 2006도1993)

(나) 효력의 착오

행위자가 일반적 구속력을 가지는 법규정을 잘못 판단하여 그 규정이 무효라고 오인한 경우이다. 예컨대 형법규정이 위헌이기 때문에 무효라고 생각한 경우, 병역법이 양심의 자유를 침해하는 위헌무효라고 생각하고 입대를 거부한 경우 등이다.

(다) 포섭의 착오

구성요건적 사실은 인식하고 있었으나 행위자가 그 금지규범을 너무 좁게 해석하여 자기의 행위가 허용된다고 믿었던 경우이다. 예컨대 양귀비를 관상용으로 심는 것은 무방하다고 생각하고 양귀비를 재배한 경우, 개를 죽인 경우 재물손괴가 아니라고 생각하고 죽인 경우, 타인의 자동차 타이어 바람을 빼는 것은 손괴가 아니라고 생각하고 바람을 뺀 경우 등이다.

(2) 간접적 착오

간접적 착오는 행위자가 금지된 행위를 한다는 것을 알았으나, 자기 경우에는 특별한사정이 있기 때문에 행위 해도 괜찮을 것으로 오인하였을 경우이다. 이를 위법성조각사유의 착오라고 한다.

(가) 위법성조각사유의 존재에 대한 착오

법이 인정하고 있지 아니한 위법성조각사유를 존재하는 것으로 행위자가 오신한 경우이다. 예컨대 남편이 부인에 대한 징계권이 있다고 생각하고 폭행을 한 경우이다.

(나) 위법성조각사유의 허용한계에 대한 착오

행위자가 위법성을 조각하는 행위상황은 존재하나 허용된 한계를 초과한 경우이다. 예컨대 사인이 현행범을 체포할 때 신체상해가 허용된다고 생각한 경우이다.

(다) 위법성조각사유의 전제사실에 관한 착오

행위자가 위법성조각사유의 전제사실이 존재하지 않음에도 불구하고 존재한다고 오인한 경우이다. 예컨대 오상방위, 오상피난 등이 있다.

4) 금지착오의 효과

(1) 형법 제16조의 해석

형법 제16조는 금지착오에 대해 "자기의 법령에 의하여 죄가 되지 아니하는 것으로 오인한 행위는 그 오인에 정당한 이유가 있으면 벌하지 아니한다."고 규정하고 있다. 이를 책임설의 입장에서 해석해야 한다(다수설). 따라서 금지착오는 (i) 그 착오에 정당한 이유가 있으면 책임비난의 핵심요소인 위법성의 인식이 결여되므로 책임이 불가벌로 되고, (ii) 정당한 이유가 없을 때에는 위법성의 인식은 가능했으므로 책임이 조각되지 않고 고의범으로 처벌받지만 감경할 수 있을 뿐이다.

(2) 정당한 이유

"정당한 이유가 있는 때"가 무엇을 의미하는가에 대해 (i) 통설은 착오의 회피가능성 유무를 판단하여 '착오를 회피할 수 없었던 때'라고 이해한다. (ii) 판례는 구체적인 경우의 제반사정에 비추어 죄가 되지 않는다고 오인하고 그 오인에 과실이 없을 때에 한해 정당한 이유가 있는 것으로 해석한다.

(3) 회피가능성

(가) 금지착오에 있어서 회피가능성의 본질

행위자가 자신의 행위의 구체적인 위법성을 인식할 수 있었다는 위법성의 인식가능성에 있다. 따라서 위법성의 인식가능성이 없으므로 책임이 조각되고, 위법성의 인식가능성이 있다면 회피가능성이 있으므로 책임은 조각되지 않는다.

〈판례연구〉 회피가능성과 과실

① 기름집을 경영하는 갑은 미숫가루 제조행위가 식품위생법상 허가대상이 되는가 하는 점이 문제되자 갑이 가입한 식용유협동조합에서는 관계당국에 유권해석을 의뢰하였다. 이에 서울시와 관할구청은 미숫가루 제조행위가 식품위생법상 허가대상이 됨에도 불구하고 허가대상이 되지 않는다는 공문을 하달하였고, 갑은 이를 믿고 영업허가 없이 사람들이 가져온 쌀 등을 빻아 미숫가루로 만들어 주었다 이 경우 피고인은 자기의 행위가 법령에 의하여 죄가 되지 않는 것으로 오인하였고 또 그렇게 오인함에는 어떠한 과실을 가려낼 수 없어 정당한 이유가 있다(대판 1983. 2. 22, 81도2763).

(나) 회피가능성의 판단기준

행위자에게 위법성을 인식할 수 있는 지적능력이 있었음에도 불구하고 행위자가 이러한 능력을 발휘하지 아니하여 위법성을 인식하지 못한 경우에는 착오가 회피가능하므로 책임이 조각되지 않지만, 행위자가 자신의 지적 인식능력을 동원하였지만 위법성을 인식할 수 있는 가능성이 없었던 경우에는 착오는 회피불가능하므로 책임이 조각된다(통설·판례).

〈판례연구〉 지적 인식능력설

① 낙천대상자로서의 반론을 담은 의정보고서를 배포하여 공직선거법을 위반한 국회의원은 그가 선관위직원에게 허용 여부를 문의한 바 있고, 또 선거법규위반이 아니라고 인식한 경우 자신의 지적 능력을 다하여 이를 회피하지 위하여 진지한 노력을 다하였다고 볼 수 없고, 그 결과 자신의 행위의 위법성을 인식하지 못한 것이라고 할 것이므로 그에 대해 정당한 이유가 있다고 보기 어렵다(대판 2006. 3. 24, 2005도3717).

(다) 구체적 고찰

(i) 행위의 반윤리성이 심한 경우 금지착오는 회피가능하므로 정당한 이유가 없다.

〈판례연구〉 일반상식에 반하는 경우

① 사람이 죽으면 당국에 신고한 후에 매장해야 함을 몰랐기 때문에 신고 없이 매장한 경우 합법으로 오인하였음에 정당한 이유가 있는 때에 해당하지 않는다(대판 1979. 8. 28., 79도1671).

〈판례연구〉 뇌물공여의 관례에 따른 경우

① 수뢰를 하면서 관행으로 생각하고 죄가 되지 않는다고 믿는 경우 그 사유만으로 그 행위가 죄가 되지 않는다고 오인한 데에 정당한 이유가 있는 때에 해당하지 않는다(대판 1995. 6. 30, 94도1017).

(ii) 법률전문가·관청·상관의 의견을 신뢰한 경우 금지착오의 회피가능성이 없으므로 정당한 이유가 있다.

〈판례연구〉 정당한 이유가 있는 경우-법률전문가·관청

① 허가를 담당한 공무원이 허가를 요하지 않는다고 잘못 알려주어 이를 믿고 채광작업을 위하여 허가를 받지 않고 산림을 훼손한 경우(대판 1993. 9. 14, 92도1560).

② 기부를 전제로 한 시설물의 축조 이외에는 국유지상에 건물을 신축할 수 없음에도 불구하고 담당공무원에게 문의한 결과 국유재산을 불하받지 못하게 되면 건물을 즉시 철거하겠다는 각서를 제출하면 된다는 답변을 듣고 건축허가를 받고 건물을 신축한 경우(대판 1993. 10. 12, 93도1888).

③ 장의물품 도매업자가 가정의례에 관한 법률상의 영업허가를 얻고자 서울시장에게 신청하였으나, 장의사영업허가를 받은 상인에게 납품하는 행위는 영업허가가 필요 없다고 하여 영업허가가 반려된 것을 믿고 허가 없이 영업한 경우(대판 1989. 2. 28, 88도1141).

④ 범행과 동일한 성질의 행위에 대하여 검찰의 혐의 없음 결정을 받은 적이 있어서 죄가 되지 않는 다고 판단한 경우(이전에 검찰의 혐의 없음 결정을 받은 피고인이 가감삼십전대초보를 판매한 경우)(대판 1995. 8. 25, 95도717).

⑤ 부대장의 허가를 받아 부대 내에서 유류를 저장하는 것이 죄가 되지 않는 것으로 오인한 경우(대판 1971.10.12., 71도1356).

⑥ 한국교통사고상담센터의 직원이 교통부장관이 승인한 수수료를 받고 사고피해자의 위임 하에 사고회사와의 사이에 화해의 중재 · 알선을 한 경우(대판 1975. 3. 25, 74도2882).

⑦ 초등학교장이 도교육위원회의 지시에 따라 교과내용으로 되어 있는 양귀비를교과식물로 비치하려고 교무실 앞 화단에 심은 행위(대판 1972. 3 .31, 72도64)

⑧ 관할 공무원과 변호사에게 확인하여 자기의 채권이 신고해야 할 기업사채에 해당되지 않는다고 믿고 신고를 하지 않은 경우(대판 1976. 1. 13, 74도3680).

⑨ 행정청의 허가를 받아야 하는데도 담당공무원이 허가를 요하지 않는다고 잘못 알려주어 이를 믿었기 때문에 허가를 받지 않은 경우(대판 1995. 7. 11, 94도1814).

⑩ 변리사의 감정과 특허국의 등록사정을 믿고 발가락 5개의 양말을 제조 · 판매한 경우(대판 1982.1.19., 81도646).

⑪ 서울시의 공문과 구청의 질의회신을 믿고 미숫가루 제조행위에는 별도의 허가가 필요하지 않다고 믿고 허가 없이 이를 제조한 경우, 쌀 과자

를 만들면서 구청에 질의한 결과 양곡관리법이나 식품위생법위반은 아니라고 회신을 받고 쌀 과자를 만들어 판매한 경우(대판 1983. 2. 22, 81도2763; 대판 1995. 7. 11, 94도1814).

⑫ 중대장의 당번병이 중대장과 함께 나간 그의 처의 마중 나오라는 연락을 받고 관사를 이탈한 경우(대판 1986. 10. 28, 86도1406).

⑬ 비디오물감상실업자가 자신의 비디오물감상실에 18세 이상 19세 미만의 청소년을 출입시킨 행위가 관련 법률에 의하여 허용된다고 믿었고, 그렇게 믿었던 것에 대하여 정당한 이유가 있는 경우에 해당한다(대판 2002. 5. 17, 2001도4077).

〈판례연구〉 정당한 이유가 없는 경우-법률전문가·관청

① 등록하지 않고 무도학원을 인수하여 처벌받자 등록관청에 질의하지 않고 풍속영업신고의 신고자 명의만을 변경하여 영업한 경우(대판 1992. 8. 18, 92도1140).

② 변리사로부터 타인의 등록상표가 효력이 없다는 자문과 감정을 받고 유사한 상표를 사용한 경우 누구에게도 위법의 인식을 기대할 수 없다고 단정할 수 없으므로 일반인에게 위법성의 인식을 기대할 수 없다고 단정할 수 없으므로 피고인은 상표법위반의 책임을 면할 수 없다(대판 1995. 7. 28, 95도702)

③ 가처분결정으로 직무집행정지 중에 있는 종단대표자가 종단 소유의 보관금을 횡령한 경우(대판 1990. 10. 16, 90도1604).

④ 변호인의 자문을 받아 압류물을 집행관의 승인 없이 관할구역 밖으로 옮긴 경우(대판 1992.5.26., 91도894).

⑤ 23년 경력의 형사가 검사의 수사지휘대로만 하면 모두 적법할 것이라 믿고 허위공문서를 작성한 행위(대판 1995. 11. 10, 95도2088).

⑥ 가처분결정으로 직무집행정지 중인 자가 변호사의 조언을 받아 종단의 보관금을 소송비용으로 지출품의서에 결재 후 지급한 경우(대판 1990. 10. 16, 90도1604).

⑦ 유선비디오방송은 허가사항이 아니라는 정통부장관의 회신을 믿고 허가 없이 유선비디오방송 설비를 설치한 경우(대판 1987.4.14, 87도160)

⑧ 건축업면허 없이 시공할 수 없는 건축공사를 감독관청의 주선으로 타인의 건설업면허를 대여받아 그 명의로 시공한 경우(대판 1987. 12. 22, 86도1175).

⑨ 민원사무 담당공무원에게 탐정사업이 인허가 또는 등록사항이 아니라는

말을 듣고 신용조사업법이 금지하는 소재탐지나 사생활조사 등을 한 경우(대판 1994. 8. 26, 94도780).

(iii) 법원의 판결·검사의 결정을 신뢰한 경우

모순되는 판결이 있는 때에는 상급심의 판결을 신뢰한 경우와 동급 법원의 판결 중 새로운 판결을 신뢰한 경우에는 회피가능성이 없으므로 정당한 이유가 인정된다.

〈판례연구〉 판례를 오해한 경우

① 사안을 달리하는 사건에 관한 대법원판례에 비추어 자신의 행위가 적법하다고 오인한 때 이 사안을 달리하는 사건에 관한 대법원의 판례의 취지를 오해하였던 것에 불과하여 그 오인에 정당한 사유가 있다고 볼 수 없다(대판 1995. 7. 28, 95도1081).

〈판례연구〉 검사의 결정을 신뢰한 경우

① 가감삼십전대보초와 한약 가지수에만 차이가 있는 십전대보초를 제조하고 그 효능에 관하여 광고를 한 사실에 대하여 이전에 검찰의 혐의없음 결정을 받은 적이 있다면, 피고인이 비록 한의사 약사 한약업사 면허나 의약품판매업 허가가 없이 의약품인 가감삼십전대보초를 '나'항과 같이 판매하였다고 하더라도 자기의 행위가 법령에 의하여 죄가 되지 않는 것으로 믿을 수밖에 없었고, 또 그렇게 오인함에 있어서 정당한 이유가 있는 경우에 해당한다(대판 1995. 8. 25, 95도717).

② 등록하지 않고 무도학원을 인수하여 처벌받자 등록관청에 질의하지 않고 풍속영업신고의 신고자 명의만을 변경하여 영업한 경우 위 협회가 소속회원을 교육함에 있어서는 학원설립인가를 받을 필요가 없다고 한 검찰의 무혐의 결정내용을 통지받고 인가 없이 계속 운영한 경우에는 정당한 이유가 없다(대판 1992. 8. 18, 92도1140).

(iv) 행위자 스스로의 판단에 따른 경우

행위자가 법률을 올바르게 해석하고 그 효과를 판단할 수 있는 능력이 있다면 정당한 이유가 인정될 수 있다. 그러나 행위자가 직업상 필요한 교육을 받지 아니하여 위법성을 인식하지 못한 때에는 정당한 이유가 없다.

〈판례연구〉 정당한 이유가 있는 경우

① 이복동생 이름으로 군복무 중 휴가시, 위 동생이 군복무 중임을 알았고, 다른 사람의 이름으로 군생활을 할 필요가 없다고 생각하여 귀대하지 않은 경우(대판 1974. 7. 23, 74도1399).
② 주민등록지를 이전한 자가 이미 같은 주소에 향토예비군대원 신고가 되어 있으므로 재차 동일 주소에 대원신고를 할 필요가 없다고 생각하여 이를 행하지 아니한 경우(대판 1974. 11. 12., 74도2676).

〈판례연구〉 정당한 이유가 없는 경우

① 도의회의원 선거에 출마하려는 자가 기부행위금지기간에 기부행위 등의 사전선거운동을 하는 것이 의례적인 행위로 합법이라고 판단하고 사전선거운동을 한 경우(대판 1996. 5. 10, 96도620).
② 병원에 설치된 장례의식에 필요한 각종 부대시설을 임차한 후 장례식장도 병원의 부속용도에 해당하므로 용도변경의 제한을 받지 않는다고 믿고, 의료시설(병원) 및 근린생활시설(음식점)로 사용승인을 받아 '장례예식장, 일반한식'으로 영업신고 및 사업자등록을 마친 경우(대판 2005. 9. 29, 2005도4592).
③ 일반음식점 영업허가를 받은 자가 실제로는 주로 주류를 조리 판매하는 영업을 하더라도 일반음식점 영업허가를 받은 이상 청소년보호법의 규정에 저촉되지 않는다고 믿고 19세 미만의 청소년을 고용한 경우(대판 2004. 2. 12, 2003도6282)
④ 정부공인의 체육종목인 '활법'의 사회체육지도자 자격증을 취득한 자가 무면허의료행위(척추교정시술행위)를 한 경우(대판 2002. 5. 10, 2000도2807).
⑤ 자격기본법에 의한 민간자격관리자로부터 대체의학자격증을 수여받은 자가 사업자등록을 한 후 침술원을 개설하여 자신의 행위가 무면허의료행위에 해당되지 아니한다고 믿고 체침을 시술한 경우(대판 2003.5.13., 2003도939).
⑥ 일본 영주권을 가진 재일교포가 영리를 목적으로 관세물품을 구입한 것이 아니라거나 국내 입국 시 관세신고를 하지 않아도 되는 것으로 착오하였다는 등의 사정만으로는 형법 제16조의 법률의 착오에 해당하지 않는다(대판 2007.5.11, 2006도1993).

⑦ 체육지도자 자격증을 취득하고 당국의 인가를 받아 체육관을 운영하면서 일종의 의료시술행위를 하는 것이 죄가 되지 않는다고 믿은 경우(대판 1995. 4. 7, 94도1325)
⑧ 제약회사에서 쓰는 아편을 구해주어도 죄가 되지 않는다고 믿고 생아편을 수수한 경우(대판 1983. 9. 13, 83도1927)
⑨ 민사소송법 기타 공법의 해석을 잘못하여 압류물의 효력이 없어진 것으로 착오하였거나 또는 봉인 등을 손상 또는 효력을 해할 권리가 있다고 오산한 경우(대판 1970. 9. 22, 70도1206)
⑩ 긴급명령이 시행된 지 오래되지 않아 비밀보장의무의 내용에 관해 확립된 규정이나 관계기관의 유권해석 및 금융관행이 확립되어 있지 아니하므로 금융거래의 내용을 공개한 경우(대판 1997. 6. 27, 95도1964).
⑪ 법규해석을 잘못하여 공무원이 직무상 실시한 봉인 등의 표시가 법률상 효력이 없다고 믿고 손상, 은닉 기타의 방법으로 그 효용을 해한 경우(대판 2000. 4. 21, 99도5563).
⑫ 관할 환경청이 특정폐기물 수집·운반차량증을 발급해 주었으므로 무허가업자로부터 운반차량과 운전자를 임차하는 형식으로 폐기물 처리를 위탁한 경우(대판 1998. 6. 23, 97도1189).

5) 위법성조각사유의 전제사실에 대한 착오

(1) 의의

위법성조각사유의 전제사실에 대한 착오란 위법성조각사유의 객관적 전제사실이 존재하지 않음에도 불구하고 이를 존재한다고 오인함으로써 자기의 행위가 위법하지 않다고 오인한 경우를 말한다.

(2) 법적 성질

(가) 엄격책임설

위법성조각사유의 전제사실에 대한 착오를 포함한 모든 위법성조각사유의 착오를 금지의 착오라고 하는 견해이다.

(나) 소극적 구성요건표지이론

위법성조각사유의 요건은 소극적 구성요건요소이므로 위법성을 조각하는 행위상황에 대한 착오는 구성요건적 착오가 되고 고의를 조각한다고 보는 견해이다.

(다) 제한 책임설

위법성조각사유의 전제사실에 대한 착오가 구성요건적 착오는 아니지만 구성요건적 착오와 구조적 유사성을 근거로 구성요건적 착오의 규정이 적용된다는 견해이다.

§22. 기대가능성

1. 기대가능성 의의

1) 의의

행위당시의 구체적 사정으로 미루어 범죄행위 대신에 적법행위로 나올 것을 행위자에게 기대할 수 있는 가능성을 의미한다.

2) 연혁

책임의 본질인 불법에 대한 비난가난성은 적법행위에 대한 기대가능성을 전제로 하므로 기대가능성이론은 규범적 책임론의 당연한 결론이다. 현재는 기대불가능성을 초법규적 책임조각사유로 이해하는 것이 통설·판례의 태도이다.

2. 체계적 지위

기대가능성은 책임의 적극적 요소가 아니라 책임능력과 책임조건이 존재하면 원칙적으로 책임이 인정되고 예외적으로 기대가능성이 없는 때에만 책임이 조각되는 소극적 책임요소이다(다수설).

3. 기대가능성의 판단기준

1) 행위자표준설

행위당시 행위자의 구체적 사정을 표준으로 기대가능성 유무를 판단한다.

2) 평균인표준설

행위당시 사회의 평균인을 표준으로 기대가능성 유무를 판단한다(다수설·판례).

3) 국가표준설

적법행위를 기대하고 있는 국가가 법질서 내지 현실을 지배하는 국가이념에 따라 기대가능성의 유무를 판단한다.

〈판례연구〉

① 피고인의 양심상의 결정에 반한 행위를 기대할 가능성이 있는지 여부를 판단하기 위해서는 행위당시의 구체적 상황 하에 행위자 대신에 사회적 평균인을 두고 이 평균인의 관점에서 그 기대가능성 유무를 판단해야 한다(대판 2004. 7. 15, 2004도2965 전원합의체, 양심적 병역거부 행위 사건).

② 입학시험 응시자가 우연한 기회에 출제될 시험문제를 알게 되어 답을 암기하여 답안지에 기재한 경우(대판 1966. 3. 22, 65도1164).

③ 성장교육과정을 통하여 형성된 관념이나 확신으로 인하여 행위자의 의사결정이 사실상 강제된 상태에서 한 테러행위(대판 1990. 3. 27, 89도1670) : KAL 폭파범 김현희 사건

4. 기대불가능성으로 인한 책임조각 사유

1) 형법상 책임조각사유

(1) 기대불가능성을 이유로 한 책임조각사유

강요된 행위(제12조), 과잉방위(제21조 제3항), 과잉피난(제22조 제3항), 친족간의 범인은닉(제152조 제2항), 친족 간의 증거인멸(제155조) 등이 있다.

(2) 기대가능성의 결여 또는 감소로 책임이 감소·소멸

과잉방위(제21조 제2항), 과잉피난(제22조 제3항), 과잉자구행위(제23조 제2항) 등이 있다.

(3) 기대가능성의 감소로 인하여 책임이 감경되는 경우

단순도주죄, 위조통화취득후지정행사죄 등이 있다.

2) 초법규적 책임조각사유

위법한 명령에 따른 행위, 의무의 충돌, 높은 가치의 의무수행 시 생명·신체 이외의 법익에 대한 강요행위 등이 있다.

〈판례연구〉 기대가능성이 없는 경우

① 이미 유죄확정 판결받은 피고인은 공범의 형사사건에서 증언을 거부할 수 없고, 사실대로 증언하여야 가고, 설사 자신의 형사사건에서 시종일관 부인했더라도 이러한 사정은 위증죄의 양형참작사유에 불과하며, 이를 이유로 피고인에게 사실대로 진술할 것을 기대할 가능성이 없다고 볼 수는 없다(대판2008. 10. 23, 2005도10101).

② 사용자가 퇴직금 지급을 위해 최선의 노력을 다하였으나 경영부진으로 인한 자금사정 등으로 도저히 지급기일 내에 퇴직금을 지급할 수 없는 불가피한 사정이 인정되는 경우(대판 2001. 2. 23, 2001도204)

③ 나이트클럽 주인이 수학여행을 온 대학생 34명 중 일부만의 학생증을

제시받아 성년자임을 확인하고 입장시켰으나 그들 중 1명이 미성년자였던 경우(대판 1987. 1. 20, 86도874)

〈판례연구〉 기대가능성이 있는 경우

① 타인의 형사피고사건에 대한 증인으로서 선서한 후 자기의 범죄사실을 은폐하기 위하여 위증한 경우 종래 판례는 기대가능성이 없어 벌할 수 없다고 하였으나(대판 1961. 7. 13, 4294형상194), 이제는 증언거부권을 보장하고 있음에도 불구하고 선서한 후 위증하는 것은 기대가능성이 없다고 볼 수 없으므로 위증죄가 성립한다고 하여(대판 1987. 7. 7, 86도1724 전원합의체) 종래의 판례를 변경하였다.

② 주식회사의 사장 비서실 직원이 좌천될 것이 두려워 사장의 지시대로 국세청 담당직원에게 뇌물을 공여하였다(대판 1983. 3. 8, 82도2873).

③ 탄약 창고의 보초가 상급자들이 창고 내에서 포탄피를 절취하는 현장을 목격하고도 그들이 상급자들이라는 이유로 제지하지 않고 묵인하였다(대판 1966. 7. 26, 66도914).

④ 의사가 임신부의 청원에 못 이겨 임신중절수술을 한 경우(대판 1985. 6. 11, 84도1958).

⑤ 판매하려는 기름이 직장상사가 불법제조한 기름이라는 사실을 알면서 판매한 경우(대판 1986. 5. 27, 86도614).

⑥ 처자식이 생활고로 행방불명이 되었다하여 귀대하지 않은 경우(군무이탈죄: 대판 1969. 12. 23, 69도2084).

⑦ 부하직원이 직무상 지휘복종관계에 있는 직장상사의 범법행위(뇌물수수)에 가담한 경우(대판 1999. 7. 23, 99도1911).

⑧ 중앙정보부직원이 소속 상관의 명령에 따라 살인한 경우(대판 1980. 5. 20, 80도306).

⑨ 안전기획부의 상사의 명령에 따라 부하직원이 대통령선거에서 특정후보에게 불리한 여론을 조성하기 위하여 허위사실을 담은 책자를 발간 · 배포한 경우(대판 1999. 4. 23, 99도636).

⑩ 선거기간 중 지구당의 대표자가 당직회의를 마치고 난 후 음식점에서 지구당 회의에 참석한 당직자와 일반당원에게 술과 음식을 제공한 경우(대판 1998. 6. 9, 97도856).

⑪ 토지거래 신고지역으로 지정된 구역 안에 있는 토지를 매수한 자가 미등기 전매하면서 국토이용관리법 소정의 신고를 하지 않은 경우(대판 1990. 10. 30, 90도1798).

⑫ 종교적 양심상의 신조에 어긋난다는 이유로 병역의무를 이행을 거부한 경우(대판 2004. 7. 15, 2004도2965).
⑬ 단순히 사용자의 경영부진 등으로 자금압박을 받아 임금 및 퇴직금을 지급기일 내에 지급하지 못한 경우(대판 2006. 2. 9, 2005도9230).

5. 강요된 행위

제12조 (강요된 행위) 저항할 수 없는 폭력이나 자기 또는 친족의 생명 신체에 대한 위해를 방어할 방법이 없는 협박에 의하여 강요된 행위는 벌하지 아니한다.

1) 의의

저항할 수 없는 폭력이나 자기 또는 친족의 생명, 신체에 대한 위해를 방어할 방법이 없는 협박에 의해서 강요된 행위는 벌하지 아니한다. 강요된 행위에 대한 효과는 적법행위에 대한 기대가능성이 없기 때문에 책임이 조각된다. 그리고 강요자는 간접정범으로 처벌받게 된다.

〈표 5-5〉 긴급피난과의 구별

구분	긴급피난	강요된 행위
상황	현재의 위난	불법한 강제상태
기준	이익교량의 원칙	기대가능성
효과	위법성조각	책임조각

2) 성립요건

(1) 저항할 수 없는 폭력

(i) 폭력이란 상대방의 저항을 억압하기 위하여 행사되는 유형력을 말한다. 그 수단·방법에는 제한이 없고, 직접폭력·간접폭력을 불문한다(감금, 마취제사용, 맹견사주). 폭력에는 절대적 폭력과 강제적 폭력이 있다. 절대적 폭력은 사람을 육체적으로 저항할 수 없도록 하는 물리적 폭력을 말한다. 강제적 폭력은 피강요자의 의사형성에 작용하여

강요된 사실을 행하지 않을 수 없도록 의사결정을 강제하는 심리적 폭력을 말한다. 강제적 폭력에 의한 피강요자의 행위는 형법상 행위로 평가될 수 있기 때문에 제12조의 폭력에 해당한다. (ii) 저항이 불가능해야 한다. 물리적 힘의 열세로 인한 경우뿐만 아니라 비록 폭력을 제거할 힘을 있더라도 이를 거부할 입장이 못 되는 경우도 포함된다. 저항이 불가능했는가의 여부는 폭력 그 자체의 강도와 성질뿐만 아니라 구체적 정황과 피강요자의 능력을 고려하여 종합적으로 판단해야 한다.

(2) 자기 또는 친족의 생명 · 신체에 대한 위해를 방어할 방법이 없는 협박

(i) 협박이란 일반적으로 사람을 외포시킬 만한 해악을 고지하는 것을 말한다. 해악을 실현할 의사가 없거나 실현이 불가능하더라도 그 협박의 진지성을 상대방이 인식하는 한 협박이 된다. (ii) 자기 또는 친족의 생명 · 신체에 대한 위해는 생명 · 신체 이외의 법익에 대한 위해일 경우에는 초법규적 책임조각의 문제가 된다. 친족의 범위는 민법 제777조에 의해서 결정되나, 제12조의 취지에 비추어 사실상의 부와 사생아도 포함되다(통설). 친족관계의 존재 여부는 강요된 행위 당시를 표준으로 하여 판단한다. (iii) 방어가 불가능해야 한다. 즉 강요하는 대로 범죄를 행하는 이외에 위해를 피할 다른 수단·방법이 없는 경우이다. 즉 범죄를 행하는 것이 위해를 피하기 위한 유일한 방법이어야 한다(보충성). 방어의 불가능 여부는 협박 그 자체의 강도와 성질뿐만 아니라 구체적 정황과 피강요자의 능력을 고려하여 종합적으로 판단해야 한다.

〈판례연구〉 강요된 행위에 해당하는 경우

① 남편의 계속적인 구타에 못 이겨 허위내용의 고소장을 작성하여 제출한 경우(대판 1983. 12. 13, 83도2276).

② 18세의 소년이 취직시켜 준다는 꼬임에 빠져 도일 후 조총련간부의 감시·감금 하에 강요에 못 이겨 공산주의자가 되어 북한에 갈 것을 서약

한 행위(대판 1972. 5. 9, 71도1178).

③ 어로작업 중 납북된 어부들이 연금 상태에서 북한을 찬양·고무한 국가보안법 위반행위와 과거북한 공산치하에서 부득이 반공법 또는 국가보안법을 위반한 행위(대판 1956. 3. 6, 4288형상392 ; 대판 1976. 9. 14, 75도414).

④ 무장공비 9명이 가족들을 한 방에다 몰아넣고 싹 밀어버린다고 위협하자 노동당에 가입한 후 협조한 경우(대판 1970. 2. 10, 69도1976).

〈판례연구〉 강요된 행위에 해당하지 않는 경우

① 단체 사이의 상하관계에서 오는 구속력 때문에 이루어진 행위(대판 1986. 9. 23, 86도1547).

② 상사의 지시에 따라 군용물을 불법 매각한 경우(대판 1983. 12. 13, 83도2276).

③ 공무원이 상관의 중대하고도 위법한 명령에 따른 행위(대판 1988. 2. 23, 87도2358) : 박종철군 고문치사 사건

④ 자기를 따라다니지 아니하면 때려준다는 말에 따라 5회의 절도행위를 한 경우(대판 1968. 4. 2, 68도221).

(3) 강요된 행위

의사결정이나 활동의 자유가 침해된 강제상태에서 강요자의 요구에 따라 하는 피강요자의 행위가 있어야 한다. 피강요자의 행위는 구성요건에 해당하고 위법해야 하고, 폭행·협박과의 사이에 인과과계가 있어야 한다. 또한 피강요자는 강요된 상태에서 부득이 위난을 피한다는 인식이 있어야 한다.

3) 자초한 강요상태

기대불가능한 상황을 자초한 책임은 행위자 자신이 져야 함으로 적법행위에 대한 기대가능성이 없다고 할 수 없다. 따라서 제12조의 강제상태에 해당하지 않는다(통설·판례).

〈판례연구〉 강제상태를 자초한 경우

① 자초한 강제상태가 야기된 경우 자의로 북한에 탈출한 이상 그 구성원과의 회합은 예측 가능함으로 강요된 행위라고 인정할 수 없다. (대판 1973. 1. 30, 72도2585),

② 납치된 것을 예상하면서 월선조업을 하다가 납치되어 북괴의 물음에 답하여 제공한 사실을 강요된 행위라고 할 수 없다(대판 1971. 2. 23, 70도2629).

4) 강요된 행위의 효과

(1) 피강요자의 책임

강요된 행위는 적법행위의 기대가능성이 없기 때문에 책임이 조각된다. 그러나 행위의 위법성은 조각되지 않으므로 이에 대한 정당방위는 가능하다.

(2) 강요자의 책임

강요자는 행위를 자유없는 도구로 이용하였기 때문에 간접정범이 성립한다(통설). 그러나 자수범의 경우에는 간접정범이 성립할 수 없으므로 교사범이 성립한다(예컨대 협박으로 위증을 강요한 경우-위증죄의 교사범). 한편 피강요자에 대한 강요행위 자체는 강요죄의 직접정범이 성립하고, 강요한 범죄의 간접정범과의 상상적 경합이 된다.

제 6 장

특수한 범죄형태

개 관

제6장은 특수한 범죄형태로, 과실범, 결과적 가중범, 부작위범에 대해 고찰한다.

과실범은 주의의무를 위반하여 죄의 성립요건을 인식하지 못하는 것을 말한다. 과실범의 의의, 체계적 지위와 종류에 대해 고찰한다.

결과적 가중범은 고의의 기본범죄에 예견하지 못한 중한 범죄를 발생시킨 경우에 그 중한 결과로 형이 가중되는 범죄이다. 결과적 가중범의 의의, 종류, 성립요건에 대해 고찰한다.

부작위범은 명령규범에 의해 요구되는 일정한 행위를 하지 않음으로써 성립하는 범죄이다. 부작위범의 의의와 종류, 성립요건에 대해 고찰한다.

§23. 과실범

제14조 (과실) 정상의 주의를 태만함으로 인하여 죄의 성립요소인 사실을 인식하지 못한 행위는 법률에 특별한 규정이 있는 경우에 한하여 처벌한다.

1. 의의

정상의 주의를 태만히 함으로 인하여 죄의 성립요건을 인식하지 못하는 것을 말한다. 즉 주의의무를 위반(예견가능성과 회피가능성)하는 것을 말한다. 과실범은 언제나 처벌되는 것이 아니라 법률에 특별한 규정이 있는 경우에 한하여 처벌된다.

〈표 6-1〉 형법상 과실범 처벌규정

일반 과실범	업무상 과실범	중과실범
과실 일수죄	×	×
실화죄	업무상 실화죄	중실화죄
과실폭발성물건파열죄	업무상 과실폭발성물건 파열죄	중과실폭발성물건파열죄
과실 가스·전기등방류죄	업무상 과실 가스·전기등 방류죄	중과실 가스·전기등방류죄
과실 가스·전기등공급방해죄	업무상 과실 가스·전기등공급방해죄	중과실 가스·전기등공급방해죄
과실교통방해죄	업무상 과실교통방해죄	중과실교통방해죄
과실치상죄	업무상 과실치상죄	중과실치상죄
과실치사죄	업무상 과실치사죄	중과실치사죄
×	업무상 과실장물죄	중과실장물죄

2. 과실의 체계적 지위

1) 책임요소설

과실은 고의와 마찬가지로 심리적 주관적 요소로서 책임형식에 불과하고 주의의무위반도 책임요소로서의 의미를 가질 뿐이라는 견해이다(인과적 행위론, 고전적 범죄체계).

2) 구성요건요소설

과실에서의 주의의무위반은 과실범의 구성요건요소이고 동시에 행위반가치를 근거지우는 불법요소가 된다는 견해이다(목적적 행위론, 목적적 범죄체계).

3) 구성요건 및 책임요소설-이중적 지위설

과실은 고의와 마찬가지로 구성요건요소(객관적 주의의무위반)이지만 동시에 책임요소(주관적 주의의무위반)로서의 의미도 가지고 있는 이중적 성격을 가진다는 견해이다(사회적 행위론, 합일태적 범죄체계).

3. 종류

1) 인식 있는 과실과 인식 없는 과실

(1) 인식 있는 과실

인식 있는 과실은 행위자가 구성요건의 실현을 인식하였으나 주의의무를 위반하여 그것이 실현되지 않을 것으로 신뢰한 경우의 과실을 말한다. 예컨대 좁은 길을 과속으로 달리며 "설마 사고가 나겠나?" 하고 자기의 운전 솜씨를 믿으면서도 한편으로는 "그래도 혹시 사고가 날지 모른다고 인식한 경우"이다.

(2) 인식 없는 과실

행위자가 주의의무 위반으로 인한 구성요건의 실현가능성조차 인식하지 못한 경우를 말한다. 예컨대 부주의로 권총에 실탄이 장탄되어 있는 줄 모르고 장난삼아 방아쇠를 당겨 상대방을 사망케 한 경우이다.

(3) 구별

양자는 동일하게 취급하며 그 불법이나 책임에 있어서 차이가 없다. 다만 인식 있는 과실과 미필적 고의를 구별((i) 개연성설, (ii) 가능성설, (iii) 용인설(다·판), (iv) 무관심설, (v) 감수설, (vi) 회피설)하여 고의와 과실의 한계를 명백하게 하기 위함이다.

2) 보통의 과실, 업무상 과실과 중과실

(1) 보통의 과실

일반적인 과실로서, 통상의 주의의무를 태만히 한 경우이다.

(2) 업무상과실

업무상과실은 보통의 과실에 비해 고도의 예견가능성과 회피가능성이 있으므로 가중되어 처벌된다. 업무란 사람이 사회생활의 지위에서 계속·반복적으로 행하는 사무이다. 공무와 사무, 보수유무, 본래의 사무와 부수적 사무를 불문하며, 면허가 있거나 적법한 사무일 필요도 없다.

(3) 중과실

중과실은 근소한 주의만 하였더라도 결과발생을 예견할 수 있었음에도 불구하고 부주의로 이를 예견하지 못한 경우를 말한다.

(4) 구별실익

형법은 중과실을 업무상 과실과는 동일하게, 경과실보다는 가중하여 처벌하고 있다.

〈판례연구〉 중과실을 인정한 판례

① 성냥불이 꺼진 것을 확인하지 않고 플라스틱 휴지통에 던져서 화재가 발생한 경우(대판 1993. 7. 27, 93도135)

② 노인(84세)과 여자 아이 (11세)에게 안수기도를 하면서 20 내지 30분 동안 배와 가슴 부분을 세게 때리고 누르는 바람에 사망하게 한 경우(대판 1997. 4. 22, 97도538

③ 피고인이 관리하던 주차장 출입구 문주의 하단부분에 금이 가 있어 도괴될 위험성이 있었다면 피고인으로서는 소유자에게 그 보수를 요청하는 등의 주의의무가 있다 할 것이며 동 주차장에는 사람이나 자동차의 출입이 빈번하고 근처 거주의 어린아이들이 문주근방에서 놀이를 하는 사례가 많은데도 불구하고 소유자에게 그 보수를 요구하는데 그쳤다면 그 주의의무를 심히 게을리한 중대한 과실이 있다(대판 1982. 11. 23, 82도2346).

④ 피고인이 연탄을 갈아 넣음에 있어서 연탄의 연소로 보일러가 가열됨으로써 그 열이 전도, 복사되어 그 주변의 가열접촉물에 인화될 것을 쉽게 예견할 수 있었음에도 불구하고 그 주의의무를 게을리하여 신문지를 구겨서 보일러의 공기조절구를 살짝 막아놓은 채 그 자리를 떠나 화재가 발생하였다면 중실화죄가 성립한다(대판 1988. 8. 23, 88도855).

〈판례연구〉 업무상과실, 중과실을 부정한 판례

① 호텔 오락실 경영자가 전기보안담당자에게 통보하지 않고 무자격자에게 천장 형광등 설치공사를 맡긴 결과 화재가 발생한 경우(대판 1989. 10. 13, 89도204)

② 함께 술을 마시던 피해자가 '러시안 룰렛' 게임을 하다가 사망한 경우 이를 제지 못한 동석자인 경찰관에게 중과실치사죄를 물을 수 없다(대판 1992.3.10., 91도3172).

③ 건설회사가 건설공사 중 타워크레인의 설치작업을 전문업자에게 도급주어 타워크레인 설치작업을 하던 중 발생한 사고에 대하여 건설회사의 현장대리인에게 업무상과실치사상의 죄책을 물을 수 없다(대판 2005. 9. 9. 2005도3108).

④ 지하철 공사구간 현장 담당자인 갑이 공사현장에 인접한 기존의 횡단보도 표시선 안쪽으로 돌출된 강철빔 주위에 라바콘 3개를 설치하고 신호수 1명을 배치하였는데, 피해자가 위 횡단보도를 건너면서 강철빔에

부딪혀 상해를 입은 사안에서, 제반 사정에 비추어 피고인이 안전조치를 취하여야 할 업무상 주의의무를 위반하였다고 보기 어려워 업무상 과실치상죄가 성립하지 않는다(대판 2014. 4. 10, 2012도11361).

4. 과실범의 성립요건

1) 범죄사실의 불인식

과실범은 고의가 인정되지 않을 경우에만 성립 여부가 고려될 수 있으므로, 과실범이 성립하려면 범죄사실에 대한 인식·인용이 없어야 한다.

2) 객관적 주의의무위반

(1) 의의

행위자가 사회생활상 요구되는 주의의무를 태만히 하여 예견가능하고 그래서 회피 가능하였던 결과를 야기한 경우이다. 예컨대 의사가 자신의 의료지식을 총동원하여 성심을 다하여 진료했으나 환자가 중태에 빠진 경우에는 무죄이다.

(2) 객관적 주의의무의 내용

과실범에 있어서 주의의무는 구체적인 행위로부터 발생할 수 있는 보호법익에 대한 위험을 인식(결과예견의무)하고 구성요건적 결과의 발생을 방지하기 위하여 적절한 방어조치(결과회피의무)를 취하는데 있다.

(3) 객관적 주의의무의 기준

주의위반의 유무는 누구를 기준으로 판단할 것인가에 대하여 행위자 본인의 주의능력을 표준으로 해야 된다는 주관설과 사회일반인의 주의능력을 표준으로 해야 된다는 객관설(통설·판례)이 있다. 객관설에 의한 경우에도 일반인을 초과하는 행위자의 특별한 능력을 고려하지 않지만 특별한 지식과 경험은 고려된다.

〈판례연구〉 객관적 주의의무 판단기준

① 의료사고에 있어서 의사의 그 과실의 유무를 판단함에는 같은 업무와 직무에 종사하는 일반적 보통인의 주의정도를 표준으로 하여야 하며, 이에는 사고 당시의 일반적인 의학의 수준과 의료환경 및 조건, 의료행위의 특수성 등이 고려되어야 한다(대판 2003. 1. 10, 2001도3292).

(4) 객관적 주의의무의 근거

객관적 주의의무의 근거는 법령과 조리, 경험칙, 판례 등이 있다. 주의의무를 모두 법령에 유형화하는 것은 입법기술상 불가능하기 때문이다. 따라서 행위자가 법규를 모두 준수한 것만 가지고는 과실 책임을 면할 수 없다.

3) 결과의 발생

과실범이 성립하려면 구성요건상 법익의 침해 또는 위험이라는 결과발생이 필요하다. 따라서 과실범은 주의의무위반이 있더라도 결과발생이 없다면 처벌되지 않으며, 현행법상 과실범은 모두 결과범이다.

4) 인과관계와 예견가능성

과실범에 있어서 결과발생과 주의의무위반 사이에는 인과관계가 있어야 한다. 즉 과실범의 결과는 주의의무위반으로 인하여 발생하여야 한다. 또한 발생한 결과는 예견가능한 것이어야 한다. 따라서 행위시에 객관적으로 예견할 수 없었던 결과의 발생은 행위자에게 귀속시킬 수 없다.

5. 과실범의 객관적 주의의무의 제한원리

1) 허용된 위험

현대산업사회에서 위험을 수반하는 여러 형태의 경우 행위자가 결과회피를 위하여 충분히 조치하였다면 결과발생에도 형사책임을 물을 수 없다는 것이다. 예컨대 교통수단, 공장운용, 건설공사, 과학적 실험행위, 광산의 채굴행위 등이 있다.

2) 신뢰의 원칙

스스로 교통규칙을 준수한 자는 다른 교통관여자가 교통규칙을 준수할 것이라고 신뢰하면 족하고 다른 교통관여자가 교통법규를 준수하지 않을 것까지 예견하고 방어할 의무는 없다는 원칙이다.

(1) 법률상 취급

구성요건해당성 배제(통설)

(2) 적용한계

상대방의 규칙위반을 이미 인식한 경우, 상대방의 규칙준수를 신뢰할 수 없는 경우, 스스로 규칙을 위반한 경우 등이다.

〈판례연구〉 -신뢰원칙을 적용한 경우(운전자 과실 부정)

① 차량대 차량 : 상대방의 차선침범까지 예상하여 대비할 주의의무 없다(대판 1995. 7. 11, 95도382). 우선권 가진 운전자는 상대방 차가 대기할 것을 기대하면 족함(대판 1992. 8. 18, 92도934). 무모하게 앞지르려는 차를 위해 시행해야 할 주의의무 없다(대판 1984. 5. 29, 84도483).

② 차량 대 자전거 : 자동차전용도로에 자전거 탄 사람 출연 예견할 수 없다(대판 1980. 8. 12, 80도1446). 자전거 탄 자가 도로를 횡단하다가 넘어질 것 예상할 주의의무는 없다(대판 1983. 2. 8, 82도2617), 야간

에 무등화인 채 차도를 횡단하리라고 예상할 주의의무 없다(대판 1984. 9. 25., 84도1695).

③ 차량 대 보행자: 고속도로를 무단 횡단하는 보행자를 충격하여 사고가 발생한 경우(대판 1977. 6. 28, 77도403). 단, 피해자를 그 차의 제동거리 밖에서 발견한 경우 이 원칙 적용이 제한된다. 이 경우 운전자 과실 인정 가능 : 대판 2000. 9. 5, 2000도2671), 육교 밑을 횡단하는 보행자를 충격한 경우(대판 1985. 9. 10, 84도1572), 자동차 전용도로에서 보행자를 충격한 경우(대판 1990. 1. 23, 89도1395),횡단보도신호가 적색인 때 무단 횡단하는 보행자를 충격한 경우(대판 1987. 9. 8, 87도1332).

〈판례연구〉 신뢰원칙의 적용을 제한한 경우(운전자 과실 인정)

① 무단 횡단하던 보행자가 중앙선 부근에 서 있다가 마주오던 차에 충격당하여 쓰러지는 것을 충격한 경우(대판 1995. 12. 26, 95도715).

② 전방 반대편으로부터 중앙선을 침범하여 들어오는 차량을 발견한 경우(대판 1986. 2. 25, 85도2651).

(3) 신뢰의 원칙 적용범위의 확대

최근 신뢰의 원칙은 교통사고의 경우뿐만 아니라 기업 활동이나 약품, 의료수술 등 다양한 분야로 확대 적용되고 있다. 예컨대 약사와 의사는 약의 성능을 낱낱이 시험해 보지 않고도 약 포장지에 표기된 약의 성능을 신뢰하여 환자에게 처방해 준다. 수평적 분업관계에서는 신뢰의 원칙이 적용되고 수직적 분업관계에서는 신뢰의 원칙이 부정된다.

〈판례연구〉 분업적 의료행위와 신뢰의 원칙

① 내과의사가 신경과 전문의에 대한 협의진료 결과 피해자의 증세와 관련하여 신경과 영역에서 이상이 없다는 회신을 받았고, 그 회신 전후의 진료 경과에 비추어 그 회신 내용에 의문을 품을 만한 사정이 있다고 보이지 않자 그 회신을 신뢰하여 뇌혈관계통 질환의 가능성을 염두에 두지 않고 내과 영역의 진료 행위를 계속하다가 피해자의 증세가 호전되기에 이르자 퇴원하도록 조치한 경우, 피해자의 지주막하출혈을 발견하지 못한 데 대하여 내과의사의 업무상과실은 부정된다(대판 2003. 1.

10, 2001도3292).

② 약사는 의약품을 판매하거나 조제함에 있어서 그 의약품이 그 표시 포장상에 있어서 약사법 소정의 검인 합격품이고 또한 부패 변질 변색되지 아니하고 유효기간이 경과되지 아니함을 확인하고 조제판매한 경우에는 특별한 사정이 없는 한 관능시험 및 기기시험까지 할 주의의무가 없으므로 그 약의 표시를 신뢰하고 이를 사용한 경우에는 과실이 없다(대판 1976. 2. 10, 74도2046).

③ 정신과질환인 조증으로 입원한 환자의 주치의사는 환자의 건강상태를 사전에 면밀히 살펴서 그 상태에 맞도록 조증치료제인 클로르포르마진을 가감하면서 투여하여야 하고, 의사에게 요구되는 이러한 일련의 조치를 취하지 아니한 과실이 있다면, 그러한 과실로 환자가 전해질이상·빈혈·저알부민증 등으로 인한 쇼크로 사망하였음을 인정할 수 있고, 그 치료 과정에서 야간당직의사의 과실이 일부 개입하였다고 하더라도 그의 주치의사 및 환자와의 관계에 비추어 볼 때 환자의 주치의사는 업무상과실치사죄의 책임이 있다(대판 1994. 12. 9, 93도2524).

④ 환자의 주치의 겸 정형외과 전공의가 같은 과 수련의의 처방에 대한 감독의무를 소홀히 한 나머지, 환자가 수련의의 잘못된 처방으로 인하여 상해를 입게 된 사안에서 전공의에 대한 업무상과실치상죄가 인정된다(대판 2007. 2. 2, 2005도9229).

〈판례연구〉 분업적 의료행위와 신뢰의 원칙-예외적인 경우

① 간호사가 의사의 처방에 의한 정맥주사(Side Injection 방식)를 의사의 입회 없이 간호실습생(간호학과 대학생)에게 실시하도록 하여 발생한 의료사고에 대한 의사의 과실은 부정된다(대판 2003. 8. 19, 2001도3667).

② 야간 당직간호사가 담당 환자의 심근경색 증상을 당직의사에게 제대로 보고하지 않음으로써 당직의사가 필요한 조치를 취하지 못한 채 환자가 사망한 경우, 병원의 야간당직 운영체계상 당직간호사에게 환자의 사망을 예견하거나 회피하지 못한 업무상 과실이 있고, 당직의사에게는 업무상 과실을 인정하기 어렵다(대법원 2007. 9. 20, 2006도294).

6. 관련문제

1) 과실범의 미수

과실범은 미수가 성립할 수 없다. 과실범은 고의범처럼 결과발생을 인용하여 실행에 옮기는 과정이 없기 때문이다. 또 현행 형법은 과실범의 미수를 처벌하는 규정을 두고 있지 않으므로 과실범의 미수와 기수를 구별할 실익도 없다.

2) 과실범의 공범

(i) 교사·방조는 고의에 의해야 하므로 과실에 의한 교사, 방조는 있을 수 없다. (ii) 과실범에 대한 교사, 방조는 간접정범이 성립한다(제34조 제1항). (iii) 과실범의 공동정범은 판례는 인정한다. 예컨대 삼풍백화점 붕괴, 성수대교 붕괴 등에서 인정하고 있다. 학설은 대립한다. 다수설은 기능적 행위지배를 인정할 수 없으므로 과실범의 공동정범은 성립할 수 없다고 한다.

3) 과실의 부작위범

과실에 의한 부작위범을 망각범이라고 하며, 이는 처벌의 대상이 아니다. 예컨대 어머니가 잊어버리고 아이에게 젖을 주지 않아 유아가 사망한 경우이다.

〈판례연구〉

① 시내버스운전자가 버스정류장에서 승객을 하차시킨 후 통상적으로 버스를 출발시키던 중에는 더 내릴 손님이 있는지 등을 일일이 확인할 주의의무는 없다(대판 1992. 4. 28, 92도56).

② 중기운전자에게 후진하여 오는 트럭의 적재함 내에 사람이 누워 있는가의 여부를 확인할 주의의무는 없다(대판 1979. 9. 11, 79도1616).

③ 야간에 고속도로에서 차량을 운전한 자는 주간과는 달리 노면 상태 및

가시거리상태 등에 따라 제한최고속도 이하의 속도로 감속·서행할 주의의무가 있으므로 이를 위반하여 선행사고로 전방에 정차해 있던 승용차와 옆에 서 있던 피해자를 충돌하였다면 과실이 있다(대판 1999. 1. 15, 98도2605).

④ 침범 당하는 차선의 차량운행자의 신뢰에 어긋난 운행을 하였다면 좌회전 또는 유턴을 하려고 하였다 하더라도 중앙선 침범의 죄책을 면할 수 없다(대판 2000. 7. 7, 2000도2116).

⑤ 혈청에 의한 간기능 검사를 시행하지 않고 마취제(할로타인)를 사용하여 수술한 결과 간부전으로 사망한 경우 인과관계를 인정하려면 수술전에 간기능검사를 하였더라면 피해자가 사망하지 않았을 것임이 입증되어야 한다(대판 1990. 12. 11, 90도694).

⑥ 고속도로 양측에 휴게소가 있는 경우에 고속도로를 무단횡단하는 보행자가 있음을 예상하여 감속 등의 조치를 취할 주의의무는 없다(대판 2000. 9. 5, 2000도2671).

⑦ 단순히 갑자기 진행차로의 정중앙을 벗어나 다른 차로와 근접한 위치에서 운전하다가 다른 차로에서 뒤따라오는 차량과 충돌한 경우 업무상 주의의무를 위반한 과실은 없다(대판 1998. 4. 10, 98도297).

⑧ 간호사가 의사의 처방에 의한 정맥주사를 의사의 입회 없이 간호실습생(간호학과 대학생)에게 실시하도록 하여 발생한 의료사고에 대해 의사의 과실을 부정하였다(대판 2003. 8. 19., 2001도3667).

§24. 결과적 가중범

제15조 (사실의 착오) ② 결과로 인하여 형이 중할 죄에 있어서 그 결과의 발생을 예견할 수 없었을 때에는 중한 죄로 벌하지 아니한다.

1. 의의

고의의 기본범죄가 본래의 구성요건 결과를 넘어 행위자가 예견하지 못해 중한 결과를 발생시킨 경우에 그 중한 결과로 형이 가중되는 범죄이다. 단순한 과실범엔 처음부터 고의가 전혀 없지만, 결과적 가중범은 처음의 기본 범죄에 고의가 있었기 때문에 단순한 과실보다 더 무겁게 처벌한다. 예컨대 망치질을 하던 목수의 망치가 날아가 이에 맞은 사람이 사망했다면 처음부터 고의는 전혀 없다. 그러나 상해의 고의를 가지고 상해를 가함으로써 사람이 사망에 이르렀다면 기본 범죄인 상해행위에 고의가 있었기 때문이다.

2. 종류

1) 진정결과적가중범

고의에 의한 기본범죄에 기하여 과실로 중한 결과를 발생케 한 경우를 말한다. 대부분의 결과적 가중범이 여기에 해당된다. 폭행치상, 상해치사, 폭행치사 등이 이에 속한다.

2) 부진정결과적가중범

중한 결과를 과실로 야기할 경우뿐만 아니라 고의에 의하여 발생케 할 경우에도 성립하는 결과적가중범이다. 이는 중한 결과에 대한 고의가 있는 경우 과실이 있는 경우보다 가볍게 처벌되는 불합리한 결과를 시정하기 위하여 인정된다(통설·판례). 현주건조물방화치사상죄, 특수공무방해치상죄, 중상해죄, 유기등치사상죄 등이 있다. 죄수문제와 관련하여 중한 결과에 대한 고의가 있는 경우 다수설은 결과적 가중범과 중한 결과에 대한 고의범의 상상적 경합이 된다고 본다. 그러나 판례는 중한 결과에 대한 고의범의 형이 결과적 가중범의 형보다 중한 경우는 결과적 가중범과 중한 결과에 대한 고의범의 상상적 경합이 성립하지만, 그 외의 경우에는 결과적 가중범만 성립한다는 입장이다.

〈참고〉 현주건조물방화치사죄

타인의 주택에 불을 지르는 행위(고의) → 사망의 결과 발생(고의, 과실)
┌ 사람이 없을 것이라 생각함(과실)
└ 거주자를 태워 죽이려는 의도(고의)

중한 결과에 대하여 처음부터 고의가 있으면(살인의 목적으로 불을 지른 경우)고의범만 성립할 뿐이므로(살인죄만 성립) 부진정 결과범을 인정할 수 없다는 견해가 있으나(현주건조물방화치사죄를 인정치 않음), 이런 경우 고의로 중한 결과를 발생시킨 경우가 과실로 중한 결과를 발생시킨 경우보다 가볍게 처벌되는 경우가 발생하는 불균형의 문제가 발생할 수 있다.

예) 살인의 고의 = 살인죄(5년 이상) 〈 과실에 의한 살해 = 현주건조물방화치사죄(7년 이상) 따라서 중한 결과에 대하여 고의가 있는 경우에도 (불을 질러 사람까지 죽게 하겠다는 고의)부진정결과적 가중범을 인정하여 처벌의 불균형을 시정하자는 것이 통설과 판례의 입장이다.

〈판례연구〉

① 사람을 살해할 목적으로 현주건조물에 방화하여 사망에 이르게 한 경우 현주건조물방화치사죄(대판 1996. 4. 26, 96도458).

② 존속을 살해할 목적으로 현주건조물에 방화하여 사망에 이르게 한 경우 존속살해죄와 현주건조물방화치사죄의 상상적 경합(대판 1996. 4. 26, 96도458).

③ 재물을 강취한 후 살해할 목적으로 현주건조물에 방화하여 사망하게 한 경우 강도살인죄와 현주건조물방화치사죄의 상상적 경합(대판 1998. 12. 8, 98도3416).

④ 야간에 흉기로 공무집행 중인 공무원에게 상해를 가한 경우 특수공무집행방해치상죄와 폭력 행위 등 처벌에 관한 법률 제3조 제2항 위반죄(상해)의 상상적 경합(대판 1995. 1. 20, 94도2842).

⑤ 현주건조물에 방화하여 기수에 이른 후, 이 건조물에서 빠져나오려는 자를 가로막아 불에 타서 숨지게 한 경우 현주건조물방화죄와 살인죄의 실체적 경합범(대판 1983. 1. 18, 82도2341).

⑤ 피고인이 甲의 뺨을 1회 때리고 오른손으로 목을 쳐 甲으로 하여금 뒤로 넘어지면서 머리를 땅바닥에 부딪치게 하여 상해를 가하였고 甲이 두부 손상을 입은 후 병원에서 입원치료를 받다가 합병증으로 사망에 이르게 되었다면 상해치사죄가 성립한다(대판 2102. 3. 15, 2011도17648).

3. 결과적 가중범의 성립요건

1) 고의에 의한 기본범죄행위 – 기수 · 미수 불문

고의적인 기본범죄가 있어야 하는데, 그 기본범죄는 기수·미수를 불문한다. 예컨대 강간이 미수에 그친 경우라도 그 수단이 된 폭행에 의하여 피해자가 상해를 입었으면 강간치상죄가 성립한다.

2) 중한 결과의 발생

(i) 중한 결과가 발생치 않는다면 결과적 가중범이 아니다. 따라서 중한 결과의 발생은 결과적 가중범의 핵심 내용이다. (ii) 중한 결과는 과실에 의한 경우가 대부분이나(진정결과적 가중범), 부진정결과적 가중범의 경우에는 고의에 의해서도 발생한다.(불을 질러 고의로 사람을 타 죽게 하는 경우). (iii) 중한 결과는 대부분 치사 또는 치상으로 규정되어 있으며 법익이 침해될 것을 요한다. ※'치'자가 붙지 않는 결과적 가중범 : 연소죄, 중상해죄, 중손괴죄 등

3) 인과관계 및 객관적 귀속

(1) 인과관계

결과적 가중범도 기본행위와 중한 결과 사이에 인과관계가 있어야 한다. 강간을 당한 피해자가 집에 돌아와 자살한 경우 결과적 가중범의 성립을 인정하지 않는바, 강간행위와 사망 사이에는 인과관계가 없기 때문이다.

(2) 객관적 귀속

인과관계가 인정되더라도 그 발생된 중한 결과를 행위자에게 객관적으로 귀속 시킬 수 없을 때는 (즉 탓할 수 없을 때는) 결과적 가중범을 인정하지 않는다. 즉 서있는 사람을 가볍게 밀쳤는데 의외로 팔

이 골절되는 중상을 입었어도 피해자가 차에 치이려는 순간 구해주기 위한 행위였다면 그 상해결과를 행위자에게 객관적으로 귀속 시키지 못한다. 따라서 이런 경우도 결과적 가중범을 인정하지 않는다.

4) 중한 결과에 대한 예견가능성

결과적 가중범으로 처벌하기 위해서는 중한 결과의 발생에 대한 예견가능성이 있어야 한다. 피고인과 피해자가 여관에 투숙하여 별다른 저항이나 마찰 없이 성행위를 한 후 피고인이 방 밖으로 잠시 나간 사이 피해자가 3층 창문을 넘어 탈출 하려다 추락하여 상해를 입었다면 예견 가능성이 없다고 보아야 한다. 따라서 피고인을 강간치상죄(제301조)로 처벌할 수 없다.

5) 결과적 가중범과 위법성

기본범죄와 중한 결과 모두에 위법성이 있어야 한다. 위법성이 조각되면 결과적 가중범도 성립되지 않는다. 예컨대 정당방위 의사로 상대방을 걷어찼는데 그 결과 피해자가 사망하였다면 결과적 가중범인 폭행치사죄(제262조 7년 이하의 징역)를 적용하지 못한다. 다만 과실치사(제267조 2년 이하의 금고)의 적용은 가능하다.

6) 결과적 가중범과 책임

기본범죄의 행위자에게 책임이 있어야 한다. 예컨대 9세 된 어린아이가 상해의 고의로 벽돌을 던졌는데 사망의 결과가 발생하였다 해도 9세의 어린이는 책임이 조각되므로 범죄가 성립하지 않는다.

4. 결과적가중범의 공범

1) 결과적가중범의 공동정범

공동정범의 전원이 중한 결과에 대하여 과실이 있는 때에만 결과적 가중범의 공동정범이 된다(판례).

〈판례연구〉 결과적가중범의 공동정범

① 세 사람이 피해자를 상해하기로 공모하고, 두목격인 한 사람은 사무실에 대기하고 행동대원 두 사람은 사건 현장에 가서 위 피해자를 상해하여 사망에 이르게 하였다면 사무실에 대기하고 있던 피고인에게도 결과적 가중범을 인정하여 상해치사죄의 공동정범으로 처벌한다(대판 1991. 10. 11, 91도1755).

② 결과적 가중범인 상해치사죄의 공동정범은 폭행 기타의 신체침해 행위를 공동으로 할 의사가 있으면 성립되고 결과를 공동으로 할 의사는 필요 없으며, 여러 사람이 상해의 범의로 범행 중 한 사람이 중한 상해를 가하여 피해자가 사망에 이르게 된 경우 나머지 사람들은 사망의 결과를 예견할 수 없는 때가 아닌 한 상해치사의 죄책을 면할 수 없다(대판 2000. 5. 12, 2000도745).

2) 결과적가중범의 교사 · 방조

기본범죄에 대한 교사 또는 방조외에 교사범 또는 종범에게도 중한 결과에 대한 과실이 있어야 한다.

〈판례연구〉 결과적가중범의 교사

① 교사자가 피교사자에게 피해자를 "정신차릴 정도로 혼내주라"라고 폭행(제260조 : 2년 이하의 징역)을 교사하였는데 상해의 결과가 발생 하였다면 교사자에게도 결과적 가중범인 폭행 치상죄(제262조 : 7년 이하의 징역)를 인정한다(대판 1997. 6. 24, 97도1075).

3) 결과적가중범의 미수

(1) 진정결과적 가중범의 미수

중한 결과가 발생한 이상 기본범죄의 기수·미수 여부를 불문하고 결과적 가중범의 기수가 되기 때문에 이론적으로는 인정될 여지가 없다(통설, 판례). 그러나 형법에서는 예외적으로 현주건조물일수치사상죄(제177조 제2항), 인질치사상죄(제324조의3, 제324조의4), 강도치사상죄(제337조, 제338조), 해상강도치사상죄(제340조 제2항, 제3항)에 대하여 미수범 처벌규정을 두고 있다.

(2) 부진정결과적 가중범의 미수

과거 현주건조물방화치사상죄(제164조 후단)의 미수범처벌규정(제174조)이 존재하였으나 95년 형법 개정 시 삭제됨으로써 부진정결과적 가중범의 미수범 처벌규정이 존재하지 않으며, 인정될 여지가 없다는 것이 통설이다.

§25. 부작위범

제18조 (부작위범) 위험의 발생을 방지할 의무가 있거나 자기의 행위로 인하여 위험발생의 원인을 야기한 자가 그 위험발생을 방지하지 아니한 때에는 그 발생된 결과에 의하여 처벌한다.

1. 의의

명령규범에 의하여 요구되는 일정한 행위를 하지 않는 소극적 행태를 말한다. 즉 명령규범에 대한 위반행위이다.

〈판례연구〉

① 의사(甲)가 치료를 중단할 경우 사망하게 된다는 사실을 알고서도 회복 가능성이 있는 환자(丙)를 이러한 사정을 잘 알고 있는 처(乙)의 요구에 따라 퇴원을 지시하고, 퇴원 후에 甲의 지시를 받은 인턴이 호흡보조장치를 제거하자 丙이 사망한 경우 乙 : 부작위에 의한 살인죄, 甲 : 살인죄의 작위에 의한 방조범(대판 2004.6.24, 2002도995 ∵ 행위자가 자신의 신체적 활동이나 물리적 · 화학적 적용을 통하여 적극적으로 타인의 법익상황을 악화시켜 타인의 법익을 침해하면 작위에 의한 범죄로 봄이 원칙임)

2. 종류

1) 진정부작위범

구성요건이 부작위에 의해서만 실현되는 범죄이다. 이에는 다중불해산죄, 전시공수계약불이행죄, 퇴거불응죄 등이 있다.

2) 부진정 부작위

부작위에 의해 작위범의 구성요건이 실현되는 범죄이다. 구성요건상 작위 형식으로 규정되어 있는 것(원래는 작위범인 것)을 (보증인적 지위에 있는 자가) 부작위에 의해 실현하는 범죄이다. 즉, 제250조 '사람을 살해한 자'(작위범) 형식으로 규정되어 있는 내용을 예컨대, 물에 빠진 제자를 고의로 구조하지 않아 익사케 한 수영 코치(부작위범), 갓난 아이에 대해 젖을 주지 않는 산모의 행위(부작위범) 형식으로 실현하는 경우이다.

〈판례연구〉 부진정부작위범의 고의

① 부진정 부작위범의 고의는 반드시 구성요건적 결과발생에 대한 목적이나 계획적인 범행 의도가 있어야 하는 것은 아니고 법익침해의 결과발생을 방지할 법적 작위의무를 가지고 있는 사람이 의무를 이행함으로써 결과발생을 쉽게 방지할 수 있었음을 예견하고도 결과발생을 용인

하고 이를 방관한 채 의무를 이행하지 아니한다는 인식을 하면 족하며, 이러한 작위의무자의 예견 또는 인식 등은 확정적인 경우는 물론 불확정적인 경우이더라도 미필적 고의로 인정될 수 있다(대판 2015. 11. 12, 2015도6809).

3. 성립요건

1) 부작위범의 공통성립 요건

(1) 일반적 행위가능성의 존재성

(i) 작위가 요구되는 객관적 상황이 존재, (ii) 명령규범에 대한 위반, (iii) 행위자에게 개인적 능력(개별적 행위가능성)이 있어야 한다.

(2) 부작위범의 구성요건해당성

부작위에 의해 발생한 결과가 구성요건에 해당하지 않는다면 형법상 논할 아무런 가치가 없다. 예컨대 장군을 보고 경례하지 않은 이등병의 행위는 "형법상 모욕죄라는 구성요건에 해당"하므로 부진정부작위범이 성립한다. 그러나 이웃집 아저씨를 보고 경례하지 않은 이등병의 행위는 형법상 구성요건에 해당하지 않아 부작위범이 성립하지 않는다.

(3) 부작위범의 위법성과 책임

작위범과 동일하다.

2) 부진정 부작위범의 특별한 성립요건

(1) 보증인지위

(가) 의의

부작위범에게 그 위험으로부터 법익을 보호해야할 의무가 있고, 부작위범이 이러한 보호기능에 의해 법익침해를 야기할 사태를 지배하고 있을 때 인정된다.

(나) 보증인적 지위의 발생근거

㉠ 법령에 의한 작위의무

민법 제913조(보호, 교양의 권리의무) 친권자는 자를 보호하고 교양할 권리의무가 있다. 민법 제826조(부부간의 의무) 제1항 부부는 동거하며 서로 부양하고 협조하여야 한다. 민법 제974조(부양의무) 다음 각호의 친족은 서로 부양의 의무가 있다. 1. 직계혈족 및 그 배우자간 2. 삭제 3. 친족 생계를 같이 하는 친족간, 경찰관직무집행법 제4조(보호조치 등) 제1항 경찰관은 수상한 행동이나 그 밖의 주위 사정을 합리적으로 판단해 볼 때 다음 각 호의 어느 하나에 해당하는 것이 명백하고 응급구호가 필요하다고 믿을 만한 상당한 이유가 있는 사람을 발견하였을 때에는 보건의료기관이나 공공구호기관에 긴급구호를 요청하거나 경찰관서에 보호하는 등 적절한 조치를 할 수 있다.

㉡ 계약에 의한 작위의무

고용계약에 의한 보호의무, 간호사의 환자간호의무, 신호수의 직무상 의무, 보모의 아동보호의무

㉢ 선행행위에 의한 작위의무

도로교통법 제54조(사고발생시의 조치) ① 차의 운전 등 교통으로 인하여 사람을 사상하거나 물건을 손괴한 경우에는 그 차의 운전자나 그 밖의 승무원은 즉시 정차하여 사상자를 구호하는 등 필요한 조치를 하여야 한다.

㉣ 조리에 의한 작위의무

동거하는 고용자에 대한 고용주의 보호의무, 건물 관리자의 화재발생방지의무.

(다) 보증인적 지위의 내용

㉠ 보호의무에 의한 보증인적 지위

부작위범과 피해자 사이의 보호관계로 인하여 보증인적 지위가 발생하는 경우는 가족적 보호관계, 긴밀한 보호관계, 보호기능의 인수

등의 포함된다.

㉡ 안전의무로 인한 보증인지위

일정한 위험원으로부터 위험이 발생하지 않도록 안전조치를 취해야 할 의무에는 선행행위, 위험원의 관리자, 타인에 대한 감독책임자, 보증인지위의 경합 등이 포함된다.

〈판례연구〉

① 폭약을 운송하는 자가 화차 내에서 촛불을 켜놓고 잠자다가 폭약상자에 불이 붙는 순간 이를 발견하고 쉽게 진화할 수 있는 데도 도주하여 폭발하게 한 경우 부작위에 의한 폭발물파열죄(대판 1978. 9. 26, 78도1996).

② 미성년자를 감금하고 그 감금상태를 계속된 어느 시점에서 살해의 범의가 생겨 위험발생을 방지함이 없이 그대로 방치하여 사망하게 한 경우 부작위에 의한 살인죄(대판 1982. 11. 23, 82도2024).

③ 은행지점장이 정범인 부하직원들의 범행을 인식하면서도 그들의 은행에 대한 배임행위를 방치한 경우 업무상 배임죄의 방조범(대판 1984. 11. 27, 84도1906)

④ 조카(10세)를 살해할 의사로 익사의 위험이 있는 저수지로 데려가 조카가 저수지에 빠지자 이를 방치하여 조카가 사망한 경우 부작위에 의한 살인죄(대판 1992. 2. 11, 91도2951).

⑤ 법무사가 아닌 사람이 법무사로 소개되거나 호칭되는 데에도 자신이 법무사가 아니라는 사실을 밝히지 않은 채 법무사 행세를 계속하면서 근저당권설정계약서를 작성한 사안에서, 부작위에 의한 법무사법 제3조 제2항 위반죄가 성립한다(대판 2008. 2. 28, 2007도9354).

⑥ 백화점의 상품관리를 담당하는 직원이 가짜 상표가 새겨진 상품을 판매하는 점주의 행위를 계속 방치한 경우 부작위에 의한 상표법 위반 방조죄(대판 1997. 3. 14, 96도1639).

⑦ 의사가 특정 시술로 아들을 낳을 수 있을 것이라는 착오에 빠진 피해자에게 그 시술의 효과·원리에 관해 사실대로 고지하지 않고 가장하여 일련의 시술·처방을 행한 경우 부작위에 의한 사기죄(대판 2000. 1. 28, 909도2884).

⑧ 매매목적물의 소유권 귀속에 관하여 소송이 계속 중인 사실을 고지하지 아니하고 그 부동산을 매도하여 대금을 수령한 경우 부작위에 의한 사

기죄(대판 1986. 9. 9, 86도956).

⑨ 도로교통법 제50조의 교통사고운전자의 사상자구호조치의무는 사고운전자에게 사고에 대한 고의·과실 혹은 유책·위법의 유무에 관계없이 부과된 의무이다(대판 2002. 5. 24, 2000도1731).

⑩ 여기서 작위의무는 법적인 의무이어야 하므로 단순한 도덕상 또는 종교상의 의무는 포함되지 않으나 법적인 의무인 한 성문법·불문법, 공법·사법을 불문하므로 법령, 법률행위, 선행행위로 인한 경우는 물론이고 기타 신의칙이나 사회상규 혹은 조리상 작위의무가 기대되는 경우에도 법적인 작위의무는 있다(대판 1996. 9. 6, 95도2551).

⑪ 유기죄의 주체는 법률상 또는 계약상 보호의무 있는 자에 한한다. 설혹 동행자가 구조를 요하게 되었다 하여도 일정거리를 동행한 사실만으로는 피고인에게 법률상 계약상의 보호의무가 있다고 할 수 없으니 유기죄의 주체가 될 수 없다(대판 1977. 1. 11, 76도3419).

⑫ 공무원이 어떠한 위법사실을 발견하고도 직무상 의무에 따른 적절한 조치를 취하지 아니하고 은폐할 목적으로 허위공문서를 작성·행사한 경우에는 직무위배의 위법상태는 허위공문서작성 당시부터 그 속에 포함되는 것으로 작위범인 허위공문서작성, 동행사죄만이 성립하고 부작위범인 직무유기죄는 따로 성립하지 않는다(대판 1993. 12. 24, 92도3334). 그러나 위 복명서 및 심사의견서를 허위 작성한 것이 농지일시전용허가를 신청하자 이를 허가하여 주기 위하여 한 것이라면 위 허위공문서작성, 동행사죄와 직무유기죄는 실체적 경합범의 관계에 있다(대판 1993. 12. 24, 92도3334).

⑬ 모텔 방에 투숙하여 담배를 피운 후 재떨이에 담배를 끄게 되었으나 담뱃불이 완전히 꺼졌는지 여부를 확인하지 않아 화재가 발생한 사안에서, 위 화재가 중대한 과실 있는 선행행위로 발생한 이상 화재를 소화할 법률상 의무는 있다 할 것이나, 다른 투숙객들에게 이를 알리지 아니하였다는 사정만으로는 부작위에 의한 현주건조물방화치사상죄는 인정되지 아니한다(대판 2010. 1. 14, 2009도12109). 이 경우 중과실치사, 중과실치상, 중실화는 인정된다.

(2) 부작위의 동가치성

(가) 의의

보증인지위에 있는 자의 부작위가 작위적 방법에 의한 구성요건의 실현과 동등한 것으로 평가할 수 있어야 한다.

(나) 적용범위

행정정형의 동가치성의 요건은 살인죄·상해죄·손괴죄 등과 같이 행위의 태양이 특정되어 있지 않는 '단순한 결과야기적 결과범'에서는 문제되지 않고, 사기죄·공갈죄 등 '형태적의존적 결과범에서만 검토하면 족하다.

〈판례연구〉

① 부진정부작위범이 인정되기 위해서는 법적인 작위의무 있는 자의 부작위가 작위에 의한 법익침해와 동등한 형법적 가치가 있는 것이어서 그 범죄의 실행행위로 평가될 만한 것이어야 한다(대판 1997. 3. 14, 96도1639).

4. 관련문제

1) 부작위범의 미수

(1) 진정부작위범의 미수

미수가 불가능하다는 견해와 미수가 성립할 수 있다는 견해가 대립한다(형법상 미수범처벌규정이 존재).

(2) 부진정부작위범의 미수

부진정부작위범의 미수는 성립가능하다.

(3) 부작위범의 실행의 착수시기

보호법익에 대한 직접적인 위험을 증대시키는 시점에서 부작위범의 실행의 착수가 인정된다.

2) 부작위범과 공범

(1) 부작위범의 공동정범

다수의 부작위범에게 공통의 의무가 부여되어 있을 경우 공동정범은 가능하다.

〈판례연구〉

① 부작위범 사이의 공동정범은 다수의 부작위범에게 공통된 의무가 부여되어 있고 그 의무를 공통으로 이행할 수 있을 때에만 성립한다. 공중위생영업의 신고의무는 '공중위생영업을 하고자 하는 자'에게 부여되어 있고, 여기서 '영업을 하는 자'란 영업으로 인한 권리의무의 귀속주체가 되는 자를 의미하므로, 영업자의 직원이나 보조자의 경우에는 영업을 하는 자에 포함되지 않는다(대판 2008. 3. 27, 2008도89).

(2) 부작위에 의한 간접정범

부작위에 의한 간접정범은 인정되지 않는다. 간호사를 생명 있는 도구로 이용하기 위해서는 의사가 주사기에 독극물을 주입하는 적극적 행위 없이는 불가능하기 때문이다.

(3) 부작위에 의한 교사

부작위에 의해서는 피교사자에게 심리적 영향을 주어 범죄의 결의를 일으키지 못하므로 부작위에 의한 교사는 불가능하다(통설).

(4) 부작위에 의한 방조

부작위에 의한 방조는 가능하다(통설). 예컨대 경비원이 주차장에서 차량 절도범을 발견했으나 친구임을 알고 모른 척하고 방관한 경우 절도죄의 방조범이 성립한다.

〈판례연구〉

① 인터넷 포털 사이트 내 오락채널 총괄팀장과 위 오락채널 내 만화사업의 운영 직원인 피고인들에게, 콘텐츠제공업체들이 게재하는 음란만화의 삭제를 요구할 조리상의 의무가 있다고 하여, 구 전기통신기본법 제48조의2 위반 방조죄가 성립한다(대판 2006. 4. 28, 2003도4128).

② 입찰업무 담당 공무원이 입찰보증금이 횡령되고 있는 사실을 알고도 이를 방지할 조치를 취하지 아니함으로써 새로운 횡령범행이 계속된 경

우 부작위에 의한 횡령의 종범이 성립한다(대판 1996. 9. 6, 96도2551).

③ 피고인은 이 사건 아파트 지하실의 소유자로서 임차인의 위 지하실에 대한 용도변경행위를 방지할 의무가 있음에도 불구하고 이를 묵시적으로 승인한 경우 부작위에 의한 건축법위반의 방조범이 성립한다(대판 1985. 11. 26, 85도1906).

제 7 장

미 수 론

개 관

제7장은 미수론이다. 형법은 기수범 처벌을 원칙으로 한다. 즉, 모든 범죄의 미수가 처벌되는 것은 아니다. 어느 범죄의 미수를 처벌하기 위해서는 미수범을 처벌한다는 규정이 별도로 있어야 한다.

기수에 도달하지 않았다고 해서 모두 미수는 아니다. 따라서 언제부터 적어도 미수가 확보될 수 있는가의 문제는 미수론의 핵심을 이룬다. 이를 위해 '실행의 착수'라는 개념을 설정한다. 실행의 착수가 인정되어야 적어도 미수가 인정된다. 실행의 착수 이전의 단계로서 예비·음모를 규정하며, 예비·음모는 중죄에 한하여 처벌한다.

미수는 장애미수·중지미수·불능미수로 구분된다. 모두 미수이므로 실행의 착수는 공통적 구성요건이다.

장애미수에서는 미수범의 구성요건의 핵심인 실행의 착수에 관하여 설명한다.

중지미수에서는 중지미수를 특별 취급하는 근거와 중지미수의 특별한 요소인 '자의성'에 초점을 맞춘다.

불능미수에서는 불능미수와 불능범의 구별기준인 '위험성'에 중점을 둔다.

§26. 미수론 일반이론

제25조 (미수범) ① 범죄의 실행에 착수하여 행위를 종료하지 못하였거나 결과가 발생하지 아니한 때에는 미수범으로 처벌한다.
② 미수범의 형은 기수범보다 감경할 수 있다.

1. 미수의 의의

미수란 범죄의 실행에 착수하여 행위를 종료하지 못하였거나(착수미수) 결과가 발생하지 아니한 때(실행미수)를 말한다. 예컨대 살해하려고 방아쇠를 당기려는 순간 옆 사람의 방해로 저지된 경우, 강간하기 위해 폭행하였으나 경찰관에게 적발되어 도망친 경우(착수미수), 살해하기 위해 방아쇠를 당겼으나 빗나가거나 상해만 입힌 경우, 갑이 을을 살해하려고 독약을 먹였으나 을이 해독제를 복용하여 실패한 경우(실행미수)이다.

2. 범죄의 실현단계

내심의 의사 → 예비·음모(2인 이상이 공모: 범죄준비행위가 명백하고 실질적 위험성이 인정될 때 음모죄 성립) → 실행의 착수 → 미수 → 기수 → 범죄종료

〈판례연구〉

① "총을 훔쳐 전역 후 은행이나 현금수송차량을 털자"라는 말을 나눈 정도는 강도음모죄를 인정할 수 없다(대판 1999. 11. 12, 99도3801).

3. 미수범처벌근거

1) 객관설

미수범 처벌근거를 구성요건에 의하여 보호되는 행위의 객체에 대한 위험에 있다고 본다. 즉 미수범의 불법을 결과반가치에 있다고 한다. 이에 의하면 미수범은 기수에 비하여 필요적으로 감경한다.

2) 주관설

미수범 처벌근거를 위험하거나 또는 위험하지 않은 행위에 의하여 표현된 법적대적 의사에 있다고 하여 기수범과 동일하게 처벌한다. 이 견해에 의하면 불능범도 법적대적 의사는 존재하므로 당연히 처벌된다.

3) 절충설

주관주의 범죄론에서 출발, 미수의 처벌근거는 범죄의사에 있지만 미수의 가벌성은 법적대적 의사가 법질서의 효력과 법적 안정성에 대한 신뢰를 깨뜨리는데 족할 때에만 인정된다(인상설이라고도 한다). 이에 의하면 미수는 기수에 비하여 임의적으로 감경하게 된다. 우리 형법 (제25조 제2항)의 태도와 일치한다.

4. 실행의 착수

1) 의의

범죄실행의 개시를 말하며 이는 예비·음모를 구별하는 기준이 된다.

2) 실행의 착수시기

〈판례연구〉 절도죄(밀접한 행위를 개시한 때)-실행의 착수가 인정된 경우

① 범인들이 함께 담을 넘어 마당에 들어가 그 중 1명이 그곳에 있는 구리를 찾기 위하여 담에 붙어 걸어가다가 잡힌 경우(대판 1989. 9. 12, 89도1153).

② 고속버스 선반위에 올려놓은 007가방의 한쪽 걸쇠를 열었을 경우(대판 1983. 10. 25, 83도2432).

③ 소매치기가 양복 상의 주머니에 손을 뻗쳐 그 겉을 더듬은 때(대판 1984. 12. 11, 84도2524).

④ 방 안까지 들어갔다가 절취할 재물을 찾지 못하여 거실로 돌아 나온 경우(대판 2003. 6. 24, 2003도1985).

⑤ 라디오를 훔치려고 라디오 선을 건드리다가 발각된 경우(대판 1966. 5. 3., 66도 383).

⑥ 자동차안에 들어 있는 밍크코트를 절취할 생각으로 차 오른쪽 앞문을 열려고 앞문손잡이를 잡아당기다가 피해자에게 발각된 경우(대판 1986. 12. 23, 86도2256).

〈판례연구〉 절도죄-실행의 착수가 부정된 경우

① 절도의 목적으로 피해자의 집 현관을 통하여 그 집 마루 위에 올라서서 창고문 쪽으로 향하다가 피해자에게 발각·체포된 경우(대판 1986. 10. 28, 86도1753).

② 노상에 세워 놓은 자동차 안에 있는 물건을 훔칠 생각으로 면장갑을 끼고 있었고 칼을 소지한 채 자동차의 유리창을 통하여 그 내부를 손전등으로 비추어 본 경우(대판 1985. 4. 23, 85도464).

③ 소를 흥정하고 있는 피해자의 뒤에 접근하여 그가 들고 있던 가방으로 돈이 들어 있는 피해자의 하의 왼쪽 주머니를 스치면서 지나간 행위(대판 1986. 11. 11, 86도1109).

④ 평소 잘 아는 피해자에게 전화채권을 사주겠다고 하면서 골목길로 유인하여 돈을 절취하려고 기회를 엿본 경우(대판 1983. 3. 8, 82도2944).

〈판례연구〉 야간주거침입절도죄(주거침입 시)

① 야간에 타인의 재물을 절취할 목적으로 사람의 주거에 침입한 경우(대판 1970. 4. 24, 70도507).

② 야간에 아파트에 침입하여 물건을 훔칠 의도하에 아파트의 베란다 철제 난간까지 올라가 유리창문을 열려고 시도한 경우(대판 2009. 10. 24, 2003도4417).

③ 카페에서 야간에 아무도 없는 그 곳 내실에 침입하여 장식장 안에 들어 있던 정기적금통장 등을 꺼내들고 카페로 나오던 중 발각되어 돌려 준 경우는 야간주거침입절도의 기수이다(대판 1991. 4. 23, 91도476).

④ 야간에 다세대주택에 침입하여 물건을 절취하기 위하여 가스배관을 타고 오르다가 순찰 중이던 경찰관에게 발각되어 그냥 뛰어내렸다면, 야간주거침입절도죄의 실행의 착수에 이르지 못했다(대판 2008. 3. 27, 2008도917).

〈판례연구〉 특수절도죄(건조물의 일부를 손괴한 때)

① 야간에 절도의 목적으로 출입문에 장치된 자물통 고리를 절단하고 출입문을 손괴한 뒤 집안으로 침입하려다가 발각된 경우(대판 1986. 9. 9, 86도1273).

② 타인의 재물을 절취하려고 한 사람은 망을 보고 또 한 사람은 기구를 가지고 출입문의 자물쇠를 떼어내거나 출입문의 환기창문을 열었을 경우(대판 1986. 7. 8, 86도843).

③ 부엌문에 시정되어 있는 열쇠고리의 장식을 소지한 도구를 뜯은 경우 실행의 착수 부정(대판 1989. 2. 28, 88도1165).

〈판례연구〉 강간죄(폭행 또는 협박을 개시한 때)

① 부녀를 간음하기 위하여 피해자의 항거를 불능하게 하거나 현저하게 곤란하게 할 정도의 폭행 또는 협박을 개시한 때(대판 2000. 6. 9, 2000도1253).

② 간음할 목적으로 새벽 4시에 여자 혼자 있는 방문 앞에 가서 피해자가 방문을 열어주지 않으면 부수고 들어갈 듯한 기세로 방문을 두드리고 피해자가 위험을 느끼고 창문에 걸터앉아 가까이 오면 뛰어 내리겠다고 하는데도 베란다를 통하여 창문으로 침입하려고 한 경우(대판 1991. 4. 9, 91도288).

③ 강간할 목적으로 피해자의 집에 침입하여 안방에 들어가 누워 자고 있는 피해자의 가슴과 엉덩이를 만지면서 간음을 기도한 경우 강간죄의 실행의 착수 부정(대판 1990.5.25, 90도607), 준강간죄의 실행의 착수는 인정(대판 2000. 1. 14, 99도5187).

〈판례연구〉 특수강도죄

① 폭행·협박시로 본 경우 : 강도의 범의로 야간에 칼을 휴대한 채 타인의 주거에 침입하여 집안의 동정을 살피다가 피해자를 발견하고 갑자기 욕정을 일으켜 칼로 협박하여 강간한 경우(대판 1991. 11. 22, 91도2296). 특수강도강간죄 부정

② 주거침입시로 본 경우 : 흉기휴대 합동강도죄에 있어서도 그 강도행위가 야간에 주거에 침입하여 이루어지는 경우에는 주거침입을 한 때에 실행에 착수한 것이다(대판 1992 7. 28, 92도917).

〈판례연구〉 사기죄(기망행위를 시작한 때)-실행의 착수가 인정된 경우

① 소송사기(원고) : 소송에서 주장하는 권리가 존재하지 않는 사실을 알고 있으면서도 법원을 기망한다는 인식을 가지고 소를 제기한 경우(대판 1993. 9. 14, 93도915).

② 소송사기(피고) : 적극적인 방법으로 법원을 기망할 의사를 가지고 허위내용의 서류를 증거로 제출하거나 그에 따른 주장을 담은 답변서나 준비서면을 제출한 경우(대판 1998. 2. 27, 97도2786).

③ 원인관계가 소멸하였음에도 약속어음 공정증서 정본을 소지하고 있음을 기화로 이를 근거로 하여 강제집행을 한 경우(대판 1999. 12. 10, 99도2213).

④ 판결확정 후에 전액을 변제받고서도 판결정본을 그대로 소지하고 있음을 이용하여 집달관으로 하여금 채무자 소유의 동산에 압류집행을 하도록 한 경우(대판 1988. 4. 12, 87도2394).

⑤ 허위의 내용으로 지급명령을 신청한 경우(대판 2004. 6. 24, 2002도4151).

⑥ 피고인과 공모한 자가 자신이 토지의 소유자라고 허위의 주장을 하면서 소유권보존등기 명의자를 상대로 보존등기의 말소를 구하는 소송을 제가한 경우(대판 전합 2006. 4. 7, 2005도9858).

⑦ 금융기관 직원이 전산단말기를 이용하여 다른 공범들이 지정한 특정계좌에 돈이 입금된 것처럼 허위의 정보를 입력하는 방법으로 위 계좌로

입금되도록 한 경우, 컴퓨터 등 사용사기죄는 기수에 이르렀고, 그 후 그러한 입금이 취소되어 현실적으로 인출되지 못하였다고 하더라도 범죄성립에는 영향이 없다(대판 2006. 9. 14, 2006도4127).

⑧ 사기도박은 사기적인 방법으로 도금을 편취하려고 하는 자가 상대방에게 도박에 참가할 것을 권유하는 등 기망행위를 개시한 때에 실행의 착수가 있는 것으로 보아야 한다(대판 2011. 1. 13, 2010도9330).

〈판례연구〉 사기죄-실행의 착수가 부정된 경우

① 본안소송을 제기하지 아니한 채 가압류를 한 경우(대판 1988. 9. 13, 88도55).

② 재판상 화해의 경우 그 내용이 실제의 법률관계와 일치하지 않은 경우(대판1968. 2. 27, 67도1579).

③ 태풍 피해복구보조금을 지원받기 위하여 허위로 피해를 신고한 경우(대판 1999. 3. 12, 98도3443).

④ 장애인단체의 지회장이 지방자치단체로부터 보조금을 더 많이 지원받기 위하여 허위의 보조금 정산보고서를 제출한 경우(대판 2003. 6. 13, 2003도1279).

⑤ 타인의 사망을 보험사고로 하는 생명보험계약을 체결할 때 제3자가 피보험자인 것처럼 가장하여 체결하는 등으로 그 유효요건이 갖추어지지 못한 경우, 보험계약을 체결한 행위만으로 보험금 편취를 위한 기망행위의 실행에 착수한 것으로 볼 수 없다(대판 2013. 11. 14, 2013도8494).

〈판례연구〉 배임죄(배임행위를 개시한 때)-실행의 착수 인정

① 부동산소유자가 부동산을 매수인에게 매도하고 계약금과 중도금까지 수령한 후, 이를 다시 제3자와 그 부동산에 대한 매매계약을 체결하고 계약금과 중도금까지 수령한 경우(대판 1984.8.21, 84도691).

② 캬바레 영업을 할 목적으로 캬바레 건물을 임차하면서 임대차계약이 종료될 때에 반환하기로 하는 약정 아래 캬바레 영업허가 명의를 이전받은 자가 이 임무에 위배하여 이를 제3자에게 처분하고 그 명의를 이전하려 한 경우(대판 1981. 7. 28, 81도966).

〈판례연구〉 배임죄 - 실행의 착수 부정

① 제1차 매수인으로부터 계약금 및 중도금 명목의 금원을 교부받은 후 제2차 매수인에게 부동산을 매도하기로 하고 계약금만을 지급받은 경우(대판 2003. 3. 25, 2002도7134).

〈판례연구〉 주거침입죄(신체의 일부가 침입 시)

① 주거로 들어가는 문의 시정장치를 부수거나 문을 여는 등 침입을 위한 구체적 행위를 시작한 경우 주거침입죄의 실해의 착수가 인정된다(대판 1995. 9. 15, 94도2561).
② 출입문이 열려 있으면 안으로 들어가겠다는 의사 아래 출입문을 당겨보는 행위는 주거침입죄의 실행의 착수가 인정된다(대판 2006. 9. 14, 2006도2824).
③ 다가구용 단독주택인 빌라의 잠기지 않은 대문을 열고 들어가 공용 계단으로 빌라 3층까지 올라갔다가 1층으로 내려온 사안에서, 주거인 공용 계단에 들어간 행위가 거주자의 의사에 반한 것이라면 주거에 침입한 것이라고 보아야 한다는 이유로, 주거침입죄를 구성한다(대판 2009. 8. 20, 2009도3452).
④ 주거침입죄의 실행의 착수는 주거자, 관리자, 점유자 등의 의사에 반하여 주거나 관리하는 건조물 등에 들어가는 행위, 즉 구성요건의 일부를 실현하는 행위까지 요구하는 것은 아니고 범죄구성요건의 실현에 이르는 현실적 위험성을 포함하는 행위를 개시하는 것으로 족하나 침입 대상인 아파트에 사람이 있는지 확인하기 위해 초인종을 누른 행위는 주거침입죄의 실행의 착수에 해당하지 않는다(대판 2008. 4. 10, 2008도1464).

〈판례연구〉 기타 범죄와 실행의 착수

① 간첩죄와 실행의 착수(국가기밀을 탐지·수집하는 행위에 착수한 때) : 간첩의 목적으로 외국 또는 북한에서 국내에 침투 상륙한 경우(대판 1984. 9. 11, 84도1381).
② 살인죄와 실행의 착수 : 살해할 것을 마음먹고 낫을 들고 피해자에게 접근한 경우(대판 1986. 2. 25, 85도2773).
③ 공갈죄와 실행의 착수 : 피해자의 고용인을 통하여 피해자가 경영하는 기업체의 탈세사실을 국세청이나 정보부에 고발한다는 말을 전한 경우

(대판 1992. 9. 14, 92도1506).

④ 현주건조물방화죄와 실행의 착수 : 방화의 의사로 뿌린 휘발유가 인화성이 강한 상태로 주택주변과 피해자의 몸에 적지 않게 살포되어 있는 사정을 알면서도 라이터를 켜 불꽃을 일으킴으로써 피해자의 몸에 불이 붙은 경우(대판 2002. 3. 26, 2001도6641). / 사람이 주거로 사용하는 건조물의 일부인 축사에 방화를 한 경우(대판 1967. 8. 29, 67도925).

⑤ 통화위조죄와 실행의 착수 : 한국은행권을 사진찍어 필름 원판과 이를 확대하여 현상한 인화지를 만들었음에 그친 경우 통화위조의 착수 부정(대판 1966. 12. 6, 66도1317).

⑥ 위조문서행사죄와 실행의 착수 :위조문서인 신분증을 항상 휴대하고 다닌 것만으로는 위조문서행사의 착수가 있었다고 할 수 없다(대판 1959. 11 .2, 4289형상240).

⑦ 히로뽕제조죄와 실행의 착수 : 히로뽕 제조원료 구입비로 금 3,000,000원을 제1심 공동피고인에게 제공하였는데 공동피고인이 그로써 구입할 원료를 물색 중 적발되었다면 피고인의 소위는 히로뽕제조에 착수하였다고 볼 수 없다(대판 1983. 11 .22, 83도2590).

⑧ 신용카드부정사용죄와 실행의 착수 : 단순히 신용카드를 제시하는 행위만으로는 신용카드부정사용죄의 실행에 착수한 것에 불과하다(대판 1993. 11. 23, 93도604). 신용카드부정사용의 미수행위는 처벌하는 규정이 없어 결국 신용카드업법위반죄로 처벌할 수 없다.

⑨ 비지정문화재수출죄와 실행의 착수 : 수출할 사람에게 비지정문화재를 판매하려다가 가격절충이 되지 않아 계약이 성사되지 못한 단계에서는 국외로 반출하는 행위에 근접·밀착하는 행위가 있었다고 볼 수 없어 비지정문화재수출미수죄가 성립하지 않는다(대판 1999. 11. 26, 99도2461).

⑩ 국가보안법상 회합죄와 실행의 착수: 회합장소인 판문점 평화의 집으로 가던 중 그에 훨씬 못미치는 검문소에서 경찰의 저지로 그 뜻을 이루지 못한 것이라면 아직 반국가단체의 구성원과의 회합죄의 실행에 착수하였다고 볼 수 없다(대판 1990. 8. 28, 90도1217).

⑪ 병역법상 사위행위죄와 실행의 착수 : 입영대상자가 병역면제처분을 받을 목적으로 병원으로부터 허위의 병사용진단서를 발급받은 경우, 사위행위의 실행에 착수하였다고 볼 수 없다(대판 2005. 9. 28, 2005도3065).

⑫ 외국환거래법 위반죄와 실행의 착수 : 지급수단 등을 국외로 반출하기

위한 행위에 근접・밀착하는 행위가 행하여진 때(기탁화물로 부칠 때, 휴대용 가방을 보안검색대에 올려놓거나 휴대하고 통과하는 때)에 실행의 착수가 있다. 휴대용 가방을 가지고 보안검색대에 나아가지 않은 채 공항 내에서 탑승을 기다리고 있던 중에 체포된 경우, 실행의 착수가 없다(대판 2001. 7. 27, 2000도4298).

⑬ 은행강도 범행으로 강취할 돈을 송금받을 계좌를 개설한 것만으로는 범죄수익 등의 은닉에 관한 죄의 실행에 착수한 것으로 볼 수 없다(대판 2007. 1. 11, 2006도5288).

⑭ 피고인이 지하철 환승에스컬레이터 내에서 카메라폰으로 피해자의 치마 속 신체 부위를 동영상 촬영하였다고 하여 구 성폭력범죄의 처벌 및 피해자보호 등에 관한 법률(카메라등이용촬영죄) 위반으로 기소된 사안에서, 동영상 촬영 중 저장버튼을 누르지 않고 촬영을 종료하였다는 이유만으로 위 범행이 '기수'에 이르지 않았다고 볼 수 없다(대판 2011. 6. 9, 2010도10677).

⑮ 필로폰을 매수하려는 자에게서 필로폰을 구해 달라는 부탁과 함께 돈을 지급받았다고 하더라도 단순히 필로폰을 구해 달라는 부탁과 함께 대금 명목으로 돈을 지급받은 것에 불과한 경우에는 필로폰 매매행위의 실행의 착수에 이른 것이라고 볼 수 없다(대판 2015. 3. 20, 2014도16920).

5. 형법상 미수범의 종류와 처벌

미수범은 개별적으로 처벌규정이 있는 경우에만 처벌된다. 그리고 미수범의 형은 원칙적으로 기수범과 동일하고 경우에 따라 형을 감경할 수 있다. 또한 감경할 수 있는 것은 주형에 한하고 부가형 또는 보안처분에도 감경할 수 있다.

〈표 7-1〉 미수범의 처벌비교

<table>
<tr><th>종류</th><th colspan="3">내 용</th><th>효 과</th></tr>
<tr><td>장애미수
(제25조)</td><td colspan="3">행위자가 결과를 실현하고자 하였으나 외부의 장애로 인하여 범죄를 완성하지 못한 경우</td><td>임의적 감경</td></tr>
<tr><td rowspan="2">불능미수
(제27조)</td><td rowspan="2">범죄의 수단이나 대상의 착오로 결과발생이 불가능</td><td>불능미수</td><td>위험성 ○</td><td>임의적 감면</td></tr>
<tr><td>불능범</td><td>위험성 ×</td><td>불가벌</td></tr>
<tr><td>중지미수
(제26조)</td><td colspan="3">범죄의 실행에 착수한 자가 그 범죄가 기수에 이르기 전에 자의로 범행을 중지하거나 범행으로 인한 결과의 발생을 방지한 경우</td><td>필요적 감면</td></tr>
</table>

6. 관련문제

1) 거동범의 경우

미수는 범죄의 실행에 착수하여 이를 완성하지 못하였음을 요건으로 하므로 구성요건상 일정한 결과의 발생을 필요로 하지 않는 범죄, 즉 거동범(폭행죄 · 주거침입죄-형법은 주거침입죄의 미수범 처벌규정을 두고 있다. · 위증죄)의 경우에는 미수가 있을 수 없다.

2) 과실범과 결과적 가중범

(1) 과실범

과실범은 결과의 발생으로 인하여 성립하고 결과가 발생하지 않으면 형법상 의미가 없으므로 과실범의 미수는 존재할 여지가 없다.

(2) 결과적 가중범

결과적 가중범은 과실에 의한 중한 결과가 발생하여야 성립하므로 미수의 관념을 인정할 여지가 없다.

3) 부작위범

(1) 부진정부작위범

보증인이 구조의무를 지체함으로써 피해자에게 직접적인 위험을 발생케 하거나 기존의 위험을 증대시킨 경우에 미수가 성립된다고 할 수 있다. 예컨대 수영교사가 그 제자를 익사시킬 의사로 그 제자의 위난을 보면서도 구조하지 않고 가버려서 익사한 경우

(2) 진정부작위범

결과의 발생을 요건으로 하지 않으며 요구되는 행위를 하지 않으면 범죄는 바로 완성된다. 따라서 진정부작위범의 경우에는 미수를 생각할 수 없다(다수설). 그러나 우리 형법은 퇴거불응죄와 집합명령위반죄에 대하여 미수범처벌규정을 두고 있다.

§27. 중지미수

제26조 (중지범) 범인이 자의로 실행에 착수한 행위를 중지하거나 그 행위로 인한 결과의 발생을 방지한 때에는 형을 감경 또는 면제한다.

1. 중지미수의 의의

범죄의 실행에 착수한 후에 자의로 범행을 중지하거나 결과의 발생을 방지하는 경우를 말한다(필요적 감면).

2. 성립요건

1) 주관적 요건(자의성)

(1) 객관설

외부적 사정과 내부적 동기를 구별하여 외부적 사정에 의하여 범죄가 완성되지 않은 경우가 장애미수, 그렇지 않은 경우가 중지미수이다.

(2) 주관설

후회 · 동정 · 기타 윤리적 동기에 의해 중지한 경우는 중지미수, 그렇지 않은 경우는 전부 장애미수이다.

(3) 프랭크의 공식

할 수 있었음에도 불구하고 하기를 원치 않아서 중지한 때가 중지미수이고, 하려고 했지만 할 수 없어서 중지한 때를 장애미수라 한다.

(4) 절충설

경험칙상 장애로 중지한 경우 장애미수, 자기의사로 중지한 경우 중지 미수이다.

〈판례연구〉 중지미수가 인정되는 경우

① 피고인이 피해자를 강간하려다가 피해자의 다음 번에 만나 친해지면 응해주겠다는 취지의 간곡한 부탁으로 인하여 그 목적을 이루지 못한 경우(대판 1993. 10. 12, 93도1851).

② 피고인이 자신의 범행전력 등을 생각하여 가책을 느낀 나머지 스스로 결의를 바꾸어 주인 乙에게 공모자 甲의 침입사실을 알려 그와 함께 甲을 체포하여서 그 범행을 중지하여 결과발생을 방지한 경우(대판 1986. 3. 11, 85도2831).

③ 피고인이 청산가리를 탄 술을 피해자 2명에게 나누어주어 마시게 하다가 먼저 마신 피해자 1명이 술을 토하자 즉시 다른 피해자의 술을 거

두어 가지고 밖으로 나가서 쏟아 버림으로써 그 술을 마시지 못하게 한 경우(대구고법 1975. 12. 3, 75노502).

〈판례연구〉 중지미수가 인정되지 않는 경우

① 장롱 안에 있는 옷가지에 불을 놓아 건물을 소훼하려 하였으나 불길이 치솟는 것을 보고 겁이 나서 물을 부어 불을 끈 경우(대판 1997. 6. 13, 97도957).

② 피해자를 살해하려고 그 목 부위와 왼쪽 가슴 부위를 칼로 수 회 찔렀으나 피해자의 가슴 부위에서 많은 피가 흘러나오는 것을 발견하고 겁을 먹고 그만 둔 경우(대판 1999. 4. 13, 99도640).

③ 강도가 피해자를 강간하려고 하였으나 잠자던 피해자의 어린 딸이 잠에서 깨어 우는 바람에 도주하였고, 또 피해자가 남편이 돌아올 시간이 되었다고 하면서 더구나 임신 중이라고 말하자 도주한 경우(대판 1993. 4. 13, 93도347).

④ 피해자가 수술한 지 얼마 안되어 배가 아프다면서 애원하는 바람에 그 뜻을 이루지 못한 경우(대판 1992. 7. 28, 92도917).

⑤ 원료불량으로 인한 제조상의 애로, 제품의 판로문제, 범행탄로시의 처벌 공포, 공범의 포악성과 더불어 염산에페트린으로 메스암페타민합성 중간제품을 만드는 과정에서 그 범행이 발각되어 검거됨으로써 메스암페타민 제조의 목적을 이루지 못하고 미수에 그친 경우(대판 1985. 11. 12, 85도2002).

⑥ 기밀탐지임무를 부여받고 대한민국에 입국 기밀을 탐지 수집 중 경찰이 피고인의 행적을 탐문하고 갔다는 말을 전해 듣고 지령사항수행을 보류하고 있던 중 체포된 경우(대관 1984. 9. 11, 84도1381).

⑦ 범행당일 미리 제보를 받은 세관직원들이 범행장소 주변에 잠복근무를 하고 있어 그들이 왔다 갔다 하는 것을 본 피고인이 범행의 발각을 두려워한 나머지 자신이 분담하기로 한 실행행위에 이르지 못한 경우(대판 1986. 1. 21, 85도2339).

⑧ 대마 2상자를 사가지고 돌아오다 이 장사를 다시 하게 되면 내 인생을 망치게 된다는 생각이 들어 이를 불태운 경우(대판 1983. 12. 27, 83도2629). 이 경우 대마매매죄의 기수

⑨ 타인의 재물을 공유하는 자가 공유자의 승낙을 받지 않고 공유대지를 담보에 제공하고 가등기를 경료한 후 가등기를 말소한 경우(대판 1978.11.28, 78도2175). 이 경우 횡령죄의 기수

⑩ 피고인이 甲에게 위조한 예금통장 사본 등을 보여주면서 외국회사에서 투자금을 받았다고 거짓말하며 자금 대여를 요청하였으나, 甲과 함께 그 입금 여부를 확인하기 위해 은행에 가던 중 은행 입구에서 차용을 포기하고 돌아가 사기미수로 기소된 사안에서, 피고인이 범행이 발각될 것이 두려워 범행을 중지한 경우 장애미수이다(대판 2011. 11. 10, 2011도10539).

2) 객관적요건(실행의 중지 또는 결과의 방지가 있을 것)

(1) 착수미수의 중지 – 객관적으로 실행행위를 중지

실행에 착수한 행위를 실행행위 종료 전에 자의로 그 행위를 그만두는 것이다. 예컨대 사람을 교살시킬 의사로 상대방을 목매달았다가 즉시 마음을 고쳐먹고 그 밧줄을 풀어주는 경우이다. 행위자가 실행행위를 중지하더라도 결과가 발생하면 기수로 되고 중지미수로 성립하지 않는다.

(2) 실행미수의 중지 – 그 행위로 인한 결과발생의 방지

실행에 착수한 행위 그 자체는 종료하였으나 이 행위로 인한 결과의 발생을 자의로 방지하는 것을 말한다. 이 경우 결과방지를 위한 적극적이고 진지한 노력이 요구되며, 중지행위로 인하여 현실적인 결과발생이 없어야 한다. 방지행위와 결과발생 사이에는 인과관계가 있어야 한다. 처음부터 결과발생이 불가능한 행위를 한 자가 스스로 결과발생 방지의 노력을 진솔하게 하였다면 중지미수인지 불능미수인지에 대해 논란이 있지만 중지미수로 처리하는 것이 타당하다.

3. 관련문제

1) 공범과 중지미수의 성립요건

(1) 공동정범

다른 정범도 중지시켜 결과발생을 방지시켜야 중지미수가 된다. 이때 자의로 중지한 자는 중지미수, 그 외의 자는 장애미수가 된다. 그리고 1인이 중지하였더라도 다른 자에 의하여 결과가 발생하면 중지한 자에게도 중지미수는 성립하지 않는다.

(2) 간접정범

간접정범이 자의로 피이용자의 실행행위를 중지시키거나 결과발생을 방지해야 중지미수가 된다.

(3) 교사범과 종범의 중지미수

교사범과 종범은 자의로 정범의 실행을 중지하게 하거나 결과발생을 방지해야 중지미수가 되며, 이때 정범은 장애미수가 된다. 반대로 정범이 자의로 실행을 중지하거나 결과발생을 방지한 경우에는 정범은 중지미수가 되고 교사범과 종범은 장애미수가 된다. 예컨대 갑이 을에게 병을 죽이라고 교사하여 을이 병을 죽이기 위해 실행에 착수하였다가 갑이 자신의 행동을 뉘우치고 병원으로 데려가서 병을 살렸다면 갑은 살인죄의 중지미수, 을은 살인죄의 장애미수가 된다.

2) 중지미수의 효과가 미치는 범위

자의로 중지한 자에게만 미친다. 다른 공범은 장애미수가 된다.

§28. 불능미수

> 제27조 (불능범) 실행의 수단 또는 대상의 착오로 인하여 결과의 발생이 불가능하더라도 위험성이 있는 때에는 처벌한다. 단, 형을 감경 또는 면제할 수 있다.

1. 불능미수의 의의

실행의 수단, 대상의 착오로 인하여 결과의 발생이 불가능하더라도 위험성으로 인해 미수범으로 처벌되는 경우를 말한다(임의적 감면). 불능미수는 존재하는 구성요건적 사실을 인식하지 못한 구성요건적 착오로서 존재하지 않는 사실을 존재한다고 오인한 반전된 구성요건적 착오에 해당한다.

2. 불능미수와 구별되는 개념

1) 환각범

처벌규정이 존재하지 않음에도 불구하고 자기의 행위가 범죄행위가 된다고 오신하고 행위한 경우로 불가벌이다(반전된 금지의 착오).

2) 미신범

실현불가능한 비과학적 미신수단으로 범죄를 저지르려는 행위로 불가벌적인 것으로 파악한다.

3. 불능미수의 성립요건

1) 실행의 착수

실행의 착수가 있어야 한다.

2) 결과의 발생이 불가능할 것

(1) 주체의 착오

비신분자가 신분이 필요한 범죄를 행한 경우로 예컨대 보증인지위에 있지 않은 자가 부진정부작위범을 범한 경우이다. 그러나 죄형법정주의의 원칙상 주체의 착오로 결과가 불방생인 경우 불능미수는 성립하지 않고 불능범이 된다.

(2) 수단의 착오

수단의 불가능성을 의미한다. 예컨대 소화제로 낙태를 기도하거나, 설탕으로 사람을 살해하려고 한 경우이다.

(3) 대상의 착오

대상이 없거나 범죄대상이 될 수 없는데도 범죄 가능한 것으로의 착오, 예컨대 사체에 대한 살해행위, 자기재물에 대한 절취행위 등이다.

3) 위험성(불능범과 불능미수의 구별기준)

(1) 구객관설

절대적 불능(시체에 대한 사격)과 상대적 불능(방탄복을 입은 자에 대한 사격)으로 구별하여 전자는 벌할 수 없고 후자는 미수로 처벌한다.

(2) 구체적 위험설(신객관설)

행위 당시 행위자 및 일반인이 인식할 수 있었던 사정을 기초로 하여 일반인의 입장에서 판단하다. 구체적 위험성이 없으면 불능범, 구체적 위험성이 있으면 미수이다. 실탄 없는 총을 실탄이 있다고 오인하고 사격하거나 치사량 미달의 독약을 먹인 경우는 위험성이 인정된다. 반면 시체임을 알 수 있는 자에 대하여 사격을 가한 경우 위험성이 부정된다.

(3) 추상적 위험설

행위당시 행위자가 인식한 사실을 기초로 하여 행위자가 생각한 대로의 사정이 존재하였으면 일반인의 판단에서 결과발생의 위험이 있는 경우에는 추상적 위험이 있다고 한다(판례).

(4) 주관설

행위자의 법적대적 의사가 확실하게 표현된 이상 결과발생이 객관적으로 불능인 경우에도 미수범으로 처벌해야 된다는 견해이다.

(5) 인상설

법적대적인 의사의 실행이 일반인에게 법동요적 인상을 줄 경우에 불능미수 인정한다.

〈판례연구〉 위험성이 인정되는 경우(불능미수)

① 치사량에 약간 미달하는 독약(요구르트 한병마다 섞은 농약이 1.6씨씨)으로 사람을 살해하려 한 경우(대판 1984. 2. 28, 83도3331).

② 우물과 펌프에 혼입한 위 농약이 악취가 나서 마시기가 어렵고, 분량으로 보아 사람을 치사에 이르게 할 정도는 아닌 경우(대판 1973. 4. 30, 73도354).

③ 염산에 페트린 및 수종의 약품을 교반하여 “히로뽕” 제조를 시도하였으나 그 약품 배합미숙으로 그 완제품을 제조하지 못한 경우(대판 1985. 3. 26, 85도206).

④ 승용차의 브레이크호스를 잘라 브레이크액을 유출시켜 주된 제동기능을 완전히 상실시킴으로써 그 때문에 피해자가 그 자동차를 몰고 가다가 반대차선의 자동차와의 충돌을 피하기 위하여 브레이크 페달을 밟았으나 전혀 제동이 되지 아니하여 사이드브레이크를 잡아당김과 동시에 인도에 부딪치게 함으로써 겨우 위기를 모면한 경우(대판 1990. 7.

24., 90도1149).

⑤ 일정량 이상을 먹으면 사람이 죽을 수도 있는 '초우뿌리'나 '부자' 달인 물을 마시게 하여 피해자를 살해하려다 미수에 그친 행위가 불능범이 아닌 살인미수죄에 해당한다(대판 2007. 7. 26., 2007도3687).

〈판례연구〉 위험성이 인정되지 않는 경우(불능범)

① 소송비용을 편취할 의사로 소송비용의 지급을 구하는 손해배상청구의 소를 제기한 경우 사기죄의 불능범에 해당한다(대판 2005. 12. 8, 2005도8105).

② 임차건물에 거주하는 임차인이 그의 처만이 전입신고를 마친 후에 경매절차에서 배당을 받기 위하여 임대차계약서상의 임차인 명의를 처로 변경하여 경매법원에 배당요구를 한 경우 사기죄의 불능범에 해당한다(대판 2002. 2. 8, 2001도6669).

③ 수입자동승인품목인데도 수입제한품목이나 수입금지품목으로 잘못 알고 반제품인양 가장하여 수입허가신청을 한 경우(대판 1983. 7. 12, 82도2114). 환각범인 경우

④ 피고인의 제소가 사망한 자를 상대로 한 것이라면 이와 같은 사망한 자에 대한 판결은 그 내용에 따른 효력이 생기지 아니하여 상속인에게 그 효력이 미치지 아니하고 따라서 사기죄를 구성하지 아니한다(대판 2002. 1. 11, 2000도1881).

§29. 예비죄

제28조 (음모, 예비) 범죄의 음모 또는 예비행위가 실행의 착수에 이르지 아니한 때에는 법률에 특별한 규정이 없는 한 벌하지 아니한다.

1. 예비의 의의

예비란 특정범죄를 실현하기 위한 외부적 준비행위로서 아직 실행의 착수에 이르지 않은 일체의 행위를 말한다.

2. 구별개념

1) 미수

예비는 실행의 착수 이전의 준비행위라는 점에서 실행에 착수하였을 것을 요하는 미수와 구별된다. 즉 실행의 착수는 예비와 미수를 구별하는 기준이 된다.

2) 음모

음모란 2인 이상이 특정한 범죄를 실행할 목적으로 합의를 이루는 것을 말한다. 형법상 예비와 음모는 항상 같이 규정되어 있고 법정형도 동일하다는 점에서 구별실익은 없다. 다만 예비죄를 벌하고 음모죄를 처벌하지 않는 일부 특례법(밀항단속법)의 경우는 예비·음모의 구별실익이 있다.

3. 예비죄의 법적 성격

1) 기본범죄에 대한 관계

(1) 발현형태설

예비죄는 기본범죄와 독립된 범죄유형이 아니라 기본범죄의 발현형태로서 기본범죄의 수정적 구성요건이라는 견해이다(다수설).

(2) 독립범죄설

예비죄는 기본범죄에서 독립하여 그 자체의 불법의 실질을 갖추고 있는 독립된 범죄라는 견해이다.

2) 예비죄의 실행행위성

(1) 독립범죄설

예비죄의 법적 성질을 독립범죄라고 이해할 때 그 논리적 귀결로서 예비의 실행행위성을 당연히 인정할 수 있다.

(2) 발현형태설

예비죄는 기본범죄에 대한 정범의 실행행위에 한정되기 때문에 예비죄는 기본범죄의 수정적 구성요건인 이상 실행행위성을 인정한다(통설).

4. 예비죄의 성립요건

1) 주관적 요건

(1) 고의

예비죄가 성립하기 위해서는 고의가 있어야 하므로 과실에 의한 예비죄나 과실범의 예비죄는 성립할 수 없다(형법 제255조, 제250조의 살인예비죄가 성립하기 위하여서는 형법 제255조에서 명문으로 요구하는 살인죄를 범할 목적 외에도 살인의 준비에 관한 고의가 있어야 하며, 나아가 실행의 착수까지에는 이르지 아니하는 살인죄의 실현을 위한 준비행위가 있어야 한다. 여기서의 준비행위는 물적인 것에 한정되지 아니하며 특별한 정형이 있는 것도 아니지만, 단순히 범행의 의사 또는 계획만으로는 그것이 있다고 할 수 없고 객관적으로 보아서 살인죄의 실현에 실질적으로 기여할 수 있는 외적 행위를 필요로 한다(대판 2009. 10.29, 2009도7150).

(2) 기본범죄를 범할 목적

예비죄는 예비행위 자체에 대한 고의 이외에 기본범죄를 범할 목적이 있을 것을 요한다. 여기서 목적은 미필적 인식으로 족하다는 견해와 확정적 인식을 요한다는 견해(다수설)가 있다.

〈판례연구〉

① 강도예비 · 음모죄가 성립하기 위해서는 예비 · 음모 행위자에게 미필적으로라도 '강도'를 할 목적이 있음이 인정되어야 하고 그에 이르지 않고 단순히 '준강도'할 목적이 있음에 그치는 경우에는 강도예비 · 음모죄로 처벌할 수 없다(대판 2006. 9. 14, 2004도6432).

2) 객관적 요건

(1) 외부적 준비행위

예비행위는 특정한 범죄실현을 목적으로 하는 외부적 준비행위(범행도구의 준비, 범행장소의 물색, 답사 · 잠입)일 것을 요하며, 기본범죄의 실현에 객관적으로 적합한 행위이어야 한다. 즉, 예비행위는 실행의 착수에 시간적 · 장소적으로 밀접하게 연관된 준비행위여야 한다. 따라서 단순한 범죄계획, 범죄의 의사표시, 내심적 준비, 막연한 의사에 의한 준비행위는 예비가 아니다.

(2) 실행의 착수에 이르지 아니할 것

예비행위는 실행의 착수 이전의 단계에 머물러야 하며, 실행의 착수 이후에는 예비는 미수 · 기수에 흡수된다. 살해에 이용하기 위해 흉기를 준비했다고 하더라도 그 흉기로 살해한 대상자가 확정되지 아니한 경우에는 살인예비죄가 성립하지 않는다.

5. 예비죄의 처벌

예비죄는 법률의 특별한 규정이 있는 경우에 한하여 예비죄로 처벌된다(제28조). 예비죄의 형벌범위를 결정할 때에도 형의 가중감면사유, 양형조건 등은 적용될 수 있다.

6. 관련문제

1) 예비의 중지

예비의 중지란 예비행위를 한 자가 자의로 예비행위를 중지하거나 실행의 착수를 포기하는 것을 말한다. 예비의 중지에 대하여 중지미수 규정을 준용할 것인가에 대하여 판례는 일관하여 실행의 착수 이전이기 때문에 중지미수의 관념을 인정할 여지기 없다고 판시하고 있다. 그러나 다수설은 예비의 형이 중지미수의 형보다 무거운 때에는 형의 균형상 중지미수의 규정을 준용해야 된다고 한다.

2) 예비죄의 공범

(1) 예비죄의 공동정범

예비죄의 공동정범이 가능한가에 대하여 예비죄의 실행행위성을 부정하여 예비죄의 공동정범을 부정하는 견해도 있으나, 예비죄의 실행행위성을 인정할 수 있으므로 예비죄의 공동정범을 인정할 수 있다(통설 · 판례).

(2) 예비죄의 교사범 · 종범

정범을 교사 · 방조하였으나 정범이 실행의 착수에 이르지 아니한 예비단계에 그친 경우에 예비죄의 교사범에 대해서는 형법 제31조 제2항과 3항에서 예비에 준하여 처벌하고 있으나, 예비죄의 종범에 대해서는 처벌규정이 없어 성립부정설과 성립긍정설이 대립한다. 판례는 예비죄의 종범의 성립을 부정한다(대판 1976. 5. 25, 75도1549).

제 8 장

공 범 론

개 관

제8장은 공범론이다. 형법은 공동정범·교사범·종범·간접정범을 공범이라고 규정하고 있다. 범행에 등장하는 인물이 2인 이상이라는 의미에서 위 4가지 유형을 공범이라고 할 수 있다. 그러나 정범에 대응하는 개념으로서 공범이라는 개념을 사용할 때에는 교사범과 종범만이 공범이다. 공동정범과 간접정범은 말 그대로 정범에 해당한다.

본장에서는 공범의 의의와 종류, 공범과 정범의 구별, 공범의 종속성과 종속성의 정도에 관하여 설명하고, 위에 언급한 4가지 유형의 공범을 차례로 살펴본 후 마지막으로 공범과 신분에 관한 제33조의 규정을 어떻게 해석할 것인가에 관하여 살핀다.

§30. 공범의 일반이론

1. 공범의 의의

2인 이상이 공동하여 범행을 실행하는 경우를 공범(범죄참가형태)이라고 한다. 형법 총칙상 공범(제30조 이하)이라는 제목으로 공동정범(제30조), 교사범(제31조), 종범(제32조) 및 간접정범(제34조)을 규정하고 있는데 이를 광의의 공범이라고 하고, 그 가운데 교사범과 종범을 협의의 공범이라고 한다.

2. 공범의 분류

1) 임의적 공범

1인이 실행할 수 있는 범죄를 2인 이상이 공동하여 실행한 경우를 말한다. 이에는 공동정범, 교사범, 종범이 포함된다.

2) 필요적 공범

구성요건 자체가 1인이 단독으로 행할 수 없고 반드시 2인 이상의 참가가 요구되는 범죄를 말한다. 이는 형법각칙의 구성요건에 개별적으로 규정되어 있으며, 원칙적으로 형법총칙의 규정이 적용되지 않는다. 그러나 필요적 공범 외부에서 교사하거나 방조한 자는 공범규정이 적용된다고 본다.

(1) 집합범(다중범, 군중범죄)

다수의 행위자가 동일방향의 행위를 통하여 동일목표를 지향하는 공범형태이다. 이에는 다중불해산죄, 소요죄, 내란죄 등이 있다.

(2) 대향범

2인 이상의 자가 상호 대립방향의 행위를 통하여 동일목표를 지향하는 공범형태이다. 이에는 아동혹사죄, 간통죄, 도박죄, 부녀매매죄 등이 있다. 대향범에게 동일한 법정형이 규정된 경우는 간통죄, 도박죄이다. 대향범에게 상이한 법정형이 규정된 경우는 수뢰죄와 증뢰죄, 배임수재죄와 배임증재죄, 자기낙태죄와 동의낙태죄, 일방만 처벌하는 경우는 음화판매죄, 범인은닉 · 도피죄, 촉탁 · 승낙살인죄 등이다.

3. 정범과 공범의 구별

1) 정범의 개념

(1) 제한적 정범개념이론

구성요건에 해당하는 행위를 스스로 행한 자만이 정범이고, 구성요건적 행위 이외의 행위에 의하여 결과야기에 가공한 자는 정범이 될 수 없고 공범에 불과하다는 이론이다. 이 이론에 의하면 (i) 정범만이 원래 가벌적이므로 형법이 교사범 · 종범에 대한 처벌규정을 둔 것은 구성요건적 행위 이외의 행위에까지 가벌성을 확장한 형벌확장사유가 된다. (ii) 구성요건에 해당하는 행위와 이에 대한 가공행위는 객관적으로 구별되므로 정범 · 공범의 구별에 있어서의 객관설과 결합한다.

(2) 확장적 정범개념이론

구성요건적 결과발생에 조건을 설정한 자는 그것이 구성요건에 해당하는 행위인가의 여부를 불문하고 모두 정범이 된다는 이론이다. 단일정범개념의 논리적 귀결로서 결과에 대한 모든 조건의 공가치성을 인정해야 한다는 조건설을 이론적 배경으로 하고 있다. 이 이론에 의하면 (ii) 교사범 · 종범도 원래의 정범의 형으로 처벌되어야 할 것이지만 정범보다 가볍게 취급하는 것은 정범의 처벌범위를 축소한 형벌 축소사유가 된다. (ii) 객관적 요인은 모두 등가하므로 이 객관적 요인에 의해서는 정범·공범을 구별할 수가 없다. 따라서 정범·공범의 구별은 주관설과 결합하게 된다.

〈표 8-1〉 제한적 정범개념과 확장적 정범개념의 비교

구분	제한적 정범개념	확장적 정범개념
정범성의 판단 기준	구성요건	조건설
공범의 처벌규정	형벌확장사유	형벌축소사유
정범·공범의 구별학설	객관설	주관설

2) 구별기준

(1) 객관설(제한적 정범개념에 기초)

구성요건에 해당하는 행위를 스스로 행한 자가 정범이고, 실행행위 이외의 방법으로 조건을 제공한 자가 공범이라고 하는 견해이다.

(2) 주관설(확장적 정범개념에 기초)

자기의 범죄를 실현하려고 하는 의사로 행위한 자는 정범이고 타인의 범죄를 야기하거나 촉진할 의사로 행위한 자는 공범이라는 견해이다.

(3) 행위지배설

구성요건에 해당하는 사건진행을 장악하거나 지배하는 자는 정범이고 타인의 범죄를 야기하거나 촉진할 의사로 행위한 자는 공범이라는 견해이다.

3) 행위지배의 형태

실행지배(단독정범), 의사지배(간접정범), 기능적 행위지배(공동정범)

4. 공범의 종속성과 종속성의 정도

1) 공범의 종속성

(1) 의미

협의의 공범(교사범 및 종범)이 정범에 종속하여 성립하는가, 독립하여 성립하는가의 문제이다.

(2) 공범종속성설과 공범독립성설

공범종속성설은 공범이 성립하려면 정범에 의하여 범죄 실행행위가 행해져야 한다는 것으로 공범의 성립은 정범의 성립에 종속한다는 견해이다. 공범독립성설은 정범의 행위가 없더라도 교사·방조행위 자체가 실행행위로서 독립된 범죄를 구성한다고 보는 견해이다.

〈표 8-2〉 공범종속성설과 공범독립성설

구분	공범종속성설	공범독립성설
내 용	공범은 정범의 위법한 실행행위가 있어야 성립한다.	공범은 독립한 범죄이므로 정범의 실행행위가 없더라도 공범이 성립한다.
간접정범	간접정범 긍정한다.	• 간접정범을 부정한다. • 교사. 방조행위가 있는 이상 공범은 성립할 수 있으므로 이용자는 공범에 불과하다.
공범의 미수	• 정범의 행위가 가벌적 미수가 되어야 공범도 미수도 처벌된다. • 미수범의 공범은 가능하나 공범의 미수는 인정되지 않는다. • 기도된 교사(법 제31조 제2,3항)는 특별규정	• 정범의 실행의 착수가 없어도 공범은 미수로 처벌된다. • 미수범의 공범과 공범의 미수도 가능하다. • 기도된 교사(법 제31조 제2,3항)는 당연규정
공범과 신분	신분의 연대성을 규정한 본문이 원칙, 단서는 예외규정	신분의 개별성을 규정한 단서가 원칙, 본문은 예외규정

2) 종속성의 정도(공범의 종속형식)

정범이 어느 정도의 범죄성립요건을 갖춰야 공범이 성립하는가의 문제(최소한 종속형식, 제한적 종속형식, 극단적 종속형식, 최극단적 종속형식).

〈표 8-3〉 공범종속성설에 다른 종속성의 정도

구별	종속의 정도
최소한 종속형식	정범의 행위가 구성요건에만 해당하면 공범이 성립한다.
제한적 종속형식	정범의 행위가 구성요건에 해당하고, 위법하면 공범이 성립한다(통설, 판례).
극단적 종속형식	정범의 행위가 구성요건에 해당하고, 위법하며, 책임이 있어야 공범이 성립한다.
최극단적 종속형식	정범의 행위가 범죄성립요건을 완전히 충족하고, 가벌요건까지 갖추어야 공범이 성립한다.

§31. 공동정범

제30조 (공동정범) 2인 이상이 공동하여 죄를 범한 때에는 각자를 그 죄의 정범으로 처벌한다.

1. 의의

2인 이상이 공동하여 죄를 범한 경우를 말하며 각자를 그 죄의 정범으로 처벌한다. 공동정범은 실행행위의 일부만 분담했다고 하더라도 발생된 결과에 대하여 전부책임을 진다(일부실행·전체책임). 공동정범은 기능적 행위지배를 한다는 점에서 단독으로 실행지배를 하는 단독정범, 의사지배를 하는 간접정범과 구별되고, 행위지배가 없는 공범(교사범과 종범)과 구별된다. 의사연락이 있다는 점에서 의사연락이 없는 동시범과 구별된다.

2. 공동정범의 본질

공동정범은 2인 이상이 '공동하여' 죄를 범한 경우를 말하는데 무엇을 공동으로 하였는가에 관하여 범죄공동설과 행위공동설(판례)로 나뉜다.

(1) 범죄공동설

객관적으로 구성요건이 하나이거나 특정한 범죄를 수인이 공동하여 행하는 것이 공동정범이다. 객관주의 입장이다.

(2) 행위공동설

수인이 행위를 공동으로 하여 범죄를 수행하는 것이 공동정범이다. 행위자의 반사회적 성격을 중시하는 주관주의의 입장이다.

3. 공동정범의 성립요건

1) 주관적요건

(1) 공동실행의 의사

공동정범은 각자의 역할분담과 공동작용에 대한 상호이해(의사연락)가 필요하며, 동시범과 편면적 공동정범은 공동의사가 없으므로 공동정범이 성립할 수 없다.

(2) 의사연락의 시기와 방법

의사연락은 명시적이든 묵시적이든 가능하며, 연쇄적·간접적 의사연락도 가능하다. 그 시기는 행위이전(예모적 공동정범)뿐만 아니라 실행행위 시(우연적 공동정범), 실행행위 도중(승계적 공동정범)에도 이루어질 수 있다. 따라서 실행행위 종료전이면 공동정범의 성립이 가능하다.

〈판례연구〉 공동가공의 의사가 인정되는 경우

① 신문사 사주 및 광고국장이 보도 자제를 요청하는 그 건설업체 대표이사에게 자사 신문에 사과광고를 싣지 않으면 그 건설업체의 신용을 해치는 기사가 계속 게재될 것 같다는 기자들의 분위기를 전달하는 방식으로 사과광고를 게재토록 하면서 과다한 광고료를 받은 경우(대판 1997. 2. 14, 96도1959).

② 우연히 공동피고인을 따라 갔다가 공동피고인이 강간을 끝내자마자 그의 신호에 따라 차례로 윤간한 경우(대판 1984. 12. 26, 82도1373).

③ 甲은 농성학생들을 지휘하면서 옥상 사수대의 편성 및 배치 등에 관여하고, 乙은 옥상사수대의 총지휘자로서 사수대원들로 하여금 종합관으로 진입하는 경찰관들을 향하여 돌 등을 던지도록 지시하였는데, 丙이 사수대원으로서 직접 돌 등을 던져 의경을 사망케 한 경우(대판 1997. 10. 10, 97도1720).

④ 갑과 을이 합동하여 강도 범행 도중에 갑이 피해자의 가슴에 칼을 들이대고 강간할 의사를 표명하면서 협박하고 을이 피해자를 강간한 경우(대판 1985. 2. 26, 84도2732).

⑤ 딱지어음의 전전유통경로나 중간 소지인들 및 그 기망방법을 구체적으로 몰랐다고 하더라도 딱지어음을 발행하여 매매한 경우(대판 1997. 9. 12, 97도1706).

⑥ 부정행위의 방법으로서 사정위원들의 업무를 방해할 것을 특정하거나 명시하여 지시하지 않았더라도 입시부정행위를 지시한 경우(대판 1994. 3. 8, 93도3154).

⑦ A주식회사에 대한 주가를 조작하기로 공모하여, 甲이 유통 부분에 대한 조작을 맡아 집중적으로 시세조종을 하고, 乙등과 함께 A주식회사에 대한 주가조작을 위한 자금을 조달한 경우(대판 2004. 5. 28, 2004도1465).

⑧ 게임장 운영자 甲과 상품권환전소 운영자 乙이 공모하여 甲은 게임장을 운영하면서 경품으로 상품권을 제공하고 乙은 고객들이 얻은 상품권을

환전해 주어 고객들로 하여금 게임물을 이용하여 사행행위를 하게 한 사안에서, 甲과 乙에게 게임산업진흥에 관한 법률 위반죄의 공동정범이 인정된다(대판 2008. 9. 11, 2007도6706).

⑨ 2인 이상이 범죄에 공동 가공하는 공범관계에서 공모는 법률상 어떤 정형을 요구하는 것이 아니고, 2인 이상이 공모하여 어느 범죄에 공동 가공하여 그 범죄를 실현하려는 의사의 결합만 있으면 되는 것으로서, 비록 전체의 모의과정이 없었다고 하더라도 수인 사이에 순차적으로 또는 암묵적으로 상통하여 그 의사의 결합이 이루어지면 공모관계가 성립하고, 이러한 공모가 이루어진 이상 실행행위에 직접 관여하지 아니한 자라도 다른 공모자의 행위에 대하여 공동정범으로서의 형사책임을 지는 것이고, 이와 같은 공모에 대하여는 직접증거가 없더라도 정황사실과 경험법칙에 의하여 이를 인정할 수 있다(대판 2012. 1. 27, 2010도10739).

⑩ 공동피고인이 위조된 부동산임대차계약서를 담보로 제공하고 피해자로부터 돈을 빌려 편취할 것을 계획하면서 피고인에게 미리 전화를 하여 임대인 행세를 하여달라고 부탁하였고, 피고인은 임대인인 것처럼 행세하여 전세금액 등을 확인한 사안에서, 피고인의 행위는 위조사문서행사에 있어서 기능적 행위지배가 인정된다(대판 2010. 1. 28, 2009도10139).

⑪ 공범자의 범인도피행위 도중에 그 범행을 인식하면서 기왕의 범인도피상태를 이용하여 스스로 범인도피행위를 계속한 경우 범인도피죄의 공동정범이 성립한다(대판 2012. 8. 30, 2012도6027).

〈판례연구〉 공동가공의 의사가 부정되는 경우

① 甲은 함께 술을 마시던 乙이 화장실에 간 사이 옆에 있던 丙과 시비가 붙어 싸움을 하였다. 자리로 돌아오다 이를 발견한 乙은 甲의 제지에도 불고하고 丙을 폭행하였고, 丙은 乙의 폭행으로 인하여 사망한 경우(대판 1985. 5. 14, 84도2118).

② 오토바이를 절취하여 오면 그 물건을 사 주겠다고 말한 경우(대판 1997. 9. 30, 97도1940).

③ 전자제품 등을 밀수입해 올 테니 이를 팔아달라는 제의를 받고 승낙한 경우(대판 2000. 4. 7, 2000도576).

④ 피해자들을 한 사람씩 나누어 강간하자는 제의에 아무런 대답도 하지 않고 따라 다니다가 자신의 강간 상대방으로 남겨진 부녀에게 일체의

신체적 접촉도 시도하지 않은 채 다른 일행이 인근 숲 속에서 강간을 마칠 때까지 그녀와 함께 이야기만 나눈 경우(대판 2003. 3. 28, 2002도7477).

⑤ 은행 지점장이 스포츠센터 영업주가 과다한 대출원리금 채무를 부담하고 있음을 알면서도 피해자들에게 그의 상환능력을 과장하여 설명하였는데 스포츠센터 영업주가 사기 범행을 한 경우(대판 2002. 6. 14, 99도3658).

⑥ 채권자가 채무자로부터 채권확보를 위하여 담보물을 제공받을 때 그 물건이 채무자가 보관중인 타인의 물건임을 알았는데 채무자가 횡령한 경우(대판 1992. 9. 8, 92도1396).

⑦ 진료비가 과다 징수되고 있는 사실에 관하여 종합병원 병원장인 피고인에게 대략의 인식은 있었지만, 직원들이 환자들로부터 진료비를 과다 징수하여 이를 편취한 경우(대판 2005. 3. 11, 2002도5112).

(3) 승계적 공동정범

공동의사의 성립은 반드시 사전에 있을 것을 요하지 않는다. 즉 의사연락이 실행행위 도중, 즉 실행행위의 일부종료 후 기수이전에 성립한 경우를 말한다. 이때 후행자의 책임범위에 대하여 선행자의 행위를 포함한 전체범죄에 대한 공동정범이 된다는 적극설과 개입한 이후의 행위에 대해서만 공동정범이 된다는 소극설(통설·판례)이 있다.

〈판례연구〉

① 비록 타인이 미성년자를 약취·유인한 행위에는 가담한 바 없다 하더라도 사후에 그 사실을 알면서 약취·유인한 미성년자를 부모 기타 그 미성년자의 안전을 염려하는 자의 우려를 이용하여 재물이나 재산상의 이익을 취득하거나 요구하는 타인의 행위에 가담하여 이를 방조한 때에는 단순히 재물등 요구행위의 종범이 되는데 그치는 것이 아니라 종합범인 위 특정범죄가중처벌등에 관한 법률 제5조의2 제2항 제1호 위반죄의 종범에 해당한다.(대판 1982. 11. 23. 82도2024).

② 공동정범이 성립하기 위하여는 반드시 공범자간에 사전에 모의가 있어야 하는 것은 아니며, 우연히 만난 자리에서 서로 협력하여 공동의 범의를 실현하려는 의사가 암묵적으로 상통하여 범행에 공동가공하더라

도 공동정범은 성립된다(대판 1984. 12. 26, 82도1373).

③ 공범자가 공갈행위의 실행에 착수한 후 그 범행을 인식하면서 그와 공동의 범의를 가지고 그 후의 공갈행위를 계속하여 재물의 교부나 재산상 이익의 취득에 이른 때에는 공갈죄의 공동정범이 성립한다(대판 1997. 2. 14, 96도1959).

④ 배임죄는 본인에게 손해를 가한 때에 기수가 되는 것이므로 본인에게 손해가 발생하기 이전에 업무상 배임행위로 취득할 유류를 그 배임행위자로부터 미리 이를 매수하기로 합의 내지 응탁한 피고인들의 행위는 배임으로 취득한 장물을 취득한 행위에 지나지 않는 것이 아니라 모두 배임행위 자체의 공동정범이 된다(대판 1987. 4. 28, 83도1568).

⑤ 범인도피죄는 범인을 도피하게 함으로써 기수에 이르지만 범인도피행위가 계속되는 동안에는 범죄행위도 계속되고 행위가 끝날 때 비로소 범죄행위가 종료되고, 공범자의 범인도피행위의 도중에 그 범행을 인식하면서 그와 공동의 범의를 가지고 기왕의 범인도피상태를 이용하여 스스로 범인도피행위를 계속한 자에 대하여는 범인도피죄의 공동정범이 성립한다(대판 1995. 9. 5, 95도577).

⑥ 회사직원이 영업비밀을 경쟁업체에 유출하거나 스스로의 이익을 위하여 이용할 목적으로 무단으로 반출한 때 업무상배임죄의 기수에 이르렀다고 할 것이고, 그 이후에 위 직원과 접촉하여 영업비밀을 취득하려고 한 자는 업무상배임죄의 공동정범이 될 수 없다(대판 2003. 10. 30, 2003도4382).

(4) 과실범의 공동정범

2인 이상이 공동의 과실로 인하여 과실범의 구성요건적 결과를 발생케 한 경우를 말한다. 과실범의 공동정범은 범죄공동설에 의하면 인정될 수 없지만, 행위공동설(판례)에 의하면 인정된다.

〈판례연구〉 과실범의 공동정범 인정

① 피고인이 정기관사의 지휘감독을 받는 부기관사이기는 하나 사고열차의 퇴행에 관하여 서로 상론, 동의한 이상 퇴행에 과실이 있다면 과실책임을 면할 수 없다(대판 1982. 6. 8, 82도781).

② 운전병이 운전하던 짚차의 선임 탑승자는 이 운전병의 안전운행을 감독하여야 할 책임이 있는데 오히려 운전병을 데리고 주점에 들어가서 같

이 음주한 다음 운전케 한 결과 위 운전병이 음주로 인하여 취한 탓으로 사고가 발생한 경우에는 위 선임 탑승자에게도 과실범의 공동정범이 성립한다(대법원 1979. 8. 21, 79도1249).

③ 터널굴착공사를 하다가 터널이 무너져 통과하던 열차가 전복된 경우 도급받은 건설회사의 현장소장과 위 공사를 발주한 한국전력공사의 지소장에게 과실범의 공동정범을 인정된다(대판 1994. 5. 24, 94도660).

④ 건물(삼풍백화점) 붕괴의 원인이 건축계획의 수립, 건축설계, 건축공사공정, 건물 완공 후의 유지관리 등에 있어서의 과실이 복합적으로 작용한 데에 있다고 보아 각 단계별 관련자들을 업무상과실치사상죄의 공동정범이 된다(대판 1996. 8. 23, 96도1231).

⑤ 피고인들에게는 트러스 제작상, 시공 및 감독의 과실이 인정되고, 감독공무원들의 감독상의 과실이 합쳐져서 이 사건 사고의 한 원인이 되었으며, 한편 피고인들은 이 사건 성수대교를 안전하게 건축되도록 한다는 공동의 목표와 의사연락이 있었다고 보아야 할 것이므로, 피고인들 사이에는 이 사건 업무상과실치사상등죄에 대하여 형법 제30조 소정의 공동정범의 관계가 성립된다고 보아야 할 것이다(대판 1997. 11. 28, 97도1740).

〈판례연구〉 과실범의 공동정범 부정

① 피고인이 운전자의 부탁으로 차량의 조수석에 동승한 후, 운전자의 차량운전행위를 살펴보고 잘못된 점이 있으면 이를 지적하여 교정해 주려 했던 것에 그치고 전문적인 운전교습자가 피교습자에 대하여 차량운행에 관해 모든 지시를 하는 경우와 같이 주도적 지위에서 동 차량을 운행할 의도가 있었다거나 실제로 그같은 운행을 하였다고 보기 어렵다면 그 같은 운행 중에 야기된 사고에 대하여 과실범의 공동정범의 책임을 물을 수 없다(대판 1984. 3. 13, 82도3136)

② 운전수가 불의의 발병으로 자동차를 운전할 수 없게 되자 동승한 운전경험이 있는 차주가 운전하다가 사고를 일으킨 경우에 차주의 운전상의 과실행위에 운전수와의 상호간의 의사연락이 있었다고 보거나 운전행위를 저지하지 않은 원인행위가 차주의 운전상의 부주의로 인한 결과발생에 까지 미친다고 볼 수 없다(대판 1974. 7. 23, 74도778).

③ 군용차량의 운전병이 선임탑승자의 지시에 따라 철도선로를 무단횡단 중 운전부주의로 그 차량이 손괴된 경우, 그 손괴의 결과가 선임탑승자가 사고지점을 횡단하도록 지시한 과실에 인한 것이라고 볼 수 없고

선임탑승자가 운전병을 지휘감독 할 책임 있는 자라 하여 그 점만으로 곧 손괴의 결과에 대한 공동과실이 있는 것이라고 단정할 수도 없다(대법원 1986. 5. 27, 85도2483).

2) 객관적 요건

(1) 공동의 실행행위

공동참가자가 각자의 전체 범행계획에 따라 분업적으로 실행행위를 분담하여 실행하는 행위를 말한다. 공동가공의 방법은 작위·부작위를 불문하고 실행행위의 분담은 반드시 현장에서 행하여질 것을 요하지 않는다. 공동의 실행행위는 실행의 착수이후부터 실질적 종료 이전까지 존재하여야 한다. 따라서 예비·음모의 단계에서 기여한 행위는 실행행위의 분담을 인정할 수 없다.

〈판례연구〉

① 화염병과 돌멩이들을 진압 경찰관을 향하여 무차별 던지는 시위 현장에 피고인도 이에 적극 참여하여 판시와 같이 돌멩이를 던지는 등의 행위로 다른 사람의 화염병 투척을 용이하게 하였다면 비록 피고인 자신이 직접 화염병 투척의 행위는 하지 아니하였다 하더라도 그 화염병 투척(사용)의 공동정범으로서의 죄책을 면할 수는 없는 것이다(대판 1992. 3. 31. 91도3279).

② 공모에 의한 범죄의 공동실행은 모든 공범자가 스스로 범죄의 구성요건을 실현하는 것을 전제로 하지 아니하고, 그 실현행위를 하는 공범자에게 그 행위결정을 강화하도록 협력하는 것으로도 가능하며, 이에 해당하는지 여부는 행위 결과에 대한 각자의 이해 정도, 행위 가담의 크기, 범행지배에 대한 의지 등을 종합적으로 고려하여 판단하여야 한다(대판 2006. 12. 22., 선고, 2006도1623).

③ 피고인이 공범들과 함께 강도범행을 저지른 후 피해자의 신고를 막기 위하여 공범들이 묶여 있는 피해자를 옆방으로 끌고가 강간범행을 할 때에 피고인은 자녀들을 감시하고 있었다면 강도강간의 공동죄책을 면할 수 없다(대판 1986. 1. 21., 85도2411).

(2) 공모공동정범

2인 이상의 자가 범죄를 공모한 후 그 공모자 가운데 일부만이 범죄의 실행에 나아간 경우에 실행행위를 담당하지 아니한 공모자도 공동정범이 성립한다는 이론이다. 판례의 경우 대부분은 '공동의사주체설'에 입각하여 공모공동정범의 성립을 인정하나, '간접정범유사설'에 입각한 경우도 있다(긍정설).

〈판례연구〉

① 공모공동정범은 공동범행의 인식으로 범죄를 실행하는 것으로 공동의사주체로서의 집단전체의 하나의 범죄행위의 실행이 있음으로써 성립하고 공모자 모두가 그 실행행위를 분담하여 이를 실행할 필요가 없고 실행행위를 분담하지 않아도 공모에 의하여 수인간에 공동의사주체가 형성되어 범죄의 실행행위가 있으면 실행행위를 분담하지 않았다고 하더라도 공동의 사주체로서 정범의 죄책을 면할 수 없다.(대판 1983. 3. 8. 82도3248).

② 2인 이상이 범죄에 공동가공하는 공범관계에서 공모는 법률상 어떤 정형을 요구하는 것이 아니고 2인 이상이 공모하여 범죄에 공동가공하여 범죄를 실현하려는 의사의 결합만 있으면 되는 것으로서, 비록 전체의 모의과정이 없더라도 수인 사이에 순차적으로 또는 암묵적으로 상통하여 의사의 결합이 이루어지면 공모관계는 성립한다(대판 2011. 12. 22. 2011도9721).

③ 형법 제30조의 공동정범은 공동가공의 의사와 그 공동의사에 기한 기능적 행위지배를 통한 범죄 실행이라는 주관적·객관적 요건을 충족함으로써 성립하는바, 범죄에 대한 본질적 기여를 통한 기능적 행위지배가 존재하는 것으로 인정되는 경우여야 한다(대법원 2009. 6. 23., 선고, 2009도2994).

④ 피고인이 여러 공범들과 피해자를 상해하기로 공모하고, 피고인 등은 상피고인의 사무실에서 대기하고, 실행행위를 분담한 공모자 일부가 사건현장에 가서 위 피해자를 상해하여 사망케 하였다면 피고인은 상해치사범죄의 공동정범에 해당한다(대판 1991. 10. 11, 91도1755).

⑤ 여러 사람이 폭력행위등처벌에관한법률 제2조 제1항에 열거된 죄를 범하기로 공모한 다음 그 중 2인 이상이 범행장소에서 범죄를 실행한 경

우에는 범행장소에 가지 아니한 자도 같은 법 제2조 제2항에 규정된 죄의 공모공동정범으로 처벌할 수 있다(대판 1996. 12. 10, 96도2529).

⑥ 자동차 명의신탁관계에서 제3자가 명의수탁자로부터 승용차를 가져가 매도할 것을 허락받고 인감증명 등을 교부받아 위 승용차를 명의신탁자 몰래 가져간 경우, 위 제3자와 명의수탁자의 공모·가공에 의한 절도죄의 공모공동정범이 성립한다(대판 2007. 1. 11, 2006도4498)

⑦ 피고인이 위조행위 자체에는 관여한 바 없다고 하더라도 타인에게 위조를 부탁하여 의사연락이 되고 그로 하여금 범행을 하게 하였다면 공모공동정범에 의한 위조죄가 성립된다(대판 1980. 5. 27, 80도907).

⑧ 유가증권의 허위작성행위 자체에는 직접관여한 바 없다 하더라도 타인에게 그 작성을 부탁하여 의사연락이 되고 그 타인으로 하여금 범행을 하게 하였다면 공모공동정범에 의한 허위작성죄가 성립한다(대판1985. 8. 20, 83도2575).

⑨ 국회의원 후보자와 그 유세위원장 등이 상대후보를 국회의원에 당선되지 못하게 할 목적으로 허위사실을 공표할 것을 공모한 후 실행에 나아감으로써 허위사실공표죄의 공모공동정범이 성립된다(대결 2002. 4. 10, 2001모193).

⑩ 한총련 의장인 피고인이 주도한 한총련 중앙상임위원회에서 경찰에 대한 요구조건을 내걸고 그와 같은 요구조건이 받아들여지지 아니하면 변사체검사에 응하지 아니한다는 방침을 결정하였는데, 피고인에 대한 보고를 하지 아니한 채 한총련 산하 남총련 의장 등이 위 방침에 따라 변사체검시방해행위를 한 경우, 피고인에 대하여 변사체검시방해죄의 공모공동정범이 성립된다(대판 1998. 7. 28, 98도1395).

⑪ 전국노점상총연합회가 주관한 도로행진시위에 참가한 피고인이 다른 시위 참가자들과 함께 경찰관 등에 대한 특수공무집행방해 행위를 하던 중 체포된 사안에서, 단순 가담자인 피고인에게 체포된 이후에 이루어진 다른 시위참가자들의 범행에 대하여는 본질적 기여를 통한 기능적 행위지배가 존재한다고 보기 어려워 공모공동정범의 죄책을 인정할 수 없다(대판 2009. 6. 23, 2009도2994).

(3) 공모관계로부터의 이탈

실행의 착수이전에 이탈한 경우에는 이탈 이후의 다른 공모자의 행위에 관하여 공동정범으로서의 책임은 지지 않는다. 이탈로 인한 공모관계가 소멸되기 때문이다. 이때 이탈의 표시는 반드시 명시적임을 요하지 않는다. 실행의 착수이후에 이탈한 경우에는 그 공모관계에서 이탈하였다고 하더라도 공동정범의 책임을 진다. 따라서 공모자 1인의 자의로 중지하였을지라도 다른 공모자에 의해 그 범죄가 기수에 이른 때에는 그 범죄의 중지미수가 아니라 기수범의 공동정범이 성립한다.

〈판례연구〉 실행의 착수 이전의 이탈

① 피해자의 팔, 다리를 묶어 저수지 안으로 던져 살해하기로 공모한 자가 다른 공모자들이 실행행위에 이르기 전에 그 공모관계에서 이탈한 경우 공동정범으로서의 책임이 없다(대판 1995. 7. 11, 95도955).

② 시라소니파인 피고인이 술을 마시고 있다가 같은 조직원으로부터 연락을 받고 소집에 응했으나, '파라다이스'파에게 보복을 하러 간다는 말을 듣고 다른 조직원들이 여러 대의 차에 분승하여 출발하려고 할 때 사태의 심각성을 실감하고 범행에 휘말리기 싫어서 그 곳에서 택시를 타고 집에 와버린 경우 공동정범으로서의 책임이 없다(대판 1996. 1. 26, 94도2654).

③ 공모공동정범에 있어서 공모관계에서의 이탈은 공모자가 공모에 의하여 담당한 기능적 행위지배를 해소하는 것이 필요하므로 공모자가 공모에 주도적으로 참여하여 다른 공모자의 실행에 영향을 미친 때에는 범행을 저지하기 위하여 적극적으로 노력하는 등 실행에 미친 영향력을 제거하지 아니하는 한 공모자가 구속되었다는 등의 사유만으로 공모관계에서 이탈하였다고 할 수 없다(대판 2010. 9. 9, 2010도6924).

④ 공모공동정범에 있어서 그 공모자중의 1인이 다른 공모자가 실행행위에 이르기 전에 그 공모관계에서 이탈한 때에는 그 이후의 다른 공모자의 행위에 관하여 공동정범으로서의 책임은 지지 않는다고 할 것이고 그 이탈의 표시는 반드시 명시적임을 요하지 않는다(대판 1986.1.21., 85도2371).

④ 합동범은 주관적 요건으로서 공모가 있어야 하고 객관적 요건으로서 현장에서의 실행행위의 분담이라는 협동관계가 있어야 하는 것이므로 피고인이 다른 피고인들과 택시강도를 하기로 모의한 일이 있다고 하여도 다른 피고인들이 피해자에 대한 폭행에 착수하기 전에 겁을 먹고 미리 현장에서 도주해 버렸다면 특수강도의 합동범으로 의율 할 수 없다(대판 1985. 3. 26, 84도2956). ∴갑의 경우 특수강도 예비죄가 성

립한다.

⑤ 특수절도의 공동정범이 성립될 수 없음은 물론 다른 공모자들이 실행행위에 이르기 이전에 그 공모관계로부터 이탈한 것이 분명하므로 그 이후의 다른 공모자의 절도행위에 관하여도 공동정범으로서 책임을 지지 아니한다고 할 것이다(대판 1989. 3. 14., 88도837).

⑥ 공모공동정범에 있어서 공모관계에서의 이탈은 공모자가 공모에 의하여 담당한 기능적 행위지배를 해소하는 것이 필요하므로 다른 3명의 공모자들과 강도 모의를 하면서 삽을 들고 사람을 때리는 시늉을 하는 등 그 모의를 주도한 피고인이 함께 범행 대상을 물색하다가 다른 공모자들이 강도의 대상을 지목하고 뒤쫓아 가자 단지 "어?"라고만 하고 비대한 체격 때문에 뒤따라가지 못한 채 범행현장에서 200m 정도 떨어진 곳에 앉아 있었으나 위 공모자들이 피해자를 쫓아가 강도상해의 범행을 한 사안에서, 피고인에게 그 공모관계에서 이탈하였다고 볼 수 없으므로 강도상해죄의 공동정범으로서의 죄책을 진다(대판 2008. 4. 10, 2008도1274).

〈판례연구〉 실행의 착수 이후의 이탈

① 금품을 강취할 것을 공모하고 피고인은 집 밖으로 망을 보기로 하였으나, 다른 공모자들이 피해자의 집에 침입한 후 담배를 사기 위해서 망을 보지 않고 이탈하였는데 공모자들이 강도 상해를 범한 경우 공동정범의 책임이 있다(대판 1984. 1. 31, 83도2941).

② 다단계금융판매조직에 의한 사기범행을 공모하고 피해자들을 기망하여 그들로부터 투자금 명목으로 피해금원의 대부분을 편취한 단계에서 조직의 관리이사직을 사임하였는데, 피고인의 사임 이후 피해자들이 납입한 나머지 투자금 명목의 편취금원을 공범들이 같은 방법으로 수수한 경우 공동정범의 책임이 있다(대판 2002. 8. 27, 2001도513).

③ 피고인이 포괄일죄의 관계에 있는 범행의 일부를 실행한 후 공범관계에서 이탈하였으나 다른 공범자에 의하여 나머지 범행이 이루어진 경우, 피고인이 관여하지 않은 부분에 대하여도 죄책을 부담한다(대판 2011. 1. 13, 2010도9927).

4. 공동정범의 처벌

1) 일부실행 · 전부책임의 원칙

각자를 그 죄의 정범으로 처벌한다. 결과적 가중범의 경우 초과부분에 대해 고의 없는 공동자가 그 결과를 예견할 수 있을 때 공동정범의 책임을 진다. 교사범이 동시에 공동정범이 되는 경우는 교사범은 공동정범에 흡수된다.

〈판례연구〉 초과실행에 대한 죄책 인정

① 특수절도(소매치기할 것을 공모하고 만일을 대비하여 각 식칼 1자루씩을 나누어 가진 후 합동하여 피해자 이영희의 손지갑을 절취)의 범인들이 범행이 발각되어 각기 다른 길로 도주하다가 그중 1인이 체포를 면탈할 목적으로 폭행하여 상해를 가한 때에는, 나머지 범인도 위 공범이 추격하는 피해자에게 체포되지 아니하려고 위와 같이 폭행할 것을 전연 예기하지 못한 것으로는 볼 수 없다 할 것이므로 그 폭행의 결과로 발생한 상해에 관하여 형법 제337조, 제335조의 강도상해죄의 책임을 면할 수 없다(대판 1984. 10. 10, 84도1887).

② 피고인들이 등산용 칼을 이용하여 노상강도를 하기로 공모한 사건에서 범행 당시 차안에서 망을 보고 있던 피고인 갑이나 등산용 칼을 휴대하고 있던 피고인 을과 함께 차에서 내려 피해자로부터 금품을 강취하려 했던 피고인 병으로서는 그때 우연히 현장을 목격하게 된 다른 피해자를 피고인 을이 소지 중인 등산용 칼로 살해하여 강도살인 행위에 이를 것을 전혀 예상하지 못하였다고 할 수 없으므로 피고인들 모두는 강도치사죄로 의율 처단함이 옳다(대판 1990. 11. 27, 90도2262).

〈판례연구〉 초과실행에 대한 죄책 부정

① 갑(피고인)이 사전에 제1심 공동피고인(을)과의 사이에 상의한 바 없었음은 물론 체포현장에 있어서도 피고인과의 사이에 전혀 의사연락 없이 을이 피해자로부터 그가 가지고간 몽둥이로 구타당하자 돌연 이를 빼앗아 피해자를 구타하여 상해를 가한 것으로서 갑이 이를 예기하지

못하였다고 할 것이므로 동 구타상해행위를 공모 또는 예기하지 못한 갑에게까지 준강도 상해의 죄책을 문의할 수 없다(대판 1982. 7. 13, 82도1352).

② 절도를 공모한 피고인이 다른 공모자 (갑)의 폭행행위에 대하여 사전양해나 의사의 연락이 전혀 없었고, 범행 장소가 빈 가게로 알고 있었고, 위 (갑)이 담배창구를 통하여 가게에 들어가 물건을 절취하고 피고인은 밖에서 망을 보던 중 예기치 않았던 인기척소리가 나므로 도주해 버린 이후에 위 (갑)이 창구에 몸이 걸려 빠져 나오지 못하게 되어 피해자에게 붙들리자 체포를 면탈할 목적으로 피해자에게 폭행을 가하여 상해를 입힌 것이고, 피고인은 그동안 상당한 거리를 도주하였을 것으로 추정되는 상황 하에서는 피고인이 위 (갑)의 폭행행위를 전연 예기할 수 없었다고 보여 지므로 피고인에게 준강도상해죄의 공동책임을 지울 수 없다(대판 1984. 2. 28., 83도3321).

2) 공동정범의 인과관계

공동정범에 있어서 인과관계는 공동자 각자의 행위와 결과 사이에서 개별적으로 확정되는 것이 아니라 공동자 전원의 행위와 발생한 결과를 종합적으로 고려하여 확정된다.

5. 관련문제

1) 결과적 가중범의 공동정범

결과적 가중범의 공동정범은 기본행위를 공동으로 할 의사가 있으면 성립하고, 결과를 공동으로 할 의사는 필요없다. 이에 중한 결과를 예견할 수 없었던 경우가 아니면 결과적 가중범의 죄책을 면할 수 없다는 것이 판례의 태도이다.

〈판례연구〉

① 결과적가중범인 상해치사죄의 공동정범은 폭행 기타의 신체침해행위를 공동으로 할 의사가 있으면 성립되고 결과를 공동으로 할 의사는 필요

없다 할 것이므로 패싸움 중 한사람이 칼로 찔러 상대방을 죽게 한 경우에 다른 공범자가 그 결과 인식이 없다 하여 상해치사죄의 책임이 없다고 할 수 없다(대판 1978. 1. 17, 77도2193).

2) 공동정범간의 범행초과

(1) 질적초과

초과 행위자만 그 부분에 대해 책임지고 나머지 공동자들은 공모한 범행부분에 대해서만 책임을 진다.

〈판례연구〉

① 갑이 강간사실을 알게 된 것은 이미 실행의 착수가 이루어지고 난 다음이었음이 명백하고 강간사실을 알고 나서도 암묵리에 그것을 용인하여 그로 하여금 강간하도록 할 의사로 강간의 실행범인 을과 강간 피해자의 머리 등을 잡아준 병과 함께 일체가 되어 원심공동피고인들의 행위를 통하여 자기의 의사를 실행하였다고는 볼 수 없다 할 것이고 따라서 결국 강도강간의 공모사실을 인정할 증거가 없다(대판 1988. 9. 13., 88도1114). ∴갑의 경우 특수강도죄만 성립한다.

(2) 양적 초과

공모사실과 발생사실이 질적으로는 동일하지만 별개의 구성요건에 속하는 경우를 말한다. 이 경우에는 죄질이 부합하는 범위에서는 공동정범이 성립하고, 책임은 각자의 고의, 과실의 범위내에서 부담한다.

〈판례연구〉

① 수인이 합동하여 강도를 한 경우 그 중 1인이 사람을 살해하는 행위를 하였다면 그 범인은 강도살인죄의 기수 또는 미수의 죄책을 지는 것이고 다른 공범자도 살해행위에 관한 고의의 공동이 있었으면 그 또한 강도살인죄의 기수 또는 미수의 죄책을 지는 것이 당연하다 하겠으나, 고의의 공동이 없었으면 피해자가 사망한 경우에는 강도치사의, 강도살인이 미수에 그치고 피해자가 상해만 입은 경우에는 강도상해 또는 치

상의, 피해자가 아무런 상해를 입지 아니한 경우에는 강도의 죄책만 진다고 보아야 할 것이다(대법원 1991. 11. 12, 91도2156).

② 피고인들이 등산용 칼을 이용하여 노상강도를 하기로 공모한 사건에서 범행 당시 차안에서 망을 보고 있던 피고인 갑이나 등산용 칼을 휴대하고 있던 피고인 을과 함께 차에서 내려 피해자로부터 금품을 강취하려 했던 피고인 병으로서는 그때 우연히 현장을 목격하게 된 다른 피해자를 피고인 을이 소지중인 등산용 칼로 살해하여 강도살인행위에 이를 것을 전혀 예상하지 못하였다고 할 수 없으므로 피고인들 모두는 강도치사죄로 의율처단함이 옳다(대판 1990. 11. 27, 90도2262).

③ 강도합동범 중 1인이 피고인과 공모한대로 과도를 들고 강도를 하기 위하여 피해자의 거소를 들어가 피해자를 향하여 칼을 휘두른 이상 이미 강도의 실행행위에 착수한 것임이 명백하고, 그가 피해자들을 과도로 찔러 상해를 가하였다면 대문 밖에서 망을 본 공범인 피고인이 구체적으로 상해를 가할 것까지 공모하지 않았다 하더라도 피고인은 상해의 결과에 대하여도 공범으로서의 책임을 면할 수 없다(대판 1998. 4. 14, 98도356).

3) 공동정범과 신분

진정신분범의 비신분자는 단독으로 진정신분범의 정범이 될 수 없으나 신분자와 공동하여서는 진정신분범의 공동정범이 될 수 있다(제33조 본문). 다만 신분관계로 인하여 형의 경중이 있는 때에는(부진정신분범인 경우) 중한 죄로 처벌하지 않는다(제33조 단서).

4) 공동정범의 미수

공동정범의 미수는 공동정범자의 모든 행위를 종합하여 볼 때 범죄를 완성하지 못한 경우에 가능하다. 따라서 공동정범 중 1인의 행위가 미수에 그치더라도 다른 자에 의하여 범죄가 완성되는 때에는 공동정범의 전원이 기수의 책임을 진다.

5) 합동범

(1) 의의

합동범이란 2인 이상이 합동하여 일정한 죄를 범한 경우에 단독정범이나 공동정범보다 형벌이 가중되는 범죄를 말한다. 합동범은 2인 이상이 합동하는 경우의 현실적 위험성 증대를 고려하여 가중처벌 하는 것이다.

(2) 합동범의 본질

합동범의 본질에 대해 (i) 공모공동정범설 (ii) 가중적 공동정범설 (iii) 현장설 (iv) 현장적 공동정범설의 견해가 대립한다.

(3) 합동범의 공동정범

합동해서 범죄를 실행하기로 공모하였지만 현장에는 가지 않은 자에게 합동범의 공동정범의 성립을 인정할 수 있는가가 문제되는데, 판례는 소위 "삐끼주점 사건"에서 그 성립을 인정하였다.

〈판례연구〉

① 3인 이상의 범인이 합동절도의 범행을 공모한 후 적어도 2인 이상의 범인이 범행 현장에서 시간적, 장소적으로 협동관계를 이루어 절도의 실행행위를 분담하여 절도 범행을 한 경우에는 공동정범의 일반 이론에 비추어 그 공모에는 참여하였으나 현장에서 절도의 실행행위를 직접 분담하지 아니한 다른 범인에 대하여도 그가 현장에서 절도 범행을 실행한 위 2인 이상의 범인의 행위를 자기 의사의 수단으로 하여 합동절도의 범행을 하였다고 평가할 수 있는 정범성의 표지를 갖추고 있다고 보여지는 한 그 다른 범인에 대하여 합동절도의 공동정범의 성립을 부정할 이유가 없다고 할 것이다. (대판 1998. 5. 21, 98도321 전합).

② 피고인 등이 비록 특정한 1명씩의 피해자만 강간하거나 강간하려고 하였다 하더라도, 사전의 모의에 따라 강간할 목적으로 심야에 인가에서 멀리 떨어져 있어 쉽게 도망할 수 없는 야산으로 피해자들을 유인한 다음 곧바로 암묵적인 합의에 따라 각자 마음에 드는 피해자들을 데리고 불과 100m 이내의 거리에 있는 곳으로 흩어져 동시 또는 순차적으

로 피해자들을 각각 강간하였다면, 피해자 3명 모두에 대한 특수강간죄 등이 성립된다(대판 2004. 8. 20, 2004도2870).

§32. 간접정범

제34조 (간접정범) ① 어느 행위로 인하여 처벌되지 아니하는 자 또는 과실범으로 처벌되는 자를 교사 또는 방조하여 범죄행위의 결과를 발생하게 한 자는 교사 또는 방조의 예에 의하여 처벌한다.

1. 의의

타인을 도구로 이용하여 범죄를 실현하는 자. 의사지배를 정범성의 표지로 삼는 자이다. 형법 제34조는 어느 행위로 처벌되지 아니하는 자 또는 과실범으로 처벌되는 자를 교사 또는 방조하여 범죄행위의 결과를 발생케 하는 자를 간접정범이라고 한다. 따라서 이용자가 동물을 이용하거나(개를 이용하여 상해를 가하는 경우는 상해죄의 직접정범) 사람을 생명 없는 도구로 이용한 경우(사람을 갑자기 밀어 타인의 재물을 손괴한 경우는 손괴죄의 직접정범)에는 간접정범이 아니라 직접정범이 성립한다.

2. 간접정범의 본질

1) 공범설

(1) 제한적 정범개념이론

구성요건에 해당하는 행위를 스스로 실행한 자만이 정범이 되므로 간접정범은 공범의 일종이라는 견해이다.

(2) 공범독립성설

자기의 범죄수행을 위하여 타인의 행위를 이용하는 것이 공범이므로 간접정범 개념은 인정할 필요가 없고 공범으로 보아야 한다는 견해이다.

2) 정범설

(1) 확장적 정범개념이론

직접적·간접적을 불문하고 구성요건적 결과발생에 조건이 된 자는 모두 정범이 되므로 그 개념을 특별히 인정할 필요도 없이 간접정범은 당연히 정범이 된다는 견해이다.

(2) 도구이론

간접정범은 인적도구를 이용한다는 점에서 물적 도구를 이용하는 직접정범과 그 규범적 평가에 있어 차이가 없으므로 정범이 된다는 견해이다.

(3) 행위지배설

이용자는 우월한 사실인식을 토대로 피이용자의 행위를 지배·조종하고 이것을 통해 범죄를 실현하는 의사지배로 인하여 정범이 된다는 견해이다(통설).

3. 성립요건

간접정범의 성립요건은 (i) 어느 행위로 인하여 처벌되지 않는 자 또는 과실범으로 처벌되는 자를, (ii) 교사 또는 방조하여, (iii) 범죄행위의 결과를 발생케 하는 것이다.

1) 어느 행위로 처벌되지 않는 자

(1) 구성요건 해당성이 없는 경우

객관적 구성요건에 해당하지 않는 경우이다. (i) 이용자의 강요나 기망으로 피이용자가 자살한 경우이다. 이 경우 이용자에게 의사지배가 인정되므로 살인죄의 간접정범이 성립한다. (ii) 진정신분범에서 신분자가 '신분없는 고의 있는 도구'를 이용한 경우이다. 예컨대 공무원이 친구(정을 안경우→종범, 정을 모른 경우→간접정범)에게 뇌물을 수뢰케 한 경우이다. (iii) 고의 없는 도구를 이용한 경우이다. 이 경우 의사지배가 인정되어 간접정범이 성립한다. 예컨대 의사가 정을 모르는 간호사에게 주사케 하여 환자를 죽인 경우 간접정범이 성립한다.

(2) 구성요건 해당성은 있으나 위법성이 없는 경우

타인의 정당행위 · 정당방위 · 긴급피난을 이용하는 경우이다. (i) 정당행위의 경우 예컨대 허위사실을 신고하여 사람을 체포 · 구금하게 한 경우에는 이용자는 타인의 정당행위를 이용한 간접정범이 된다. (ii) 정당방위의 경우 예컨대 갑이 을을 상해할 의사로 을로 하여금 병을 공격케 하고 병의 정당방위를 이용하여 을에게 상해의 결과를 가져오게 한 경우 상해죄의 간접정범이 된다. (iii) 긴급피난의 경우 예컨대 갑은 행인을 이용하여 A상점의 재물을 손괴할 목적으로 차를 급히 몰았고 근처를 지나가던 을이 놀라 A상점으로 뛰어드는 바람에 상점의 물건이 손상된 경우이다.

(3) 구성요건 해당성, 위법성은 있으나 책임이 없는 경우

피이용자의 책임무능력 상태 또는 책임조각사유를 인식하고 피이용자를 도구로 이용하여 행위를 지배한 경우에 간접정범이 성립한다. (i) 책임무능력자를 이용한 경우이다. 예컨대 정신병자를 시켜 금품을 훔치게 한 행위 등이다. (ii) 강요된 행위자를 이용한 경우이다. 예컨대 심리적 폭력으로써 피이용자에게 범행을 강요하거나 피이용자의 행위가 강요된 상황임을 이용한 경우이다. (iii) 기대불가능성으로 인한 책임조각자를 이용한 경우이다. 즉, 피이용자의 행위가 기대불가능성으로 인해 책임이 조각될 때, 그것을 알고 이용한 이용자는 간접정범이 된다.

〈판례연구〉 간접정범이 인정되는 경우

① "네가 네 코를 자르지 않을 때는 돌로서 죽인다."는 등 위협을 가해 자신의 생명에 위험을 느낀 여인이 자신의 생명을 보존하기 위하여 위면도칼로 콧등을 절단하여 전치 3개월을 요하는 상처를 입혀 안면부 불구가 되게 한 경우(대판 1970. 9. 22, 70도1638). 중상해죄의 간접정범

② 명의인을 기망하여 문서를 작성케 하는 경우(대판 2000. 6. 13, 2000도778). 사문서위조죄의 간접정범

③ 피고인이 7세, 3세 남짓된 어린자식들에 대하여 함께 죽자고 권유하여 물속에 따라 들어오게 하여 결국 익사하게 한 경우(대판 1987. 1. 20, 86도2395). 살인죄의 간접정범

④ 경찰서 보안과장인 피고인이 甲의 음주운전을 눈감아주기 위하여 그에 대한 음주운전자 적발보고서를 찢어버리고, 부하로 하여금 일련번호와 동일한 가짜 음주운전 적발보고서에 乙에 대한 음주운전 사실을 기재케 하여 그 정을 모르는 담당 경찰관으로 하여금 주취운전자 음주측정처리부에 을에 대한 음주운전사실을 기재하도록 한 경우(대판 1996. 10. 11, 95도1706). 허위공문서작성의 간접정범

⑤ 튀김용 기름의 제조허가도 없이 튀김용 기름을 제조할 범의하에 식용유제조의 범의 없는 자를 이용하여 튀김용 기름을 제조케 한 경우(대판 1983. 5. 24, 83도200). 무허가제조행위죄의 간접정범

⑥ 카드소지인이 그 점원에게 자신이 위 금액을 정정기재할 수 있는 양 기망하여 거래 된 물품의 금액대로 카드의 금액란을 정정기재케 한 경우(대판 1984. 11. 27, 84도1862). 유가증권변조죄의 간접정범

⑦ 허위인 정을 모르는 상사로 하여금 그 초안내용이 진실한 것으로 오신케 하여 서명날인케 함으로써 허위내용의 공문서를 작성토록 한 경우(대판 1990. 2. 27, 89도1816). 허위공문서작성죄의 간접정범

⑧ 비상계엄 전국확대가 국무회의의 의결을 거쳐 대통령이 선포함으로써 외형상 적법하였다고 하더라도, 이는 피고인들에 의하여 국헌문란의 목

적을 달성하기 위하여 그러한 목적이 없는 대통령을 이용하여 이루어진 경우 (대판 1997. 4. 17, 96도3376). 내란죄의 간접정범

⑨ 보증인이 아닌 자가 허위 보증서 작성의 고의 없는 보증인들을 이용하여 허위의 보증서를 작성하게 한 경우, 부동산소유권 이전등기 등에 관한 특별조치법 제13조 제1항 제3호에 정한 '허위보증서작성죄'의 간접정범이 성립한다(대판 2009. 12. 24, 2009도7815).

⑩ 자기에게 유리한 판결을 얻기 위하여 소송상의 주장이 사실과 다름이 객관적으로 명백하거나 증거가 조작되어 있다는 정을 인식하지 못하는 제3자를 이용하여 그로 하여금 소송의 당사자가 되게 하고 법원을 기망하여 소송 상대방의 재물 또는 재산상 이익을 취득하려 하였다면 간접정범의 형태에 의한 소송사기죄가 성립한다(대판 2007. 9. 6, 2006도3591).

⑪ 감금죄는 간접정범의 형태로도 행하여질 수 있는 것이므로, 인신구속에 관한 직무를 행하는 자 또는 이를 보조하는 자가 피해자를 구속하기 위하여 진술조서 등을 허위로 작성한 후 이를 기록에 첨부하여 구속영장을 신청하고, 진술조서 등이 허위로 작성된 정을 모르는 검사와 영장전담판사를 기망하여 구속영장을 발부받은 후 그 영장에 의하여 피해자를 구금하였다면 직권남용감금죄가 성립한다(대판 2006. 5. 25, 2003도3945).

⑫ 수표발행인인 피고인이 은행에 지급제시 된 수표가 위조되었다는 내용의 허위의 신고를 하여 그 정을 모르는 은행 직원이 수사기관에 고발을 함에 따라 수사가 개시되고, 피고인이 경찰에 출석하여 수표위조자로 특정인을 지목하는 진술을 한 경우 수사기관에 대하여 허위의 사실을 신고한 것으로 평가하여야 한다(대판 2005. 12. 22, 2005도3203).

⑬ 정유회사 경영자의 청탁으로 국회의원이 위 경영자와 지역구 지방자치단체장 사이에 정유공장의 지역구 유치와 관련한 간담회를 주선하고 위 경영자는 정유회사 소속 직원들로 하여금 위 국회의원이 사실상 지배·장악하고 있던 후원회에 후원금을 기부하게 하였다면 국회의원에게는 정치자금법 제32조 제3호 위반죄가, 경영자에게는 정치자금법 위반죄의 간접정범이 성립한다(대판 2008. 9. 11, 2007도7204).

⑭ 출판물에 의한 명예훼손죄는 간접정범에 의하여 범하여질 수도 있으므로 타인을 비방할 목적으로 허위의 기사 재료를 그 정을 모르는 기자에게 제공하여 신문 등에 보도되게 한 경우에도 성립할 수 있다(대판 2002. 6. 28, 2000도3045).

〈판례연구〉 간접정범이 부정되는 경우

① 공무원 아닌 자가 관공서에 허위 내용의 증명원을 제출하여 그 증명원 내용과 같은 증명서를 발급받은 경우 공문서위조죄의 간접정범으로 의율할 수는 없다(대판 2001. 3. 9, 2000도938).

② 제보자가 기사의 취재·작성과 직접적인 연관이 없는 자에게 허위의 사실을 알렸을 뿐인 경우, 피제보자가 언론에 공개하거나 기자들에게 취재됨으로써 그 사실이 신문에 게재되어 일반 공중에게 배포되더라도 제보자에게 출판·배포된 기사에 관하여 출판물에 의한 명예훼손죄의 책임을 물을 수는 없다(대판 2002. 6. 28, 2000도3045).

2) 과실범으로 처벌되는 자

피이용자에게 과실은 있지만 과실범처벌규정이 없어서 처벌할 수 없는 경우에도 이용자는 고의의 간접정범으로 처벌된다. 예컨대 과실재물손괴죄가 있다. 그리고 의사 갑이 간호사 을의 과실을 이용하여 환자에게 독약을 주사하여 살해한 경우 의사는 살인죄의 간접정범, 간호사는 업무상 과실치사죄가 성립한다.

3) 이용행위

(1) 교사 또는 방조

간접정범규정에서 말하는 교사 또는 방조는 교사범 또는 종범에서 말하는 교사·방조와 그 의미가 같지 않다. 즉 우월적 지배의사에 의하여 단순히 사주 또는 이용한다는 것을 의미한다.

〈판례연구〉

① 처벌되지 아니하는 타인의 행위를 적극적으로 유발하고 이를 이용하여 자신의 범죄를 실현한 자는 형법 제34조 제1항이 정하는 간접정범의 죄책을 지게 되고, 그 과정에서 타인의 의사를 부당하게 억압하여야만 간접정범에 해당하는 것은 아니다(대판 2008. 9. 11, 2007도7204).

(2) 실행의 착수

이용자가 피이용자를 이용하기 시작한 때 실행의 착수를 인정하는 견해(주관설, 통설)와 피이용자의 실행행위가 있는 때 실행의 착수를 인정하는 견해(객관설)가 있다.

(3) 결과의 발생

'범죄행위의 결과를 발생케 한 때'는 구성요건에 해당하는 사실을 실현한 것을 말한다. 결과 불발생시에도 간접정범은 미수범으로 처벌된다.

4. 처벌

간접정범은 교사 또는 방조의 예에 의하여 처벌한다(제34조 제1항). 간접정범의 이용행위가 외형상 교사에 해당할 때에는 정범과 동일한 형으로 처벌하고, 방조에 해당할 때에는 정범의 형보다 감경한다.

5. 관련문제

1) 간접정범과 착오

(1) 피이용자의 성질에 대한 착오

피이용자를 책임능력자라고 생각하고 이용하였으나 사실 책임무능력자인 경우에는 의사지배의 고의가 없고 책임무능력자라고 생각하고 이용하였으나 사실 책임능력자인 경우에는 의사지배를 인정할 수 없기 때문에 이용자에게 공범이 성립한다는 것이 다수설이다.

(2) 실행행위의 착오

피이용자가 실행행위에 착오를 일으킨 경우에는 사실의 착오이론으로 해결한다. 피이용자가 간접정범이 기도한 범위를 초과하여 실행한 경우에는 초과부분에 대해서는 책임을 지지 않는다. 그러나 간접정범이 그 결과에 대하여 미필적 고의가 있거나 결과적 가중범의 중한 결과를 예견할 수 있었을 때에는 초과부분에 대해서도 책임을 진다.

2) 간접정범의 한계

(1) 신분범과 간접정범

신분이 있는 자가 비신분자를 이용한 경우 신분자는 간접정범이 될 수 있다. 예컨대 공무원이 비공무원을 이용하여 허위공문서를 작성한 경우 허위공문서작성죄의 간접정범이 된다. 신분이 없는 자가 신분자를 이용한 경우 비신분자는 진정신분범의 정범 적격이 없으므로 간접정범이 될 수 없다(다수설). 다만 공범이나 공동정범은 될 수 있다. 예컨대 공무원 아닌 자가 공무원을 이용한 경우 수뢰죄의 간접정범은 성립하지 않으나 공범은 성립가능하다. 한편 판례는 공문서의 작성권한이 없는 보조공무원(면의 호적계장, 예비군 동대의 방위병)의 경우에는 간접정범의 형태로 허위공문서작성죄를 인정하고 있다(대판 1990. 10. 30, 90도1912).

〈판례연구〉

① 발행인 아닌 자는 부정수표단속법 제4조 허위신고죄의 주체가 될 수 없고, 허위신고의 고의 없는 발행인을 이용하여 간접정범의 형태로 허위신고죄를 범할 수도 없다(대판 1992.11.10., 92도1342).

② 공무원 아닌 자가 허위공문서작성의 간접정범일 때에는 본법 제228조의 공정증서불실기재죄의 경우를 제외하고는 이를 처단하지 못한다(대판 1971. 1. 26, 70도2598).

③ 공무원 아닌 자가 관공서에 허위 내용의 증명원을 제출하여 그 내용이 허위인 정을 모르는 담당공무원으로부터 그 증명원 내용과 같은 증명서를 발급받은 경우 공문서위조죄의 간접정범으로 의율할 수는 없다(대판 2001. 3. 9, 2000도938).

(2) 자수범과 간접정범

자수범(위증죄)은 타인을 이용하여 범할 수 없고 행위자 자신이 직접 실행해야만 범할 수 있는 범죄이므로 간접정범이나 공동정범이 성립할 여지는 없다. 그러나 공범은 성립가능하다. 예컨대 갑이 을을 교사하여 위증하게 한 경우 위증죄의 교사범은 성립한다.

6. 특수교사 · 방조

> 第34조 (특수한 교사, 방조에 대한 형의 가중) ② 자기의 지휘, 감독을 받는 자를 교사 또는 방조하여 전항의 결과를 발생하게 한 자는 교사인 때에는 정범에 정한 형의 장기 또는 다액에 그 2분의 1까지 가중하고 방조인 때에는 정범의 형으로 처벌한다.

1) 의의

특수교사 · 방조란 자기의 지휘, 감독을 받는 자를 교사 또는 방조하여 전항의 결과를 발생하게 한 경우를 가중 처벌하는 규정이다. 가중처벌의 근거는 타인을 지휘 · 감독해야 하는 자가 그 지위를 남용했다는 점에 있다.

2) 법적 성질

형법 제34조 제2항은 '자기의 지휘 · 감독을 받는 자'라 규정하고 있을 뿐 피이용자의 범위에 제한을 두고 있지 않으므로 특수교사 · 방조와 특수간접정범을 모두 포함하는 것으로 보는 견해가 다수설이다.

§33. 교사범

> 제31조 (교사범) ① 타인을 교사하여 죄를 범하게 한 자는 죄를 실행한 자와 동일한 형으로 처벌한다.
> ② 교사를 받은 자가 범죄의 실행을 승낙하고 실행의 착수에 이르지 아니한 때에는 교사자와 피교사자를 음모 또는 예비에 준하여 처벌한다.
> ③ 교사를 받은 자가 범죄의 실행을 승낙하지 아니한 때에도 교사자에 대하여는 전항과 같다.

1. 교사범의 의의

타인에게 범의를 발생시켜 특정한 범죄를 실행케 함으로써 성립하는 범죄이다. 교사범은 협의의 공범으로서 정범의 범죄를 전제로 하고 있으나 간접정범은 타인을 도구로 이용하는 정범이다. 그리고 정범에 가담한다는 점에서 방조범과 유사하나 정범에게 범죄를 결의하게 한다는 점에서 이미 범죄 실행을 결의하고 있는 정범의 실행을 용이하게 하거나 그 결의를 강화시키는 종범과 구별된다.

2. 성립요건

1) 교사자의 교사행위

교사방법엔 제한이 없다. 묵시적, 연쇄적 교사도 가능하다. 부작위, 과실에 의한 교사는 불가능하다, 미수의 교사는 교사자는 고의가 없으므로 처벌되지 않으며, 피교사자는 미수범처벌규정이 있으면 미수범으로 처벌된다. 다만 미수의 교사를 기수로 유발한 경우 교사자의 과실 유무에 따라 과실범으로 처벌된다는 견해(다수설)와 방조범으로 처벌된다는 견해가 있다. 교사자에게 이중의 고의 있어야 한다. 범죄를 범할 의사가 없는 자에게 범죄결의를 가지게 하는 것이 교사이기 때문에 피교사자가 이미 범죄결심을 한 경우에는 원칙적으로 교사행위라고 할 수 없다. 또한 교사는 특정의 구체적인 범죄에 대한 결의를 가지게 하는 것이므로 범죄가 특정되어야 한다.

〈판례연구〉

① 교사범이란 타인(정범)으로 하여금 범죄를 결의하게 하여 그 죄를 범하게 한 때에 성립하는 것이고 피교사자는 교사범의 교사에 의하여 범죄실행을 결의하여야 하는 것이므로, 피교사자가 이미 범죄의 결의를 가지고 있을 때에는 교사범이 성립할 여지가 없다(대판 1991. 5. 14, 91도542).

② 피고인이 갑, 을, 병이 절취하여 온 장물을 상습으로 19회에 걸쳐 시가의 3분의 1 내지 4분의 1의 가격으로 매수하여 취득하여 오다가, 갑, 을에게 일제 도라이바 1개를 사주면서 “병이 구속되어 도망다니려면 돈도 필요할텐데 열심히 일을 하라(도둑질을 하라)”고 말하였다면, 그 취지는 종전에 병과 같이 하던 범위의 절도를 다시 계속하면 그 장물은 매수하여 주겠다는 것으로서 절도의 교사가 있었다고 보아야 한다(대판 1991.5.14., 91도542).

③ 피고인이 연소한 제1심 상피고인에게 “밥값을 구하여 오라”고 말한 것이 절도범행을 교사한 것이라고 볼 수 없다(대판 1984. 5. 15, 84도418).

④ 피고인이 결혼을 전제로 교제하던 여성 갑에게 낙태를 권유하였다가 거부당하자 더 이상 결혼을 진행하지 않겠다고 통보하고, 이후에도 아이에 대한 친권을 행사할 의사가 없다고 하면서 낙태할 병원을 물색해 주기도 하였는데, 그 후 갑이 피고인에게 알리지 아니한 채 자신이 알아본 병원에서 낙태시술을 받은 사안에서 피고인의 낙태교사죄가 인정된다(대판 2013. 9. 12, 2012도2744).

⑤ 교사자가 피교사자에게 피해자를 "정신차릴 정도로 때려주라"고 교사하였다면 이는 상해에 대한 교사로 봄이 상당하다(대판 1997. 6. 24, 97도1075).

⑥ 백송을 도벌하여 상자를 만들어 달라고 말하면서 도벌자금을 교부한 이상 피고인의 위 청탁으로 공소외인들이 도벌의 범의를 일으켰다고 볼

수 있어 교사죄가 성립한다(대판 1969. 4. 22, 69도255).

⑦ 대리응시자들의 시험장의 입장은 시험관리자의 승낙 또는 그 추정된 의사에 반한 불법침입이라 아니할 수 없고 이와 같은 침입을 교사한 이상 주거침입교사죄가 성립된다(대판 1967. 12. 19, 67도1281)

⑧ 의사 아닌 자를 교사하여 의사와 공모하여 허위진단서를 작성케 하면 교사죄가 성립한다(대판 1967. 1. 24, 66도1586).

⑨ 치과의사가 환자의 대량유치를 위해 치과기공사들에게 내원환자들에게 진료행위를 하도록 지시하여 동인들이 각 단독으로 전항과 같은 진료행위를 하였다면 무면허의료행위의 교사범에 해당한다(대판 1986. 7. 8, 86도749).

⑩ 자기의 형사 사건에 관한 증거를 인멸하기 위하여 타인을 교사하여 죄를 범하게 한 자에 대하여는 증거인멸교사죄가 성립한다(대판 2000. 3. 24, 99도5275).

⑪ 무면허 운전으로 사고를 낸 사람이 동생을 경찰서에 대신 출두시켜 피의자로 조사받도록 한 행위는 범인도피교사죄를 구성한다(대판 2006. 12. 7, 2005도3707).

2) 피교사자의 실행행위

(1) 피교사자의 범행결의

교사를 하였으나 피교사자가 범죄실행의 결의를 하지 않았다면(실패한 교사) 교사범은 성립하지 않는다. 다만 형법은 교사자를 예비·음모에 준하여 처벌한다. 이미 범행실행의 결의한 자에게는 교사범은 성립하지 않고 교사자는 예비·음모에 준하여 처벌된다(제31조 제3항).

(2) 피교사자의 실행행위

실행행위는 기수 또는 적어도 실행의 착수가 있는 것을 의미한다(공범종속성설-통설·판례). 피교사자가 실행에 착수하였을 때 교사범의 실행의 착수가 있다고 본다. 피교사자가 범죄결의는 하였으나 실패한 경우(효과 없는 교사)에는 교사자와 피교사자는 예비·음모에 준하여 처벌된다(제31조 제2항).

3. 교사의 착오

1) 실행행위의 착오

교사자의 교사내용과 피교사자의 실행행위가 일치하지 않는 경우이다.

(1) 구체적 사실의 착오

구체적 사실의 착오의 경우에는 사실의 착오의 일반이론에 의하여 해결한다. 갑이 을에게 병을 죽이라고 교사하였으나 을은 정을 죽인 경우 갑은 법정적 부합설에 의할 경우 정에 대한 살인기수 교사죄, 구체적 부합설에 의할 경우 병에 대한 살인미수와 정에 대한 과실치사의 교사죄가 된다.

(2) 추상적 사실의 착오

(가) 교사내용보다 적게 실행한 경우

교사의 내용과 실행행위가 서로 구성요건을 달리 하지만 공통적 요소가 있는 경우(양적으로 적게 실행)는 피교사자가 실행한 범위 내에서만 책임진다. 그러나 예외적으로 교사한 범죄에 대한 예비·음모죄도 성립하여 양죄는 상상적 경합이 되고 중한 죄에 정한 형으로 처벌된다. 예컨대 강도를 교사하였으나 절도를 실행한 경우에는 절도교사죄와 강도예비·음모죄의 상상적 경합이 성립하고 강도예비·음모로 처벌된다.

(나) 교사내용을 초과한 경우

교사의 내용과 실행행위가 서로 구성요건을 달리하지만 공통적 요소가 있는 경우(양적초과)는 교사자는 초과한 부분에 대해 책임을 지지 않는다(절도를 교사했는데 강도를 실행한 경우 절도죄의 교사범 책임). 결과적 가중범의 경우는 과실 내지 예견가능성이 있는 경우만 책임을 진다.

(다) 교사내용과 질적으로 다른 범죄를 실행한 경우

피교사자가 전혀 다른 범죄를 실행한 경우는 교사자는 책임지지 않는다. 다만 교사의 예비를 벌하는 규정이 있는 경우는 예비·음모에 준해 처벌한다. 예컨대 절도를 교사 받고 방화를 범한 경우에는 교사자는 무죄이다. 다만 교사한 범죄의 예비·음모의 규정이 있는 때에 한하여 교사자는 예비·음모에 준하여 처벌된다. 예컨대 강도를 교사 받고 강간을 범한 경우 교사자는 강도죄의 예비·음모죄가 성립한다.

4. 처벌

교사범은 정범과 동일한 형으로 처벌한다(제31조 제1항). 자기의 지휘·감독을 받는 자를 교사한 때에는 정범에 정한 형의 장기 또는 다액의 2분의 1까지 가중한다. 또한 비신분자도 진정신분범의 교사범이 될 수 있다.

5. 관련문제

1) 교사의 미수

교사행위에는 성공하였으나 피교사자가 실행행위에 착수하지 않은 경우에는 미수범처벌규정이 있는 경우 미수범으로 처벌한다.

2) 기도된 교사

(1) 효과 없는 교사

피교사자가 범죄의 실행을 승낙하고 실행에 착수하지 않은 경우에는 교사자와 피교사자를 예비·음모에 준해 처벌한다(제31조 제2항).

(2) 실패한 교사

교사를 하였으나 피교사자가 범죄의 실행을 승낙하지 않은 경우에는 교사자만 예비·음모에 준해 처벌한다(제31조 제3항).

(3) 가벌성

(가) 공범독립성설과 공범종속성설

공범독립성설은 교사행위 그 자체를 기본으로 실행의 착수를 논하므로 기도된 교사도 교사의 미수로서 교사한 범죄의 미수범으로 처벌된다. 그러나 공범종속성설은 피교사자의 실행행위를 기본으로 실행의 착수를 논하므로 기도된 교사는 교사의 미수가 아니고 따라서 불가벌이다.

(나) 형법의 태도

효과 없는 교사의 경우 교사자·피교사자 모두 예비·음모에 준하여 처벌한다(§31 ③). 이는 공범독립성설과 공범종속성설의 절충적 태도이다.

3) 간접교사와 연쇄교사

간접교사는 타인에게 제3자를 교사하도록 하여 범죄를 실행하게 한 경우를 간접교사라 한다. 형법은 교사의 방법을 제한하고 있지 않으며, 피교사자가 반드시 정범이어야 할 필요는 없으므로 간접교사도 교사범으로서의 가벌성을 인정하는 것이 타당하다. 연쇄교사는 교사가 수인을 거쳐서 순차적으로 계속된 경우를 말한다. 연쇄교사도 간접교사와 마찬가지로 교사범이 성립할 수 있다.

§34. 종 범

제32조 (종범) ① 타인의 범죄를 방조한 자는 종범으로 처벌한다.
② 종범의 형은 정범의 형보다 감경한다.

1. 종범의 의의

타인의 범죄를 방조함으로써 성립한다. 즉 타인의 범죄행위를 쉽게 하도록 도와주거나 법의 침해를 강화하도록 도와주는 행위를 함으로써 성립한다. 방조행위가 각칙상 특별히 규정된 경우 방조행위 자체가 정범의 실행행위에 해당하므로 제32조는 적용되지 않는다. 예컨대 간첩방조죄, 도주원조죄, 아편흡식장소제공죄, 자살방조죄, 도박장개장죄 등이 있다.

2. 종범의 성립요건

1) 종범의 방조행위

종범이 성립하기 위해서는 종범의 방조행위와 정범의 실행행위가 있어야 한다.

(1) 방조방법

도와주는 방법에는 제한이 없다. 정신적 방조(조언, 충고, 격려, 정보제공, 장물의 처분약속)와 물질적 방조(범행도구 대여, 범죄자금 제공, 범죄장소 제공 등), 부작위에 의한 방조(결과발생을 방지해야 할 보증인지 위에 있는 자가 부작위에 의해 결과발생을 방치한 경우에는 종범이 인정된다. 예컨대 창고의 경비원이 절도범을 보고도 그대로 방치하는 경우)도 가능하다.

(2) 방조시기

방조행위는 어느 때라도 무방하다. 정범의 실행행위 중에 방조하는 경우는 물론이고, 실행의 착수전이라도 장래의 실행행위를 예상하고 방조한 경우에도 정범이 그 실행행위로 나아갔다면 종범이 성립한다.

단 정범의 행위가 종료한 이후의 사후행위는 방조라 할 수 없다.

(3) 방조행위와 인과관계

방조행위가 정범의 범죄행위와 인과관계가 있을 것을 요하며, 적어도 그 범죄 실행의 방법이나 수단에 영향을 미쳤을 것을 요한다.

2) 종범의 고의

(1) 이중의 고의

종범이 성립하기 위해서는 이중의 고의-(i) 정범의 실행행위를 방조한다는 "방조의 고의", (ii) 정범의 실행행위가 구성요건적 결과를 실현한다는 사실에 대한 "정범의 고의-가 있어야 한다. 과실에 의한 방조는 있을 수 없다. 미수의 방조는 불가벌이다 예컨대 낙태의 의뢰를 받은 약사가 소화제를 주면서 낙태약이라고 속인 경우이다. 과실에 의한 방조는 고의가 없으므로 방조가 될 수 없고, 과실범의 정범이 성립할 수 있다.

(2) 편면적 종범

종범과 정범의 의사의 일치는 불필요하다 즉 편면적 종범은 인정된다.

3) 정범의 실행행위

정범의 행위가 고의이어야 한다. 실행행위는 기수에 이르렀거나 적어도 처벌되는 미수의 단계에 이르러야 한다. 방조의 미수나 미수의 방조는 불가벌이다. 예컨대 낙태의뢰 받은 약사가 아무런 효과 없는 약을 낙태약이라고 속여 교부한 경우이다. 예비의 종범에 대해 불가벌이다(판례).

3. 처벌

종범의 형은 정범의 형보다 감경한다(필요적 감경). 특수종범의 경우 즉 자기의 지휘·감독을 받는 자를 방조하여 결과를 발생하게 한 자는 정범의 형으로 처벌한다(제34조 제2항).

4. 관련문제

1) 종범의 착오

정범의 초과부분에 대해 종범은 책임을 지지 않는다. 단 결과적 가중범의 경우 예견가능성이 있으면 종범이 성립한다.

〈판례연구〉

① 방조자의 인식과 정범의 실행간에 착오가 있고 양자의 구성요건을 달리한 경우에는 원칙적으로 방조자의 고의는 저각되는 것이나 그 구성요건이 중첩되는 부분이 있는 경우에는 그 중복되는 한도내에서는 방조자의 죄책을 인정하여야 할 것이다(대판 1985. 2. 26, 84도2987).

2) 종범의 종범

종범을 방조한 경우이다. 이 경우 정범에 대한 간접방조 내지 연쇄방조가 되므로 종범이 성립한다.

3) 교사의 종범

교사에 대한 방조도 정범에 대한 방조이므로 종범이 된다. 다만 이 경우에는 정범이 실행에 착수하여야 한다.

〈판례연구〉 종범의 성립을 인정

① 시위 직전에 주동자로부터 지시를 받고 시위현장 사진촬영행위를 한 자는 시위행위에 대한 방조범으로서의 죄책이 인정된다(대판 1997. 1. 24, 96도2427).

② 등기명의수탁자가 명의신탁자의 승낙없이 매각하여 불법영득하려고 하는 점을 알면서도 수탁자에게 매수할 자를 소개하여 준 부동산소개업

자의 행위(대판 1988. 3. 22, 87도2585). 횡령죄의 방조범

③ 증권회사의 중견직원들이 정범에게 피해자의 주식을 인출하여 오면 관리하여 주겠다고 하고, 나아가서 부정한 방법으로 인출해 온 주식을 자신들이 관리하는 증권계좌에 입고하여 관리 운용하여 준 경우(대판 1995. 9. 29, 95도456). 사문서 위조 및 동행사죄, 사기죄의 방조범

④ 피고인 甲이 乙이 피해자를 교육시킨다는 정도로 가볍게 생각하고, 각목을 乙에게 건네주었다가, 폭행을 제지하려고 애썼는데 피해자가 乙의 폭행으로 사망한 경우(대판 1998. 9. 4, 98도2061). 특수폭행의 방조범

⑤ 의사가 입원치료를 받을 필요가 없는 환자들이 보험금 수령을 위하여 입원치료를 받으려고 하는 사실을 알면서도 입원을 허가하여 형식상으로 입원치료를 받도록 한 후 입원확인서를 발급하여 준 경우(대판 2006. 1. 12, 2004도6557). 사기죄의 방조범

⑥ 甲이 내원한 환자들에게 내과진료만 하고 정신과적인 치료를 한 바가 없음에도, 공동피고인 乙의 요청에 따라 진료기록부에 전신과적인 치료를 한 것으로 기재한 경우, 乙의 진료비 편취범행을 용이하게 한 방조행위에는 해당한다(대판 2003. 10. 23, 2003도 256).

⑦ 간호보조원의 무면허 진료행위가 있은 후에 이를 의사가 진료부에다 기재하는 행위(대판 1982. 4. 27, 82도122). 무면허 의료행위의 방조범

⑧ 보호자가 의학적 권고에도 불구하고 치료를 요하는 환자의 퇴원을 강청하여 담당 전문의와 주치의가 치료중단 및 퇴원을 허용하는 조치를 취함으로써 환자를 사망에 이르게 한 행위(대판 2004. 6. 24, 2002도995). 작위에 의한 살인방조죄

⑨ 특정 응시자의 경미한 부정행위를 방조할 의사를 갖고 있는 자의 요구대로 특정 고사실의 감독관으로 배치하여 준 것에 불과한 경우는 위계에 의한 공무집행방해죄의 방조범이 성립한다(대판 1996. 1. 26, 95도2461).

⑩ 정범이 변호사법 위반행위를 하려한다는 정을 알면서 자금능력 있는 자를 소개하고 교섭한 행위는 그 방조행위에 해당한다(대판 1982. 9. 14, 80도2566).

⑪ 자동차운전면허가 없는 자에게 승용차를 제공하여 그에게 운전을 하게 하였다면 이는 도로교통법위반(무면허운전) 범행의 방조행위에 해당한다(대판 2000. 8. 18, 2000도1914).

⑫ 파일공유 사이트의 실질적인 운영자인 피고인들이 사이트의 운영방식과 이용실태 등을 모두 인식하고 있었음에도 사이트 이용자들에게 영화파일의 업로드를 유인하거나 다운로드를 용이하게 해주고 이를 통해 수

익을 얻은 경우, 사이트 이용자들의 복제권·전송권 침해행위를 용이하게 한 것으로 저작권법위반죄의 방조에 해당한다.(대판 2013. 9. 26, 2011도1435).

〈판례연구〉 종범의 성립을 부정

① 이미 스스로 입영기피를 결심하고 집을 나서는 사람에게 "잘 되겠지 몸조심하라." 하고 악수를 나눈 행위는 입영기피의 방조행위에 해당한다고 볼 수 없다(대판 1983. 4. 12, 82도43).

② 북괴간첩에게 숙식을 제공하였다고 하여서 반드시 간첩방조죄가 성립된다고는 할 수 없다(대판 1967. 1. 31, 66도1661).

③ 타인이 경영하는 축산목장의 관리인이 업무의 지시에 따라 축사청소 등의 단순노무에 종사한 것에 불과한 경우, 업주의 정화시설 설치의무 위반행위에 방조하였다고 할 수 없다(대판 1990. 12. 11, 90도2178).

④ 청과물상회의 종업원으로 취직하여 단순한 노무에 계속하여 종사하여 온 고용인에 불과한 경우, 고용주의 무허가도매행위에 대한 종범으로 처단할 수는 없다(대판1978. 8. 22, 78도1170).

⑤ 세관원에게 "잘 부탁한다."는 말을 하였다는 사실만으로서는 사위 기타 부정한 방법으로 관세를 포탈하는 범행의 방조행위에 해당된다고 볼 수 없다(대판 1971. 8. 31, 71도1204).

⑥ 웨이터가 손님들을 단순히 출입구로 안내한 행위가 곧 미성년자를 클럽에 출입시킨 행위 또는 그 방조행위로 볼 수 없다(대판 1984.8.21, 84도781).

⑦ 선장으로서 그 소속선원들로부터 각자 소지한 일화의 신고를 받고도 이를 징수 보관하지 않은 점만 가지고 선원들의 밀수행위를 방조하였다고 볼 수 없다(대판 1978. 3. 28, 77도2269).

⑧ 피고인이 인터넷 게임사이트의 온라인게임에서 통용되는 사이버머니를 구입하고자 하는 사람을 유인하여 돈을 받고 게임사이트에 접속하여 일부러 패하는 방법으로 사이버머니를 판매한 경우, 정범인 게임사이트 개설자의 도박개장행위를 인정할 수 없는 이상 종범인 도박개장방조죄도 성립하지 않는다.(대판 2007. 11. 29, 2007도8050).

§35. 공범과 신분

제33조 (공범과 신분) 신분관계로 인하여 성립될 범죄에 가공한 행위는 신분관계가 없는 자에게도 전3조의 규정을 적용한다. 단, 신분관계로 인하여 형의 경중이 있는 경우에는 중한 형으로 벌하지 아니한다.

1. 신분의 의의

남녀의 성별, 내외국민의 구별, 친족관계, 공무원의 자격뿐만 아니라 널리 인정된 범죄행위에 대한 범인의 인적관계인 특수한 지위 또는 상태를 말한다.-일정한 범죄에 관한 특별한 인적표지

2. 신분의 종류

1) 적극적 신분

(1) 구성적 신분

진정신분범의 신분으로서 신분이 범죄의 구성요건요소로 되어 있는 경우로서 수뢰죄의 '공무원 또는 중재인', 위증죄의 '선서한 증인' 등이다.

(2) 가감적 신분

부진정신분범의 신분으로서 신분이 법정형을 가중 또는 감경하는 사유로 되어 있는 신분을 말한다. 존속살해죄의 '직계비속', 업무상횡령죄의 '업무상지위' 등이 있다.

2) 소극적 신분

위법조각적 신분(의료 행위, 변호 행위에서 의사, 변호사의 신분은 위법성을 조각하는 신분) 내지는 책임조각적 신분(형사미성년자, 심신상실자 등 책임무능력자), 처벌조각적 신분(친족상도례의 친족)으로서 행위자에게 일정한 신분이 존재함으로 인하여 범죄의 성립이 조각되거나 형벌이 조각되는 신분을 말한다.

〈표 8-4〉 공범과 신분

구분	진정신분범(수뢰죄) 甲 : 공무원 乙 : 아내	부진정신분범(존속살인죄) A : 子 B : A의 친구
신분자의 범죄에 비신분자가 가공한 경우(33조 본문)	甲과 乙이 함께 수뢰 →甲, 乙은 수뢰죄의 공동정범	A와 B가 함께 A의 父를 살해 A→ 존속살해죄 B→ 보통살인죄
	乙이 甲에게 수뢰 교사 甲→ 수뢰죄 乙→ 수뢰죄의 교사범	B가 A에게 A의 父에 대한 살해 교사 A→ 존속살해죄 B→ 보통살인죄의 교사범
비신분자의 범죄에 신분자가 가공한 경우(학설에 따름)	甲이 乙에게 수뢰 교사 甲→ 수뢰죄의 간접정범 乙→ 무죄	A가 B에게 A의 父에 대한 살해 교사 A→ 존속살해죄의 교사범(다, 판) B→ 보통살인죄

3. 관련문제

1) 비구성적 신분과 공범

비신분자의 범죄도 성립하지 않는다. 신분자가 비신분자의 범죄에 공동정범·교사범·종범으로 가공한 때에만 그 범죄의 공범이 된다고 본다.

2) 책임조각신분 또는 형벌조각신분과 공범

책임조각신분자의 범죄에 비신분자가 가공한 때에는 범죄가 성립하지 않으나 비신분자에게는 범죄가 성립한다.

〈판례연구〉 제33조 본문

① 타인의 재물 보관자의 지위가 인정되지 않는 자라고 하더라도 보관자의 지위에 있는 신분자와 공모하여 횡령 범행을 저지른 사실이 인정되면 형법 제33조 본문에 의하여 횡령죄의 공범으로 처단할 수 있다.(대판 2012. 2. 23, 2011도15857).

② 공무원이 아닌 자가 공무원과 공동하여 허위공문서작성 죄를 범한 때에는 공무원이 아닌 자도 형법 제33조, 제30조의 의하여 허위공문서작성죄의 공동정범이 된다.(대판 2006. 5. 11, 2006도1663).

③ 피고인이 건축물조사 및 가옥대장 정리업무를 담당하는 지바해정서기를 교사하여 무허가건물을 허가받은 건축물인 것처럼 가옥대장 등에 등재하게 하였다면 허위공문서작성죄의 교사범으로 처단한 것은 정당하다.(대판 1983. 12. 13, 83도1458).

④ 병가중인 자는 직무유기죄의 주체로 될 수는 없으나 신분이 없는 자라 하더라도 신분이 있는 자의 행위에 가공하는 경우 직무유기죄의 공동정범이 성립하므로, 병가중인 피고인들과 나머지 피고인들 사이에 직무유기의 공범관계가 인정되면 병가중인 피고인들도 직무유기죄의 공동정범으로 처벌받아야 한다.(대판 1997. 4. 22, 95도748).

〈판례연구〉 제33조 단서

① 업무상횡령죄는 타인의 재물을 업무상 보관하는 자를 주체로 하는 신분범이므로, 그와 같은 신분관계가 없는 자가 신분관계가 있는 자와 공모하여 업무상횡령죄를 저질렀다면 신분관계가 없는 자에 대하여는 형법 제33조 단서에 의하여 단순횡령죄에 정한 형으로 처단하여야 한다.(대판 2015. 2. 26, 2014도15182).

② 업무상배임죄는 타인의 사무를 처리하는 지위라는 점에서 보면 신분관계로 인하여 성립될 범죄이고, 업무상 타인의 사무를 처리하는 지위하는 점에서 보면 단순배임죄에 대한 가중규정으로서 신분관계로 인하여 형의 경중이 있는 경우라고 할 것이므로, 그와 같은 신분관계가 없는 자가 그러한 신분관계가 있는 자와 공모하여 업무상배임죄를 저질렀다면, 그러한 신분관계가 없는 자에 대하여는 형법 제33조 단서에 의하여 단순배임죄에 정한 형으로 처단하여야 한다.(대판 2012. 11. 15, 2012도6676).

③ (1) 형법 제152조는 위증을 한 범인이 형사사건의 피고인 등을 '모해할 목적'을 가지고 있었는가 아니면 그러한 목적이 없었는가 하는 범인의 특수한 상태의 차이에 따라 범인에게 과할 형의 경중을 구별하고 있으므로 이는 바로 형법 제33조 단서 소정의 '신분관계로 인하여 형의 경중이 있는 경우'에 해당한다. (2) 甲이 A를 모해할 목적으로 乙에게 위증을 교사한 이상, 가사 정범인 乙에게 모해의 목적이 없었다고 하더라도 형법 제33조 단서의 규정에 의하여 甲을 모해위증교사죄로 처단할 수 있다.(대판 1994. 12. 23, 93도1002)

④ 상습도박의 죄나 상습도박방조의 죄에 있어서의 상습성은 행위의 속성이 아니라 행위자의 속성으로서 도박을 반복해서 거듭하는 습벽을 말하는 것인바, 도박의 습벽이 있는 자가 타인의 도박을 방조하면 상습도박방조의 죄에 해당하는 것이며, 도박의 습벽이 있는 자가 도박을 하고 또 도박방조를 하였을 경우 상습도박방조의 죄는 무거운 상습도박의 죄에 포괄시켜 1죄로서 처단하여야 한다(대판 1984. 4. 24, 84도195).

〈판례연구〉 의료법위반죄 등과 형법 제33조

① 의료인이 의료인이나 의료법인 아닌 자의 의료기관 개설행위에 공모하여 가공하면 의료법 제66조 제3호, 제30조 제2항 위반죄의 공동정범에 해당된다.(대판 2007. 7. 26, 2005도5579).

② 치과의사가 환자의 대량유치를 위해 치과기공사들에게 내원환자들에게 진료행위를 하도록 지시하여 동인들이 각 단독으로 발치, 주사, 투약 등의 진료행위를 하였다면 무면허의료행위의 교사범에 해당한다(대판 1986. 7. 8, 86도749).

제 9 장

죄 수 론

개 관

제9장은 죄수론이다. 죄수론이란 범죄의 수가 1개인가 또는 여러 개인가를 밝히기 위한 논의를 말한다. 죄수론은 일정한 행위(하나 또는 수개의 행위)가 1개의 범죄에 해당하는가 수개의 범죄에 해당하는가, 그리고 수개의 범죄에 해당한다면 이를 어떻게 처리할 것인가의 2가지 문제로 구성된다.

따라서, 본장에서는 우선 죄수결정의 기준에 관하여 설명하고, 1개의 범죄에 해당하는 경우(1죄)와 수개의 범죄에 해당하는 경우(수죄)를 나누어 살펴본다.

일죄에서는 법조경합과 포괄일죄에 관하여 고찰하며, 수죄에서는 상상적 경합과 실체적 경합으로 나누어 고찰한다. 상상적 경합의 경우에는 가장 중한 죄에 정한 형으로 처벌하며(제40조), 실체적 경합의 경우에는 제38조 및 제39조에 따라 처리한다.

§36. 죄수의 일반이론

1. 의의

죄수론은 범죄의 수가 1개인가, 여러 개인가의 문제와 이 경우에 어떻게 처벌할 것인가의 법적 취급의 문제를 논하는 이론이다. 죄수론은 실체법상 형벌의 적용에 있어서 중대한 차이가 있고, 소송법상으로도 공소의 효력, 기판력의 범위를 결정하는데 중요한 의미가 있다.

2. 죄수결정의 기준

1) 행위표준설

범죄의 본질은 행위이므로 행위가 하나면 범죄도 하나이고, 행위가 수개이면 범죄도 수개가 된다. 행위표준설에 의하면 연속범은 수죄이지만, 상상적 경합은 일죄가 된다. 판례는 강간의 죄, 공갈죄, 무면허운전죄 등에 관하여 이 견해를 취한다.

〈판례연구〉

① 상관으로부터 집총을 하고 군사교육을 받으라는 명령을 수회 받고도 그 때마다 이를 거부한 경우에는 그 명령 횟수만큼의 항명죄가 즉시 성립한다(대판 1992. 9. 14, 92도1534).

② 미성년자의제강간죄 또는 미성년자의제강제추행죄는 행위시마다 1개의 범죄가 성립한다(대판 1982. 12. 14, 82도2442).

③ 여신전문금융업법 제70조 제2항 제3호는 '물품의 판매 또는 용역의 제공을 가장하거나 실제 매출금액을 초과하여 신용카드 매출전표를 작성하고 자금을 융통하여 준 자'를 처벌하도록 규정하고 있는바, 그 구성

요건 및 보호법익에 비추어 볼 때 위 규정 위반의 죄는 신용카드를 이용한 자금융통행위 1회마다 하나의 죄가 성립한다(대판 2001. 6. 12, 2000도3559).

④ 무면허운전은 사회통념상 운전한 날을 기준으로 운전한 날마다 1개의 운전행위가 있다고 보는 것이 상당하므로 운전한 날마다 무면허운전으로 인한 도로교통법위반의 1죄가 성립한다고 보아야 할 것이고, 비록 계속적으로 무면허운전을 할 의사를 가지고 여러 날에 걸쳐 무면허운전행위를 반복하였다 하더라도 이를 포괄하여 일죄로 볼 수는 없다(대판 2002. 7. 23, 2001도6281).

2) 법익표준설

침해되는 보호법익의 수를 기준으로 결정해야 된다는 견해이다. 객관주의, 일신전속적 법익(생명·신체·자유명예)은 법익주체마다 1개의 죄가 성립하지만 비전속적 법익(공공의 안전·재산권)은 포괄적으로 결정한다. 법익표준설에 따르면 상상적 경합은 실질상 수죄가 된다. 1발의 탄환으로 수인을 살해하면 수죄가 되며, 협박하면서 상해한 경우 실체적 경합이 된다.

〈판례연구〉

① 통화위조죄에 관한 규정은 공공의 거래상의 신용 및 안전을 보호하는 공공적인 법익을 보호함을 목적으로 하고 있고, 사기죄는 개인의 재산법익에 대한 죄이어서 양죄는 그 보호법익을 달리하고 있으므로 위조통화를 행사하여 재물을 불법영득한 때에는 위조통화행사죄와 사기죄의 양죄가 성립된다(대판 1979. 7.10, 79도840).

② 수인의 피해자에 대하여 각별로 기망행위를 하여 각각 재물을 편취한 경우에는 범의가 단일하고 범행방법이 동일하더라도 각 피해자의 피해법익은 독립한 것이므로 이를 포괄일죄로 파악할 수 없고 피해자별로 독립한 사기죄가 성립된다(대판 2001. 12.28, 2001도6130).

③ 상해를 입힌 행위가 동일한 일시, 장소에서 동일한 목적으로 저질러진 것이라 하더라도 피해자를 달리하고 있으면 피해자별로 각각 별개의 상해죄를 구성한다고 보아야 할 것이고 1개의 행위가 수개의 죄에 해당하는 경우라고 볼 수 없다(대판 1983. 4.26, 83도524).

④ 절도범이 갑의 집에 침입하여 그 집의 방안에서 그 소유의 재물을 절취하고 그 무렵 그 집에 세들어 사는 을의 방에 침입하여 재물을 절취하려다 미수에 그쳤다면 위 두 범죄는 그 범행장소와 물품의 관리자를 달리하고 있어서 별개의 범죄를 구성한다(대판 1989. 8. 8, 89도664).
⑤ 단일범의로서 절취한 시간과 장소가 접착되어 있고 같은 관리인의 관리하에 있는 방 안에서 소유자를 달리하는 두 사람의 물건을 절취한 경우에는 1개의 절도죄가 성립한다(대판 1970. 7. 21, 70도1133).
⑥ 강도가 시간적으로 접착된 상황에서 가족을 이루는 수인에게 폭행·협박을 가하여 집안에 있는 재물을 탈취한 경우 그 재물은 가족의 공동점유 아래 있는 것으로서, 이를 탈취하는 행위는 그 소유자가 누구인지에 불구하고 단일한 강도죄의 죄책을 진다(대판 1996. 7. 30, 96도1285).
⑦ 강도가 동일한 장소에서 동일한 방법으로 시간적으로 접착된 상황에서 수인의 재물을 강취하였다고 하더라도, 수인의 피해자들에게 폭행 또는 협박을 가하여 그들로부터 그들이 각기 점유관리하고 있는 재물을 각각 강취하였다면, 피해자들의 수에 따라 수개의 강도죄를 구성하는 것이고, 다만 강도범인이 피해자들의 반항을 억압하는 수단인 폭행·협박행위가 사실상 공통으로 이루어졌기 때문에, 법률상 1개의 행위로 평가되어 상상적경합으로 보아야 될 경우가 있는 것은 별문제이다(대판 1991. 6. 25, 91도643).

3) 의사표준설

범죄의사를 기준으로 죄수를 결정해야 된다는 견해이다. 상상적 경합은 물론 연속범도 의사의 단일성이 인정되면 일죄가 된다. 판례는 포괄일죄의 경우 이 견해를 취하고 있다. 수개의 수뢰행위가 동일한 상대방으로부터 단일한 범의에 의해 계속되고 피해법익도 동일하다면 이를 포괄해서 1죄로 보아야 한다.

〈판례연구〉

① 피고인이 1977.4.15 경 사무실에서 원심 공동피고인으로부터 아파트보존등기신청사건을 접수처리함에 있어서 신속히 처리해 달라는 부탁조로 금원을 교부받은 것을 비롯하여 같은 해 9.10경까지 전후 7회에 걸쳐 각종 등기사건을 접수처리하면서 같은 공동피고인으로부터 같은 명

목으로 도합 금 828,000원을 교부받아 그 직무에 관하여 뇌물을 수수한 것이라면, 이는 피고인이 뇌물수수의 단일한 범의의 계속하에 일정 기간 동종행위를 같은 장소에서 반복한 것이 분명하므로 피고인의 수회에 걸친 뇌물수수행위는 포괄일죄를 구성한다고 해석함이 상당하다(대판 1982. 10. 26, 81도1409).

② 여러 개의 뇌물수수행위가 있는 경우에 그것이 단일하고 계속된 범의하에 동종의 범행을 일정 기간 반복하여 행한 것이고, 그 피해법익도 동일한 경우에는 각 범행을 통틀어 포괄일죄로 볼 것이지만, 그러한 범의의 단일성과 계속성을 인정할 수 없을 때에는 각 범행마다 별개의 죄가 성립하는 것으로서 경합범으로 처단하는 것이 마땅하다(대판 1998. 2. 10, 97도2836)

4) 구성요건표준설

구성요건해당사실을 기준으로 죄수를 결정해야 된다는 견해이다. 죄수의 결정은 어디까지나 실정법해석의 문제이므로 상상적 경합은 원래 수죄이지만 과형상 일죄로 취급된다. 판례는 예금통장절취와 예금출금 수령증을 위조한 행위는 경합범으로 본다. 그리고 조세포탈의 죄수문제에 대해 이 견해를 취하고 있다.

〈판례연구〉

① 조세포탈의 죄수는 위반사실의 구성요건 충족회수를 기준으로 하여 정하는 것인데, 관세법 제4조는 제137조의 규정에 의한 수입신고를 할 때의 물품의 성질과 그 수량에 의하여 관세를 부과하도록 규정하고 있고, 관세는 신고납부방식의 조세로서 납부의무자가 수입물품의 수입신고를 할 때마다 1개의 납세의무가 확정된다 할 것인바, 각각의 허위 수입신고시마다 1개의 죄가 성립한다(대판 2000. 11.10, 99도782).

② 조세범처벌법 제11조의2 제4항 제1호 소정의 무거래 세금계산서 교부죄는 세금계산서마다 하나의 죄가 성립하는 것이므로 비록 그 이유 설시에 다소 적절하지 못한 점은 있으나 피고인의 이 사건 각 세금계산서 4장의 교부행위는 실체적 경합범이다(대판 2008. 9. 25, 2008도6268).

3. 수죄의 처벌

1) 병과주의

수죄의 형기를 합산하여 처벌하는 방법이다.

2) 흡수주의

수죄 가운데 가장 중한 형을 적용하여 처벌하는 방법이다.

3) 가중주의

수죄 가운데 가장 중한 형에 일정한 형을 가중하여 처벌하는 방법이다.

§37. 일죄

1. 의의

범죄의 수가 1개인 것을 1죄라고 한다. 즉 범죄행위가 1개의 구성요건을 1회 충족시켰을 때를 말한다. 종류에는 단순일죄, 법조경합, 포괄일죄가 있다.

2. 법조경합

1) 의의

1개 또는 수개의 행위가 법조문으로 볼 때에는 수개의 구성요건에 해당하는 것처럼 보이지만 실제로는 1개의 구성요건에 해당하는 경우를 말한다. 외관상으로는 수죄로 보일 뿐 실제적으로 일죄라는 점에서, 실질적으로도 수죄인 상상적 경합, 실체적 경합과 구별된다.

2) 유형

(1) 특별관계

2개의 형벌 법규가 일반법과 특별법 관계에 있는 경우로서 일반법의 적용은 배제된다. (i) 가중적·감경적 구성요건과 기본적 구성요건의 관계 : 존속살해죄와 살인죄, 영아살해죄와 살인죄 (ii) 결합범, 결과적 가중범과 그 내용인 범죄와의 관계 : 강도죄와 절도죄·폭행죄·협박죄 (iii) 특별법과 일반법과의 관계 : 폭행죄에 대한 폭처법

〈판례연구〉 특별관계 인정되는 경우

① 폭행 또는 협박으로 부녀를 강간한 경우 강간죄만 성립하고 강간죄와 폭행, 협박죄 등의 각 죄는 법조경합의 관계일 뿐이다(대판 2002. 5. 16, 2002도51).

② 2인 이상이 공동하여 폭행으로 부녀를 강간한 경우에는 형법 297조 소정의 강간죄만 해당하고 별도로 폭력행위등처벌에관한법률 2조 2항의 죄를 구성한다고는 볼 수 없고 이 두개의 죄는 법조경합의 관계가 있을 뿐 상상적 경합관계에 있다고 볼 수 없다(대판 1974. 6. 11, 73도2817).

③ 교통사고로 인하여 업무상과실치상죄 또는 중과실치상죄를 범한 운전자에 대하여 피해자의 명시한 의사에 반하여 공소를 제기할 수 있는 교통사고처리특례법 제3조 제2항 단서 각 호의 사유는 같은 법 제3조 제1항 위반죄의 구성요건 요소가 아니라 그 공소제기의 조건에 관한 사유이다. 따라서 위 단서 각 호의 사유가 경합한다 하더라도 하나의 교통사고처리특례법 위반죄가 성립할 뿐, 그 각 호마다 별개의 죄가 성립하는 것은 아니다(대판 2008. 12. 11, 2008도9182).

〈판례연구〉 특별관계 인정되지 않는 경우

① 음주로 인한 특정범죄가중처벌 등에 관한 법률 위반(위험운전치사상)죄와 도로교통법 위반(음주운전)죄는 입법 취지와 보호법익 및 적용영역을 달리하는 별개의 범죄이므로, 양 죄가 모두 성립하는 경우 두 죄는 실체적 경합관계에 있다(2008. 11. 13, 2008도7143).

② 형법 제307조의 명예훼손죄와 공직선거및선거부정방지법 제251조의 후보자비방죄가 상상적경합의 관계에 있다(1998. 3. 24, 97도2956).

③ 형법 제189조 제2항, 제187조 소정의 업무상과실자동차파괴등죄는 교통방해죄의 한 태양으로서 공중교통안전을 그 보호법익으로 하는 공공위험죄에 속하는데 반해 도로교통법 제74조 업무상과실재물손괴죄는 차량운행에 수반되는 위험성에 비추어 운전자에게 고도의 주의의무를 강조하고 나아가 차량운행과 직접 관계없는 제3자의 재물을 보호하는 데 있어 그 보호법익을 달리하고 위 양법규는 일반법과 특별법관계가 아닌 별개의 독립된 구성요건으로 해석함이 상당하다.(대판 1983. 9. 27, 82도671).

④ 공직선거및선거부정방지법과 정당법은 각기 그 입법목적 및 보호법익을 달리하고 있을 뿐만 아니라, 정당법의 규정이 공직선거및선거부정방지법의 규정에 대하여 특별법의 관계에 있다고 볼 수 없고, 이들은 각기 독립된 별개의 구성요건으로서 1개의 행위가 각 구성요건을 충족하는 경우에는 상상적 경합의 관계에 있다고 보아야 한다(대법원 2003. 4. 8, 2002도6033).

(2) 보충관계

어떤 형벌 법규가 다른 형벌법규의 적용이 없을 때에 보충적으로 적용된다. (i) 명시적 보충관계 : 현주건조물방화죄 등에 대한 일반건조물방화죄와 일반물건방화죄 (ii) 묵시적 보충관계 : ㉠ 불가벌적 사전행위 - 예비·미수·기수 ㉡ 가벼운 침해행위 - 부작위는 작위에 대해, 과실은 고의에 대해 보충관계이다.

〈판례연구〉

① 살해의 목적으로 동일인에게 일시 장소를 달리하고 수차에 걸쳐 단순한 예비행위를 하거나 또는 공격을 가하였으나 미수에 그치다가 드디어

그 목적을 달성한 경우에 그 예비행위 내지 공격행위가 동일한 의사발동에서 나왔고 그 사이에 범의의 갱신이 없는 한 살해의 목적을 달성할 때까지의 행위는 모두 실행행위의 일부로서 이를 포괄적으로 보고 단순한 한 개의 살인기수죄로 처단할 것이지 살인예비 내지 미수죄와 동 기수죄의 경합죄로 처단 할 수 없는 것이다(대판 1965. 9. 28, 65도695).

② 예비군 중대장이 그 소속 예비군대원의 훈련불참사실을 알았다면 이를 소속 대대장에게 보고하는 등의 조치를 취할 직무상의 의무가 있음은 물론이나, 그 소속 예비군대원의 훈련불참사실을 고의로 은폐할 목적으로 당해 예비군대원이 훈련에 참석한 양 허위내용의 학급편성명부를 작성, 행사하였다면, 직무위배의 위법상태는 허위공문서작성 당시부터 그 속에 포함되어 있는 것이고 별도의 직무유기죄가 성립하여 양 죄가 실체적 경합범이 된다고 할 수 없다(대판 1982, 1,2, 28, 82도2210).

3) 흡수관계

일반적으로 다른 구성요건에 포섭되어 그 유죄판결에 전체과정의 무가치가 완전히 포함되었지만 특별관계나 보충관계가 인정되지 않는 경우이다. (i) 불가벌적 수반행위 : 살인죄에 수반되는 재물손괴죄, 감금죄의 수단으로서의 폭행·협박 (ii) 불가불적 사후행위 : 이미 주된 범죄의 행위가 평가되었기 때문에 별죄를 구성하지 않는 경우이다(절취한 물건의 손괴).

〈판례정리〉 불가벌적 수반행위에 해당하는 경우

① 매매를 목적으로 마약을 일시 소지하는 행위(대판 1977. 12. 13, 77도1380).

② 감금을 하기 위한 수단으로서 행사된 단순한 협박행위는 감금죄에 흡수되어 따로 협박죄를 구성하지 아니한다. 즉 여기서 단순한 협박행위는 감금죄에 속하는 행위이다(대판 1982. 6. 22., 82도705).

③ 신용카드부정사용을 위한 매출표의 서명 및 교부(사문서위조)행위는 신용카드부정사용죄에 흡수되어 신용카드부정 사용죄의 1죄만 성립하고 별도로 사문서위조 및 동행사의 죄는 성립하지 않는다(대판 1992. 6. 9, 92도77).

④ 공갈죄의 수단으로서 한 협박행위는 공갈죄에 수반되는 협박행위이므로 따로죄가 추가되지 않는다. 그리고 피고인이 피해자와의 동거를 정산하는 과정에서 피해자에 대하여 금전채권이 있다고 하더라도, 그 권리행사를 빙자하여 사회통념상 용인되기 어려운 정도를 넘는 협박을 수단으로 사용하였다면, 공갈죄가 성립한다(대판 1996.9.24., 96도2151).

⑤ 반란죄에 수반하여 일어난 지휘관계엄지역수소이탈 및 불법진퇴행위(대판 1997. 4. 17, 96도3376).

⑥ 사문서위조를 위하여 인장을 위조한 행위(대판 1978. 9. 26, 78도1787).

⑦ 강간범행의 수단으로 저질러진 폭행·또는 협박행위(대판 전합 2002. 5. 16, 2002도51).

⑧ 불법영득의 의사없이 타인의 자동차를 일시사용한 경우, 절도죄를 구성하지 않는 위 자동차의 일시사용행위에 포함된 것이라 할 것이므로 자동차 자체의 일시사용과 독립하여 별개의 절도죄를 구성하지 않는다(대판 1985. 3. 26, 84도1613).

⑨ 피고인의 협박이 피고인에게 인정된 상해사실과 같은 시간 같은 장소에서 동일한 피해자에게 가해진 경우에는 특별한 사정이 없는 한 상해의 단일범의 하에서 이루어진 하나의 폭언에 불과하여 위 상해죄에 포함된다(대판 1976. 12. 14, 76도3375).

⑩ 향정신성의약품수수의 죄가 성립되는 경우에는 그 수수행위의 결과로서 그에 당연히 수반되는 향정신성의약품의 소지행위는 수수죄의 불가벌적 수반행위로서 수수죄에 흡수되고 별도의 범죄를 구성하지 않는다고 볼 것이다.(대판1990. 1. 25, 89도1211).

〈판례연구〉 불가벌적 수반행위에 해당하지 않는 경우

① 업무상 배임죄가 배임수재죄에 흡수되는 관계에 있다거나 결과적 가중범의 관계에 있다고는 할 수 없으므로 양죄는 형법 제37조 전단의 경합범에 해당한다(대판 1984. 11. 27, 84도1906).

② 강취한 신용카드를 자신의 것처럼 가맹점의 점주를 속여 주류 등을 제공받아 이를 취득한 것이라면 신용카드부정사용죄와 별도로 사기죄가 성립한다(대판 1997. 1. 21, 96도2715).

③ 사문서위조 및 동행사죄가 조세범처벌법상의 “사기 기타 부정한 행위로써 조세를 포탈”하기 위한 수단으로 행하여 졌다고 하여 그 조세포탈죄에 흡수된다고 볼 수 없다(대판 1989. 8. 8, 88도2209).

④ 흡연할 목적으로 대마를 매입한 후 흡연할 기회를 포착하기 위하여 이틀 이상 소지한 행위는 매매행위의 불가분의 필연적 결과라고 평가될 수 없다(대판 1990. 7. 27, 90도543).

⑤ 감금행위가 강간죄나 강도죄의 수단이 된 경우에도 감금되는 강간죄나 강도죄에 흡수되지 아니하고 별죄를 구성한다(대판 1997. 1. 21, 96도2715).

⑥ 수인이 공모공동하여 향정신성의약품을 매수한 후 그 공범자 사이에 그 중 일부를 수수하는 경우, 그 수수행위는 매매행위에 포괄 흡수되지 아니하고 향정신성의약품매매죄와는 별도로 향정신성의약품수수죄가 성립하고, 두 죄는 실체적 경합관계에 있다(대판 1998. 10. 13., 98도2584).

⑦ 수수한 메스암페타민을 장소를 이동하여 투약하고서 잔량을 은닉하는 방법으로 소지한 행위는 그 소지의 경위나 태양에 비추어 볼 때 당초의 수수행위에 수반되는 필연적 결과로 볼 수는 없고, 사회통념상 수수행위와는 독립한 별개의 행위를 구성한다고 보아야 한다.(대판 1999. 8. 20, 99도1744).

⑧ 1개의 행위에 관하여 사기죄와 업무상배임죄 또는 단순배임죄의 각 구성요건이 모두 구비된 경우의 죄수 관계는 상상적 경합관계이다(대판 2002. 7. 18, 2002도669).

〈판례연구〉 불가벌적 사후행위에 해당하는 경우

① 장물보관의뢰를 받은 자가 그 정을 알면서 이를 인도받아 보관하고 있다가 임의로 처분(횡령)한 행위(대판 1976.11.23, 76도3067), 업무상과실로 장물을 보관하고 있다가 처분한 행위는 별도로 횡령죄가 성립하지 않는다(대판 2004. 4. 9, 2003도8219).

② 열차승차권은 그 자체가 권리가 화체되어 있는 무기명증권이므로 이를 곧 사용하여 승차하거나 권면가액으로 양도할 수 있고 환불받을 수 있는 것으로 열차승차권을 절취한 자가 대금환불을 받은 기망행위는 따라 사기죄가 성립하지 않는다(대판 1975. 8. 29, 75도1996).

③ 기망하여 약속어음을 교부받은 후, 자신의 채권변제에 충당한 행위는 별도의 횡령죄가 성립하지 않는다(대판 1983. 4. 26, 82도3079).

④ 명의신탁 받아 보관 중이던 토지를 피해자의 승낙 없이 제3자에게 근저당권설정등기를 경료 해 준 자가 또 다시 다른 사람에게 근저당권설정등기를 경료해 준 행위는 별개의 횡령죄를 구성하지 않는다(대판

1998. 2. 24, 97도3282).

⑤ 미등기건물의 관리를 위임받아 보관하고 있는 자가 임의로 건물에 대하여 자신의 명의로 보존등기를 한 후에 근저당설정등기를 마친 행위 별도의 횡령죄를 구성하지 않는다(대판 1993. 3. 9, 92도2999).

⑥ 향정신성의약품수수의 죄가 성립되어 경우에는 그 수수행위의 결과로서 그에 당연히 수반되는 향정신성의약품의 소지행위(대판 1990.1.25., 89도1211).

⑦ 절취한 자기앞수표를 음식대금으로 교부하고 거스름돈을 환불받은 행위(대판 1987.1. 20, 86도1728), 장물인 자기앞수표를 취득한 후 이를 현금 대신 교부한 행위(대판 1993. 11. 23, 93도213).

⑧ 피고인이 甲과 공동으로 불하받은 부동산을 乙에게 자의로 매도하여 甲에 대한 배임행위로 처벌받은 후 乙에 대한 소유권이전등기의무를 지닌 채 재매도한 경우(대판 1970. 11. 24, 70도1998).

⑨ 공동의 사기범행으로 인하여 얻은 돈을 공범자끼리 수수한 행위가 공동정범들 사이의 그 범행에 의하여 취득한 돈이나 재산상 이익의 내부적인 분배행위에 지나지 않는 것이라면 그 돈의 수수행위가 따로 배임수증재죄를 구성한다고 볼 수는 없다.(대판 2016. 5. 24, 2015도18795).

⑩ 전기통신금융사기(이른바 보이스피싱 범죄)의 범인이 피해자의 자금을 점유하고 있다고 하여 피해자와의 어떠한 위탁관계나 신임관계가 존재한다고 볼 수 없을 뿐만 아니라, 사기이용계좌에서 현금을 인출하였다고 하더라도 이는 이미 성립한 사기범행이 예정하고 있던 행위에 지나지 아니하여 새로운 법익을 침해한다고 보기도 어려우므로, 위와 같은 인출행위는 사기의 피해자에 대하여 별도의 횡령죄를 구성하지 아니한다(대판 2017. 5. 31, 2017도3894).

⑪ 종친회 회장인 피고인이 위조한 종친회 규약 등을 공탁관에게 제출하는 방법으로 종친회를 피공탁자로 하여 공탁된 수용보상금을 출급받아 편취한 경우 종친회를 피해자로 한 사기죄가 성립하고, 그 후 종친회에 대하여 공탁금 반환을 거부한 행위는 별도의 횡령가 성립하지 않는다.(대판 2015. 9. 10, 2015도8592).

⑫ 공동상속인 중 1인이 상속재산인 임야를 보관 중 다른 상속인들로부터 매도 후 분배 또는 소유권이전등기를 요구받고도 그 반환을 거부한 경우 이때 이미 횡령죄가 성립하고, 그 후 그 임야에 관하여 다시 제3자 앞으로 근저당권설정등기를 경료해 준 행위는 불가벌적 사후행위로서 별도의 횡려오지를 구성하지 않는다.(대판 2010. 2. 25, 2010도93).

⑬ 주식회사 대표이사인 피고인 甲이 자신의 채권자 乙에게 차용금에 대한

담보로 회사 명의 정기예금에 질권을 설정하여 주었는데, 그 후 乙이 피고인 甲의 동의하에 정기예금 계좌에 입금되어 있던 회사 자금을 전액 인출하였다고 하여도, 위와 같은 예금인출 동의행위는 이미 배임행위로써 이루어진 질권설정행위의 사후조처에 불과하여 불가벌적 사후행위에 해당하고 따라서 별도의 횡령죄를 구성하지 않는다.(대판 2012. 11.29, 2012도10980).

〈판례연구〉 불가벌적 사후행위에 해당하지 않는 경우

① 사람을 살해한 다음 사체를 다른 장소에 유기한 행위(대판 1984. 11. 27, 84도2263) 살인죄와 사체유기죄
② 예금통장을 강취하고 예금청구서를 위조한 다음 이를 은행원에게 제출 행사하여 예금인출금 명목의 금원을 교부받은 경우(대판 1991. 9. 10, 91도1722) 강도죄, 사문서위조 및 동행사죄, 사기죄
③ 신용카드를 절취한 후 이를 사용한 경우(대판 1996. 7. 12, 96도1181) 절도죄와 신용카드부정사용죄
④ 절취한 대마를 흡입목적으로 소지하는 행위(대판 1999. 4. 13, 98도3619) 절도죄와 무허가대마소지죄
⑤ 당해 범죄행위의 정범자(공동정범이나 합동범)로 되지 아니한 자가 그 장물을 취득하는 행위(대판 1986. 9. 9, 86도1273).
⑥ 횡령을 교사한 자가 그 횡령물을 취득한 경우(대판 1969.6.24, 69도692) 횡령교사죄와 장물취득죄
⑦ 예금통장과 인장을 갈취한 후 예금 인출에 관한 사문서를 위조한 후 이를 행사하여 예금을 인출한 행위(대판 1979. 10. 30, 79도489) 공갈죄, 사문서위조 및 동행사죄, 사기죄
⑧ 판매목적으로 히로뽕을 제조한 후에 다시 이를 판매한 경우(대판 1983. 11. 8, 83도 2031).
⑨ 대표이사가 피해자들을 기망하여 대부받은 금원을 보관 중 횡령한 경우(대판 1989. 12. 24, 89도1605).
⑩ 절취한 장물을 자기 것인 양 담보로 제공하고 금원을 편취한 경우(대판 1980. 11. 25, 80도2310).
⑪ 동일 장소에서 시간적으로 접착된 시기에 가족들을 차례로 살해하는 경우(대판 1969. 12. 30, 69도2062).
⑫ 명의수탁자가 신탁 받은 부동산의 일부에 대한 토지수용보상금 중 일부를 소비하고, 이어 수용되지 않은 나머지 부동산 전체에 대한 반환을

거부한 경우(대판 2001. 11. 27, 2000도3463).

⑬ 1인 회사의 주주가 자신의 개인채무를 담보하기 위하여 회사 소유의 부동산에 대하여 근저당권설정등기를 마쳐 주어 배임죄가 성립한 이후에 그 부동산에 대하여 새로운 담보권을 설정해 주는 행위(대판 2005. 10. 28, 2005도4915).

⑭ 횡령죄는 특정한 처분행위로 인하여 법익침해의 위험이 발생함으로써 횡령죄가 기수에 이른 후 종국적인 법익침해의 결과가 발생하기 전에 새로운 처분행위(이를 '후행 처분행위'라 한다)가 이루어졌을 때, 후행 처분행위가 새로운 위험을 추가함으로써 법익침해에 대한 위험을 증가시키거나 선행 처분행위와는 무관한 방법으로 법익침해의 결과를 발생시키는 경우라면 특별한 사정이 없는 한 별도로 횡령죄를 구성한다고 보아야 한다(대판 2013. 2. 21, 2010도10500 전합).

⑮ 영업비밀이 담겨 있는 타인의 재물을 절취한 후 그 영업비밀을 사용하는 경우, 영업비밀의 부정사용행위는 새로운 법익의 침해로 보아야 하므로 위와 같은 부정사용행위가 절도범행의 불가벌적적 사후행위가 되는 것은 아니다(대판 2008. 9. 11, 2008도5364).

⑯ 절취한 후 자동차등록번호판을 떼어내는 행위는 새로운 법익의 침해로 보아야 하므로 위와 같은 번호판을 떼어내는 행위가 절도범행의 불가벌적 사후행위가 되는 것은 아니다(대판 2007. 9. 6, 2007도4739).

⑰ 대표이사가 회사의 상가분양 사업을 수행하면서 수분양자들을 기망하여 편취한 분양대금은 회사의 소유로 귀속되는 것이므로, 대표이사가 그 분양대금을 횡령하는 것은 사기 범행이 침해한 것과는 다른 법익을 침해하는 것이어서 회사를 피해자로 하는 별도의 횡령죄가 성립한다.(대판 2005. 4. 29, 2005도741).

⑱ 회사에 대한 관계여서 타인의 사무를 처리하는 자가 회사로 하여금 회사가 펀드 운영사에 지급하여야 할 펀드출자금을 정해진 시점보다 선지급하도록 하여 배임죄를 범한 다음, 그와 같이 선지급된 펀드출자금을 보관하는 자와 공모하여 펀드출자금을 임의로 인출한 후 자신의 투자금으로 사용하기 위하여 임의로 송금하도록 한 행위는 펀드출자금 선지급으로 인한 배임죄와는 다른 새로운 보호법익을 침해하는 행위로서 배임 범행의 불가벌적 사후행위가 되는 것이 아니라 별죄로서 횡령죄를 구성한다.(대판 2014. 12. 11, 2014도10036).

3. 포괄일죄

1) 의의

수개의 행위가 포괄적으로 한 개의 구성요건에 해당하여 일죄를 구성하는 경우를 포괄적 일죄라 한다.

2) 유형

(1) 결합범

개별적으로 독립된 구성요건에 해당하는 수개의 행위가 결합하여 일죄를 구성하는 경우이다. 예컨대 강도죄는 폭행죄와 협박죄와 절도죄의 결합범이다.

(2) 계속범

일정 기간 동안 위법상태의 계속을 전제하고 있는 범죄 유형을 말한다. 이에는 감금죄, 주거침입죄 등이 있다.

(3) 접속범

동일한 법익에 대하여 수개의 행위가 불가분하게 접속하여 행하여지는 것을 말한다. 예컨대 절도범이 문 앞에 자동차를 대기하고 수회 걸쳐 절취하는 경우이다.

(4) 연속범

연속한 수개의 행위가 동종의 범죄에 해당하는 것을 말한다. 예컨대 쌀 창고 앞에서 수일에 걸쳐 매일 밤 한 가마씩 훔치는 경우, 6개월 동안 동일인에게 5회의 뇌물을 받는 행위 등이다. ① 상습범 : 범행의 반복으로 인한 범죄경향으로 죄를 범한 경우 ② 영업범 : 범행의 반복을 경제적 수익원으로 삼는 경우 ③ 직업범 : 범죄의 반복이 경제적·직업적 활동이 된 경우

(5) 집합범

다수의 동종의 행위가 동일한 의사에 의해 반복되지만 일괄하여 일죄를 구성하는 것을 말한다. 예컨대 무면허의사의 진료와 상습범의 경우이다.

3) 포괄일죄의 처리

실제법상·소송법상 일죄이므로 하나의 죄로 처벌된다. 구성요건을 달리하는 행위가 포괄일죄가 되는 경우에는 가장 중한 죄의 일죄만 성립한다. 예컨대 세 번의 특수절도, 한 번의 야간주거침입절도 등이 상습적으로 반복되는 경우에는 가장 중한 상습특수절도죄의 포괄이죄가 성립한다(판례). 포괄일죄에 해당하는 행위의 진행 중에 법률의 변경이 있으면 신법에 의하며, 포괄일죄의 일부분에 대한 공범도 성립이 가능하다.

〈판례연구〉 포괄일죄에 해당하는 경우

① 단일하고도 계속된 범의 아래 동종의 수뢰행위를 일정기간 반복하여 행하고 그 피해법익도 동일한 경우(대판 2001. 1. 21, 99도4940).

② 신용카드의 소지인이 신용카드의 본래 용도인 대금결제를 위하여 가맹점에 신용카드를 제시하고 매출표에 서명하여 이를 교부하는 일련의 행위는 신용카드부정사용죄의 1죄만이 성립하고 별도로 사문서위조 및 동행사의 죄는 성립하지 않는다(대판 1992. 6. 9, 92도77).

③ 강간치상의 범행을 저지른 자가 실신상태에 있는 피해자를 구호하지 아니하고 방치한 행위 포괄하여 단일의 강간치상죄가 성립한다(대판 1980. 6. 24, 80도726).

④ 강도가 시간적으로 접착된 상황에서 가족을 이루는 수인에게 폭행·협박을 가하여 집안에 있는 재물을 탈취한 경우(대판 1996. 7. 30, 96도1285).

⑤ 한 달 동안에 행한 3번의 특수절도사실, 2번의 특수절도미수사실, 1번의 야간주거침입절도사실, 1번의 절도 사실들이 상습적으로 반복된 경우 법정형이 가장 중한 상습특수절도의 포괄일죄가 성립한다(대판 1975. 5. 27, 75도1184).

⑥ 하나의 소송사건에서 동일한 선서 하에 수차례에 걸쳐 허위의 감정보고서를 제출하는 경우(대판 2000. 11. 28, 2000도1089).

⑦ 절도범이 체포를 면탈할 목적으로 체포하려는 여러 명의 피해자에게 같은 기회에 폭행을 가하여 그 중 1인에게만 상해를 가한 행위는 강도상해죄의 포괄일죄가 성립한다(대판 2001. 8. 21, 2001도3312).

⑧ 주식을 대량으로 매입하여 그 시세를 조종하려는 목적으로 여러 차례에 걸쳐 통정매매행위, 허위매수주문행위, 고가매수주문행위 등의 불공정거래행위를 반복한 경우(대판 2002. 7. 22, 2002도1696).

⑨ 4개월 사이에 직계존속인 피해자를 2회 폭행하고 4회 상해를 가한 경우는 상습존속상해의 포괄일죄가 성립한다(대판 2002. 7. 28, 2002도7335).

⑩ 사기죄에 있어서 동일한 피해자에 대하여 수회에 걸쳐 기망행위를 하여 금원을 편취한 경우 포괄하여 1개의 사기죄가 성립한다(대판 2002. 7. 12, 2002도2029).

⑪ 하나의 사건에 관하여 한번 서서한 증인이 같은 기인에 여러 가지 사실에 관하여 기억에 반하는 허위의 공술을 한 경우 포괄하여 1개의 위증죄가 성립한다(대판 1992. 12. 22, 92도2047).

⑫ 약국개설자가 아님에도 단일하고 계속된 범의 하에 일정기간 계속하여 의약품을 판매하거나 판매의 목적으로 취득함으로써 약사법 제35조 제1항에 위반된 행위를 한 경우(대판 2001. 8. 21, 2001도3312).

⑬ 뇌물을 여러 차례에 걸쳐 수수함으로써 그 행위가 여러 개이더라도 그것이 단일하고 계속적 범의에 의하여 이루어지고 동일법익을 침해한 때(대판 1999. 1. 29, 98도3584).

⑭ 예금주인 현금카드 소유자를 협박하여 카드를 갈취한 후 현금자동지급기에서 예금을 여러 번 인출한 행위 포괄하여 하나의 공갈죄가 성립하고 별개의 절도죄는 성립하지 않는다(대판 1996. 9. 20, 95도1728).

⑮ 타인의 동일한 신용카드로 수차례 반복하여 가맹점들로부터 물품을 구입한 경우 신용카드부정사용의 포괄일죄가 성립한다(대판 1996. 7. 12, 96도1181).

⑯ 대금결제의 의사와 능력이 없으면서도 카드회사를 기망하여 카드를 발급 받아 자동지급기를 통한 현금대출도 받고, 가맹점을 통한 물품도 구입한 경우(대판 1996. 4. 9, 95도 2466).

⑰ 포괄일죄로 되는 개개의 범죄행위가 법 개정의 전후에 걸쳐서 행하여진 경우에는 신·구법의 법정형에 대한 경중을 비교하여 볼 필요도 없이 범죄 실행 종료시의 법이라고 할 수 있는 신법을 적용하여 포괄일죄로

처단하여야 한다(대판 1998. 2. 24., 183).

⑱ 음주상태로 자동차를 운전하다가 제1차 사고를 내고 그대로 진행하여 제2차 사고를 낸 후 음주측정을 받아 도로교통법 위반(음주운전)죄로 약식명령을 받아 확정되었는데, 이후 제1차사고 당시의 음주운전으로 기소된 사안에서 위 공소사실은 약식명령이 확정된 도로교통법 위반(음주운전)죄와 포괄일죄 관계에 있다(대판 2007. 7. 26, 2007도4404).

〈판례연구〉 포괄일죄에 해당하지 않는 경우

① 계속적으로 무면허운전을 할 의사를 가지고 여러 날에 걸쳐 무면허운전 행위를 반복한 경우는 운전한 날마다 1개의 무면허운전죄가 성립한다(대판 2002. 7. 23, 2001도6281).

② 구성요건을 달리하고 있는 횡령, 배임 등의 행위와 사기의 행위의 포괄1죄의 구성할 수 없다(대판 1988. 2. 9, 87도 58).

③ 공소제기 된 범죄사실과 추가로 발견된 범죄사실 사이에 그것들과 동일한 습벽에 의하여 저질러진 또 다른 범죄사실에 대한 유죄의 확정판결이 있는 경우는 공소제기 된 범죄사실과 판결이 확정된 범죄사실만이 포괄하여 하나의 상습범을 구성하고, 추가로 발견된 확정판결 후의 범죄사실은 별개의 상습범이 된다.(대판 2000. 3. 10, 99도2744).

④ 일정기간 다수인을 상대로 동종의 자금융통행위를 계속한 행위는 자금융통행위 1회마다 하나의 죄가 성립한다(대판 2001. 6. 12, 2000도3559).

⑤ 각 세대가 분양받은 아파트를 각 피해자에 대하여 소유권이전등기절차를 이행하여 주어야 할 업무상의 임무가 있는 자가 제3자 앞으로 각 소유권이전등기 및 근저당권설정등기를 한 각 행위는 피해자별로 수개의 업무상 배임죄가 성립한다(대판 1994. 5. 13., 93도3358).

⑥ 타인 명의의 신용카드를 부정사용하여 현금자동인출기에서 현금을 인출하고 그 현금을 취득한 행위는 신용카드부정사용죄와 절도죄의 경합범이 된다(대판 1995. 7. 28., 95도997).

§38. 수죄

1. 상상적 경합

> 第40조 (상상적 경합) 1개의 행위가 수개의 죄에 해당하는 경우에는 가장 중한 죄에 정한 형으로 처벌한다.

1) 의의

1개의 행위가 수개의 죄에 해당하는 경우를 말한다. 예컨대 한 개의 돌을 던져 상해를 가하고 유리창을 깨뜨린 경우이다. 이 때 가장 중한 죄에 정한 형으로 처벌하므로, 실질적으로 수죄이지만 과형상 1죄라 할 수 있다.

2) 요건

(1) 행위의 단일성

법적 평가를 떠나 사회 관념상 행위가 1개로 평가되는 것을 말한다. 이 때 각 구성요건을 실행하는 행위가 완전히 동일한 경우뿐만 아니라 부분적 동일성이 있어도 상상적 경합이 가능하다. 예컨대 공무집행중인 공무원을 폭행하여 상해를 입힌 경우에 폭행치상죄와 공무집행방해죄의 상상적 경합이 된다.

(2) 수개의 죄

1개의 행위가 수개의 구성요건에 해당하여야 한다. 수개의 구성요건은 이종일 수 있고 동종일 수도 있다.

(가) 이종의 상상적 경합

수개의 죄가 서로 상이한 구성요건에 해당하는 경우를 말한다. 예컨대 1발의 탄환을 발사하여 1명을 살해하고 재물을 손괴한 경우 살인죄와 재물 손괴죄의 상상적 경합이 된다.

(나) 동종의 상상적 경합

수개의 죄가 동일한 구성요건에 해당하는 경우로 (i) 전속적 법익의 경우 그 주체의 수에 상응하는 수개의 죄에 해당한다. 예컨대 1발의 탄환으로 수인을 살해 또는 상해한 경우 살인죄 또는 상해죄의 상상적 경합이 된다. (ii) 비전속적 법익의 경우 원칙적으로 1개의 죄만 성립한다. 예컨대 수인의 재물을 1 인이 보관하다 횡령한 경우 1개의 횡령죄, 1개의 행위로 수개의 건조물에 방화한 경우 1개의 방화죄가 된다.

3) 법적 효과

(1) 실체법적 효과

가장 중한 죄에 정한 형으로 처벌한다(제40조). 여기서의 형은 법정형을 의미한다. 형의 경중은 제50조에 따른다.

(2) 소송법적 효과

상상적 경합은 실질상 수죄라 하더라도 과형상 1죄이므로 소송법상 1개의 사건으로 취급된다. 수개의 죄 중에서 어느 죄에 관한 기판력, 공소제기, 상소의 효력은 상상적 경합관계에 있는 죄 전체에 효력을 미친다.

〈판례연구〉

① 당좌수표를 조합 이사장 명의로 발행하여 그 소지인이 지급제시기간 내에 지급 제시하였으나 거래정지처분의 사유로 지급되지 아니하게 한 사실(부정수표단속법위반죄)과 동일한 수표를 발행하여 조합에 대하여 재산상 손해를 가한 사실(업무상배임죄)은 사회적 사실관계가 기본적인 점에서 동일하다고 할 것이어서 1개의 행위가 수 개의 죄에 해당하는 경우로서 형법 제40조에 정해진 상상적 경합관계에 있다(대판 2004.

5. 13, 2004도1299).

② 강도가 재물강취를 못한 채 항거불능의 피해자를 간음하려다 미수에 그쳤지만 폭행으로 상해를 입힌 경우 강도강간미수죄와 강도치상죄의 상상적 경합에 있다(대판 1988. 6. 28, 88도820).

③ 감금행위가 강간미수죄의 수단이 되었다 하여 감금행위는 강간미수죄에 흡수되어 범죄를 구성하지 않는다고 할 수는 없는 것이고, 그때에는 감금죄와 강간미수죄는 일개의 행위에 의하여 실현된 경우로서 상상적 경합관계에 있다(대판 1983. 4. 26, 83도323).

④ 절도범이 체포를 면탈할 목적으로 경찰관에게 폭행, 협박을 가한 경우 준강도죄와 공무집행방해죄는 상상적 경합에 있다(대판 1992. 7. 28, 92도917).

⑤ 도박이란 2인 이상의 자가 상호간에 재물을 도(賭)하여 우연한 승패에 의하여 그 재물의 득실을 결정하는 것이므로, 이른바 사기도박과 같이 도박당사자의 일방이 사기의 수단으로써 승패의 수를 지배하는 경우에는 도박에서의 우연성이 결여되어 사기죄만 성립하고 도박죄는 성립하지 아니한다.(대판 2011. 1. 13, 2010도9330).

⑥ 무면허로 술 취한 상태에서 오토바이를 운전한 경우 무면허운전죄와 주취운전죄의 상상적 경합관계에 있다(대판 1987. 2. 24., 86도2371).

⑦ 문서를 위조한 경우 각 명의자마다 1개의 문서가 성립되므로 문서에 2인 이상의 연명으로 된 문서를 위조한 경우(대판 1987. 7. 21, 87도564).

⑧ 1개의 행위가 공직선거및선거부정방지법과 정당법의 구성요건을 충족하는 경우 상상적 경합관계 있다(대판 2003. 4. 8., 2002도6033).

⑨ 피고인이 피해자를 협박함으로써 금원을 갈취하고 이로 인하여 법정 중개수수료 상한을 초과한 금품을 받은 경우 1개의 행위가 수개의 죄에 해당하는 상상적 경합관계에 있다(대판 1996. 10. 15., 96도1301).

⑩ 존속을 살해할 목적으로 현주건조물에 방화하여 사망에 이르게 한 경우 존속살해죄와 현주건조물방화치사죄는 상상적 경합에 있다(대판 1996. 4. 26, 96도485).

⑪ 재물을 강취한 후 피해자들을 살해할 목적으로 현주건조물에 방화하여 사망에 이르게 한 경우 강도살인죄와 현주건조물방화치사죄의 상상적 경합에 있다(대판 1998. 12. 8, 98도3416).

⑫ 공무원이 취급하는 사건에 관하여 청탁 또는 알선을 할 의사와 능력이 없음에도 청탁 또는 알선을 한다고 기망하고 금품을 교부받은 경우 사기죄와 변호사법 위반죄의 상상적 경합에 있다(대판 2006. 1. 27,

2005도8704).

⑬ 업무상 배임행위에 사기행위가 수반된 경우 사기죄와 업무상 배임죄의 상상적 경합에 있다(대판 2002. 7. 18, 2002도669).

⑭ 야간에 흉기로 공무집행중인 공무원에게 상해를 가한 경우 특수공무집행방해치상죄와 폭력행위등처벌에 관한법률 제3조 제2항(상해) 위반죄의 상상적 경합에 있다(대판 1995.1.20, 94도 2842).

⑮ 밀수품이 강도행위에 의하여 취득된 경우 관세장물취득죄와 강도죄의 상상적 경합에 있다(대판 1982. 12. 28, 81도1875).

⑯ 공무원이 수뢰 후 행한 부정행위로 공도화 변조 및 동행사죄를 범한 경우 공도화 변조 및 동행사죄와 수뢰후부정처사죄의 상상적 경합에 있다(대판 2001. 2. 9, 2000도1216).

⑰ 판매의 목적으로 휘발유에 솔벤트 벤젠 등을 혼합하여 판매한 경우 석유사업법위반죄와 사기죄의 상상적 경합에 있다(대판 1980. 12. 9, 80도384).

⑱ 여관에서 종업원을 칼로 찔러 상해를 가하고 여관의 주인으로부터 금품을 강취하고, 1층 안내실에서 종업원 소유의 현금을 꺼내 간 경우 피해 종업원과 주인을 폭행·협박한 행위는 법률상 1개의 행위로 평가되므로 위 2개의 죄는 상상적 경합관계에 있다(대판 1991. 6. 24, 91도643).

⑲ 동일인 대출한도 초과대출 행위로 인하여 상호저축은행에 손해를 가함으로써 상호저축은행법 위반죄와 업무상배임죄가 모두 성립한 경우, 위 두 죄는 형법 제40조에서 정한 상상적 경합관계에 있다(대판 2012. 6. 28, 선2012도2087).

⑳ 채권자들에 의한 복수의 강제집행이 예상되는 경우 재산을 은닉 또는 허위양도함으로써 채권자들을 해하였다면 채권자별로 각각 강제집행면탈죄가 성립하고, 상호 상상적 경합범의 관계에 있다(대판 2011. 12. 8., 2010도4129).

㉑ 무허가 카지노영업으로 인한 관광진흥법위반죄와 도박개장죄는 상상적 경합관계에 있다(대판 2009. 12. 10, 2009도11151).

2. 실체적 경합범

제37조 (경합범) 판결이 확정되지 아니한 수개의 죄 또는 금고 이상의 형에 처한 판결이 확정된 죄와 그 판결확정 전에 범한 죄를 경합범으로 한다.

1) 의의

한 사람에 의해 범해진 판결이 확정되지 아니한 수개의 죄 또는 금고 이상의 형에 처한 판결이 확정된 죄와 그 확정판결 전에 범한 범죄를 말한다. 즉, 경합범(실체적 경합범)은 판결이 확정되지 아니한 수개의 죄(동시적 경합범) 또는 판결이 확정된 죄와 그 판결이 확정되기 전에 범한 범죄(사후적 경합범)를 말한다.

경합범에는 동종의 경합범으로 한 행위자가 같은 범죄를 여러 차례 범한 경우 예컨대 식품제조일자를 변조하여 판매한 경우 피해자별로 1개의 사기죄가 성립한다. 다음으로 이종의 경합범으로 한 행위자가 수개의 행위를 통하여 상이한 범죄를 범한 경우이다. 예컨대 강간 미수에 그치자 살의를 느껴 살해한 경우이다.

2) 동시적 경합범

제38조 (경합범과 처벌례) ① 경합범을 동시에 판결할 때에는 다음의 구별에 의하여 처벌한다.
1. 가장 중한 죄에 정한 형이 사형 또는 무기징역이나 무기금고인 때에는 가장 중한 죄에 정한 형으로 처벌한다.
2. 각 죄에 정한 형이 사형 또는 무기징역이나 무기금고 이외의 동종의 형인 때에는 가장 중한 죄에 정한 장기 또는 다액에 그 2분의 1까지 가중하되 각 죄에 정한 형의 장기 또는 다액을 합산한 형기 또는 액수를 초과할 수 없다. 단 과료와 과료, 몰수와 몰수는 병과할 수 있다.
3. 각 죄에 정한 형이 무기징역이나 무기금고이외의 이종의 형인 때에는 병과한다.

② 전항 각호의 경우에 있어서 징역과 금고는 동종의 형으로 간주하여 징역형으로 처벌한다.

(1) 동시적 경합범의 요건

(i) 수개의 행위로 죄를 범할 것. (ii) 수개의 죄는 모두 판결이 확정되지 않았을 것. (iii) 수개의 죄는 동시에 재판될 것. 예컨대 갑이 ABCD의 4개의 범죄를 범하고 그 어느 것도 확정판결을 받지 않은 경우 ABCD죄 전부가 동시적 경합범이다.

(2) 동시적 경합범의 처벌

(i) 가장 중한 죄에 정한 형이 사형 또는 무기징역이나 무기금고인 때에는 가장 중한 죄에 정한 형으로 처벌한다(흡수주의). (ii) 각 죄에 정한 형이 사형 또는 무기징역이나 무기금고이외의 동종의 형인 때에는 가장 중한 죄에 정한 장기 또는 다핵에 그 2분의 1까지 가중하되 각 죄에 정한 형의 장기 또는 다액을 합산한 형기 또는 액수를 초과할 수 없다(가중주의). (iii) 각 죄에 정한 형이 무기징역이나 무기금고이외의 이종의 형인 때에는 병과한다(병과주의).

3) 사후적 경합범

제39조 (판결을 받지 아니한 경합범, 수개의 판결과 경합범, 형의 집행과 경합범)
① 경합범중 판결을 받지 아니한 죄가 있는 때에는 그 죄와 판결이 확정된 죄를 동시에 판결할 경우와 형평을 고려하여 그 죄에 대하여 형을 선고한다. 이 경우 그 형을 감경 또는 면제할 수 있다.
② 삭제 〈2005.7.29〉
③ 경합범에 의한 판결의 선고를 받은 자가 경합범중의 어떤 죄에 대하여 사면 또는 형의 집행이 면제된 때에는 다른 죄에 대하여 다시 형을 정한다.
④ 전3항의 형의 집행에 있어서는 이미 집행한 형기를 통산한다.

(1) 사후적 경합범의 요건

판결이 확정된 죄와 그 판결확정 전에 범한 죄이다. 확정판결의 범위는 금고 이상의 형에 처한 판결이 확정된 죄만 인정된다. 항소심판결확정 이전에 범한 죄를 의미한다. 죄를 범한 시기는 범죄의 종료 시를 기준으로 한다. (i) 갑이 A 죄, B죄, C죄를 차례로 범한 후 C죄에 대한 금고 이상 형의 확정판결을 받고 그 후 D죄, E죄를 범한 경우 ABC는 사후적 경합범, DE 는 동시적 경합범, 제1의 경합범(ABC)과 제2의 경합범(DE)은 서로 경합범이 아니다(벌금형 확정전후 범죄는 경합범에 해당) (ii) 갑이 A, B, C, D, E죄를 범한 후 C죄에 대하여 금고 이상이 형에 처한 확정판결을 받은 경우 C죄와 A,B,C,E 죄는 사후적 경합범이다.

(2) 경합범의 처벌

(i) 경합범중 판결을 받지 아니한 죄가 있는 때에는 그 죄와 판결이 확정된 죄를 동시에 판결할 경우와 형평을 고려하여 그 죄에 대하여 형을 선고한다. 이 경우 그 형을 감경 또는 면제할 수 있다. (ii) 경합범에 의한 판결의 선고를 받은 자가 경합범 중의 어떤 죄에 대하여 사면 또는 형의 집행이 면제된 때에는 다른 죄에 다시 형을 정한다. (iii) 전 항의 형의 집행에 있어서 이미 집행한 형기를 통산한다.

4) 경합범과 형의 집행

경합범에 의하여 판결의 선고를 받은 자가 경합범 중에 어떤 죄에 대하여 사면 또는 형의 집행이 면제된 때에는 다른 죄에 대하여 다시 형을 정한다(§39③).

〈판례연구〉

① 운전면허 없이 운전을 하다가 사람을 치어 사망케 한 경우 업무상과실치사죄와 무면허 운전 죄의 실체적 경합이 된다(대판 1972. 10. 31, 72도210).

② 주취운전과 음주측정거부의 각 도로교통법위반죄의 경우 실체적 경합관계에 있다(대판 2004. 11. 12, 2004도 5257).

③ 불을 놓은 집에서 빠져 나오려는 피해자들을 막아 소사케 한 행위는 현주건조물방화죄와 살인죄는 실체적 경합이 된다(대판 1983. 1. 18, 82도2341).

④ 범의가 단일하고 범행방법이 동일한 수인의 피해자에 대하여 각 피해자별로 기망행위를 하여 각각 재물을 편취한 행위 각각 사기죄의 실체적 경합이 된다(대판 1997. 6. 27, 97도508).

⑤ 한 개의 강도 범행을 하는 기회에 수명의 피해자에게 각 폭행을 가하여 각 상해를 입힌 경우 수개의 강도상해죄의 실체적 경합이 된다(대판 1987. 5. 26, 87도527).

⑥ 타인명의의 신용카드를 부정사용하여 현금자동인출기에서 현금을 인출하여 취득한 행위는 신용카드부정사용죄와 절도죄의 실체적 경합이 된다(대판 1995. 7. 28, 95도997).

⑦ 감금으로 인한 강도상해의 범행이 끝난 뒤에도 감금행위가 계속된 경우는 감금죄와 강도상해죄의 실체적 경합이 된다(대판 2003. 1. 10, 2002도4380).

⑧ 예금통장을 강취하고 예금청구서를 위조하여 은행원에게 제출 행사하여 인출금을 교부받은 경우 강도, 사문서위조 및 동행사, 사기의 실체적 경합관계에 있다(대판 1991. 9. 10, 91도1722).

⑨ 사람을 살해한 다음 증거를 인멸하기 위하여 그 시체를 다른 장소에 유기한 경우 살인죄와 사체유기죄의 경합범이 된다(대판 1997. 7. 25, 97도1142).

⑩ 계속적으로 무면허운전을 할 의사를 가지고 여러 날에 걸쳐 무면허운전 행위를 반복한 경우 운전한 날마다 무면허운전 죄의 경합범이 된다(대판 2002. 7. 23, 2001도628).

⑪ 사기의 수단으로 발행한 수표가 지급 거절된 경우 부정수표단속법위반죄와 사기죄의 실체적 경합이 된다(대판 2004. 6. 25, 2004도1751).

⑫ 횡령교사를 한 후 그 횡령한 물건을 취득한 경우 횡령 교사죄와 장물취득죄의 경합범이 된다(대판 1969. 6. 24, 69도692).

⑬ 법원을 기망하여 승소판결을 받고 그 확정판결에 의하여 소유권이전등기를 경료한 경우(대판 1983. 4. 26, 83도188)

⑭ 전날 판매하고 남은 재고품에 대하여 포장지를 교체하면서 가공일(대판 1995. 8. 22, 95도594).

⑮ 유사휘발유를 제조·판매하다가 단속되어 공범이 석방되기까지 1달 이상 범행을 중단하였다가, 공범이 석방되어 다시 다른 장소에서 유사휘발유를 제조·판매하다가 재차 단속된 경우(대판 2006. 9. 8, 2006도3172).

⑯ 여관에 들어가 1층 안내실에 있던 관리인을 칼로 찔러 상해를 가하고, 그로부터 금품을 강취한 다음, 각 객실로 들어가 각 투숙객들로부터 금품을 강취한 경우 강도상해죄와 각 강도죄의 실체적 경합이 된다(대판 1997. 6. 25, 91도643).

⑰ 슈퍼마켓사무실에서 식칼을 들고 피해자를 협박한 행위와 식칼을 들고 매장을 돌아다니며 손님을 내쫓아 그의 영업을 방해한 경우(대판 1991. 1. 29, 90도2445).

⑱ 주간에 주거에 침입하여 절도함으로써 특정범죄가중처벌 등에 관한 법률 제5조의4 제5항 위반죄가 성립하는 경우, 별도로 형법 제319조의 주거침입죄를 구성한다(대판 2008. 11. 27, 2008도7820).

⑲ 사기의 수단으로 발행한 수표가 지급거절된 경우 부정수표단속법위반죄

와 사기죄는 그 행위의 태양과 보호법익을 달리하므로 실체적 경합범의 관계에 있다(대판 2004. 6. 25, 2004도1751).

⑳ '가장거래에 의한 사기죄'와 '분식회계에 의한 사기죄'는 범행 방법이 동일하지 않아 그 피해자가 동일하더라도 포괄일죄가 성립한다고 할 수 없다.(대판 2010. 5. 27, 2007도10056)

㉑ 수인의 피해자에 대하여 단일한 범의하에 동일한 방법으로 각 피해자별로 기망행위를 하여 재물을 편취한 경우, 사기죄의 죄수는 실체적 경합이 된다(대판 2010. 4. 29, 2010도2810).

제 10 장

형 벌 론

개 관

제10장은 형벌론이다. 우선 형벌을 사형·자유형·재산형·명예형으로 분류하여 살펴본 후 형의 양정의 의의와 단계 그리고 형의 가중·감경의 사유와 기준에 관하여 고찰한다. 그리고 누범의 의의와 요건, 누범의 처벌에 관하여 고찰한다.

또한 선고유예·집행유예·가석방의 의의 및 효과 등에 관하여 살펴보고 형의 시효와 소멸에 관하여 고찰한다. 선고유예를 할 때 보호관찰을 받을 것을 명할 수 있고, 집행유예를 선고할 때 보호관찰이나 사회봉사명령 또는 수강명령을 부가할 수 있으며, 가석방을 허가할 때에는 반드시 보호관찰을 받도록 하고 있다.

§39. 형벌의 의의와 종류

1. 형벌의 의의

형벌이란 국가가 범죄에 대한 법률상의 효과로서 범죄자에 대하여 그의 책임을 전제로 하여 과하는 법익의 박탈(협의의 형벌)을 말하며 여기에는 보안처분이 포함된다(광의의 형벌).

2. 형벌의 종류

제41조 (형의 종류) 1. 사형 2. 징역 3. 금고 4. 자격상실 5. 자격정지 6. 벌금 7. 구류 8. 과료 9. 몰수

1) 사형

(1) 사형폐지의 논거

(i) 인간의 생명박탈은 헌법정신에 반한다. (ii) 사형에 범죄억제 효과가 있다고 입증된 사례는 단 한 건도 없다. 위하력이 존재하지 않는다. (iii) 오판에 대한 회복이 불가능하다. (iv) 독재자에 의해 악용될 가능성이 있다.

(2) 사형존치의 논거

(i) 위하력이 있다. (ii) 일반국민의 응보관념과 정의 관념에 부합한다. (iii) 사회의 법의식이 이를 요구하고 있다.

2) 자유형

(1) 징역

> 第67条 (징역) 징역은 형무소 내에 구치하여 정역에 복무하게 한다.
> 第42条 (징역 또는 금고의 기간) 징역 또는 금고는 무기 또는 유기로 하고 유기는 1월 이상 30년 이하로 한다. 단, 유기징역 또는 유기금고에 대하여 형을 가중하는 때에는 50년까지로 한다.

징역이란 수형자를 교도소 내에 구치하여 정역에 복무하게 하는 것을 내용으로 하는 형벌이다. 징역에는 무기와 유기가 있다. 무기는 종신형을 말한다. 유기는 1월 이상 30년 이하, 가중할 경우 50년까지 가능하다. 20년이 경과한 후에는 가석방이 가능하다(형법 제72조 제1항).

(2) 금고

> 第68条 (금고와 구류) 금고와 구류는 형무소에 구치한다.

정역의 복무가 없다는 점에서 징역과 다르지만 수형자의 신청이 있을 경우 작업을 시킬 수 있다(행형법 제67조). 명예적 구금이라고도 한다.

(3) 구류

> 第46条 (구류) 구류는 1일 이상 30일 미만으로 한다.

1일 이상 30일 미만, 작업이 없다는 점에서 징역과 다르다. 구류도 신청이 있을 경우 정역을 과할 수 있다(행형법 제67조).

3) 재산형

제45조 (벌금) 벌금은 5만원 이상으로 한다. 다만, 감경하는 경우에는 5만원 미만으로 할 수 있다.
제47조 (과료) 과료는 2천원 이상 5만원 미만으로 한다.
제69조 (벌금과 과료) ① 벌금과 과료는 판결확정일로부터 30일내에 납입하여야 한다. 단, 벌금을 선고할 때에는 동시에 그 금액을 완납할 때까지 노역장에 유치할 것을 명할 수 있다.
② 벌금을 납입하지 아니한 자는 1일 이상 3년 이하, 과료를 납입하지 아니한 자는 1일 이상 30일 미만의 기간 노역장에 유치하여 작업에 복무하게 한다.
제70조 (노역장유치) ① 벌금 또는 과료를 선고할 때에는 납입하지 아니하는 경우의 유치기간을 정하여 동시에 선고하여야 한다.
② 선고하는 벌금이 1억원 이상 5억원 미만인 경우에는 300일 이상, 5억원 이상 50억원 미만인 경우에는 500일 이상, 50억원 이상인 경우에는 1,000일 이상의 유치기간을 정하여야 한다.
제71조 (유치일수의 공제) 벌금 또는 과료의 선고를 받은 자가 그 일부를 납입한 때에는 벌금 또는 과료액과 유치기간의 일수에 비례하여 납입금액에 상당한 일수를 제한다.

(1) 벌금형

벌금액은 50,000원 이상이고 상한에는 제한이 없다. 확정판결 후 30일 이내에 납입해야 되고 납입하지 않을 경우 환형처분으로 1일 이상 3년 이하의 기간 동안 노역장에 유치하여 작업에 복무하게 한다.

(2) 과료

경미범죄에 부과(2,000원 이상 50,000원 미만). 과료를 납입하지 않는 자는 1일 이상 30일 미만의 기간 동안 노역장에 유치하여 작업을 시킨다.

3) 몰수

제48조 (몰수의 대상과 추징) ① 범인이외의 자의 소유에 속하지 아니하거나 범죄 후 범인이외의 자가 정을 알면서 취득한 다음 기재의 물건은 전부 또는 일부를 몰수할 수 있다.
1. 범죄행위에 제공하였거나 제공하려고 한 물건.
2. 범죄행위로 인하여 생하였거나 이로 인하여 취득한 물건.
3. 전2호의 대가로 취득한 물건.

② 전항에 기재한 물건을 몰수하기 불능한 때에는 그 가액을 추징한다.
③ 문서, 도화, 전자기록 등 특수매체기록 또는 유가증권의 일부가 몰수에 해당하는 때에는 그 부분을 폐기한다.

제49조 (몰수의 부가성) 몰수는 타형에 부가하여 과한다. 단, 행위자에게 유죄의 재판을 아니할 때에도 몰수의 요건이 있는 때에는 몰수만을 선고할 수 있다.

(1) 의의

범죄로 인한 이익취득을 금지할 목적으로 범죄행위와 관련된 재산을 박탈하여 국고에 귀속시키는 재산형이다. 행위자에게 유죄판결을 하지 않을 때에도 몰수요건이 있을 때에는 몰수만을 선고할 수 있다.

(2) 법적성질

몰수는 원칙적으로 다른 형에 부가하여 과한다(부가형). 단, 행위자에게 유죄의 재판을 아니할 때에도 몰수의 요건이 있는 때에는 몰수만을 선고할 수 있다. 그 주형에 대하여 선고를 유예하는 경우에는 그 부가할 몰수·추징에 대하여도 선고를 유예할 수 있으나, 그 주형에 대하여 선고를 유예하지 아니하면서 이에 부가할 몰수·추징에 대하여서만 선고를 유예할 수는 없다(대판 1998. 6. 21. 88도551).

〈표 10-1〉 임의적 몰수와 필요적 몰수

종 류	내 용
임의적 몰수 (원칙)	몰수의 여부는 원칙적으로 법관의 자유재량에 의한다(제48조 제1항, 제49조 단서). 즉, 몰수는 원칙적으로 임의적 몰수이다. 그러나 각칙과 특별법에 필요적 몰수로 하는 경우가 있다.
형법상 필요적 몰수 (예외)	① 범인 또는 정을 아는 제3자가 뇌물 또는 뇌물에 공할 금품은 몰수한다(제48조). ② 아편에 관한 죄에 제공한 아편, 몰핀이나 그 화합물 또는 아편흡식은 몰수한다(제206조). ③ 배임수재죄에 의하여 범인이 취득한 재물은 몰수한다(제357조 제3항). (cf. 배임증재죄의 경우는 필요적 몰수가 아니다)
특별법상의 필요적 몰수	특별법상의 몰수는 거의 필요적 몰수이다. 예: 과세법상의 금제품 몰수, 주세법에 의한 무면허주류, 전매법에 의한 전매위반물품, 총포 및 화약류단속법 위반의 물건, 수렵법위반의 동물, 마약류관리에 관한 법률 위반의 물품, 특정범죄가중처벌등에관한 법률 제13조, 국가보안법 제15조).

〈판례연구〉

① 수뢰자가 자기앞수표를 뇌물로 받아 이를 소비한 후 그 상당액을 증뢰자에게 반환한 경우 수뢰자로부터 그 가액을 추징(대판 1999. 1. 29, 98도3584).

② 뇌물로 받은 돈을 은해에 예금한 후 같은 액수의 돈을 증뢰자에게 반환한 경우 수뢰자로부터 그 가액을 추징(대판 1996. 10. 25, 96도2002).

③ 뇌물로 받은 돈을 그 후 다른 사람에게 다시 뇌물로 공여한 경우 제1수뢰자로부터 수뢰액 전부를 추징(대판 1986. 11. 25, 86도1951).

④ 공무원의 직무에 속한 사항의 알선에 관하여 금품을 받고 그 금품 중의 일부를 받은 취지에 따라 청탁과 관련하여 관계 공무원에게 뇌물로 공여하거나 다른 알선행위자에게 청탁의 명목으로 교부한 경우 이를 제외한 나머지 금품만을 몰수하거나 그 가액을 추징(대판 2002. 6. 14, 2002도1283).

⑤ 수뢰자가 뇌물을 그대로 보관하였다가 증뢰자에게 반환한 경우 증뢰자로부터 몰수· 추징(대판 1984. 2. 28, 83도2783).

⑥ 수인이 공모하여 뇌물을 수수한 경우 개별적으로 받은 금품을 추징하여야 하고 수수금품을 개별적으로 알 수 없을 때 평등하게 추징(대판 1975. 4. 22, 73도1963).

⑦ 판사, 검사에게 청탁하여 석방시켜 주겠다는 명목으로 받은 금액 중 일

부를 변호사선임비로 사용하였더라도 변호사선임비로 사용한 금액을 추징액에서 제외할 수는 없다(대판 2000. 5. 26, 2000도440).

⑧ 변호사가 법률사건을 수임하고 받은 수임료는 추징의 대상이 아니다(대판 2001. 7. 24, 2000도5069).

⑨ 히로뽕을 수수하여 그 중 일부를 직접 투약한 경우 수수한 히로뽕의 가액만을 추징할 수 있고 직접 투약한 부분에 대한 가액을 별도로 추징할 수 없다(대판 2000. 9. 8, 2000도546).

⑩ 추징은 부가형이지만 징역형의 집행유예와 추징의 선고를 받은 사람에 대하여 징역형의 선고의 효력을 상실케 하는 동시에 복권하는 특별사면이 있은 경우에 추징에 대하여도 형선고의 효력이 상실된다고 볼 수는 없다(대판 1996. 5. 14, 96모14).

4) 명예형

(1) 자격상실

제43조 (형의 선고와 자격상실, 자격정지) ① 사형, 무기징역 또는 무기금고의 판결을 받은 자는 다음에 기재한 자격을 상실한다.
1. 공무원이 되는 자격
2. 공법상의 선거권과 피선거권
3. 법률로 요건을 정한 공법상의 업무에 관한 자격
4. 법인의 이사, 감사 또는 지배인 기타 법인의 업무에 관한 검사역이나 재산 관리인이 되는 자격

사형·무기징역 또는 무기금고의 선고가 있으면 다음의 자격(공무원이 되는 자격, 공법상 선거권과 피선거권, 법인의 이사·감사 또는 지배인 기타 법인의 업무에 관한 검사역이나 재산관리인이 되는 자격)을 당연히 상실된다.

(2) 자격정지

일정기간 동안 일정한 자격의 전부 또는 일부가 정지되는 것을 말한다.

(가) 당연정지

유기징역 또는 유기금고의 판결을 받은 자에게 그 형의 집행이 종료되거나 면제될 때까지 당연히 자격이 정지되는 것을 말한다.

(나) 선고정지

판결의 선고에 의하여 일정한 자격이 전부 또는 일부를 일정기간 정지시키는 경우이다. 자격정지기간은 1년 이상 15년 이하이다.

§40. 형의 양정

1. 의의

형의 양정(양형)이란 구체적인 사건에 대하여 법정형에 법률상의 가중·감경 또는 작량감경을 한 처단형의 범위에서 선고할 형을 정하는 것을 말한다. 양형은 법원의 재량에 속하지만 완전한 자유재량이 아니라 법적으로 구속된 재량에 해당한다.

2. 형의 양정의 단계

1) 법정형

특정범죄에 대하여 법률상 추상적으로 규정되어 있는 형벌을 말한다. 형법은 상대적 법정형을 원칙으로 하며, 예외적으로 여적죄(제93조)는 사형(절대적 법정형)만을 규정하고 있다.

2) 처단형

법정형에 법률상 및 재판상의 가중·감경을 하여 구체화된 형벌을 말한다. 법정형이 선택형이면 먼저 형의 종류를 정하고 여기에 필요한 가중 또는 감경을 하여 처단형을 정한다. 처단형은 선고형의 최종적 기준이 된다.

3) 선고형

법원이 처단형의 범위 내에서 구체적으로 형을 양정하여 당해 피고인에게 선고하는 형을 말한다. 선고형은 정기형이 원칙이나 소년법상 상대적 부정기형을 인정하고 있다(소년법 제60조).

3. 형의 가중・감경・면제

1) 형의 가중

(1) 일반적 가중사유

모든 범죄에 일반적 가중사유로 형법총칙에 규정되어 있다. 경합범가중(제38조), 누범가중(제35조), 특수교사・방조(제34조 제2항)가 있다.

(2) 특수한 가중

특정범죄에 대해서만 가중하는 사유로 형법각칙에 규정되어 있다. 상습범가중(제264조), 특수범죄의 가중(특수공무집행방해죄, 특수체포감금죄)이 있다.

2) 형의 감경

(1) 형법총칙상의 감경사유

필요적 감경(심신미약자, 농아자, 종범), 임의적 감경(장애미수), 필요적 감면(중지미수), 임의적 감면(외국에서 받은 형의 집행, 과잉방위/과잉자구행위, 불능미수, 자수・자복, 판결을 받지 아니한 경합범) 등이 있다.

(2) 형법각칙상의 감경사유

필요적 감면(내란죄, 외환죄, 외국에 대한 사전죄, 폭발물사용죄, 방화죄, 통화위조죄의 실행에 이르기 전에 자수한 때, 위증죄, 허위감정통역번역죄, 무고죄를 범한 자가 그 사건의 재판 또는 징계처분이 확정되기 전에 자백 또는 자수한 때, 장물죄에 있어서 장물범과 본범간에 일정한 친족관계가 있을 때)

〈판례연구〉 자수가 인정되는 경우

① 자기의 뇌물수수사실과 전혀 연관이 없는 회사에 대한 세무조사와 관련하여 수사기관에 자진출석하여 금원을 수수하였다는 내용의 자술서를 스스로 작성하여 제출하고 수사과정에서 수뢰혐의사실을 모두 자백한 경우(대판 1994. 12. 27, 94도618).

② 신문지상에 혐의사실이 보도되기 시작한 후에 담당 검사에게 전화를 걸어 조사를 받게 해달라고 요청하여 자진 출석하여 혐의사실을 모두 자백한 경우(대판 1994. 9. 9, 94도619).

③ 검찰의 소환에 따라 자진 출석하여 검사에게 범죄사실에 관하여 자백함으로써 형법상 자수의 효력이 발생한 후에 검찰이나 법정에서 범죄사실을 일부 부인한 경우(대판 2002. 8. 23, 2002도46).

④ 수사기관에 자진출석하여 신문을 받으면서 대체적으로 시인하는 내용의 진술을 하였지만 범죄사실의 세부적인 형태나 상황설명 등에 다소 차이가 나는 진술을 한 경우(대판 1994. 5. 10, 94도659).

〈판례연구〉 자수가 부정되는 경우

① 금속 탐지기에 의해 대마 휴대 사실이 발각될 상황에서 세관 검색원의 추궁에 의하여 대마 수입 범행을 시인한 경우(대판 1999. 4. 13, 98도4560).

② 양벌규정에 의하여 법인이 처벌받는 경우, 그 위반행위를 한 직원 또는 사용인만이 자수하고 법인의 이사 기타 대표자는 자수하지 아니한 경우(대판 1995. 7. 25, 95도391).

③ 자수서를 소지하고 수사기관에 자발적으로 출석하였으나 자수서를 제출하지 아니하고 범행사실도 부인한 경우나, 그 이후 구속까지 된 상태에서 자수서를 제출하고 범행사실을 시인한 경우(대판 2004. 10. 14, 2003도3133).

④ 수사기관에 뇌물수수의 범죄사실을 자발적으로 신고하였으나 그 수뢰액을 실제보다 적게 신고(5천만원이 아닌 3천만원만을 신고)함으로써 적용법조와 법정형이 달라지게 된 경우(대판 2004. 6. 24, 2003도2004).

⑤ 수사기관에 대하여 신고함이 없이 내심으로 자수할 결심만 한 경우(대판 1986. 6. 10, 86도792).

(3) 재판상 감경(작량감경)

第53조 (작량감경) 범죄의 정상에 참작할 만한 사유가 있는 때에는 작량하여 그 형을 감경할 수 있다.

법률상 감경사유가 없을지라도 범죄의 정상에 참작할 만한 사유가 있는 때에는 작량하여(법원의 재량) 그 형을 감경할 수 있다. 법률상 형을 가중·감경한 후에도 제55조의 범위 내에서 작량감경을 할 수 있다.

3) 형의 면제

범죄는 성립하여 형벌권은 발생하였으나 일정한 재판확정전의 사유로 인하여 형만을 과하지 않는 경우(친족상도례)를 말하며, 재판확정 후의 사유로 인하여 형의 집행이 면제되는 형의 면제(재판확정 후 법률의 변경)와 구별된다.

〈판례연구〉

① 형의 집행과 구속영장의 집행이 경합하고 있는 경우에는 미결구금 기간을 본형에 통산할 필요가 없다(대판 2001. 10. 26, 2001도4583).

② 수개의공소사실로 공소가 제기된 피고인이 그 중 일부의 범죄사실만으로 구속영장이 발부되어 구금된 경우, 그 구금일수를 어느 죄에 관한 형에 산입할 것인가의 문제는 법원의 재량에 속하는 사항이라고 할 것이므로 법원이 판결 선고 전의 구금일수를 구속영장이 발부되지 아니한 다른 범죄사실에 관한 죄의 형에 산입할 수도 있다(대판 1996. 5. 10, 96도800).

③ 항소심이 피고인의 항소를 기각하면서 판결 선고 전의 미결구금일수를 제1심판결의 선고형에 산입하는 경우에 제1심판결의 선고형이 2개 이상 있을 때에는 그 중 어는 형에 산입하는지를 분명히 해야 한다(대판 1988. 2. 23, 87도2637).

④ 미결구금기간이 확정된 징역 또는 금고의 본형기간을 초과한 결과가 생겼다 하여 위법하다고 할 수 없다(대판 1989. 10. 10, 89도1711).

⑤ 법률상 미결구금일수를 당연히 통산하여야 할 경우가 아닌 이상 미결구금일수 중 그 전부를 본형에 산입할 것인가 그 일부만 산입할 것인가의 여부는 판결법원의 자유재량에 속한다(대판 1983. 7. 26, 83도1470).

⑥ 기피신청으로 인하여 공판절차가 정지된 상태의 구금기간도 판결 선고 전의 구금일수에는 산입되어야 하는 것이지만, 법원이 그 판결 선고 전의 미결구금일수 중 일부만을 본형에 산입하고 기피신청일 다음날부터 기피사건 재항고 기각결정 전날까지의 구금기간을 본형에 산입하지 아니하였다고 하더라도 이를 위법이라고 할 것은 아니다(대판 2005. 10. 14, 2005도4758).

⑦ 범행 후 미국으로 도주하였다가 한국과 미국 간의 범죄인인도조약에 따라 체포되어 인도절차를 밟기 위한 절차에 해당하는 기간은 본형에 산입될 미결구금일수에 해당한다고 볼 수 없다(대판 2004. 4. 27, 2004도482).

⑧ 필리핀 당국에 의하여 이민법 위반 혐의(체류자격외 활동)로 체포된 후 필리핀에서 강제로 출국되기까지의 기간은 본형에 산입될 미결구금 일수에 해당하지 않는다(대판 2003. 2. 11, 2002도6606).

⑨ 판결 선고 전 구금일수의 전부를 본형에 산입하면서 판결에서 그 산입일수를 명시하지 않고 단지 그 전부를 산입한다고만 표시하더라도 구금일수의 일부를 산입하는 경우와는 달리 형의 집행단계에서 소송기록을 통하여 그 산입의 범위가 충분히 확정되므로, 이 때문에 판결주문의 내용이 명확하지 아니하다거나 또는 형사소송법 제321조 제2항에 위배되어 위법하다고 말할 수는 없다(대판 1999. 4. 15, 99도357).

⑩ 제1심이 피고인 1에 대하여 작량감경을 한 후 작량감경을 하지 아니한 처단형의 범위 내에서 형을 선고하였다 하더라도 그것이 작량감경을 한 처단형의 범위 내에서 선고된 것인 이상 이를 위법하다고 할 수 없다(대판 2010. 10. 28, 2010도10960).

§41. 누범

제35조 (누범) ① 금고 이상의 형을 받아 그 집행을 종료하거나 면제를 받은 후 3년 내에 금고 이상에 해당하는 죄를 범한 자는 누범으로 처벌한다.
② 누범의 형은 그 죄에 정한 형의 장기의 2배까지 가중한다.

1. 의의

금고 이상의 형을 받아 그 집행을 종료하거나 면제를 받은 후 3년 내에 금고 이상에 해당하는 죄를 범한 자를 누범이라고 한다. 범죄를 반복하여 범한다는 점에서 누범과 상습범은 공통점을 갖고 있지만 누범은 동일 죄질이 아닌 경우에도 성립하지만 상습범은 동일죄질의 상습성을 요건으로 한다.

2. 누범가중의 타당성

1) 일사부재리의 원칙과의 관계

누범가중은 전범 자체가 심판의 대상이 되는 것이 아니라 이미 형의 집행을 받았던 자가 다시 죄를 범한 사실 때문에 후범의 범죄에 대한 책임을 가중하는 것이므로 일사부재리의 원칙에 반하지 않는다.

2) 평등의 원칙과의 관계

누범가중은 전범에 대한 비난가능성이 많고 특별예방 및 일반예방의 적정한 수단이 되는 것이므로 이는 합리적인 근거가 있는 차별이어서 헌법상 평등의 원칙에 위배되지 않는다.

3) 책임주의 원칙과의 관계

누범가중과 책임주의가 조화될 수 있는가에 대해 행위책임이 가중된다는 견해, 행위자 책임의 원리에 의하여 비로소 그 근거를 설명할 수 있다는 견해도 있다. 현행법상 누범에 대해 무조건 지나치게 과중한 형벌을 부과하고 있는 것은 책임주의 원칙에 위배될 수 있다.

3. 누범가중의 요건

(i) 금고이상의 형을 선고받았을 것. (ii) 금고이상에 해당하는 죄에 해당할 것. (iii) 전범의 형 집행 종료 또는 면제 후 3년 이내에 후범이 있을 것

4. 누범가중의 효과

> 제36조 (판결 선고 후의 누범발각) 판결 선고 후 누범인 것이 발각된 때에는 그 선고한 형을 통산하여 다시 형을 정할 수 있다. 단, 선고한 형의 집행을 종료하거나 그 집행이 면제된 후에는 예외로 한다.

(i) 형의 장기의 2배 가중하지만 25년을 초과할 수 없다. 가중하는 형은 법정형을 의미한다. (ii) 판결 선고 후의 누범인 것이 발각된 경우 그 선고한 형을 통산하여 다시 형을 정할 수 있다.

§42. 선고유예 · 집행유예 · 가석방

1. 선고유예

1) 의의

형의 선고를 일정기간 동안 유예하고, 그 유예기간 동안 형법 질서를 준수하면 면소 되는 것으로 간주하는 제도이다.

2) 요건

제59조 (선고유예의 요건) ① 1년 이하의 징역이나 금고, 자격정지 또는 벌금의 형을 선고할 경우에 제51조의 사항을 참작하여 개전의 정상이 현저한 때에는 그 선고를 유예할 수 있다. 단, 자격정지 이상의 형을 받은 전과가 있는 자에 대하여는 예외로 한다.
② 형을 병과할 경우에도 형의 전부 또는 일부에 대하여 그 선고를 유예할 수 있다.

(i) 1년 이하의 징역이나 금고, 자격정지 또는 벌금의 형을 선고할 경우. (ii) 개전의 정이 현저할 것. (iii) 자격정지 이상의 형을 받은 전과가 없을 것.

3) 효과

제60조 (선고유예의 효과) 형의 선고유예를 받은 날로부터 2년을 경과한 때에는 면소된 것으로 간주한다.
제61조 (선고유예의 실효) ① 형의 선고유예를 받은 자가 유예 기간 중 자격정지 이상의 형에 처한 판결이 확정되거나 자격정지 이상의 형에 처한 전과가 발견된 때에는 유예한 형을 선고한다.
② 제59조의2의 규정에 의하여 보호관찰을 명한 선고유예를 받은 자가 보호관찰 기간 중에 준수사항을 위반하고 그 정도가 무거운 때에는 유예한 형을 선고할 수 있다.

선고유예 받은 날로부터 2년 경과하면 면소된 것으로 간주한다. 형의 선고유예를 받은 자가 유예기간 중 자격정지 이상의 형에 처한 판결이 확정되거나 자격정지 이상의 형에 처한 전과가 발견된 때에는 유예된 형을 선고한다.

2. 집행유예

1) 의의

유죄판결을 하면서 그 형의 집행을 유예하여 일정기간을 무사히 경과하면 그 형의 선고가 없었던 것으로 취급하는 제도이다.

2) 요건

제62조 (집행유예의 요건) ① 3년 이하의 징역 또는 금고 또는 500만 원 이하의 형을 선고할 경우에 제51조의 사항을 참작하여 그 정상에 참작할 만한 사유가 있는 때에는 1년 이상 5년 이하의 기간 형의 집행을 유예할 수 있다. 다만, 금고 이상의 형을 선고한 판결이 확정된 때부터 그 집행을 종료하거나 면제된 후 3년까지의 기간에 범한 죄에 대하여 형을 선고하는 경우에는 그러하지 아니하다.
② 형을 병과할 경우에는 그 형의 일부에 대하여 집행을 유예할 수 있다.

(i) 3년 이하의 징역 또는 금고의 형을 선고할 경우. (ii) 정상에 참작할 만한 이유가 있을 것. (iii) 금고 이상의 형을 선고받아 형의 집행을 종료하거나 그것이 면제된 후 5년 이상 경과하였을 것. (iv) 기간은1년 이상 5년 이하의 기간 내에서 법원이 재량으로 정한다.

3) 효과

제65조 (집행유예의 효과) 집행유예의 선고를 받은 후 그 선고의 실효 또는 취소됨이 없이 유예기간을 경과한 때에는 형의 선고는 효력을 잃는다.

그 선고가 실효 또는 취소되지 않고 유예기간 경과한 때 형선고의 효력을 상실한다.

(4) 실효와 취소

> 제63조 (집행유예의 실효) 집행유예의 선고를 받은 자가 유예기간 중 고의로 범한 죄로 금고 이상의 실형을 선고받아 그 판결이 확정된 때에는 집행유예의 선고는 효력을 잃는다.
> 제64조 (집행유예의 취소) ① 집행유예의 선고를 받은 후 제62조 단행의 사유가 발각된 때에는 집행 유예의 선고를 취소한다.
> ② 제62조의2의 규정에 의하여 보호관찰이나 사회봉사 또는 수강을 명한 집행유예를 받은 자가 준수사항이나 명령을 위반하고 그 정도가 무거운 때에는 집행유예의 선고를 취소할 수 있다.

유예기간 동안에 금고이상의 형을 선고받아 그 판결이 확정된 때에는 집행유예선고는 효력을 잃는다. 집행유예선고를 받은 후, 금고 이상의 형을 선고받아 집행을 종료한 후 또는 집행이 면제된 후 5년이 경과하지 않은 자라는 사실이 발견되면 집행유예의 선고를 취소하여야 한다.

3. 가석방

1) 의의

자유형의 집행을 선고받고 있는 자가 뉘우치는 마음이 뚜렷하다고 인정할 때 형기만료 전에 조건부로 석방시키는 제도이다.

2) 요건

> 제72조 (가석방의 요건) ① 징역 또는 금고의 집행중에 있는 자가 그 행상이 양호하여 개전의 정이 현저한 때에는 무기에 있어서는 20년, 유기에 있어서는 형기의 3분의 1을 경과한 후 행정처분으로 가석방을 할 수 있다.
> ② 전항의 경우에 벌금 또는 과료의 병과가 있는 때에는 그 금액을 완납여야 한다.
> 제73조 (판결 선고 전 구금과 가석방) ① 형기에 산입된 판결 선고 전 구금의 일수는 가석방에 있어서 집행을 경과한 기간에 산입한다.
> ② 벌금 또는 과료에 관한 유치기간에 산입된 판결 선고 전 구금일수는 전조 제2항의 경우에 있어서 그에 해당하는 금액이 납입된 것으로 간주한다.

(i) 징역 또는 금고의 집행 중에 있는 자가 무기에서는 20년, 유기에서는 형기의 3분의 1을 경과한 후일 것, (ii) 행장이 양호하여 개전의 정이 현저할 것, (iii) 벌금 또는 과료의 병과가 있을 때에는 그 금액을 완납할 것

3) 효과

> 第76조 (가석방의 효과) ① 가석방의 처분을 받은 후 그 처분이 실효 또는 취소되지 아니하고 가석방기간을 경과한 때에는 형의 집행을 종료한 것으로 본다.
> ② 전2조의 경우에는 가석방중의 일수는 형기에 산입하지 아니한다.

그 처분이 실효 또는 취소되지 않고 무기형은 10년, 유기형은 잔여 형기가 경과하면 형의 집행 종료된 것으로 간주한다. 가석방된 자는 가석방기간 중 보호관찰을 받는다. 다만, 가석방을 허가한 행정관청이 필요가 없다고 인정한 때에는 예외로 한다.

4) 가석방의 실효와 취소

(i) 가석방의 실효 가석방 중 금고 이상의 형의 선고를 받아 그 판결이 확정된 때에는 가석방처분은 효력을 잃는다. (ii) 가석방의 취소 가석방의 처분을 받은 자가 감시에 관한 규칙을 위배하거나, 보호관찰의 준수사항을 위반하고 그 정도가 무거운 때에는 가석방처분을 취소할 수 있다. 가석방이 실효 또는 취소되면 남은 형기의 집행을 받아야 한다.

〈표 10-2〉 선고유예 · 집행유예 · 가석방의 비교

구분	선고유예	집행유예	가석방
요건	• 1년 이하의 징역이나 금고, 자격정지 또는 벌금의 형 • 개전의 정이 현저 • 자격정지 이상의 전과가 없을 것	• 3년 이하의 징역 또는 금고 • 정상에 참작할 만한 사유가 있는 때 • 금고 이상의 형이 확정된 때부터 그 집행을 종료하였거나 면제된 후 3년의 기간 내에 범한 죄가 아닐 것	• 무기의 경우 20년, 유기의 경우 형기의 3분의 1이 경과한 후일 것 • 행상이 양호하여 개전의 정이 현저한 때 • 벌금 또는 과료의병과가 있는 때에는 그 금액을 완납할 것
기간	2년	1년 이상 5년 이하	무기는 10년 유기는 잔형기
결정	법원의 재량	법원의 재량	행정처분
보호관찰	보호관찰(1년)	보호관찰(집행유예기간) 사회봉사, 수강명령	보호관찰(필요적, 가석방 기간 중)
효과	면소된 것으로 간주	형선고의 효력상실	형집행이 종료된 것을 간주

§43. 형의 시효, 소멸 및 기간

1. 형의 시효

1) 의의

형을 선고를 받아 판결이 확정된 후 그 집행을 받지 않고 일정기간 경과한 때에는 그 집행이 면제된다.

2) 인정이유

증거인멸로 인한 입증곤란, 평온상태 유지, 범죄에 대한 혐오의식

강조

3) 기간(형법 제78조)

(i) 사형(30년), (ii) 무기징역 또는 금고(20년), (iii) 10년 이상의 징역 또는 금고(15년), (iv) 3년 이상의 징역이나 금고 또는 10년 이상의 자격정시(10년), (v) 3년 미만의 징역이나 금고 또는 5년 이상의 자격정지(5년), (vi) 5년 미만의 자격정지, 벌금, 몰수 또는 추징(3년), (vii) 구류 또는 과료(1년)

4) 시효의 효과

제77조 (시효의 효과) 형의 선고를 받은 자는 시효의 완성으로 인하여 그 집행이 면제된다.

시효의 완성으로 당연히 형의 집행이 면제되며 별도의 재판을 요하지 않는다. 그렇다고 형의 선고 자체가 실효되는 것은 아니다.

5) 시효의 중단과 정지

(1) 시효의 중단

제80조 (시효의 중단) 시효는 사형, 징역, 금고와 구류에 있어서는 수형자를 체포함으로, 벌금, 과료, 몰수와 추징에 있어서는 강제처분을 개시함으로 인하여 중단된다.

사형, 징역, 금고, 구류의 경우에는 수형자를 체포함으로써, 벌금, 과료, 몰수추징의 경우에는 강제처분을 개시함으로써 중단된다.

(2) 시효의 정지

제79조 (시효의 정지) 시효는 형의 집행의 유예나 정지 또는 가석방 기타 집행할 수 없는 기간은 진행되지 아니한다.

시효는 형 집행의 유예나 정지 또는 가석방 기타 집행할 수 없는 기간은 진행되지 않는다.

2) 형의 소멸원인

(i) 형의 집행의 종료 또는 면제, (ii) 형의 선고유예 또는 집행유예기간의 경과, (iii) 가석방 기간 만료, (iv) 형의 시효의 완성, (v) 사면 또는 형의 실효 및 복권

2. 형의 기간

1) 기간계산

년 월 단위로 역법의 계산방법에 따른다.

2) 형기의 가산

형기는 판결이 확정된 날로부터 기산 한다. 형 집행과 시효기간은 초일은 1일로 산정, 석방은 형기만료일에 한다.

§44. 보안처분

1. 보안처분의 의의

보안처분은 형벌로는 행위자의 사회복귀와 범죄의 예방이 불가능하거나 행위자의 범죄위험성으로 인하여 형벌의 목적을 달성할 수 없는 경우에 형벌을 대체하거나 보완하기 위한 사법처분을 말한다. 보안처분은 신종 범죄의 증가와 행형제도의 흠결로 형벌만으로 이것에 적절히 대처할 수 없기 때문에 이에 대한 해결책으로 등장하였다.

2. 형벌과 보안처분과의 관계

1) 이원주의(도의적 책임론)

형벌은 과거의 범죄행위에 과해지고 보안처분은 장래의 위험성을 제거하기 위하여 과해지므로 형벌과 보안처분은 동시에 선고되어 중복하여 집행되어야 한다고 주장한다.

2) 일원주의(사회적 책임론)

형벌과 보안처분은 범죄인의 개선·교화 및 사회복귀라는 측면에서 보면 동일한 기능을 수행하고 있으므로 필요에 따라 하나만 적용할 것을 주장한다.

3) 대체주의

책임주의의 원칙에 따라 형벌을 선고하되 그 집행단계에 있어서 보안처분으로 대체하거나 일정한 조건에 보안처분을 집행하고 난 후에 형벌을 집행할 것을 주장한다.

3. 보안처분의 종류

1) 대인적 보안처분

사람에 의한 장래의 범죄행위를 방지하기 위하여 특정인에게 선고되는 보안처분을 말한다.

(1) 자유박탈보안처분

보안처분의 대상자를 일정한 시설에 수용하는 대인적 보안처분을 말하며, 여기에는 치료감호처분, 교정처분(금단시설수용처분) 등이 있다.

(2) 자유제한보안처분

범죄자의 장래 범죄를 예방하기 위하여 자유를 제한하는 대인적 보안처분을 말하며, 여기에는 보호관찰, 선행보증, 직업금지, 주거제한, 국외추방, 운전면허발탈, 주점출입금지 등이 있다.

4. 요건

(i) 위험성이 있을 것, (ii) 위법행위가 있을 것, (iii) 기간이 부정기적일 것, (iv) 비례의 원칙 및 균형의 원칙이 준수될 것 등이다.

5. 현행법상 보안처분

1) 형법상 보안처분

형법상 보안처분에는 집행유예시의 보호관찰과 사회봉사·수강명령(제62조의 2), 선고유예시의 보호관찰(제59조의 2), 가석방시의 보호관찰(제73조의 2)이 있다.

2) 치료감호법상의 보안처분

(1) 치료감호

심신장애 또는 마약류·알코올 그 밖의 약물중독 상태 등에서 범죄행위를 한 자로서 재범의 위험성이 있고 특수한 교육·개선 및 치료가 필요하다고 인정되는 자를 치료감호시설에 수용하여 치료하는 보안처분이다.

(2) 보호관찰

치료감호가 가종료되었거나 치료감호시설 외에서의 치료를 위하여 법정대리인 등에게 위탁된 경우에는 3년 기간으로 피치료감호자를 감호시설 밖에서 지도·감독하는 보안처분을 말한다.

3) 소년법상 보호처분

보호자에게 감호위탁, 보호관찰관의 단기보호관찰, 아동복지시설 기타 소년보호시설에 감호위탁, 병원·요양소에 위탁, 단기로 소년원에 송치 등이 있다.

4) 보안관찰법상의 보안관찰처분

소위 사상범이라 하는 자에 대한 보안관찰처분이다. 여기에 해당하는 범죄로는 내란목적살인죄, 일반이적죄를 제외한 외환의 죄 등이 있다.

5) 보호관찰법상의 보호관찰처분

죄를 범한 자에 대한 선고유예나 집행유예 혹은 가석방이나 가퇴원을 하는 경우에 과해지는 보호관찰처분이다.

찾아보기

[저자 약력]

• 정신교(鄭信敎)

청주대학교 법과대학 법학과 졸업(법학사, 법학전공)
건국대학교 대학원 법학과 졸업(법학석사, 형사법전공)
건국대학교 대학원 법학과 졸업(법학박사, 형사법전공)
한국법학회, 한국치안행정학회, 한국법무보호복지학회 상임이사
한국인권학회 부회장
교통과학연구원 연구원 역임
경찰인재개발원, 중앙경찰학교 외래교수 역임
김천대학교 경찰행정학과 학과장 역임
경북지방검찰청 김천지청 시민검찰위원 역임
한국법무보호복지연구소 소장
법무보호복지연구 편집위원
치안정책연구 편집위원
중앙학술연구 심사위원
각종 공무원, 공사시험 출제 및 면접위원
경비지도사시험 출제위원
강남경찰서 범죄예방위원
남대문경찰서 경미범죄 심사위원
농림수산식품부 일반징계위원회 위원
김천소년교도소 일반징계위원회 위원, 인성교육 강사
현재, 김천대학교 공공경찰행정학과 교수

〈주요저서〉

범죄학개론(형설출판사, 2005)
법과생활(형설출판사, 2007)
교통범죄론(한국한술정보, 2008)
부동산범죄론(형설출판사, 공저, 2011)
범죄학입문(형설출판사, 2011)
법학입문(청목출판사, 공저, 2012)
현대사회와 범죄(제3판, 형설출판사, 2019)

〈주요논문〉

청소년성범죄자 신상공개에 대한 쟁점(2001)
도로교통범죄의 법적용에 관한 고찰(2005)
형법상 허용된 위험의 체계적 지위(2007)
특정 성범죄자 전자감시제도에 대한 쟁점(2008)
뇌물죄의 양형합리화 방안(2010)
함정수사의 합리적 통제방안(2011)
사이버명예훼손의 표현의 한계와 입법론적 개선방안(2012)
주취운전의 죄수에 대한 고찰(2013)
부정청탁금지법의 주요내용과 쟁점(2015)
인터넷상 선거운동과 후보자비방죄(2016)
소년범의 사회내처우의 실효성 확보방안(2017)
Study on the Legislative Measures for Stalking in Korea(2018) 등 70여 편

〈수상경력〉

한국부동산학회 학술발표상(2006, 2011, 2018)
한국법학회 우수논문상(2010)
김천대학교 연구논문발표 우수교수상(2011, 2012)
김천대학교 강의우수교수상(2017)
대한민국 사회공헌대상(2018)
혁신한국인&파워코리아 대상(2019)

형법총론

2025년 2월 20일 초판인쇄
2025년 2월 25일 초판발행

저 자 정 신 교
발행인 유 성 열
발행처 청목출판사
서울특별시 영등포구 신길로 40길 20
전화 (02) 849-6157(代) · 2820 / 833-6091
FAX (02) 849-0817
등록 제318-1994-000090호

파본은 바꾸어 드립니다. 값 22,000원

http : //www.chongmok.co.kr

ISBN 978-89-5565-768-5